Janusz Piekalkiewicz

Polen feldzug

Janusz Piekalkiewicz

Polen

feldzug

Hitler und Stalin zerschlagen die Polnische Republik

Bechtermünz Verlag

Genehmigte Lizenzausgabe für
Bechtermünz Verlag im
Weltbild Verlag GmbH, Augsburg 1997

Karten: Roland Winkler, Bergisch Gladbach
Umschlaggestaltung: Peter Engel, Grünwald
Gesamtherstellung: Mladinska Knjiga, Ljubljana
Printed in Slovenia
ISBN 3-86047-907-5

Inhalt

Vorwort

Der Polenfeldzug ist wohl der schicksalhafteste Feldzug des Zweiten Weltkrieges: Er eröffnete am 1. September 1939 einen Konflikt, der erst am 2. September 1945 zu Ende ging. Seine Auswirkungen werden noch lange unser Leben prägen, und die aktuelle Situation in Polen läßt sich erst vor dem Hintergrund seiner Geschichte begreifen.

Das Charakteristische des Feldzuges vom September 1939 liegt gerade darin, daß das Dritte Reich zu dieser Zeit nur gegen einen Gegner zu kämpfen hatte. Polen dagegen wurde, nachdem es bereits am Boden lag, auch von seinem östlichen Nachbarn heimtückisch überfallen. Daß Polen jedoch in der aussichtslosen Lage nicht aufgab, sondern sich gegen die Übermacht der Roten Armee zur Wehr setzte, ist ebenso verblüffend wie bis heute kaum bekannt.

Die sowjetische Propaganda versichert zwar immer wieder, daß unter den 1939 gegebenen Umständen der »Einmarsch« der UdSSR in Polen »die einzige Möglichkeit und daher die einzig richtige Entscheidung gewesen sei«, doch sind die Sowjets uns allen noch die Antwort schuldig, warum sie Hitler in einer entscheidenden Phase der Weltgeschichte den Weg ebneten.

Stalin hat ohne Zweifel eine Reihe von politischen Fehlentscheidungen getroffen und viele Verbrechen auf dem Gewissen, das größte und folgenschwerste war aber der »Pakt mit dem Teufel«. Dieser Pakt, »der nach kurzer Zeit durch das gemeinsam vergossene Blut zementiert worden ist« – wie der sowjetische Diktator nach dem Polenfeldzug feststellte –, sollte nach seinem Wunsch ein dauerndes Faktum bleiben.

Gewiß, Hitler hat den Zweiten Weltkrieg entfacht; das konnte er aber nur mit Stalins Hilfe, da Deutschland nicht in der Lage war, einen Krieg gegen die Westmächte zu führen, wenn es nicht auf Grund des Paktes riesige Mengen

Treibstoff, Getreide und andere strategisch wichtige Güter aus der Sowjetunion erhalten hätte, um so die britische Blockade zu unterlaufen.
Hitlers Eile und sein Entschluß, den Angriff auf Polen spätestens am 1. September 1939 zu beginnen, damit die Operationen nicht im Schlamm steckenblieben, beweisen, daß dieser Krieg nicht von ihm entfesselt worden wäre, wenn die UdSSR sich hinter Polen gestellt hätte. Selbst eine Verzögerung von nur wenigen Tagen bedeutete – nach Hitlers Worten – eine Verschiebung des Kriegsbeginns auf das nächste Jahr. Womöglich hätte dies den Krieg sogar verhindert.
Es kam jedoch anders. Wie W. M. Molotow, Volkskommissar für Äußeres, vor dem Obersten Sowjet am 31. Oktober 1939 sagte: »Ein nicht allzu kräftiger Stoß durch die deutsche Wehrmacht und anschließend durch die Rote Armee genügten, und nichts blieb von Polen, dieser häßlichen Ausgeburt des Versailler Vertrages, übrig.«

Sommer 1939, polnische Kavallerie: eine Waffengattung, die in kommenden Konflikten kaum noch Chancen hat

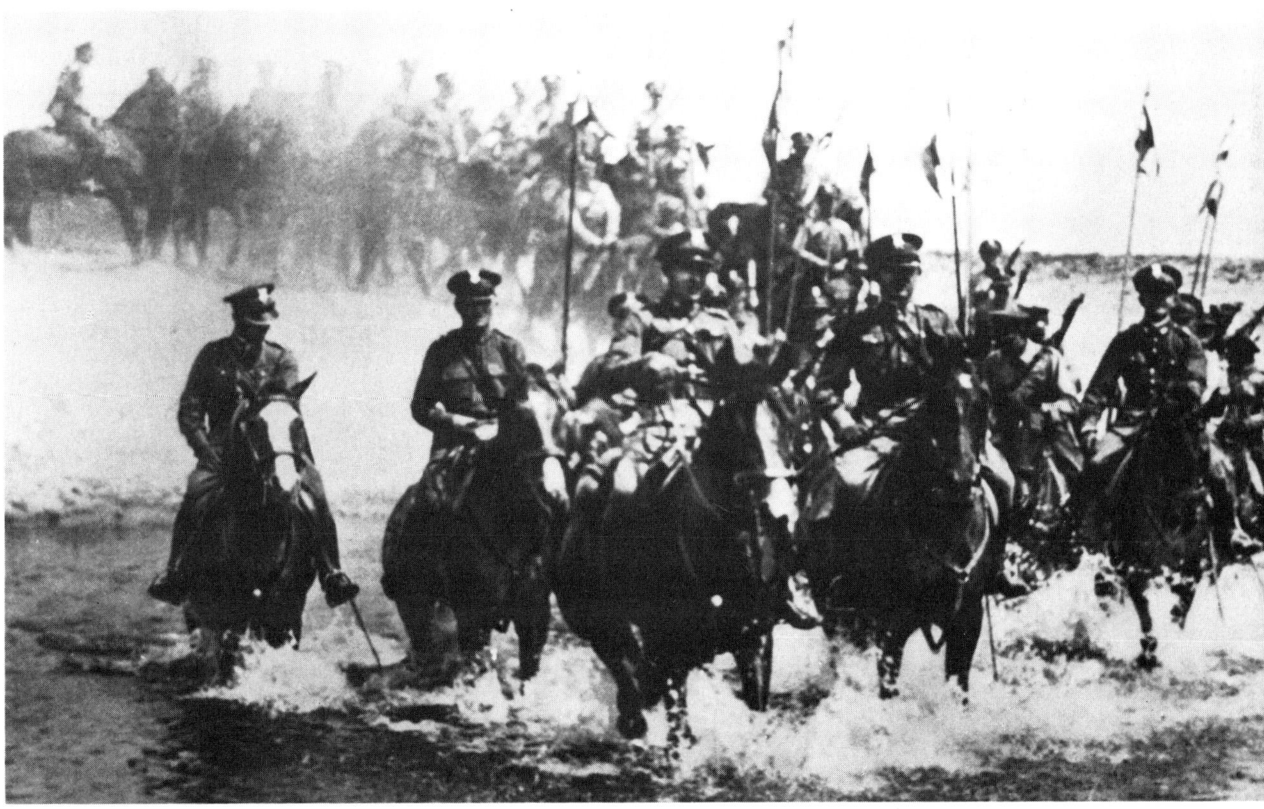

Schauplatz

H. Dv. g. 44 1 392

Geheim!

Militärgeographische Beschreibung

von

Polen

(mit Einzelangaben zum Nachschlagen)

Abgeschlossen am 1. 7. 1939

Generalstab des Heeres 9. Abteilung
Berlin 1939

Eine der wichtigsten Unterlagen bei der Planung des Polenfeldzuges

Von den Schlesischen Beskiden im Süden bis hoch im Norden zur Ostsee spannt sich wie ein riesiger Bogen die Weichsel, in deren Wasser sich Schlösser und Stadtmauern widerspiegeln: Krakau, Sandomir, Kasimir und Warschau, Plozk, Wloclawek sowie Thorn, Graudenz und Danzig.
Über dem Fluß, seinen Sandbänken und grünbedeckten Inseln schwärmen im Licht der untergehenden Sonne ungezählte Schwalben. Auf dem trägen Wasser träumen die Boote vor sich hin. Weithin klingt die Stimme, und am anderen Flußufer hört man das Plätschern der Fische. Störche ziehen von den Wiesen zu ihren Nestern irgendwo in den Dörfern.
Endlose Reihen von Weiden und Pappeln säumen die Deiche und Weichselauen von einem Horizont zum anderen. Die Getreideschober heben sich wie riesige Goldklumpen aus dem Boden, die Flügel der Windmühlen gleiten geräuschlos durch die Luft. Eine Stille liegt jetzt über der Landschaft, als hätte die Natur an diesem Augustabend ihren Atem angehalten.

Geheim!

Militärgeografische Beschreibung von Polen
Abgeschlossen am 1. Juli 1939,
Generalstab des Heeres, 9. Abteilung, Berlin 1939

Die vorliegende militärgeografische Arbeit ist für den Truppenführer bestimmt, dem sie in Ergänzung der topografischen Kartenwerke möglichst objektiv eine plastische Vorstellung der Geländeeinzelheiten, der technischen

und wirtschaftlichen Einrichtungen und sonstiger örtlicher Besonderheiten vermitteln soll, soweit sie militärisch wichtig sind. Befestigungsanlagen und E-Flughäfen [Einsatzflughäfen] wurden auftragsgemäß nicht behandelt.
Die Unterlagen stammen aus zahlreichen, sehr verschiedenen Quellen und aus Einzelnachrichten, die vielfach so verwendet werden mußten, wie sie lauteten.

I. Die Teillandschaften Polens

Rein geografisch gesehen, unterscheidet man in Polen 4 große natürliche Landschaften, die wie folgt zu charakterisieren sind:
a) das Gebiet des baltischen Höhenrückens mit der Seenplatte (steile Hügel (Jung-Endmoränen), Seen, Sandflächen). Hierzu gehören der nördliche Teil des polnischen Korridors, der Zipfel von Suwalki und ganz Nordost-Polen bis zur Wilja;
b) die mittelpolnische Senke (älteres Eiszeitgebiet (Urstromtäler, Sandebenen, keine Seen, oft versumpfte Flußniederungen); sie reicht nach Süden bis etwa zur Linie Piotrków-Radom-Lublin-Luck-Równ.
c) das südpolnische Bergland (stellenweise tritt festes Gestein zutage, oft versumpfte, im Osten tief eingeschnittene Täler, weit verbreitet Schwarzerde);
d) die Karpaten mit Vorland (Gebirgstäler breit als Längstäler, eng als Quertäler (Durchbruchstäler), weiche Gesteine, meist sanfte Formen, Waldbedekkung, verwilderte Flüsse am Gebirgsfuß); im Norden reicht dieses Gebiet bis zur Linie Krakau-Tarnow-Przemysl-Stryj-Stanislaw.
Dem vorliegenden militärischen Zweck entsprechend hat eine Gliederung in 13

Sommer 1939: Dorfidylle in Zentralpolen

Teillandschaften stattgefunden, von denen die ersten 4 als Vorland deutscher Grenzgebiete behandelt sind. Als Grenzen zwischen den Teillandschaften sind im allg. Flußabschnitte gewählt, die für militärische Bewegungen durch den polnischen Raum entscheidend sind. Auf die Charakterisierung der Gangbarkeit des Geländes ist besonderer Wert gelegt. Ganz allgemein für Polen gilt, daß Truppenbewegungen, in Anbetracht der Weitmaschigkeit des Straßennetzes und des zumeist sehr schlechten Straßenzustandes, sehr vom Boden und von der Witterung bzw. Jahreszeit abhängen. Ferner ist zu beachten, daß bei dichter Besiedlung ein vielseitiges und leistungsfähiges Wegenetz und bessere Gangbarkeit von Flußniederungen (Melioration) anzunehmen ist, während in Gegenden mit dünner Besiedlung, besonders im Flachland, stets mit mehr oder weniger versumpften Wiesen und Waldungen gerechnet werden muß. Eine Verwendung größerer Einheiten von Motorfahrzeugen auch außerhalb der Straßen mit fester Fahrbahn wird – abgesehen vom ehemals deutschen Westen – in Polen bald überall auf Schwierigkeiten stoßen, im polnischen Osten während großer Teile eines Jahres nahezu ausgeschlossen sein.

1. Das Vorland Ostpreußens

Das Vorland Ostpreußens zerfällt, militärgeografisch gesehen,
a) in einen ostwärtigen Teil (zur Wojewotsch. Bialystok gehörig),
b) in einen mittleren Teil, der im Osten durch den Orzyc, im Westen durch die Drewenz begrenzt wird, und
c) in einen westlichen Teil zwischen Drewenz und Weichsel (Kulmer Land).
Der Unterschied zwischen dem ehemals russischen und ehemals preußischen Gebiet nordwestlich der Drewenz tritt deutlich in Erscheinung. Das »Kulmer Land« macht mit einem Schlage den Eindruck einer mitteleuropäischen Kulturlandschaft.

2. Das Gebiet westlich der unteren Weichsel (Polnischer Korridor)

Das im Süden durch die Niederung der Netze begrenzte polnische Gebiet zwischen der Ostsee, Pommern und der Weichsel, der größte Teil der einst preußischen Provinz Westpreußen, wird meist als »Polnischer Korridor« bezeichnet und von den Polen »Pommerellen« genannt. Es kann zur militärgeografischen Betrachtung in einen nördlichen und einen südlichen Teil zerlegt werden, zwischen denen die Tucheler Heide liegt.

3. Das Posener Land

Das Gebiet der ehemaligen Provinz Posen (ohne den Netzegau) ist ein im allgemeinen offenes, welliges Ackerbaugebiet mit relativ gutem, z. T. schwerem Boden. Durch das ost-westlich gerichtete Urstromtal, das bis s. Posen von der Warthe, weiter westlich vom Obrabruch eingenommen wird, wird es in einen größeren nördlichen und einen kleineren südlichen Teil zerlegt.
Die Besiedelung des Posener Landes ist ziemlich dicht, die Bevölkerung relativ wohlhabend, die Dörfer sind erheblich schmucker als im ehemaligen Russisch-Polen. Der Anteil der Deutschen ist geringer als in Westpreußen.
Der Bodennutzung und dem Ertrage nach ist Posen das beste Agrargebiet des polnischen Staates (Brotgetreide, Zuckerrüben).

4. Das Vorland Schlesiens

Das Gebiet ist lebhaft gewellt und waldreich. Der Boden ist größtenteils sandig, um Tschenstochau lehmig-sandig; feuchte Niederungen gibt es nur vereinzelt.

Der Oberlauf der Warthe ist nur teilweise – Näheres siehe unter »Gewässer« – ein ernsthaftes Flußhindernis, da vielfach durchfurtbar. Schroffe Hänge zeigt nur der Westabfall des Jura Krakowska zwischen Tschenstochau und Olkusz. Das Straßennetz ist das dichteste in ganz Polen und in meist gutem Zustand. Ostoberschlesien ist das dichtest besiedelte Gebiet von ganz Polen. Im eigentlichen Industriegebiet geht fast unmerklich eine Ortschaft in die andere über. In der Wojewodschaft Schlesien wohnen heute noch 300–350 000 Deutsche.

5. Das zentralpolnische Gebiet zwischen der mittleren Weichsel, Piliza und Prosna

Das Gebiet ist ein wenig bewaldetes, dicht besiedeltes und gut angebautes Flachland mit geringen Höhenunterschieden. Der Boden ist wechselnd sandiglehmig bis lehmig; zäher Lehmboden findet sich hauptsächlich westlich Warschaus. Im weiten Umkreis um Lodz sind viele deutsche Bauerndörfer anzutreffen; auch in den Industriegebieten wohnen zahlreiche Deutsche. Ebenso gibt es deutsche Bauernkolonien in großer Zahl westlich Warschaus und längs der Weichsel.

6. Das zentralpolnische Gebiet zwischen oberer Weichsel und Piliza

Das Gebiet umfaßt im großen und ganzen die Wojewodschaft Kielce und wird auch das kleinpolnische Bergland genannt, das in den Góry Swietokrzyckie (Heiligkreuzberge) und diese wieder in der Lysa góra eine Höhe von 600 m erreicht, im allgemeinen aber zwischen 300 und 200 m hoch ist. Außer der Nida, die nach Breite, Tiefe und Uferbeschaffenheit besonders nach Regen ein ernst zu nehmendes Hindernis darstellt, sind die genannten Flüsse unbedeutend. Das Gebiet ist gut angebaut, mit Ausnahme der Waldzonen im Osten, ziemlich dicht besiedelt und bevölkert, das Wegenetz ist dicht, die Straßen sind im allgemeinen schlecht.

7. Westgalizien

In Westgalizien ist die Niederung der oberen Weichsel das militär-geografisch wichtigste Gebiet. Südlich davon ist das Karpatengebiet nebst Vorland. Nach Nordosten zu ist dem höheren Berggebiet ein breiter, fast waldfreier Graben vorgelagert, der sich von Jaslo über Krosno bis gegen Sanok erstreckt und der als Verkehrskorridor nach Südosten bezeichnet werden muß, obwohl in ihm vielfach kleinere Bergkämme und Terrassen wie Inseln stehengeblieben und auch die Flüsse leicht in ihn eingeschnitten sind. Seine durchschnittliche Höhe beträgt 300 m. Das ganze Gebiet ist ziemlich dicht mit Waldhufendörfern

Ein Kreuz inmitten der Felder nahe Zakopane

(Einzelhöfe – in sich auseinandergezogene Dörfer) durchsetzt und auch in abgelegenen Tälern und Waldwinkeln dicht, zum Teil schon ukrainisch besiedelt. Wenige Deutsche. Die Bachniederungen sind breit und weich, bei höherem Wasserstand kaum passierbar, so daß der Leg-Bach wegen der Waldbedekkung im Oberlauf, der versumpften Talsohle im Mittellauf und der hohen Ufer im Unterlauf ein bemerkenswertes Hindernis werden kann. Die breite Niederung des Wislok o. Rzeszów ist gut bebaut, dicht besiedelt und bei Trockenheit für alle Waffen gangbar; bei höherem Wasserstand bleibt die Talsohle, der Nebenarm Stary Wislok und das Umland lange sumpfig und unpassierbar. Der San ist ein unbedingtes militärisches Hindernis; bei Hochwasser (hauptsächlich im Frühjahr und Sommer) ist es möglich, im Gebiet zwischen Leg-Bach und San ausgedehnte Flächen für lange Zeit anzusumpfen. Die Talniederung des San ist meist von dichtem Auwald und Weidengebüsch bestanden.

8. Ostgalizien

Östlich des San beginnt das Stromgebiet des Dnjestr (der wie der Pruth dem Schwarzen Meere zuströmt), zugleich eine veränderte Struktur der Landschaft, die auch für militärische Bewegungen zu beachten ist. Die Bevölkerung Ostgaliziens ist vorwiegend ukrainisch. In den Kleinstädten hausen sehr viele Juden. Das Klima ist fühlbar kontinentaler (gegensätzlicher). Die Waldkarpaten, von den Polen Ostbeskiden (Beskidy Wschodnie) genannt, bilden mehrere parallele Bergkämme von Mittelgebirgscharakter, die von den Flüssen in meist nördlicher Richtung durchbrochen werden. Fahrbare Straßen folgen nur den Tälern und überschreiten nur an 6 Stellen die Landesgrenze zur Slowakei und Karpato-Ukraine (jetzt zu Ungarn). Trotz der kettenartigen Anordnung der Bergzüge von Nordwesten nach Südosten sind Truppenbewegungen in dieser Richtung ausgeschlossen, da hierfür keinerlei Verkehrswege vorhanden sind und die gewundenen Durchbruchstäler der Flüsse kräftige, enge und steilwandige Einschnitte bilden. Viele deutsche Ansiedlungen im Südteil der Rostocze w. Lemberg und im Bug-Styr-Becken Zólkiew und bei Kamionka Strumilowa. Das Gebiet ist reich angebaut, dicht besiedelt und überwiegend von Ukrainern bewohnt. Als Ansatzpunkte der Polonisierung des ukrainischen Volkstums sind neue Ansiedlungen langgedienter polnischer Soldaten – sogenannte »Wojskowi« – (z. B. zwischen Krzemieniec und Tarnopol) zu erwähnen. Zahlreiche Straßen und Landwege verbinden die Ortschaften untereinander und mit dem unmittelbaren Grenzgebiet. Die Umgebung von Tarnopol ist für Operationen der Sowjetunion gegen Polen als besonders geeignetes breites Einfallstor zu bezeichnen.

9. Das Gebiet zwischen Weichsel und Bug

Das Gebiet trägt – im großen und ganzen handelt es sich um das Gebiet der Wojewodschaft Lublin – überwiegend den Charakter einer flachhügeligen Landschaft, nur im Süden im Lubliner Landrücken treten Geländeformen stärker hervor. Das Gebiet ist i. allg. fruchtbar und gut angebaut. Das Flachland zwischen Weichsel und Bug in der Linie Warschau-Brest am Bug (Brześć nad Bugiem) ist flach gewellt, nur vereinzelt hügelig. Die Waldbedeckung ist ziemlich dicht; Übersichten von mehr als 6 km sind selten. Niedrige Nadelholzwaldungen herrschen vor. Zwischen Demblin und Warschau zieht sich rechts der Weichsel fast ununterbrochen Wald hin. Zahlreiche deutsche Dörfer. Die Gangbarkeit ist günstig. Bewegungshindernisse sind selten; in feuchter Jahreszeit machen jedoch fast alle, auch die kleineren Flußhindernisse ihrer ange-

sumpften Talniederungen wegen Schwierigkeiten ... Bei anhaltender Trockenheit sind nirgends Schwierigkeiten zu erwarten. Die sandigen Flußbette sind außer bei hohem Wasserstande fast überall zu durchfurten.
Die Niederung am mittleren Bug macht in großen Teilen den Eindruck einer sanft gewellten Ebene, durchzogen von zahlreichen versumpften Wasserläufen und ausgedehnten feuchten, stark bewaldeten Niederungen. Bei guter Erkundung und geschickter Ausnutzung vorhandener trockener, gangbarer Zwischenstücke ist aber ein Durchschreiten dieser Gebiete auch außerhalb der festen Wege vielfach möglich. Die Niederungen (meist Torfwiesen) sind für Infanterie und bei nicht zu feuchter Jahreszeit auch für Reiter passierbar. Für größere Einheiten mit vielen Fahrzeugen ist trotzdem das ganze Gebiet als beschwerlich und in feuchter Jahreszeit als schwierig zu bezeichnen.
Der Lubliner Landrücken und das Hügelland: Südlich der Linie Pulawy (a. d. Weichsel)-Lubartów-Chelm beginnt das Hügelgebiet von Lublin, das in der Linie Annopol (a. d. Weichsel)-Janów-Tomaszów Lubelskie als Lubliner Landrücken bezeichnet zu werden pflegt. Die Berglandpartien sind stärker bewaldet. Weite Fernsichten bieten nur die Hochflächen, während die meist bewaldeten Täler und Hänge mit den darin versteckten Ortschaften nur aus nächster Nähe zu übersehen sind. Der feste, bei Feuchtigkeit aufweichende, fette Boden läßt seine Gangbarkeit ganz vom Wetter abhängen; bei Trockenheit sind hinderlich für Bewegungen größerer Einheiten in diesem Abschnitt nur die z. T. schroffen Uferhänge und nassen Niederungen. Die sandige, urstromtalartige Niederung südlich des Lubliner Landrückens ist ein bis zu 20 km breites Wald- und Sumpfgebiet, das nur hin und wieder von 10–15 m hohen, dünenartigen Erhebungen durchzogen wird. Die ganze Niederung ist als ideale Sperrzone

Das Gebiet zwischen Weichsel und Bug: »Für größere Einheiten mit vielen Fahrzeugen als schwierig zu bezeichnen . . .«

anzusehen, die dem Südabfall des Lubliner Landrückens als Verteidigungslinie eine erhebliche Stärke gibt...

II. Verkehrsnetz

1. Eisenbahnen

Das vom polnischen Staat bei seiner Gründung übernommene Eisenbahnnetz setzt sich aus drei verkehrspolitisch verschieden ausgerichteten Teilgebieten zusammen:

a) Das ehemals russische Netz: Die ehemals russischen Bahnen östlich der Weichsel waren vornehmlich strategische Linien. Diese früheren militärischen Transportstraßen bilden noch heute die Hauptverkehrsadern durch das östliche Polen.

Es wurden die ehemals russischen Bahnen durch Verstärkung des Oberbaues, Ersatz von Brücken, Ausbau der Bahnhöfe verbessert, die Neubauten den erhöhten Verkehrsbedürfnissen entsprechend angelegt.

b) Das ehemals österreich-ungarische Netz: Die Gestaltung des Eisenbahnnetzes in Galizien ist bestimmt durch die geografische Beschaffenheit dieses Landesteils sowie die wirtschaftliche und militärische Bedeutung, die es für die Donaumonarchie hatte. Die Hochgebirge der Karpaten (Tatra und Beskiden) trennen als Verkehrshindernisse Galizien vom ungarisch-slowakischen und böhmisch-mährischen Raum. Die Stationen liegen weit auseinander und erfordern weite Ausladeräume. Rampenanlagen sollen aus österreichischer Zeit noch auf allen größeren Bahnhöfen vorhanden, aber vernachlässigt sein. Aus wirtschaftlichen Gründen verdichtet sich das Bahnnetz im Raume westlich und südlich Krakaus im Anschluß an die Strecken des oberschlesischen Industriebezirkes. Hier sind auch gute Rampen- und größere Bahnhofsanlagen vorhanden.

c) Das ehemals deutsche Bahnnetz: Wesentlich besser und vielseitiger entwikkelt als in den übrigen Landesteilen Polens sind die Bahnen in den ehemals deutschen Gebieten Westpreußens, Posens und Oberschlesiens. Der hohe Stand der Wirtschaft in den abgetrennten Gebieten, verbunden mit den Forderungen der Landesverteidigung an der früheren deutschen Ostgrenze, haben bewirkt, daß fast alle größeren Ortschaften Bahnanschlüsse haben. Dadurch ist ein Bahnnetz geschaffen, das in seiner Dichte, Wendigkeit, Güte des Ausbaues und Leistungsfähigkeit dem des Reiches entspricht. Da die Engmaschigkeit des Bahnnetzes mannigfaltige Umleitungen ermöglicht, dürfte eine nachhaltige Störung oder Unterbrechung von Truppentransporten schwierig sein. Lediglich nachhaltige Zerstörungen der Übergänge über die größeren Flußabschnitte werden erhebliche Stockungen herbeiführen.

2. Straßen

Das polnische Straßennetz hat sich von der zu 40% erfolgten Zerstörung im Weltkriege noch nicht erholen können und hält mit westeuropäischen Verkehrsnetzen keinen Vergleich aus. Während in Deutschland auf je 100 km² Fläche mindestens 60 km feste Straßen entfallen, beträgt die Dichte für ganz Polen auf je 100 km² nur 15 km. Das dichteste Straßennetz besitzen die ehemals deutschen Gebiete, in erster Linie Oberschlesien, das Gebiet um Stargard in Pommerellen und das Kulmer Land. Größere Dichte zeigen noch die Umgebung von Krakau und von Warschau bis Lodz und Wloclawek. Auf Straßen »in mittelgutem Zustand« kann selten ein höheres Durchschnittstempo als 35 bis

50 km je Stunde in Rechnung gestellt werden. Straßen »in schlechtem Zustand« sind bei ungünstiger Witterung vielfach mit Kraftwagen kaum oder nur sehr langsam zu befahren . . .

3. Nachrichtennetz

Der gesamte öffentliche Fernsprech- und Telegraphenverkehr Polens liegt in den Händen des Postministeriums und Staatsunternehmens »Poln. Post, Telegraph und Fernsprecher« (P.P.T.i.T.). Die Nachrichtenverbindungen sind friedensmäßig als gut zu bezeichnen. Besonders in den ehemals deutschen Gebieten existiert ein weitverzweigtes Fernsprechnetz. Ein großer Nachteil besteht darin, daß der größte Teil der Drahtverbindungen oberirdisch verläuft und im Kriegsfall abhörbar und leicht außer Betrieb zu setzen ist. Die in Betrieb befindlichen Erdkabelverbindungen von Polen nach Dänemark, Schweden, Holland, England, Frankreich, der Schweiz, Italien und Ungarn führen über deutsches Gebiet und können daher deutscherseits von den in Frage kommenden Verstärkerämtern überwacht werden. Im Ernstfall kann sich Polen nur auf den Funk als einzig möglichen Weg einer zwischenstaatlichen Nachrichtenübermittlung verlassen . . .

III. Gewässer

Da Polen größtenteils ein Flachland ist und Geländehindernisse in geringem Maße auftreten, sind die Gewässer die militärisch wichtigsten Abschnitte. Die Sperrwirkung der Flüsse wird oft weniger durch die Wassermassen selbst als durch den Talcharakter bestimmt. Das Umland der Flüsse ist sehr oft Sumpf- und Weichland, das nach der Schneeschmelze und nach stärkeren Regenfällen wochenlang auf weite Strecken unter Wasser steht. Teilweise sind die Flußtäler sehr tief und scharf ins Gelände eingeschnitten und erschweren durch steile Talränder das Überschreiten. Die Überwindung eines Flußlaufs wird weiterhin durch sumpfige oder steile und brüchige Ufer sowie durch das verwilderte Bett, neben dem häufig Altwasser und tote Arme vorhanden sind, erschwert, Furten sind auch bei kleinen Flüssen meist sehr veränderlich. Dazu kommt, daß die Brücken auch heute noch vielfach aus Holz bestehen.

IV. Wirtschaft

Der Hauptteil des Landes hat auch heute noch, trotz des starken Anwachsens der Industrie, ausgesprochen agrarischen Charakter. Die eigentlichen Industriegebiete haben, mit Ausnahme der 4 Hauptgebiete Lodz, Ostoberschlesien, Warschau und Sandomierz, nur kleineren Umfang in Form städtischer Industrieinseln (Grodno, Lemberg, Wilna u. a.). Seine Treibstoffe bezieht Polen ausschließlich aus dem eigenen Lande, hauptsächlich aus dem Erdölgebiet Boryslaw-Tustanowice. Da die Ergiebigkeit der Erdölquellen dauernd nachläßt, reicht die daraus gewonnene Treibstoffmenge gerade noch zur Deckung des Friedensbedarfes. Im Kriegsfalle ist die Selbstversorgung Polens mit Treibstoffen unmöglich. Größere Betriebsstofflager für den Kriegsbedarf sind nicht bekannt . . .

Polen ist in erster Linie Agrarstaat. Großgrundbesitz nur im Osten vorherrschend, sonst überwiegend Klein- und Mittelbesitz. Weizen-, Roggen- und Kartoffelerzeugung reichen zur Selbstversorgung aus. Überschußgebiet ist Westpolen, Südpolen ist Zuschußgebiet.

Krzemieniec, eine Kleinstadt im östlichen Galizien, die sich in ihrer langen Geschichte oft gegen Tataren und Kosaken wehren mußte

V. Bevölkerung

Gesamtbevölkerung Polens nach amtlicher Schätzung (1. 1. 1938): 34 534 000. Die Volksgruppen: Das heutige Polen ist ein Musterbeispiel eines Nationalitätenstaates mit sehr starken Minderheiten. Die Polen stellen nur wenig mehr als die absolute Mehrheit der Gesamtbevölkerung dar. Die Minderheiten füllen vorwiegend die Grenzgebiete des polnischen Staates und stehen über die Grenze hinweg mit ihren Blutsverwandten in enger Verbindung. Verschärft werden die völkischen Gegensätze vielfach durch solche der Religion und Kultur.
Die Polen: Charakter: Sanguinisch, temperamentvoll, leidenschaftlich, sehr gastfreundlich, aber sehr leichtsinnig und unbeständig. Unter guten Führern ist

der Pole ein tüchtiger Soldat. Er ist draufgängerisch, genügsam, willig, hart und zu außerordentlichen Marschleistungen fähig, liebt den Angriff mehr als die Verteidigung.
Konfession: Fast durchweg römisch-katholisch. Das polnische Volk hat ein hochgespanntes Nationalgefühl und Geltungsbedürfnis, das gegenüber dem Deutschtum nicht frei von Minderwertigkeitsgefühlen ist. Starker Chauvinismus findet sich in allen Volksschichten und äußert sich anderen Volksgruppen gegenüber als Verachtung, Polonisierung und Verdrängung.
Die Volksdichte Polens beträgt 88,1 Menschen je km^2 (1. 1. 1937), ist also weit geringer als die des Deutschen Reiches, übertrifft aber die Frankreichs. Sie ist sehr ungleichmäßig verteilt. Die Landbevölkerung überwiegt, in den 12 Großstädten wohnen nur 10,5% (1931), in den Städten überhaupt 27% der Gesamtbevölkerung.
Die Volksbildung steht in Polen nicht hoch. Sie nimmt von Westen nach Osten sehr stark ab. Das gilt auch für das gesamte Kulturniveau. Umgekehrt nimmt der Geburtenüberschuß von Westen nach Osten stark zu.

VI. Witterung, Wasserversorgung, Gesundheitswesen

Verschiedene Faktoren wirken zusammen, daß Feldzüge in Polen zu allen Zeiten stark abhängig waren von der Gunst oder Ungunst der Witterung. Es ist hier weniger die Kälte, die namentlich den russischen Winter so gefürchtet macht, als vielmehr der Zustand des Bodens und des Wegenetzes, die Nässe und der Schmutz als Folge von Regen und Überschwemmung der Niederungen. Die geringe Zahl befestigter Straßen, vor allem aber die schlechten Entwässerungsverhältnisse sehr vieler polnischer Flüsse machen Truppenbewegungen in hohem Grade abhängig von den Bodenarten, deren Gangbarkeit wiederum mit der Witterung wechselt.
Rein klimatisch unterscheidet sich Polen nur in geringem Maße vom östlichen Deutschland. Der Sommer ist mäßig warm mit vielfach starkem Regen im Juli und August bei kühlen Nächten. Der Herbst ist auch in Westpolen die beständigste und trockenste Jahreszeit; er bringt oft starke nächtliche Abkühlungen.
Die sanitären Verhältnisse in Polen lassen gegenüber den in Deutschland gewohnten sehr zu wünschen übrig. Am besten sind sie innerhalb der mittleren und größeren Städte und deren nächster Umgebung; sie sind schlechter auf dem Lande, am schlechtesten in den kleinen Städten und Marktflecken; besonders deren zahlreicher jüdischer Bevölkerungsanteil lebt unter höchst unhygienischen, ärmlichen Verhältnissen. Selbst die Großstadt Lodz hat noch heute keine Kanalisation.
Selbstverständlich gibt es auch Teillandschaften, die in sanitärer Hinsicht erheblich über dem geschilderten Niveau stehen; dazu gehören in erster Linie die landwirtschaftlichen Teile der ehemals preußischen Provinzen mit ihrer kulturell gehobenen Bevölkerung, in zweiter Linie mit großem Abstand die Industriebezirke. Je weiter man nach Osten kommt, um so dürftiger und unsauberer leben die Einwohner, um so schlechter und ungesunder sind auch die Unterkunftsverhältnisse für Truppen.

Personen

Fedor von Bock

Oberbefehlshaber der Heeresgruppe Nord, am 3. 12. 1880 in Küstrin als Sohn eines Offiziers geboren.
Nach dem Besuch der Hauptkadettenanstalt in Berlin tritt er 1898 als Leutnant in das preußische 5. Garderegiment zu Fuß ein, wird 1905 Bataillonsadjutant, 1907 Regimentsadjutant und ein Jahr später Oberleutnant. Als Hauptmann 1913 zum Generalstab des Gardekorps versetzt, gehört er im Mai 1915 als Major dem Stab der Armee Mackensen an der Front in Galizien an.
Nach Kriegsende von der Reichswehr übernommen, wird von Bock 1920 Chef des Stabes des Wehrkreises III, 1925 zum Obersten befördert und 1929 als Generalmajor Chef des Stabes des Gruppenkommandos I. 1931 Generalleutnant, ein Jahr später Kommandeur der 2. Division in Stettin und Befehlshaber

→ Fedor von Bock

→→ Hans Günther von Kluge

im Wehrkreis II. 1935 führt er als General der Infanterie das IV. Korps, 1938 Oberbefehlshaber der 8. Armee, mit der er Österreich besetzt. Im gleichen Jahr übernimmt von Bock bereits als Generaloberst die Heeresgruppe 1 in Berlin.

Hans Günther von Kluge

Oberbefehlshaber der aus Ostpreußen vorstoßenden 4. Armee, am 30. 10. 1882 in Posen als Sohn eines Generalleutnants geboren.
Er tritt in das preußische Kadettenkorps ein und absolviert die Kriegsakademie. 1914 rückt er als Hauptmann mit dem XXI. Armeekorps ins Feld, kämpft in Flandern und wird bei Verdun schwer verwundet. 1919 von der Reichswehr übernommen und am 1. 7. 1927 zum Oberstleutnant ernannt, wird er ein Jahr später Chef des Stabes der 1. Kavalleriedivision (Frankfurt/Oder), ab 1. 2. 1933 Generalmajor und Inspekteur der Nachrichtentruppen, am 1. 4. 1934 Generalleutnant. Am 1. 4. 1935 wird er Kommandierender General des VI. Armeekorps sowie Befehlshaber im Wehrkreis VI (Münster); am 1. 8. 1936 zum General der Artillerie befördert.

Georg von Küchler

Georg von Küchler

Oberbefehlshaber der 3. Armee, am 30. 5. 1881 auf Schloß Philippsruh (bei Hanau) geboren, entstammt einer Offiziersfamilie.
Ab März 1900 Fahnenjunker im Großherzoglich-Hessischen Artilleriekorps. Danach tritt er in das 1. Großherzoglich-Hessische Feldartillerieregiment Nr. 25 (Darmstadt) ein. Am 18. 8. 1901 zum Leutnant befördert. 1910–1913 Besuch der Kriegsakademie und ab Frühjahr 1914 in der topographischen Abteilung des Großen Generalstabes.
Bei Ausbruch des Ersten Weltkriegs führt von Küchler eine Artilleriebatterie. Ab Frühjahr 1915 Hauptmann im Generalstab beim IV. und XII. Armeekorps. 1916 als 1. Generalstabsoffizier in der 206. Infanteriedivision. 1918 als 1. Generalstabsoffizier der 9. Reservedivision. 1919 Generalstabsoffizier der »Brigade Kurland«, Teilnahme an der Befreiung von Riga.
Nach Übernahme in die Reichswehr im Stab des I. Armeekorps (Königsberg), später in der Ausbildungsabteilung des Reichswehrministeriums. Am 1. 4. 1923 zum Major befördert. 1924 als Lehrer an der Infanterieschule Dresden, 1926 Chef des Stabes zur Inspektion des Erziehungs- und Bildungswesens. Ab 1. 10. 1933 Artillerieführer I in Königsberg (Ostpreußen).
1934 wird von Küchler als Generalmajor Kommandeur der 1. Division, 1935 Inspekteur der Kriegsschulen. Ab April 1937 General der Artillerie und Kommandierender General des I. Armeekorps (Ostpreußen). Am 23. März 1939 besetzt von Küchler mit seinem I. Armeekorps Memel.

Albert Kesselring

Albert Kesselring

Oberbefehlshaber der Luftflotte 1 bei der Heeresgruppe Nord (GenOberst v. Bock), am 20. 11. 1885 in Marktsteft/Unterfranken geboren, entstammt einer Brauerfamilie.
1904 tritt Kesselring als Fahnenjunker in das 3. Bayrische Fuß-Artillerieregiment (Metz) ein. 1907 Leutnant. Nach Ausbildung an der Artillerie- und Ingenieurschule in München Spezialist für Vermessungs- und Lichtmeßwesen. Im Ersten Weltkrieg anfangs Oberleutnant bei der Truppe, dann in verschiedenen Stabsstellungen, zuletzt im Generalstab. 1919 bei der Reichswehr im stellvertretenden Generalkommando des III. Bayerischen Korps (Nürnberg). Nach Truppenkommandos in Amberg, Erlangen und Nürnberg zum Major

Karl Rudolf Gerd von Rundstedt

befördert. Am 1. 10. 1922 in die Heeresleitung nach Berlin versetzt. 1930 Oberst, Artillerieregiment 4 (Dresden).
Ab 1. 10. 1933 Verwaltungschef des neuen Luftfahrtkommissariats. Am 1. 3. 1935 zum Generalmajor, am 1. 4. 1936 zum Generalleutnant befördert. Ab Juni 1936 Chef des Generalstabes der Luftwaffe. Es untersteht ihm das gesamte Fliegerausbildungswesen. Kesselring organisiert auch die Flak- und Flugnachrichtentruppen. Am 1. 6. 1937 General der Flieger und Kommandierender General des Luftkreises III (Dresden). Ab Oktober 1938 Chef der Luftwaffengruppe (Luftflotte 1) in Berlin.

Karl Rudolf Gerd von Rundstedt

Oberbefehlshaber der aus Schlesien vorstoßenden Heeresgruppe Süd. Rundstedt, Sohn eines Generalmajors, am 12. 12. 1875 in Aschersleben geboren. Er tritt als 17jähriger in das Kasseler Infanterieregiment 83 ein. Bei Kriegsausbruch 1914 ist er bereits der älteste Hauptmann des Infanterieregiments 71 (Kolmar). Er beendet den Krieg als Chef des Generalstabes des XV. Armeekorps an der Westfront. In der Reichswehr wird er 1920 Chef des Stabes der 3. Kavalleriedivision. 1927 zum Generalmajor befördert, 1931 Befehlshaber im Wehrkreis III (Berlin) und im Juni 1932 Oberbefehlshaber des Gruppenkommandos 1, ebenfalls in Berlin. Am 1. 3. 1938 Generaloberst. Nimmt am Einmarsch in das Sudentenland (1. 10. 38) als Oberbefehlshaber der Gruppe IV. teil, danach am 1. 11. 1938 verabschiedet. Ab 25. 8. 1939 wieder im aktiven Dienst.

Johannes Blaskowitz

Oberbefehlshaber der 8. Armee, Eroberer von Warschau, am 10. 7. 1883 in Peterswalde (Ostpreußen) als Pfarrerssohn geboren.
Mit 16 Jahren wird er Fähnrich im Infanterieregiment 18 (Osterode). 1914 zieht er als Hauptmann und Kompanieführer mit dem 3. Badischen Infanterieregiment (Rastatt) ins Feld. Er kämpft in Frankreich, Norditalien, Ostpolen und im Baltikum. In der Reichswehr wird er zunächst Generalstabsoffizier beim Wehrkreiskommando V (Stuttgart). Am 1. 10. 1932 zum Generalmajor befördert, wird Blaskowitz Inspekteur der Waffenschule in Berlin, am 1. 12. 1933 Generalleutnant und am 1. 4. 1935 Kommandeur der 2. Division sowie Befehlshaber im Wehrkreis II (Stettin), danach am 2. 8. 1936 General der Infanterie und am 10. 11. 1938 Oberbefehlshaber der Heeresgruppe 3 (Dresden). Am 15. 3. 1939 überschreitet Blaskowitz mit seiner 8. Armee die tschechische Grenze und besetzt Prag.

→ Johannes Blaskowitz

→→ Walter von Reichenau

Walter von Reichenau

Oberbefehlshaber der 10. Armee, am 8. 10. 1884 in Karlsruhe als Sohn eines Generalleutnants geboren.

1903 Fahnenjunker im 1. Garde-Feldartillerieregiment (Berlin). 19. 8. 1903 zum Leutnant befördert. Von Reichenau tritt vor allem als erfolgreicher und geschätzter Sportler in Erscheinung. Er betreibt neben dem obligatorischen Reiten auch Fußball, Boxen, Tennis und Leichtathletik. 1913 erwirbt er als einer der ersten das Sportabzeichen. Als Oberleutnant macht er im gleichen Jahr eine Studienreise in die USA zur Vorbereitung der für 1916 in Berlin geplanten Olympischen Spiele.

Den Ersten Weltkrieg beginnt er als Regimentsadjutant des 1. Garde-Reserve-Feldartillerieregiments. Danach 2. Generalstabsoffizier der 47. Reservedivision und 1. Generalstabsoffizier der 7. Kavallerie-Schützendivision.

Nach Kriegsende zunächst ab 25. 11. 1918 Generalstabsoffizier des Grenzschutzkommandos beim VI. Armeekorps (Breslau). 1919 in den Generalstab des Grenzschutzkommandos IV (Kolberg), dann von der Reichswehr übernommen als Chef der Maschinengewehrkompanie eines Infanterieregiments. 1923 als Major in den Stab der 3. Division (Berlin). Am 1. 4. 1929 zum Oberstleutnant befördert und ins Reichswehrministerium versetzt. Ab 1931 Chef des Stabes der 1. Division Königsberg (Ostpreußen). Hier bekommt von Reichenau durch den evangelischen Wehrkreispfarrer L. Müller persönlichen Kontakt zu Adolf Hitler und wird begeisterter Anhänger des Führers. Ab 1. 10. 1935 Generalleutnant und Kommandierender General des VII. Armeekorps (München). Am 1. 10. 1936 zum General der Artillerie befördert und ab 4. 2. 1938 Oberbefehlshaber der Gruppe 4 (Leipzig). Im Oktober 1938 befehligt von Reichenau bei der Besetzung des Sudentenlandes den 3. Gebietsabschnitt (Egerland). Im März 1939 marschiert er in Prag ein.

Wilhelm List

Oberbefehlshaber der 14. Armee, am 14. 5. 1880 in Oberkirchberg bei Ulm als Sohn eines Arztes geboren.

Nach dem Abitur am 15. 7. 1898 beim 1. Bayerischen Pionierbataillon (München). Als Leutnant besuchte er von 1902 bis 1904 die Königlich Bayerische Artillerie- und Ingenieurschule. Nach der Beförderung zum Oberleutnant ab 1. 10. 1908 auf der Münchener Kriegsakademie. Danach im Königlich-Bayerischen Infanterieregiment Nr. 1 »König« und »Fortifikation Ingolstadt«. Ab 22. 2. 1913 als Hauptmann in den Bayerischen Generalstab versetzt.

Nach Ausbruch des Ersten Weltkriegs an der Westfront als Generalstabsoffizier beim II. Bayerischen Korps. Ab Sommer 1916 im Stab der »Armeegruppe Strantz«, ein Jahr später als 1. Generalstabsoffizier zur 8. Bayerischen Reservedivision. Ab 1919 von der Reichswehr übernommen, bis 1922 als Führerstabsoffizier beim Infanterieführer VII (München). Ab 1. 4. 1923 Kommandeur des III. (Jäger-)Bataillons des 19. (Bayerischen) Infanterieregiments (Kempten/Allgäu), dann Leiter der Führergehilfenausbildung im Wehrkreis VII (München). Von 1926 bis 1930 in der Heeresausbildungsabteilung im Reichswehrministerium (Berlin). Am 1. 3. 1927 zum Oberst befördert. Ab 1. 2. 1930 Kommandeur der Kriegsschule Dresden.

Vom 1. 10. 1933 an Kommandierender General der 4. Infanteriedivision und Befehlshaber im Wehrkreis IV (Dresden). Am 1. 10. 1935 General der Infanterie und Kommandierender General des IV. Korps. Seit dem 4. 2. 1938 Oberbefehlshaber der Gruppe 2 (Kassel). Nach dem Anschluß Österreichs (April 1938)

Wilhelm List

erhält W. List den Oberbefehl über das neugebildete Gruppenkommando 5 (Wien) und ist für die Eingliederung des österreichischen Bundesheeres in die deutsche Wehrmacht verantwortlich. Am 1. 4. 1939 wird er zum Generaloberst befördert und Oberbefehlshaber des XVII. Korps (Wien) und des XVIII. Korps (Salzburg).

Alexander Löhr

Alexander Löhr

Oberbefehlshaber der Luftflotte 4 bei der Heeresgruppe Süd (GenOberst v. Rundstedt), am 20. 5. 1885 zu Turn-Severin im heutigen Rumänien als Sohn eines Donauschiffers geboren.
Er besuchte die Oberschule in Pancsowa, dann die Theresianische Militärakademie (Wiener Neustadt). Als Leutnant beim ungarischen 85. Infanterieregiment. 1914 Hauptmann in der Operationsabteilung der k.u. k. 5. Armee. Bei Kriegsende Bataillonskommandeur.
Nach Auflösung der österreichisch-ungarischen Monarchie Dienst im österreichischen Bundesheer und als Oberstleutnant stellvertretender Vorstand der Abteilung 5/I (Luft). Seit 1936 im Rang eines Generalmajors und Kommandant der österreichischen Luftstreitkräfte. Nach dem Anschluß Österreichs an das Deutsche Reich (März 1938) wurde Löhr in die deutsche Luftwaffe übernommen und danach Kommandierender General in Österreich. 1939 zum General der Flieger befördert.

Albrecht Conrad

Marinegruppenbefehlshaber Ost, am 7. 10. 1880 in Bremen geboren.
Während des Ersten Weltkriegs bei der Torpedobootwaffe, zuletzt Chef der Flandernflottille. Übernahme in die Reichsmarine, 1920–1923 Chef der I. Torpedobootflottille. 1925–1928 Chef des Stabes der Ostseestation, dann Leiter der Marineoffizierpersonalabteilung. 1930–1932 Befehlshaber der Aufklärungsstreitkräfte (BdA), 1932–1938 Chef bzw. Kommandierender Admiral der Ostseestation. Im November 1938 zum Oberbefehlshaber des Marinegruppenkommandos Ost ernannt und am 1. 4. 1939 zum Generaladmiral befördert.

Albert Conrad

Boris M. Schaposchnikow

Generalstabschef der Roten Armee, der den Überfall auf Polen generalstabsmäßig vorbereitete, am 20. 9. 1882 in Zlatoust, Bezirk Tschelabinsk, im Südural als Sohn eines Adligen geboren.
1901 tritt er in den Militärdienst ein, beendet 1903 die Moskauer Militärschule und 1910 die Akademie des zaristischen Generalstabes, dann dient er in einem Petersburger Garderegiment als Stabsoffizier im Militärbezirk von Turkestan, anschließend nach Tschenstochau abkommandiert, wo er bei Ausbruch des Ersten Weltkriegs in der 14. Kavalleriedivision an den Operationen in Galizien und bei Lodz teilnimmt. Anfang 1915 Stabschef der 12. Armee, ab Juni 1915 im Generalstab der Kosakengroßverbände an der Südwestfront. Ab Dezember 1915 Oberstleutnant. Ab Februar 1917 Generalstabschef des X. Armeekorps; im August desselben Jahres wird Schaposchnikow zum Obersten befördert und übernimmt das 16. Grenadierregiment (Mingrelski) sowie nach Beendigung der Oktoberrevolution die Kaukaser Gardedivision.
Am 22. 5. 1918 wechselt Schaposchnikow zur Roten Armee, wird stellvertretender Chef der Operationsabteilung in der Verwaltung des Hohen Kriegsrates, danach Kommissar der Aufklärungsabteilung des Feldstabes der Roten Armee in der Ukraine; ab September 1919 Chef der Aufklärungsabteilung, einen

Monat später Chef der Operativen Abteilung der Feldarmee. Er entwirft den Plan einer Offensive gegen die weißrussischen Generäle Denikin und Wrangel, danach den Operationsplan für den Polnisch-sowjetischen Krieg 1920/21 und später für den Feldzug auf der Krim; wird mit dem Rotbannerorden ausgezeichnet. Ab Februar 1921 erster Stellvertreter des Generalstabschefs der Roten Armee, 1925–1928 Oberbefehlshaber der Leningrader und Moskauer Militärbezirke, ab 1930 Mitglied der Kommunistischen Partei der UdSSR, 1931 bis 1932 Oberbefehlshaber des Wolga-Militärbezirks, 1932–1935 Oberster Kommissar der berühmten Frunse-Militärakademie, die unter Schaposchnikow höchstes Niveau erreicht. 1935–1937 Oberbefehlshaber des Leningrader Militärbezirks. Am 22. 9. 1935 zum Armeebefehlshaber 1. Ranges ernannt, ab 1936 Chef des Generalstabes der Roten Armee.

↑ Boris M. Schaposchnikow

↓ Semjon K. Timoschenko

Semjon K. Timoschenko

Oberbefehlshaber der Ukrainischen Front, Eroberer von Südpolen, im Februar 1895 in dem bessarabischen Dorf Furmanowka geboren.

Timoschenko schlägt sich zuerst als Gelegenheitsarbeiter durch, wird im Herbst 1914 MG-Schütze in der zaristischen Armee und tritt Ende 1917 im Rang eines Feldwebels mit seinem MG-Zug in die Rote Armee über. Im April 1918 wird er Kommandeur der ersten Partisanengruppe auf der Krim, und vier Monate später, im Juli 1918, führt er das erste Reiterregiment auf der Halbinsel, dann eines der Regimenter der 10. Armee (K. J. Woroschilow), dessen Politkommissar J. W. Stalin ist. Ab 1919 Kommandeur der 2. Kavalleriedivision in der 1. Reiterarmee (S. M. Budjonny), mit der er gegen Polen und den weißrussischen General Wrangel kämpft. Fünfmal verwundet, absolviert Timoschenko nach Beendigung des Krieges die Frunse-Akademie und dann die militärpolitische Akademie »W. I. Lenin«. Noch während seines Studiums wird er Kommandierender und Kommissar des 3. Kavalleriekorps, dann von 1933 bis 1935 Befehlshaber des Militärbezirks Weißrußland, von 1935 bis 1937 Befehlshaber des Sondermilitärbezirks Kiew, später des Militärbezirks Charkow, und ist von 1938 bis 1940 wieder Befehlshaber des Sondermilitärbezirks Kiew. Am 17. 9. 1939 führt Timoschenko die Ukrainische Front, mit der er Südpolen überfällt.

↓ Wassili I. Tschuikow

Wassili I. Tschuikow

Eroberer von Wilna und Grodno, am 12. 2. 1900 in Serebrajanyje Prudy als Sohn eines Bauern aus Tula unweit Moskaus geboren.

Er muß sich als Laufbursche in einem Hotel und als Kaufmannslehrling durchschlagen, bevor er im April 1918 freiwillig in die Rote Armee eintritt. Schon nach viermonatiger Ausbildungszeit wird er Kompaniechef und zeichnet sich gleich in seinem ersten Gefecht aus. Bereits ein Jahr später wird er Regimentskommandeur und kämpft mutig gegen General Koltschak, was ihm das ZK der Partei mit zwei Rotbannerorden, einem Goldenen Säbel und einer goldenen Uhr honoriert, eine durchaus seltene Auszeichnung für einen so jungen Regimentschef.

Am Polnisch-sowjetischen Krieg (1920/21) nimmt Tschuikow mit seinem Regiment teil. Vier Jahre später, 1925, absolviert er die Frunse-Militärakademie und Anfang der dreißiger Jahre die Akademie für Mechanisierung und Motorisierung, die Ausbildungsstätte für die höheren Offiziere der Panzertruppe. Anfang 1939 befehligt Tschuikow ein Schützenkorps, am 17. September überfällt er mit der Armeegruppe im Rahmen der Weißrussischen Front (Armeegen. M. P. Kowalew) Ostpolen.

↑ Filip I. Golikow

↓ Kazimierz Sosnkowski

↓ Franciszek Kleeberg

Filip I. Golikow

Oberbefehlshaber der sowjetischen 6. Armee, Eroberer von Tarnopol und Lemberg, am 16. 7. 1900 in Borisowaja/Region Katajsk im Bezirk Kurgansk als Sohn eines Dorfarztes geboren.

Nach Beendigung des Gymnasiums in Kamyschlow tritt er 1918 in die Rote Armee ein. Während des Bürgerkrieges kämpft Golikow als MG-Schütze in dem Freiwilligen Infanterieregiment Krasnyje Orly und ist nach Kriegsende im parteipolitischen Apparat der Roten Armee als Politkommissar tätig. Im November 1931 zum Kommandeur des 95. Infanterieregiments ernannt, danach auf der Frunse-Akademie. Ab 1933 Kommandeur der 61. Infanteriedivision im Militärdistrikt Wolga. 1936/37 Kommandeur des 8. mechan. Korps und 1937/38 Kommandeur des 45. mechan. Korps. Anschließend wird Golikow Mitglied des Büros des ZK der KP Weißrußland, danach Mitglied des ZK der KP Weißrußland sowie Kandidat des ZK der KP Ukraine. Ab 1937 Deputierter des Obersten Sowjets der UdSSR, dann Mitglied des Kriegsrates für den Weißrussischen Militärdistrikt, später Befehlshaber der Armeegruppe Winniza im Militärdistrikt Kiew.

Kazimierz Sosnkowski

Oberbefehlshaber der Südfront, am 19. 11. 1885 in Warschau geboren.

Studium am Politechnikum in Lemberg, mit 22 Jahren Gründer der paramilitärischen Untergrundorganisation ZWC, engster Mitarbeiter von J. Pilsudski. Nach Ausbruch des Ersten Weltkriegs von August 1914 bis 1916 Chef des Stabes der I. Legionenbrigade, danach bis Juli 1917 Leiter des Kriegsdepartments in der polnischen provisorischen Regierung, anschließend Internierung in Magdeburg.

Vom 16. 11. 1918 bis 3. 3. 1919 Befehlshaber des Generalbezirks Warschau, danach bis zum 24. 5. 1920 Vizeminister im Kriegsministerium; im Sommer 1920 während des Vormarsches der Roten Armee Organisator und Befehlshaber der Reservearmee.

Nach dem »Wunder an der Weichsel« bis zum 20. 4. 1925 Kriegsminister und Mitglied des Verteidigungsrates. Vom 21. 4. 1925 bis zum 13. 5. 1926 Befehlshaber des Korpsbezirks VII (Posen) und Delegierter bei der Genfer Abrüstungskonferenz. Zwischen März 1927 und September 1939 Armeeinspekteur. Am 11. 11. 1936 zum General der Waffen befördert.

Franciszek Kleeberg

Befehlshaber der Selbständigen Operationsgruppe SGO Polesie, am 1. 2. 1888 in Tarnopol geboren.

Studium an der k. u. k. Technischen Militärakademie in Mödling. Hauptmann der Artillerie. Von Mai 1915 bis Juli 1917 im Stab der II. Legionenbrigade, dann Chef des Stabes im Oberkommando der Legion, zuletzt Stabsoffizier der III. Brigade. 1918 zum Dienst in der k. u. k. Armee abberufen. Während des Polnisch-sowjetischen Kriegs Chef des Stabes im Oberkommando »Ost«. 1923 Kommandeur der 14. Infanteriedivision (Posen). Nach Beendigung des Militärstudiums an der Kriegsakademie in Paris (1924/25) wird Kleeberg Leiter der Höheren Kriegsschule in Warschau und zwei Jahre später Kommandeur der 29. Infanteriedivision (Grodno). Beförderung zum Brigadegeneral am 1. 1. 1928. 1934 Befehlshaber des Korpsbezirks III (Grodno) und 1937 des Korpsbezirks IX (Brest-Litowsk). Am 9. 9. 1939 stellt Kleeberg die Samodzielna Grupa Operacyjna (SGO) Polesie auf.

Tadeusz Kutrzeba

Oberbefehlshaber der polnischen Verbände während der Schlacht an der Bzura, am 15. 4. 1886 in Krakau geboren.
Im Ersten Weltkrieg Hauptmann der Pioniere in der k. u. k. Armee. Ab November 1918 Offizier beim polnischen Oberkommando, ab Oktober 1919 Chef des Stabes der 1. Infanteriedivision Legionen. Während des Polnisch-sowjetischen Kriegs Chef des Stabes in der Operationsgruppe von General Rydz-Smigly, später der 3. Armee, danach der Front »Süd« und zuletzt der 2. Armee. 1921 Taktiklehrer an der Generalstabsschule. Von 1921–1925 Chef der III. Abteilung des Generalstabes, bis 1928 Chef des Büros des Kriegsrates. Am 1. 1. 1927 zum Brigadegeneral befördert und von 1928 bis 1939 Kommandant der Höheren Kriegsschule. Oberbefehlshaber der Armee Poznan.

↑ Tadeusz Kutrzeba

↓ Wilhelm Orlik-Rückeman

Wilhelm Orlik-Rückeman

Oberbefehlshaber der KOP-Gruppe, die vom 17. 9. bis 29. 9. 1939 im Kampf gegen die Rote Armee stand. Orlik-Rückeman wurde am 1. 8. 1894 in Lemberg geboren.
Nach Beendigung der Militärschule, Studium am Polytechnikum in Lemberg, Mitglied des Freiheitsvereins »Zarzewie« und später des Schützenvereins. Nach Ausbruch des Ersten Weltkriegs kämpft Orlik-Rückeman von August 1914 bis Juli 1917 in der Polnischen Legion von J. Pilsudski, danach zwangsweise in der k. u. k. Armee. Nach der Flucht konspirative Tätigkeit im Rahmen der polnischen Militärorganisation POW in der Ukraine bei der Aufstellung von Einheiten der polnischen Armee. Von 1918/19 in ukrainischer Gefangenschaft. Danach bis Juli 1920 zeitweise Kommandeur des 2. Infanterieregiments Legionen, später bis 1921 Kommandeur des 1. Panzerregiments. 1921/22 Inspekteur der Panzerwaffe im Infanteriedepartment des Kriegsministeriums. 1922 bis Mai 1927 erneut Kommandeur des 1. Panzerregiments. Am 15. 8. 1924 zum Oberst befördert. Von 1927 bis 1928 Kommandeur der KOP (Grenzschutz)-Brigade. Danach vier Jahre Kommandeur der 23. Infanteriedivision und von März 1932 bis November 1938 Kommandeur der 9. Infanteriedivision. Am 1. 1. 1933 zum Brigadegeneral befördert. Zwischen Dezember 1938 und August 1939 Stellvertreter des Befehlshabers der KOP, ab September 1939 Befehlshaber der KOP.

↓ Juliusz Rómmel

Juliusz Rómmel

Oberbefehlshaber der Armee Warszawa, leitet die Verteidigung der Hauptstadt, am 3. 6. 1881 in Grodno geboren.
Seit 1903 Berufsoffizier der russischen Armee. Im Juni 1916 zum Oberst der Artillerie befördert. Bis September 1917 dient Rómmel in der Armee des Zaren, und ist an der Aufstellung polnischer Truppen in der Ukraine beteiligt. 1918 Befehlshaber des III. Korps in Kiew, im Juni 1918 von den Österreichern interniert. Am 3. 11. 1918 erreicht Rómmel Warschau, schließt sich der polnischen Armee an und wird Kommandeur des 8. Artillerieregiments, 1919 Kommandeur der I. Artilleriebrigade Legionen. Am 1. 5. 1919 zum Brigadegeneral befördert, danach Kommandeur der 1. Infanteriedivision Legionen. Die von ihm geführten Reiter erringen im Polnisch-sowjetischen Krieg einen taktischen Sieg in der Schlacht gegen die 1. Reiterarmee (Gen. Budjonny) bei Komarowo (1920). 1921 Kommandeur der 1. Reiterdivision. 1921–1924 Inspekteur der Kavallerie der 1. Armee (Wilna), 1926–1929 General für besondere Aufgaben beim polnischen Oberkommando, dann bis 1939 Armeeinspekteur, 1939 Oberbefehlshaber der Armee Lodz, danach der Armee Warszawa.

Prolog

An diesem trüben, wolkenverhangenen Morgen des 10. November 1918 gibt es für die beiden deutschen Landser, die vor dem Eingang für »offizielle Personen« im Wiener Bahnhof von Warschau Wache schieben, keinen Grund zur Aufregung; es herrscht wie an jedem Sonntag der übliche Reiseverkehr. Auf einem der Bahnsteige kommt kurz vor 7.00 Uhr merkliche Bewegung in eine Gruppe schwarzgekleideter Herren, deren glänzende Zylinder einen festlichen Anlaß vermuten lassen. »Der Zug kommt!« ruft der nobel aussehende Herr, Regent Fürst Z. Lubomirski. In der Tat, schwer dampfend rollt langsam ein Sonderzug aus Berlin ein. Die Honoratioren steuern fast im Laufschritt auf einen der Waggons zu, von dessen Plattform ein Mann mit buschigem Schnurrbart, in der grauen Uniform der Polnischen Legion aussteigt.
Fürst Lubomirski lüftet gerade mit vornehmem Schwung seinen Zylinder und will dem Ankommenden die Hand reichen, als plötzlich, wie aus dem Boden gestampft, zwischen ihnen eine unscheinbare Gestalt auftaucht und in einem Atemzug rezitiert: »Herr Kommandant, im Namen der polnischen Militärorganisation begrüße ich den Herrn Kommandanten in der Hauptstadt!« Der Kommandant schüttelt Adam Koc von der Untergrundorganisation POW die Hand: »Ich danke euch!«
Mit der Ankunft von Josef Pilsudski nach seiner Internierung in Magdeburg beginnt ein neues Kapitel in der wechselvollen Geschichte Polens.
Sie begann in der europäischen Tiefebene, zwischen der Ostsee und den Karpaten. Hier siedelte in grauer Vorzeit der westslawische Stamm der Polanen. Hier entstand auch vor über 1000 Jahren der polnische Staat.
Der erste Herrscher Mieszko (960–992) aus der Piasten-Dynastie wurde vom sächsischen Markgrafen Gero besiegt und dem deutschen Kaiser Otto dem Großen tributpflichtig. Um eine drohende Vernichtung abzuwenden, tritt Mieszko 966 mit seinem Volk zum Christentum über, womit Polen auch den Anschluß an die westliche Kultur gewinnt. Unter Boleslaw I., dem Tapferen (992–1025), der das Erzbistum Gnesen gründet und Kiew erobert, erstreckt sich das Reich von der Elbe bis zum Bug, von der Ostsee bis an das Waagtal. Polens »Drang nach Osten« macht sich bemerkbar: Symbolisch wird das Schwert, das Szczerbiec, mit dem Boleslaw I. gegen die Tore von Kiew schlug, zum Krönungsschwert der zukünftigen Könige.
Unter seinem Nachfolger fallen die Slowakei an Ungarn, Pommern an Dänemark, Mähren an Böhmen, die Lausitz an den deutschen Kaiser zurück. Um den wirtschaftlichen Aufbau zu beschleunigen, rufen polnische Herrscher Siedler ins Land. Es sind in der Regel Deutsche (polnisch niemcy: »die Stummen«, die die polnische Sprache nicht verstehen). Die westliche Kultur wiederum bringen die Mönche aus ihren deutschen Mutterklöstern wie Altenberg.
Im späteren Ostpreußen bahnt sich nun eine folgenschwere Entwicklung für das zukünftige deutsch-polnische Verhältnis an: Der heidnische Stamm der Pruzzen lebt hier im dauernden Kleinkrieg mit den christlichen Polen. Der polnische Fürst, Herzog Konrad von Masowien, ruft den deutschen Ritterorden zu Hilfe und verspricht ihm dafür das Kulmer Land. Kaiser Friedrich II. sanktioniert diese Schenkung in der Goldenen Bulle von Rimini und verleiht dem Orden außerdem alles Land, das er dazugewinnen wird. Den Sitz des Ordens verlegt man von Venedig nach Marienburg. Der deutsche Ritterorden stürzt sich eifrig auf seine Aufgabe: Er erobert nicht nur das Land der Pruzzen, sondern bemächtigt sich auch des Gebietes von Pommerellen. Große Landstriche an der Ostsee werden weiter von dem Schwertbrüderorden erworben.

Im Jahre 1237 drängen die Mongolen nach Westen. Moskau und Kiew sinken in Asche, Polen wird überflutet, die Bewohner Breslaus zünden ihre Stadt an und verteidigen nur die Burg auf der Dominsel. Unter Heinrich dem Frommen, Herzog von Schlesien, wird das deutsch-polnische Heer von den Mongolen 1241 bei Liegnitz geschlagen. Danach ziehen jedoch die Mongolen, die ihren Sieg mit schweren Verlusten bezahlen mußten, wieder ab. So ist das Abendland vor ihrem Ansturm gerettet.

Um 1330 beginnt für Polen ein neues Kapitel seiner Geschichte: Die damalige Westgrenze gegen das Deutsche Reich bleibt bis September 1939 bestehen. Dagegen haben im Norden die Ordensritter, im Nordosten Litauen und im Osten die Großfürstentümer Kiew und Moskau neue Positionen aufgebaut: Im Spannungsfeld zwischen diesen Nachbarn, in Angriff und Abwehr, strebt Polen jetzt seine neue staatliche Einheit an. Der erste Feind heißt Ritterordensstaat. Durch dessen maßlose Expansion schlägt die Freundschaft bald in Haß und bittere Fehde um.

Unter Kasimir dem Großen (1333–1370) wird Polen ein bedeutender Bündnispartner des Westens: Kasimir stützt sich auf den Vatikan, drängt die Teilfürsten zurück und saniert durch innere Reformen das vorher zerrissene Land. Die römisch-deutschen Ansprüche auf Polens Thron werden abgewehrt, und Kasimir verzichtet im Vertrag von Trentschin (1335) endgültig auf Schlesien. Der Krakauer Fürstentag (1363) zeigt ihn auf der Höhe seines Ruhms. Der deutsche Kaiser Karl IV. feiert in der polnischen Residenzstadt seine Hochzeit mit Elisabeth, der Enkelin Kasimirs. Die von Kasimir geschaffene Staatsstruktur wird im Kern 400 Jahre lang bestehen bleiben – einschließlich eines für die Geschichte Polens so charakteristischen Merkmals wie dem Wahlkönigtum. Es überträgt die Entscheidung über die Königsnachfolge, falls keine männlichen Nachkommen vorhanden sind, de facto dem Sejm (polnischer Reichstag).

Im Jahre 1386 wird die polnisch-ungarische Königstochter, die 17jährige Hedwig (Jadwiga), unter der Bedingung zur Königin gewählt, daß sie den litauischen Großfürsten Jagiello heiratet. So entsteht das polnisch-litauische Jagellonenreich, das sich von der Ostsee bis zum Schwarzen Meer erstreckt, von 1400 bis 1550 einer der territorial größten Staaten Europas. Es beginnt jetzt das »goldene Zeitalter« der polnischen Geschichte. Die Streitigkeiten der polnisch-litauischen Union mit dem Ritterorden gipfeln am 14. 7. 1410 in der Schlacht von Grunwald (Tannenberg), in der der Orden unter Hochmeister Ulrich von Jungingen eine Niederlage erleidet. Im Frieden zu Thorn (1466) muß der Ritterorden Westpreußen mit dem Ermland an Polen abtreten, nur Ostpreußen bleibt als polnisches Lehen dem Orden erhalten. 1525 wird schließlich der

1939 – Wawel, der Schloßberg von Krakau: Auf einem Kalkfelsen ragt das Königsschloß mit dem Dom über der Weichsel, Polens wichtigste nationale Gedenkstätte. 1320 wird die polnische Hauptstadt von Gnesen nach Krakau verlegt

Ordensstaat in ein weltliches Herzogtum unter Herzog Albrecht von Brandenburg umgewandelt.
Das in der Mündung der Weichsel liegende Danzig wird zu einem Beispiel für die vielfältigen staatlichen Strukturen in Polen: Es hat jahrelang zusammen mit anderen Städten und Adelsgeschlechtern des Preußenlandes gegen den Ritterorden gekämpft. Nach dem Zusammenbruch des Ordens wird Danzig jedoch keineswegs integrierter Teil des polnischen Reiches, sondern 339 Jahre lang, von 1454 bis 1793, ein deutscher Stadtstaat unter polnischer Krone mit dem Recht auf selbständige Innen- und Außenpolitik sowie dem alleinigen Gebrauch der deutschen Sprache. Seine Machtstellung verdankt Danzig in erster Linie seiner Mitgliedschaft in der Hanse, der kaufmännischen Genossenschaft im norddeutschen Raum, deren Handelstüchtigkeit auch dem aufstrebenden polnischen Großreich zugute kommt.
Unter Kasimir IV. erwirbt Polen Böhmen und Ungarn, erfährt die Huldigung durch den Fürsten der Moldau und stößt bis weit über den Dnjepr in die Ukraine vor. Das Jagellonenreich steht nun auf der Höhe seiner Macht. Am Dnjepr erwächst ihm allerdings in der Zwischenzeit ein Rivale: Rußland.
Im Jahre 1505 entsteht mit der Konstitution »Nihil Novi« eine für damalige Zeiten relativ moderne Verfassung, eine Art von Adelsrepublik: die Rzeczpospolita. Der König gibt damit seine Souveränität auf und verspricht, daß er und seine Nachfolger nichts ohne Zustimmung des Reichsrates festlegen wollen. Dem Adel bietet die Verfassung eine Art von Nationalrepräsentation, und es wird das sogenannte »liberum veto« (ich verbiete es) eingeführt. Damit werden alle Reichstagsbeschlüsse praktisch durch eine einzige Gegenstimme der Opposition aufgehoben, ein Vorgang, der in der Weltgeschichte kaum eine Parallele hat. Mit Hilfe der Drohung, die Steuern nicht zu zahlen und die Heeresfolge zu verweigern, ertrotzt sich der Adel immer neue Freiheiten und Rechte. Sein großer Freiheitsbrief, das Petrikauer Statut, bedeutet zwar die völlige Entrechtung der polnischen Bauernschaft, doch steht dem andererseits bis ins 17. Jahrhundert hinein die religiöse und politische Liberalität gegenüber, die Hunderttausende von preußischen, sächsischen, habsburgischen sowie russischen Un-

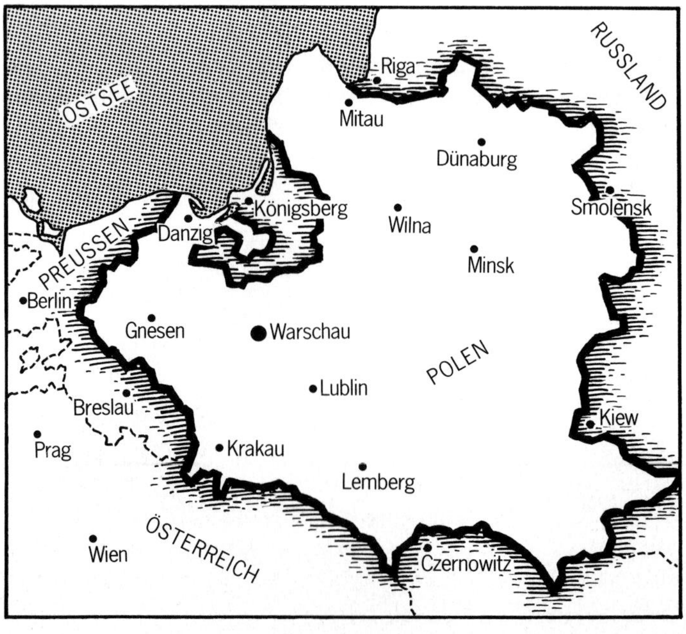

Polen, mit Litauen vereinigt, zählte Ende des 16. Jahrhunderts noch zu den größten Staaten Europas

Tschenstochau, das Wehrkloster der Paulinen, mit dem Bildnis der Schwarzen Madonna: wichtigste Stätte des nationalen Widerstandes

tertanen zur Flucht nach Polen veranlaßt. Auch Juden finden in Polen, zu einer Zeit, in der sie in ganz Europa unter Ausnahmerecht stehen, ein neues Zuhause.

Inzwischen drängen die Wogen der deutschen Reformation nach Polen. Doch bleiben die Anhänger des Protestantismus unverfolgt, und über dem Land steht nie der Rauch von Scheiterhaufen. Der nahezu kampflose Sieg der katholischen Gegenreformation macht den Klerus neben dem Adel zur nationalen Führungsschicht. Diese Tatsache ist von entscheidender Bedeutung für die Einheit der nationalen Kultur und wirkt sich bis heute aus.

Während das polnische Reich im 16. Jahrhundert seinen Höhepunkt erreicht, geht mit dem Tod von Sigismund II. im Jahre 1572 die Dynastie der Jagellonen zu Ende. Die sich daran anschließende Zeit des Wahlkönigtums mit ihren häufig wechselnden Königen verschiedenster Provenienz leitet den Niedergang Polens ein. Eine gefährliche Instabilität und ein Machtvakuum beschwören zunehmend Interventionen der benachbarten Mächte herauf. So verliert Polen unter den Nachfolgern von Sigismund Wasa durch Aufstände der Kosaken große Teile der Ukraine.

Bereits 1654 dringen die Russen, denen sich die Kosaken angeschlossen haben, in Polen ein, erobern Smolensk und große Teile von Litauen. Diese Niederlage nutzt wiederum Karl Gustav von Schweden aus: Er besetzt Großpolen und ist bemüht, es unter Schweden, Brandenburg und Siebenbürgen aufzuteilen. Die Aufstände und eine erfolgreiche Verteidigung des Wehrklosters Jasna Gora (Heller Berg) zu Tschenstochau durchkreuzen die Pläne Schwedens und stehen am Anfang des für Polen so bedeutenden Kults um die Schwarze Madonna. Unterdessen gelingt es 1657 dem Großen Kurfürsten Friedrich Wilhelm, die polnische Lehnsherrschaft über (Ost-)Preußen abzuschütteln und so das Fundament des späteren Königreichs Preußen zu legen. Die nächsten Jahrzehnte sind ausgefüllt mit Kämpfen gegen Türken, Russen und Schweden, die für Polen letztlich mit großen Gebietsverlusten enden. 1667 muß Polen im Waffenstillstand von Andrusowo dem Verlust von Smolensk und der Ukraine östlich des Dnjepr an Rußland zustimmen.

Unter König Jan III. Sobieski (1674–1696) erfolgt ein glänzender Sieg: Im Jahre 1683 schlagen die vereinigten deutsch-polnischen Heere die Türken bei Wien. Doch kann dieses Ereignis den inneren Zerfall Polens nicht mehr aufhalten.

Der Nachfolger von Sobieski auf dem polnischen Thron wird August der Starke von Sachsen. Die königliche Macht ist kaum noch vorhanden, der Staat tatsächlich eine Adelsrepublik. Der Reichstag, jetzt ein Instrument uneingeschränkter Adelswillkür, übt alle Gewalt aus. Das seit 1505 eifrig praktizierte

»liberum veto« führt langsam zu politischen Verhältnissen, die jede Regierungstätigkeit mehr oder weniger unmöglich machen. Im Jahre 1733 stirbt August der Starke, und nun will der polnische Adel einen Polen, Stanislaus Leszczyński, auf den Thron haben. Die beiden mächtigen Nachbarn Rußland und Preußen sind sich jedoch einig, keinen Polen als König zu dulden. Russische Truppen besetzen große Teile des Landes, und mit Zustimmung Moskaus wird wieder ein sächsischer Kurfürst, diesmal August III., König von Polen. Diese unrühmlichen Vorfälle sind der Auftakt für Teilungen, die der Selbständigkeit Polens bald ein Ende bereiten.

Einige weitsichtige Adlige und aufgeklärte Bürger versuchen vergeblich, den Verfall des Staates zu bremsen. Die Ereignisse überschlagen sich nun: Nach dem Tod Augusts III. (5. 10. 1763) schließen in Dresden Friedrich II. von Preußen und Katharina II. von Rußland einen Geheimvertrag und bestimmen nicht nur die Geschicke des Staates, sondern auch seinen nächsten König. Es wird Stanislaus II. Poniatowski, ein früherer Liebhaber von Katharina. Eine Verschwörung des polnischen Adels in der Konföderation von Bar unter Kasimir Pulaski, die sogar vor dem Versuch einer gewaltsamen Entführung des Königs nicht zurückschreckt, wird niedergeschlagen. Ein Bürgerkrieg bricht aus, in dessen Verlauf der polnische König durch ein russisches Heer gegen den Adel des eigenen Landes geschützt wird. Als Verbündete der Konföderation erklären die Türken Rußland den Krieg.

Der kunstsinnige Stanislaus II. Poniatowski läßt zu Katharinas Verblüffung in Verbindung mit der Reformpartei nichts unversucht, um eine eigenständige polnische Politik zu betreiben. Dies bietet wiederum der Zarin eine günstige Gelegenheit, erneut einzugreifen. Die Erfolge Rußlands rufen jetzt Preußen und Österreich auf den Plan: Der »gerechten« Machtvergrößerung der drei Staaten wegen erfolgt 1772 die erste Teilung Polens, das ein Drittel seines Gebietes verliert. Die Hilferufe des polnischen Königs an die Herrscherhäuser in Paris und London bleiben ohne Gehör.

Angesichts der existentiellen Bedrohung kommt die Nation wieder zur Besinnung: Grundlegende Reformen, vor allem auf dem Gebiet des Schulwesens und

24. 10. 1795: Nach der dritten Teilung verschwindet Polen von der Karte Europas

Warschau Sommer 1939: das Königsschloß (rechts) mit der König Sigismund III.-Säule, im Hintergrund die Türme des Doms. 1596 verlegt das polnische Königshaus seine Residenz von Krakau nach Warschau

der öffentlichen Erziehung, werden durchgeführt. Sogar eine neue Verfassung, die modernste ihrer Art in Europa, kann erarbeitet und am 3. 5. 1791 verkündet werden, da Rußland gerade in einen Krieg gegen Schweden und die Türkei verwickelt ist. Die Mai-Konstitutionsakte verwandelt das Wahlkönigtum in ein erbliches, hebt das unselige »liberum veto« nach 286 Jahren endlich auf und proklamiert die Gleichheit aller Staatsbürger vor dem Gesetz. Es ist jedoch zu spät. Der Niedergang kann damit nicht mehr aufgehalten werden: Das russische Kaiserreich empfindet die freiheitliche Verfassung als einen Anschlag auf seine absolutistische Existenz und läßt ein Heer in Polen einmarschieren; ein sich anbahnender Aufstand wird 1792 im Keim niedergeschlagen, die neue Verfassung außer Kraft gesetzt. Preußen verständigt sich mit Rußland und schickt nun gleichfalls Truppen nach Polen.
1793 wird durch neue Gebietsabtretungen die zweite Teilung Polens erzwungen. Rußland läßt sich neben der Besitznahme von Litauen, Wolhynien und Podolien freies Einmarschrecht durch Polen und ein Bestätigungsrecht für alle Verträge, die das Land mit auswärtigen Mächten abschließt, einräumen. Preußen nimmt Danzig und Thorn, Posen und Kalisch. Unter der Führung von Tadeusz Kościuszko erhebt sich die Nation noch einmal zu einem verzweifelten Aufstand. Die Preußen und Russen gehen gemeinsam gegen die Rebellen vor.
Der Oberbefehlshaber der russischen Truppen, General Suworow, stürmt am 5. 11. 1794 die Warschauer Vorstadt Praga und befiehlt seinen Kosaken, die dort verbliebene Bevölkerung ohne Unterschied von Alter und Geschlecht niederzumetzeln. Hermann von Boyen, später Feldmarschall und preußischer Kriegsminister, sieht die Vorstadt einen Tag danach: »Praga trug in jenem Augenblick allerdings den Charakter einer mit Sturm genommenen Stadt.

Namentlich gilt dies von den 12–13000 Menschen, die an jenem blutigen Tage getötet sein sollen. Tote Pferde habe ich noch mehrere in den Straßen liegend gefunden.«
Am 24. 10. 1795 nehmen Rußland, Preußen und Österreich die dritte, endgültige Teilung vor. Sie verpflichten sich in feierlicher Form, niemals wieder eine Entstehung Polens zu dulden, »dessen Name für alle Zeiten von der Erde getilgt bleiben soll«.
Eine letzte Hoffnung flackert auf, als unter Napoleon eine polnische Legion in Frankreich entsteht. Ihr Marschlied »Noch ist Polen nicht verloren« wird später zur trutzigen Nationalhymne, die bis heute ihre Bedeutung nicht eingebüßt hat.
Die Siege Napoleons gegen Preußen und Rußland führen 1806/07 zur Bildung des Großherzogtums Warschau mit einem eigenen Heer unter Fürst Józef Poniatowski, erweitert um einen Teil des österreichischen Annexionsgebietes mit Krakau. Die Niederlage Napoleons bringt das Ende des Großherzogtums.
In den Wiener Verträgen von 1815 fällt Polens westlicher Teil als Großherzogtum Posen an Preußen. Krakau wird zur »Freien Stadt« unter dem Schutz der drei Teilungsmächte erklärt. Zar Alexander I. proklamiert am 20. 6. 1815 das Königreich Polen, das unter Zusicherung konstitutioneller Freiheiten und nationaler Rechte durch Personalunion mit Rußland verbunden wird; der Zar trägt nun auch den Titel des Königs von Polen. Der anfänglich liberale Regierungsstil Alexanders I. wandelt sich jedoch allmählich in Unterdrückung. Sein Nachfolger, Nikolaus I., sorgt für eine weitere Kursverschärfung, und im November 1830 bricht ein verzweifelter Aufstand aus.
Nicht ganz 37 Jahre nach General Suworows Gemetzel von Praga stürmt die russische Armee, geführt von Feldmarschall Paskiewicz, unter großen eigenen Verlusten Warschau. Das polnische Rebellenheer, etwa 20000 Mann, zieht über die preußische Grenze, um dort die Waffen niederzulegen. Kongreßpolen wird Rußland einverleibt, Paskiewicz zum Statthalter ernannt, und zugleich mit der Verfassung des Königreichs werden der polnische Reichstag (Sejm), die Armee und die Justiz aufgehoben. Die Amtssprache wird Russisch, das Münzwesen dem russischen gleichgestellt. Die Presse unterliegt strenger Zensur. Mit allen Mitteln versucht Rußland, die Tätigkeit der katholischen Kirche einzuschränken. Das Land wird gegen eine Verbindung zum Westen abgeschirmt. Die Universitäten in Warschau und Wilna werden geschlossen, Tausende von Polen nach Sibirien verschleppt. Anderen wiederum, unter ihnen Frédéric Chopin, gelingt die Flucht in den Westen.
Zwischen 1846 und 1848 kommt es zu weiteren, vergeblichen Erhebungen im preußischen und österreichischen Teil Polens. Unter dem liberalen Zaren Alexander II., der auch in Polen die Zügel lockert und einen gewissen Autonomiekurs steuert, unternehmen die unzufriedenen polnischen Patrioten einen Versuch, dem Zaren einen unabhängigen polnischen Staat abzutrotzen: Eine polnische Exilregierung ruft, in der Hoffnung auf die Hilfe der Franzosen, im Januar 1863 von Paris aus zum allgemeinen Aufstand auf. In einem verbissenen Guerillakrieg, an dem sich auch die befreiten Bauern beteiligen, entreißen die Polen den Russen zwar große Teile des Landes, doch der ungleiche Kampf ist von vornherein zum Scheitern verurteilt.
Nach der Niederwerfung des Aufstandes schlägt die russische Willkür desto härter zu: Der Besitz aller Aufständischen wird konfisziert, und diejenigen, denen die Flucht in den Westen nicht gelingt, werden zu lebenslanger Verbannung nach Sibirien verurteilt. Die bereits genehmigte Verfassung wird zurückgezogen und eine unerbittliche Russifizierungspolitik eingeleitet, die polnische

Sprache systematisch aus dem öffentlichen Leben verbannt. Der Begriff Polen wird durch die Bezeichnung Weichselgouvernements ersetzt. Alle öffentlichen Ämter werden von Russen übernommen, die Universitäten geschlossen, und das Grundschulwesen wird eingeschränkt. Anders sieht es dagegen in dem von Österreich besetzten Galizien aus. Die Zuneigung zum Hause Habsburg ist hier groß und der Landtag fest in der Hand der polnischen Oberschicht. In jenem Teil Polens wiederum, der nun zum Deutschen Reich gehört, sind der polnische Kleinadel und die katholische Kirche die wichtigsten Träger des Nationalgedankens.

Im März 1848 werden in Berlin die Anführer des Aufstandes von 1846 begnadigt und von den Einwohnern stürmisch gefeiert. Friedrich Wilhelm IV. verspricht zugleich die nationale Reorganisation der Provinz Posen. Einer der Begnadigten, General Mieroslawski, gründet in Posen ein polnisches Nationalkomitee und sammelt bereits Bewaffnete, bis preußische Truppen die Insurgenten schließlich zersprengen. 1863 vereinbaren Preußen und Rußland in der Alvenslebenschen Konvention, sich gegenseitig bei der Verfolgung polnischer Freiheitsbestrebungen zu unterstützen.

Ende des 19. Jahrhunderts polarisieren sich die nationalen Spannungen immer mehr auf das Problem der deutsch-polnischen Beziehungen: So markiert der Übergang von Preußen zu Deutschland in mancher Hinsicht den Beginn der polnisch-deutschen Konfrontation. »Wir haben die Deutschen bekämpft, die Russen gehaßt, die Österreicher verachtet«, sagt später Pilsudski, der in Galizien aus Schützenverbänden Polnische Legionen organisiert. Mit dem ersten Kanonenschuß des Weltkriegs wird die polnische Frage erneut auf die Tagesordnung gesetzt, denn seit August 1914 müssen Polen unter fremden Fahnen gegeneinander kämpfen.

Am 6. August 1914 überschreitet eine aus acht Mann bestehende Reiterpatrouille des Schützenverbandes von Pilsudski, von denen beim Aufbruch drei die Sättel auf den Schultern tragen, da Pferde erst noch erbeutet werden müssen, als Vortrupp die österreichisch-russische Grenze. In Kongreßpolen nimmt Pilsudski mit seinen Legionen, die allmählich zu drei Brigaden anwachsen, den Befreiungskampf gegen Rußland an der Seite der k. u. k. Verbände auf.

Bis Ende 1915 haben Österreich und Deutschland Kongreßpolen erobert und versuchen nunmehr, die polnische Karte gegen Rußland auszuspielen: Am 5. November 1916 wird im von deutschen Truppen besetzten Warschau die Neugründung des Königreiches Polen proklamiert. Keine der drei großen Monarchien, in deren Armeen auch polnische Soldaten und Offiziere kämpfen,

Josef Pilsudski im Jahre 1918

haben sich jedoch zu großzügigen Lösungen durchgerungen. In Wien hofft man z. B., die 1915 besetzten Teile des russischen Kongreßpolens mit dem habsburgischen Kronland Galizien zu vereinigen. Auf russischer Seite wiederum verspricht der Oberbefehlshaber der Armee vage die Autonomie nach dem Sieg.
Da die Mittelmächte jedoch Pilsudski weder die Verfügung über die polnischen Streitkräfte zubilligen noch feste Grenzzusagen machen und nicht einmal die innere Verwaltung aus den Händen der Militärgouverneure abzugeben bereit sind, verweigert die Polnische Legion den Eid auf das neue Königreich. Unruhen breiten sich aus. Pilsudski wird von den Deutschen im Juli 1917 verhaftet und in der Zitadelle von Magdeburg interniert. Ende 1917 bricht die Polenpolitik der Mittelmächte zusammen, als beim Friedensvertrag mit der neuen Sowjetregierung in Brest-Litowsk polnische Wünsche von den Deutschen unberücksichtigt bleiben.

Unterdessen sind die im westlichen Exil lebenden polnischen Politiker aktiv und können ihren ersten Erfolg verbuchen: Im Januar 1918 gibt US-Präsident Wilson seine berühmten 14 Punkte bekannt. Unter Punkt 13 heißt es: »Es soll ein unabhängiger polnischer Staat errichtet werden, der die von unbestritten polnischer Bevölkerung bewohnten Gebiete einschließen soll, dem ein freier und sicherer Zugang zum Meere zugesichert werden soll und dessen politische und wirtschaftliche Unabhängigkeit und territoriale Unverletzlichkeit durch internationale Abmachungen garantiert werden sollen.« Doch die polnischen Politiker sind keineswegs begeistert; man will im Westen nicht nur Posen, sondern auch noch ganz Oberschlesien, Ostpommern, ganz Westpreußen einschließlich Danzigs, das Ermland und Masuren, Memel sowie Litauen, also weitaus mehr, als Polen vor der ersten Teilung 1772 besessen hat.

Als sich im Spätherbst 1918 der Zusammenbruch Deutschlands abzeichnet, proklamiert am 7. Oktober 1918 der Regentschaftsrat in Warschau die Unabhängigkeit Polens. Aus einer deutschen Zeitung erfährt Pilsudski in seiner Zelle in Magdeburg seine Ernennung zum Kriegsminister der Polenrepublik. Während sein Zug in der Nacht zum 10. November 1918 von Berlin in Richtung polnische Hauptstadt dampft, sammeln sich die Bürger von Warschau vor den Kasernen. Die kriegsmüden Kaiserlichen Soldaten lassen sich ohne Zögern entwaffnen und sind froh, daß sie endlich nach Hause können.

Bereits am 13. Dezember 1918 bricht die polnische Regierung die Beziehungen zum Deutschen Reich ab. Vierzehn Tage später beginnt in Posen ein Aufstand, und bis Ende Februar 1919 werden große Teile der Provinz Posen der Polnischen Republik einverleibt. Versuche, Deutschland ganz Oberschlesien und Westpreußen zu entreißen, scheitern jedoch an der Treue der eingesessenen Bevölkerung und am energischen Einschreiten eines deutschen Freikorps, das den Grenzschutz übernimmt. Bereits am 25. März 1919 meint der britische Premierminister Lloyd George: »Der Vorschlag der polnischen Regierung, durch eine neue Grenzziehung im Westen über zwei Millionen Deutsche unter polnische Verwaltung zu stellen, muß meiner Beurteilung nach früher oder später zu einem neuen Krieg in Osteuropa führen.«

Im Osten nutzt Pilsudski den Zerfall des Zarenimperiums als Gunst der Stunde. Weil Litauen von einer Wiedervereinigung unter jagellonischem Vorzeichen nichts hören will, besetzt Polen im Mai 1919 Teile des Landes mit der Hauptstadt Wilna und gliedert das Gebiet, ungeachtet des Protestes der Litauer, seinem neuen Staat ein. Ebenfalls im Mai 1919 beginnen polnische Truppen mit dem Einmarsch in die Ukraine. Pilsudski erhält von den Siegermächten zwar die Vollmacht zur Besetzung Ostgaliziens, stößt jedoch unverdrossen weiter nach

Weißrußland vor und besetzt im September 1919 Minsk. Zusammen mit dem vor den Sowjets nach Polen ausgewichenen ukrainischen Atamanen Simon Wassiljewitsch Petljura stoßen polnische und ukrainische Verbände unter General Rydz-Smigly am 25. April 1920 weiter in die Ukraine vor. Am 7. Mai 1920 fällt Kiew zur Begeisterung aller Polen, die Pilsudski schon auf den Spuren von Boleslaw I., dem Tapferen, sehen und in ihren Kirchen das Tedeum anstimmen.

Kiew kann jedoch nur einen Monat lang gegen die Rote Armee gehalten werden, die Sowjets schlagen in zwei Gruppen zurück: Im Norden greift der Oberkommandierende M. N. Tuchatschewski aus dem Raum Molodetschno an, besiegt die Polen an der Beresina, bezwingt den Njemen, drängt über Bug und Narew bis vor die Tore Warschaus, während seine Kavallerie bis Graudenz und Thorn vorstößt. Im Süden, wo A. I. Jegorow den Oberbefehl hat, erreicht die 1. Reiterarmee unter Budjonny mit J. W. Stalin als Politkommissar Shitomir und die Außenbezirke von Lemberg. Nach dem Plan von Tuchatschewski sollen sich beide Armeen zur konzentrischen Umfassung der polnischen Hauptstadt vereinigen.

Der britische Außenminister Lord Curzon schlägt einen Waffenstillstand auf der am 8. Dezember 1919 festgelegten Linie vor. Die Grenze wird seitdem »Curzon-Linie« genannt. Die Sowjets drücken sich jedoch um eine klare Stellungnahme, da die Rote Armee bereits vor der polnischen Hauptstadt steht. Lenin plant fest, Warschau zu nehmen und den polnischen Arbeitern zur Machtübernahme zu verhelfen.

Der Tagesbefehl Tuchatschewskis lautet: »Im Westen entscheidet sich das Schicksal der Weltrevolution; über den Leichnam Polens führt der Weg zum allgemeinen Weltbrand . . . .« In einem Brief an Lenin entwirft der Politkommissar der Südfront, J. W. Stalin, seine Vision eines kommenden Sowjetdeutschlands, Sowjetpolens, Sowjetungarns und Sowjetfinnlands in einer Konföderation mit Sowjetrußland.

In Bialystok setzen die Russen bereits ein provisorisches Komitee als Grundstock für die neue Regierung des künftigen Sowjetpolen ein. Die Bolschewisten proklamieren, ähnlich wie 1941, einen nationalen Krieg, und die griechisch-orthodoxe Kirche fordert zu einem »christlichen Kreuzzug« gegen ein Volk auf, das nicht vom römischen Katholizismus lassen will. Selbst der zaristische General Brussilow, bekannt durch die nach ihm benannte Offensive des Jahres 1916, stellt sich Lenin als militärischer Sachberater zur Verfügung. Vor Warschau treten jedoch die polnischen Arbeiter den sowjetischen Truppen nicht – wie erwartet – mit roten Fahnen, sondern mit dem Gewehr in der Hand entgegen.

Mit einer französischen Militärmission unter General Weygand intervenieren Polens Alliierte. Die Polen sind jetzt auf sich allein gestellt, doch eine »Regierung der nationalen Verteidigung« meistert die Krise, die sich noch verschärft, als Deutschland und die Tschechoslowakei die Wege für den alliierten Nachschub sperren und sich die Hafenarbeiter in Danzig unter dem Einfluß sowjetischer Propaganda weigern, Munition für Polen zu löschen. Die Munitionsvorräte reichen noch für drei Tage, und auf Grund einer Order der Komintern stoppt in London Ernest Bevin, Generalsekretär der Transportarbeitergewerkschaft, nun alle britischen Munitionstransporte. Lediglich das damals von Rumänien besetzte Ungarn hilft den Polen. Die ungarische Munition kommt in Zügen mit rumänischen Hoheitsabzeichen. Es ist eine Hilfe im letzten Moment, denn die Sowjets dringen bereits in die Warschauer Vorstädte ein. Die entscheidende

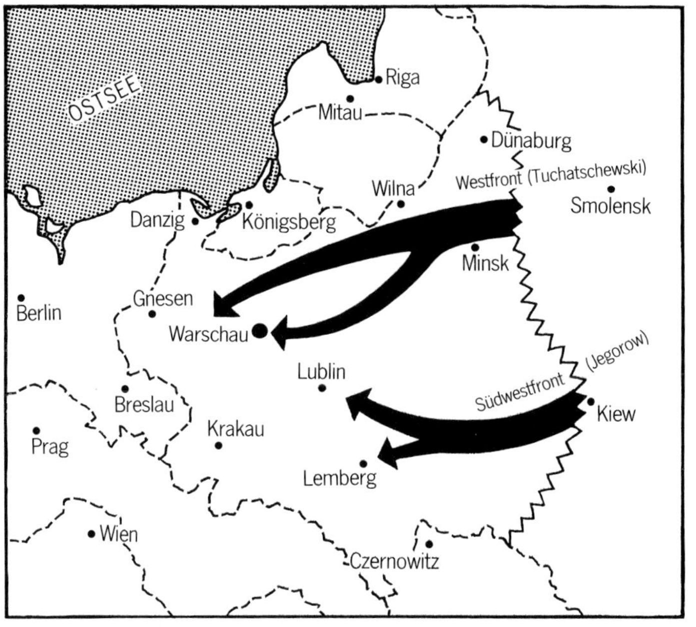

Sommer 1920, Vorstoß der Roten Armee auf Warschau: laut Viscount E. V. D'Abernon eine der sieben bedeutendsten Schlachten der Weltgeschichte

Wende aber bringt »das Wunder an der Weichsel«, so steht es heute in jedem Buch zu diesem Thema.

Zwischen den beiden sowjetischen Heeresgruppen klafft eine Lücke: Anstatt auf Warschau einzudrehen, stößt Jegorow weiter im Süden vor. Der frühere Dragoner-Wachtmeister Budjonny hat auf Anraten seines Politkommissars Stalin nicht die Absicht, dem 27jährigen, ehemals adeligen Gardeleutnant Tuchatschewski zu folgen. Lemberg samt Krakau sind nämlich als Siegestrophäen für das Moskauer Zentralkomitee gedacht. Und durch diese Lücke drängen sich Pilsudskis Truppen vor, fassen die Nordgruppe der Roten Armee in der Flanke und im Rücken, schneiden die gesamte 4. Armee bei Lomza ab und zwingen sie zum Übertritt auf ostpreußisches Gebiet. Innerhalb von drei Tagen ist die Rote Armee geschlagen und in panikartigem Rückzug begriffen. Nach einer achttägigen Schlacht am Njemen (20.–28. 8. 1920) erreichen die Polen Minsk. Zur gleichen Zeit wird die Südgruppe der Sowjets nach Wolhynien und Podolien zurückgedrängt.

Was man seitdem als Wunder an der Weichsel bezeichnet, ist der Erfolg eines einzelnen Mannes, Hauptmann Jan Kowalewski, eines genialen Kryptologen: Kowalewski hatte nämlich den sowjetischen Code gebrochen, und so kann Pilsudski mit seinem Stab alle Befehle des Oberkommandos der Roten Armee an Tuchatschewski oder Budjonny zu gleicher Zeit mitlesen. Da Pilsudski und seiner Umgebung selbst Jahre später nichts daran liegt, dieses Geheimnis zu lüften, verbirgt man es hinter der Gottesfügung und läßt die Welt bis heute in dem Glauben, daß der Himmel den Sieg über die Sowjets zustande brachte. Hauptmann Kowalewski wird übrigens kurz danach vom japanischen Geheimdienst als Berater engagiert.

Im März 1921, nachdem beide Gegner erschöpft sind, kommt es zum Friedensschluß von Riga, der die Ostgrenzen Polens weit östlich der Curzon-Linie festlegt. Polens Westgrenze dagegen wird durch den Frieden von Versailles bestimmt: Sie umfaßt den größten Teil der Provinzen Posen und Westpreußen, den östlichen Zipfel der Provinz Pommern sowie Teile von vier niederschlesischen und zwei ostpreußischen Kreisen. Das Gebiet um Danzig wird trotz des

Protestes der Bevölkerung in eine »Freie Stadt« unter dem Schutz des Völkerbundes umgewandelt und von Polen im Ausland vertreten. Polen erhält in Danzig auch weitgehende wirtschaftliche Rechte.
Eine Volksabstimmung unter internationaler Kontrolle, ein Novum in der europäischen Geschichte, soll über die Zugehörigkeit Südostpreußens, der östlichen Teile Westpreußens sowie Oberschlesiens entscheiden. Dabei votieren in einigen Gebieten Ost- und Westpreußens 98 Prozent bzw. 93 Prozent der Bevölkerung für Deutschland. In Oberschlesien verhindert zunächst der zweite oberschlesische Aufstand die Abhaltung der Volksabstimmung. Dort sind rund 60 Prozent der Bevölkerung für Deutschland und rund 40 Prozent für Polen. Dieses Ergebnis führt zum dritten oberschlesischen Aufstand: Polnische Einheiten dringen in Oberschlesien ein. Die Annexion wird zwar von deutschen Selbstschutzeinheiten (u. a. beim Gefecht am Annaberg) vereitelt, das Abstimmungsgebiet jedoch durch die Alliierten zwischen Polen und Deutschland geteilt. Beide Völker empfinden die Grenzziehung als ungerecht, und man braucht nicht viel Phantasie, um sich vorzustellen, daß hier ein gefährlicher Krisenherd entsteht.
Der neue polnische Staat, auf dessen Gebiet der größte aller Kriege fünf Jahre lang tobte, steht nun vor schweren wirtschaftlichen Problemen. Er schließt sich Frankreich, der stärksten Macht in Europa, an, was die polenfeindliche Haltung in Deutschland noch vertieft. Als im April 1922 Deutschland im Vertrag von Rapallo der Sowjetunion die Hand zum Bündnis reicht, werden in Warschau grundlegende außenpolitische Bedenken laut. Einige Monate später, im Juli 1922, meint Reichskanzler Josef Wirth: »Polen muß erledigt werden. Auf dieses Ziel ist meine Politik eingestellt.«
Polen ist ein Nationalitätenstaat, lediglich 69 Prozent der Bevölkerung sind Polen, der Rest Ukrainer, Weißrussen, Deutsche und Juden. Beschwerden der Minderheiten, die ab 1926 durch die schrittweise Ausschaltung des Parlaments auch ihre politischen Positionen verlieren, bleiben ohne Ergebnis. Pilsudski lehnt alle Interventionen des Völkerbundes ab und kündigt später, im September 1934, das Minderheitenschutzabkommen.
Die Vielfalt der deutsch-polnischen Probleme zeigt am deutlichsten Danzig: Die »Freie Stadt« soll Polen als Hafen dienen, ohne dem polnischen Staat anzugehören. Versuche, diese Situation zu ändern, scheitern am klaren »Nein« des Völkerbundes. Daraufhin beschließt nun Polen 1924, das Fischerdorf Gdingen zu seinem großen Handels- und Kriegshafen auszubauen. Und in der Tat, bereits 1929 hat Gdingen höhere Umschlagziffern als Danzig, bald wird es zu einem der größten Ostseehäfen. Die polnische Außenpolitik besteht dennoch auf der völligen Eingliederung Danzigs und lehnt eine eventuelle Anschließung des Freistaates an das Deutsche Reich entschieden ab. 1925 beginnt Deutschland einen Handelskrieg gegen Polen, der den beiderseitigen Warenaustausch rapide zurückgehen läßt, was die wenig entwickelte Wirtschaft Polens in große Schwierigkeiten bringt.
Marschall Pilsudski entschließt sich im Mai 1926 zusammen mit seinen Anhängern in der Armee, darunter der spätere Außenminister Oberst Beck, zu einem Staatsstreich, der nach blutigen Straßenkämpfen in Warschau mit rund 400 Toten und über 1000 Verletzten endet. Pilsudski kann jedoch für seine Politik der Sanierung keine parlamentarische Mehrheit finden. 1928 werden die Behörden von Pilsudski-Gegnern gesäubert, und im Mai 1930 läßt der Diktator 88 Sejm-Abgeordnete, die Führung der über die Mehrheit im Parlament verfügenden Opposition, verhaften und in die Festung Brest-Litowsk einliefern. Die

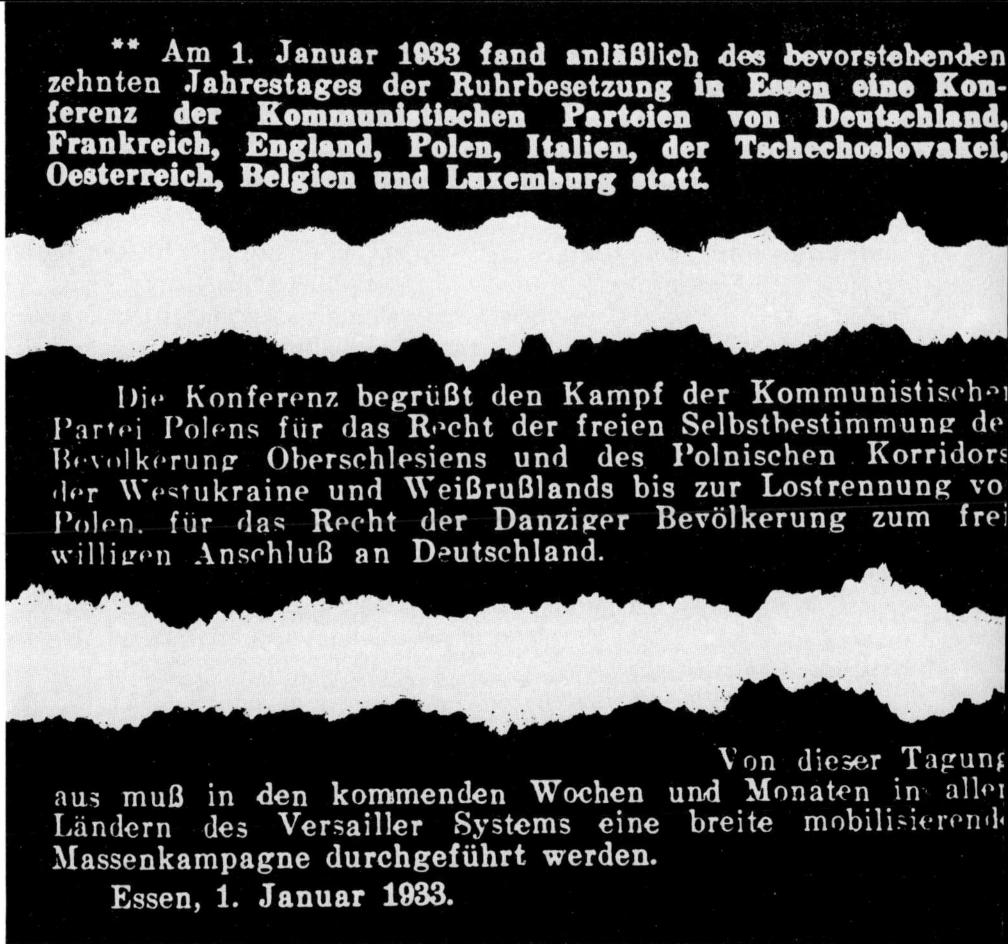

** Am 1. Januar 1933 fand anläßlich des bevorstehenden zehnten Jahrestages der Ruhrbesetzung in Essen eine Konferenz der Kommunistischen Parteien von Deutschland, Frankreich, England, Polen, Italien, der Tschechoslowakei, Oesterreich, Belgien und Luxemburg statt.

Die Konferenz begrüßt den Kampf der Kommunistischen Partei Polens für das Recht der freien Selbstbestimmung de Bevölkerung Oberschlesiens und des Polnischen Korridors der Westukraine und Weißrußlands bis zur Lostrennung vo Polen, für das Recht der Danziger Bevölkerung zum frei willigen Anschluß an Deutschland.

Von dieser Tagung aus muß in den kommenden Wochen und Monaten in allen Ländern des Versailler Systems eine breite mobilisierende Massenkampagne durchgeführt werden.

Essen, 1. Januar 1933.

Essen, 1. 1. 1933, eines der merkwürdigsten Dokumente der deutsch-polnischen Beziehungen: Das, was sich Hitler sechs Jahre später mit Waffengewalt holt und dafür den 2. Weltkrieg entfacht, soll auf Verlangen der polnischen Kommunisten bereits 1933 dem Deutschen Reich einverleibt werden; der Sowjetunion hat man gleichzeitig die Westukraine und Weißrußland zugedacht

autoritäre Regierung der Sanacja (lat. sanieren) verhindert auch notwendige wirtschaftliche und soziale Reformen. Pilsudski beherrscht nunmehr Polen bis zu seinem Tod am 12. Mai 1935. Erst in der Stunde der Gefahr, im Sommer 1939, kommt es zu einer breiten nationalen Solidarisierung.

Wachsende innere Probleme und die Beunruhigung über die Erfolge der Völkerbundpolitik des Deutschen Reiches, dazu der mit Japan befürchtete Konflikt, veranlassen die UdSSR zum Abschluß eines sowjetisch-polnischen Nichtangriffspaktes. Der am 25. Juli 1932 unterzeichnete Vertrag befreit Polens Ostflanke von einem beklemmenden Druck. Die Reichswehrmanöver von 1932, in denen die Abwehr eines polnischen Überraschungsangriffes auf Berlin geprobt wird und denen Marschall Tuchatschewski als Gast beiwohnt, weisen auf die Lage Polens in diesen Jahren hin. Die Zusammenarbeit zwischen der Reichswehr und der Roten Armee wird nach Hitlers Machtergreifung im Spätsommer 1933 eingestellt, was die durch ihren Nachrichtendienst informierte polnische Regierung mit Genugtuung registriert.

Es wäre aber falsch, Hitler zu bezichtigen, er allein habe die im Versailler Vertrag abgetrennten Gebiete »zurück ins Reich« holen wollen. Man weiß, daß selbst polnische Kommunisten, noch bevor Hitler an die Macht gelangt, am 1. 1. 1933 vor einem internationalen Forum in Essen das gleiche unter Applaus bekunden: Sie kämpften für das Recht der freien Selbstbestimmung der Einwohner von Schlesien und des Korridors bis zur Lostrennung von Polen und bestünden auf dem freiwilligen Anschluß Danzigs an Deutschland. Auf Grund dieser Forderungen darf man sich kaum wundern, wenn Hitler, der über mehr Macht verfügt als Moskaus Agenten polnischer Provenienz, schließlich für das gleiche Vorhaben eines Tages zu den Waffen greift.

Im Jahre 1933 braucht Hitler einen Durchbruch aus seiner politischen Isolation. Pilsudski, der Frankreich für den Gedanken eines Präventivkrieges gegen Deutschland nicht erwärmen kann, hat die wirtschaftlichen Beziehungen zu seinem westlichen Nachbarn nötiger denn je. Und am 26. Januar 1934 wird die Welt durch den Nichtangriffspakt und Freundschaftsvertrag zwischen Deutschland und Polen überrascht. Dieser erste außenpolitische Erfolg macht Hitler auf der internationalen Bühne salonfähig. Als Nachbar besonders interessiert, verfolgt Polen aufmerksam den Aufstieg des Dritten Reiches, ohne übrigens eine genaue Vorstellung von dem Weg zu haben, den dieser Staat einzuschlagen beabsichtigt. Andererseits ist man in Warschau überzeugt, daß Stalins Säuberungswelle die Schlagkraft der UdSSR auf Jahre hinaus gelähmt hat.
Im Herbst 1938 nutzt Polen die Münchener Krise, um zusammen mit Hitler die Tschechoslowakei zu teilen: Warschau erhebt Ansprüche auf das Teschener Land, legt der Prager Regierung ein kurzfristiges Ultimatum vor und droht mit gewaltsamem Einschreiten.
Am Morgen des 1. Oktober 1938 besetzen deutsche Truppen das Sudentenland. Tags darauf überqueren polnische Truppen den Grenzfluß Olza. Marschall Rydz-Smigly zieht feierlich in den ehemals tschechoslowakischen Teil der Stadt Teschen ein.
Jetzt aber präsentiert Hitler Polen jene Rechnung, die er 1934 mit dem Nichtangriffsabkommen lediglich vertagt hat: Am Montag, dem 24. Oktober 1938, schlägt Reichsaußenminister v. Ribbentrop im Berchtesgadener Grand Hotel während eines Gesprächs mit dem polnischen Botschafter Lipski eine Gesamtlösung aller zwischen Deutschland und Polen offenen Fragen vor. Damit beginnt eine Reihe von deutsch-polnischen Verhandlungen, die sich über den Herbst und Winter bis zum Frühjahr 1939 hinziehen. Der polnische Botschafter stellt klar, daß die Eingliederung Danzigs in das Reich zu einem Konflikt führen müsse, verspricht aber, v. Ribbentrops Anregungen nach Warschau zu übermitteln. Lipski: »Der Reichsaußenminister sagte mir, daß er eine Möglichkeit zu einer Zusammenarbeit zwischen uns in der Kolonialfrage, im Problem der jüdischen Auswanderung aus Polen und in einer gemeinsamen Stellungnahme gegen Rußland im Rahmen des Antikomintern-Paktes sehe.«
Bereits im Oktober 1938 vereinbaren der deutsche Botschafter in Moskau, Graf v. d. Schulenburg, und der sowjetische Außenminister Litwinow, daß sich Presse und Rundfunk beider Länder der Schmähungen gegen Hitler bzw. Stalin in Zukunft enthalten sollen. Dies ist der erste Schritt zur Annäherung zwischen Berlin und Moskau, dem elf Monate später Polen zum Opfer fällt.
Die beste Quelle des sowjetischen Diktators in Sachen deutsch-polnische

↙ Berlin 1935, Ehrendenkmal Unter den Linden: der polnische Außenminister J. Beck (Mitte), der später vor Warschau gefallene Oberbefehlshaber des Heeres, Generaloberst v. Fritsch (links), und Reichskriegsminister v. Blomberg

↓ Teschen, 2. 10. 1938: Nachdem Hitler und Polen die Tschechoslowakei geteilt haben, besetzen polnische Truppen das Industriegebiet von Teschen. Marschall Rydz-Smigly im Gespräch mit Vertretern der polnischen Minderheit

Beziehungen ist der adelige Gesandtschaftsrat 1. Klasse v. Scheliha. Der Diplomat, seit Februar 1937 bezahlter Agent (Deckname Arier) des sowjetischen militärischen Geheimdienstes, amtiert in der deutschen Botschaft in Warschau und hält den Kreml über Hitlers Absichten Polen gegenüber auf dem laufenden. Scheliha, von dem Warschauer Korrespondenten der »Prager Presse«, Herrnstadt, zur Spionage für Moskau angeworben, hält über dessen Freundin Ilse Stöbe (Deckname Alta), Korrespondentin der Schweizer Zeitungen in Polen, Verbindung zum sowjetischen Nachrichtendienst. Dank v. Schelihas entgeht Stalin kaum eine vertrauliche politische Nachricht, die der deutsche Botschafter in Warschau, Graf Moltke, aus Berlin bekommt. Diese Tatsache hat auch eine weitreichende Bedeutung für die kommenden Ereignisse.
Am Donnerstag, dem 5. Januar 1939, wird der polnische Außenminister Beck von Hitler in Berchtesgaden mit großen Ehren empfangen. Der Kanzler zeigt sich liebenswürdig und legt besonders großen Wert »auf eine völlige Interessengemeinschaft Deutschlands und Polens gegenüber der UdSSR«. Wegen der sowjetischen Gefahr sei die Existenz eines starken Polens ganz einfach eine Notwendigkeit für Deutschland, und Hitler bemerkt, daß »jede gegen Rußland eingesetzte polnische Division eine entsprechende deutsche Division erspart«. Dies ist die letzte Unterredung, die Beck und Hitler geführt haben sollen. Der polnische Außenminister ist lediglich bereit, Danzig aus der Verwaltung des Völkerbundes in eine direkte polnisch-deutsche Oberhoheit zu überführen, lehnt jedoch die sehr viel weitergehenden Pläne Hitlers entschieden ab: Polen will, wenn auch antikommunistisch eingestellt, an keiner antisowjetischen Aktion teilnehmen. Warschau widersetzt sich also den deutschen Forderungen bereits zu einem Zeitpunkt, als noch keine britische Garantiezusicherung besteht und das Bündnis mit Frankreich wegen der Haltung Polens in der Sudetenkrise praktisch nicht mehr existiert.

Gespräch zwischen dem polnischen Außenminister Beck und Hitler
Donnerstag, 5. Januar 1939, Berchtesgaden:

... Der Reichskanzler bemerkte, daß er fortgesetzt darauf hinarbeite, die mit Polen durch das Abkommen von 1934 begonnene Politik aufrechtzuerhalten. Seiner Meinung nach ist die Interessengemeinschaft Deutschlands und Polens in bezug auf Rußland vollständig ...
Aus diesen Gründen sei ein starkes Polen für Deutschland einfach eine reine Notwendigkeit. Hier bemerkte der Reichskanzler, daß jede gegen Rußland eingesetzte polnische Division eine entsprechende deutsche Division erspare ...

Frühjahr 1939: Die alte Hansestadt Danzig, die als Ursache des 2. Weltkriegs gelten soll. Im Hintergrund die mächtige gotische Marienkirche, mit deren Bau man 1343 begonnen hat, eines der größten Gotteshäuser Europas, kann 25000 Personen fassen

Stalins Rede auf dem XVIII. Parteitag
Freitag, 10. März 1939, Moskau:

... Kennzeichnend ist der Lärm, den die englische, französische und nordamerikanische Presse um die Sowjetukraine erhob. Die Vertreter dieser Presse schrieben sich die Finger wund, daß die Deutschen gegen die Sowjetukraine marschieren, daß sie gegenwärtig die sogenannte Karpato-Ukraine in Händen haben ... und daß die Deutschen nicht später als im Frühling dieses Jahres den Anschluß der Sowjetukraine ... an die sogenannte Karpato-Ukraine vollziehen werden. Es hat den Anschein, als ob dieser verdächtige Lärm den Zweck hatte, bei der Sowjetunion Wut gegen Deutschland zu erregen, die Atmosphäre zu vergiften und einen Konflikt mit Deutschland zu provozieren, ohne daß dazu sichtbare Gründe vorliegen ...
Die Aufgabe der Partei auf dem Gebiet der Außenpolitik ist ..., Vorsicht walten zu lassen und den Kriegsprovokateuren, die gewohnt sind, sich von anderen die Kastanien aus dem Feuer holen zu lassen, nicht die Möglichkeit zu geben, unser Land in Konflikte hineinzuziehen ...

Angriff auf Polen
Montag, 3. April 1939. Weisung Nr. 1a, Fall »Weiß«:

Die gegenwärtige Haltung Polens erfordert es, über die bearbeitete Grenzsicherung Ost hinaus die militärischen Vorbereitungen zu treffen, um nötigenfalls jede Bedrohung von dieser Seite für alle Zukunft auszuschließen.
1) Politische Voraussetzungen und Zielsetzung:
Das deutsche Verhältnis zu Polen bleibt weiterhin von dem Grundsatz bestimmt, Störungen zu vermeiden. Sollte Polen seine bisher auf dem gleichen Grundsatz beruhende Politik gegenüber Deutschland umstellen und eine das Reich bedrohende Haltung einnehmen, so kann eine endgültige Abrechnung erforderlich werden.
Das Ziel ist dann, die polnische Wehrkraft zu zerschlagen und eine den Bedürfnissen der Landesverteidigung entsprechende Lage im Osten zu schaffen. Der Freistaat Danzig wird spätestens mit Beginn des Konfliktes als deutsches Reichsgebiet erklärt.
Die politische Führung sieht es als ihre Aufgabe an, Polen in diesem Falle womöglich zu isolieren, d. h. den Krieg auf Polen zu beschränken ...
2) Militärische Folgerungen:
Die großen Ziele im Aufbau der deutschen Wehrmacht bleiben weiterhin durch

London, April 1939: Der britische Außenminister Lord Halifax (rechts) begrüßt den polnischen Außenminister J. Beck. Die britisch-polnischen Beistandsverpflichtungen, zu deren Abschluß Beck in der englischen Hauptstadt weilt, bestimmen seitdem entscheidend die polnische Außenpolitik besonders im Verhalten gegen Deutschland

die Gegnerschaft der westlichen Demokratien bestimmt. Der Fall »Weiß« bildet lediglich eine vorsorgliche Ergänzung der Vorbereitungen, ist aber keineswegs als die Vorbedingung einer militärischen Auseinandersetzung mit den Westgegnern anzusehen ...
3) Aufgaben der Wehrmacht:
Die Aufgabe der Wehrmacht ist es, die polnische Wehrmacht zu vernichten. Hierzu ist ein überraschender Angriffsbeginn anzustreben und vorzubereiten. Die getarnte oder offene allgemeine Mobilmachung wird erst am Angriffsvortage zu dem spätest möglichen Termin befohlen werden.
. . . . .

Molotow wird Außenminister
Donnerstag, 4. Mai 1939, Moskau. Telegramm (Geheim):

Ernennung Molotows zum Außenkommissar unter Beibehaltung seines Amts als Vorsitzender des Rates der Volkskommissare wird ... von Sowjetpresse in großer Aufmachung veröffentlicht: Entlassung Litwinows erscheint auf letzter Seite klein unter Chronik.
Plötzlicher Wechsel hat hier größte Überraschung hervorgerufen, da Litwinow sich mitten in Verhandlungen mit der englischen Delegation befand, noch bei der 1.-Mai-Parade auf Ehrentribüne in nächster Nähe Stalins erschien und in letzter Zeit konkrete Anzeichen für Erschütterung seiner Stellung nicht vorlagen. Sowjetpresse enthält keine Kommentare. Außenkommissariat gibt Pressevertretern keine Erläuterungen ...
Molotow (kein Jude) gilt als »engster Freund und nächster Mitarbeiter« Stalins. Seine Ernennung soll offenbar Gewähr dafür bieten, daß die Außenpolitik streng im Stalinistischen Sinn fortgesetzt wird.
Tippelskirch

Tagesparole des Reichspressechefs
Montag, 8. Mai 1939:

Aus taktischen Gründen soll die deutsche Presse hinsichtlich der zahlreichen Meldungen aus Polen etwas Zurückhaltung üben, da die große Polen-Kampagne noch nicht angeordnet ist. Es ergeht die Anweisung, daß über Zwischenfälle in Polen bis auf weiteres nur DNB (Deutsches Nachrichtenbureau)-Meldungen gebracht werden sollen und nur auf der Seite 2. Jede sensationelle Aufmachung soll vermieden werden. Nur für ostdeutsche Presse ist nach wie vor gestattet, derartige Meldungen auf Seite 1 zu bringen ...

Außenminister Beck an den polnischen Botschafter in Paris
Sonnabend, 13. Mai 1939, Warschau:

Die Besprechungen, welche wir mit Herrn Potemkin während seines Aufenthaltes in Warschau am 10. d. M. hatten, erlaubten zu präzisieren, daß die Sowjetregierung volles Verständnis für unseren Standpunkt bezüglich der polnisch-sowjetrussischen Beziehungen beweist, welche sich gegenwärtig in normaler und absolut regelmäßiger Weise entwickeln ...
Herr Potemkin erklärte auch, daß die Sowjets im Falle eines bewaffneten polnisch-deutschen Konflikts uns gegenüber eine ›wohlwollende Haltung‹ einnehmen würden ...

Französisch-polnische Geheimverhandlungen
Freitag, 19. Mai 1939, Paris:

Sehr geheim.
Protokoll über die am 15., 16. und 17. Mai 1939 in Paris geführten Gespräche zwischen Herrn General Kasprzycki, polnischer Kriegsminister, in Vertretung des Herrn Marschall Rydz-Smigly, Generalinspekteur des polnischen Heeres, und Herrn General Gamelin, Chef des Generalstabes der französischen Nationalen Verteidigung.
Im Rahmen der von den beiden Regierungen getroffenen Entscheidungen handelnd, haben die Obersten Heeresleitungen Frankreichs und Polens nach dem Austausch
a) ihrer Ansichten über die deutschen Truppenstärken und strategischen Möglichkeiten;
b) von Informationen über die Stärken und die Möglichkeiten hinsichtlich der Mobilisierung und der Konzentrierung der polnischen Armee und der französischen Armee folgendes vereinbart:

I. Im Falle eines deutschen Angriffs auf Polen oder im Falle einer Bedrohung seiner Lebensinteressen in Danzig, die eine bewaffnete Aktion von seiten Polens hervorrufen würden, wird die französische Armee automatisch eine Aktion ihrer verschiedenen Streitkräfte in folgender Weise beginnen:
1. Frankreich führt sofort eine Luftaktion nach einem im voraus festgelegten Plan durch.
2. Sobald ein Teil der französischen Truppen bereit ist (etwa am dritten Tag), wird Frankreich fortschreitend Offensivaktionen mit begrenzten Zielen auslösen.
3. Sobald sich die Hauptanstrengung Deutschlands gegen Polen richten sollte, würde Frankreich (vom fünfzehnten Tag an) mit dem Gros seiner Truppen eine Offensivaktion gegen Deutschland beginnen.

II. In der ersten Phase des Krieges wird Polen mit allen seinen Streitkräften Defensivaktionen gegen die Deutschen durchführen und Offensivaktionen beginnen, sobald die Umstände es erlauben und unter den allgemeinen Bedingungen, die von den beiden Heeresleitungen vorgesehen sind.

III. Wenn umgekehrt das Gros der deutschen Truppen Frankreich angreift, insbesondere durch Belgien oder durch die Schweiz, was den Einsatz der französischen Armeen bewirken würde, wird die polnische Armee sich bemühen, die größtmögliche Zahl der deutschen Truppen zu binden, unter den allgemeinen Bedingungen, die von den beiden Heeresleitungen vorgesehen sind.

IV. Um das Potential der polnischen Armee an Material zu verstärken, halten es die beiden Obersten Heeresleitungen im gemeinsamen Interesse für unerläßlich, daß Frankreich der polnischen Regierung sofort materielle und finanzielle Hilfe leistet.
Diese Hilfe wird es erlauben, die Stärke der polnischen Armee in positiver Weise zu erhöhen und die Kriegsindustrie in Polen zu entwickeln, sowohl für die Bedürfnisse der polnischen Armee als auch für den Bedarf seiner Verbündeten auf dem östlichen Operationsschauplatz.

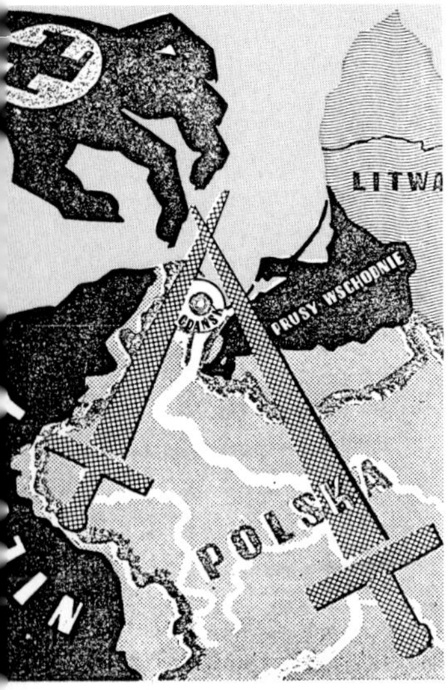

Frühjahr 1939: Eines der Flugblätter, das Polens Entschluß bekunden soll, seine Rechte in Danzig zu verteidigen

V. Die beiden Obersten Heeresleitungen halten es für unbedingt notwendig, die Gespräche in detaillierterer Form zur Entwicklung der in diesem Protokoll enthaltenen Grundsätze fortzusetzen.

(gez.) Kasprzycki (gez.) Gamelin

Gespräch Molotow – Schulenburg

Sonnabend, 20. Mai 1939, Moskau. Telegramm (Geheim):

Habe heute mehr als einstündige Unterredung mit Molotow und anschließend kurze Unterredung mit Potemkin gehabt.
Ergebnis der Unterredung mit Molotow war, daß Sowjetregierung Wirtschaftsverhandlungen so lange für inopportun hält, als nicht »politische Basis« hierfür gefunden sei. Meinen wiederholten hartnäckigen Fragen, was Sowjetregierung unter politischer Basis verstehe, wich Molotow immer wieder aus, indem er erklärte, darüber müssen beide Regierungen nachdenken ...
Habe Eindruck, daß Molotow Zeit gewinnen, sich im Augenblick mit uns nicht engagieren und uns bei etwaigen politischen Vorschlägen Vortritt überlassen möchte.

Schulenburg

Es geht nicht um Danzig

Chef-Sache / Nur durch Offizier
Bericht über die Besprechung am 23. 5. 1939
Ort: Arbeitszimmer des Führers, Neue Reichskanzlei
Diensttuender Adjutant: Oberstleutnant d. G. Schmundt
Beteiligte: Der Führer, Feldmarschall Göring, Großadmiral Raeder, Gen. Oberst v. Brauchitsch, Gen. Oberst Keitel, Gen. Oberst Milch, Gen. d. Artl. Halder, Gen. Bodenschatz, Ktr. Adm. Schniewindt, Oberst i. G. Jeschonnek, Oberst d. G. Warlimont, Oberstleutnant d. G. Schmundt, Hauptmann Engel, Kor. Kpt. Albrecht, Hauptmann v. Below
Gegenstand: Unterrichtung über die Lage und Ziele der Politik:
.....
Der Pole ist kein zusätzlicher Feind. Polen wird immer auf der Seite unserer Gegner stehen. Trotz Freundschaftsabkommen hat in Polen immer die Absicht bestanden, jede Gelegenheit gegen uns auszunutzen.
Danzig ist nicht das Objekt, um das es geht. Es handelt sich für uns um die Erweiterung des Lebensraumes im Osten und Sicherstellung der Ernährung, sowie die Lösung des Baltikum-Problems.
.....
Das Problem »Polen« ist von der Auseinandersetzung mit dem Westen nicht zu trennen. Polens innere Festigkeit gegen den Bolschewismus ist zweifelhaft. Daher auch Polen eine zweifelhafte Barriere gegen Rußland.
Kriegsglück im Westen mit schneller Entscheidung ist fraglich, ebenso die Haltung Polens.
Einem Druck durch Rußland hält das poln. Regime nicht stand. Polen sieht in einem Siege Deutschlands über den Westen eine Gefahr und wird uns den Sieg zu nehmen versuchen.
Es entfällt also die Frage, Polen zu schonen, und bleibt der Entschluß, bei erster passender Gelegenheit Polen anzugreifen.
An eine Wiederholung der Tschechei ist nicht zu glauben. Es wird zum Kampf

kommen. Aufgabe ist es, Polen zu isolieren. Das Gelingen der Isolierung ist entscheidend.

. . . . .

Für die Richtigkeit der Wiedergabe: Schmundt, Oberstleutnant.

Beschwerden der deutschen Minderheit

Freitag, 26. Mai 1939, Berlin. Das Deutsche Nachrichtenbureau (DNB) meldet:

Der Führer der Jungdeutschen Partei in Polen hat sich erneut in zwei Eingaben an den polnischen Ministerpräsidenten gewandt . . .
In der ersten Eingabe heißt es u. a., daß in der letzten Woche Angehörige der deutschen Volksgruppe in immer größerer Anzahl verhaftet wurden, sowohl in den West- als auch in den Ostgebieten. Ohne Angabe von Gründen würden die Leute festgenommen und tage- oder wochenlang in Gewahrsam gehalten. Die Angehörigen der Verhafteten lasse man im unklaren darüber, wo sich die Verhafteten befinden . . .

Gespräch Schulenburg – Astachow

Sonnabend, 17. Juni 1939, Moskau. Telegramm (Geheim):

Ich habe heute mittag dem sowjetischen Geschäftsträger Astachow den üblichen Besuch gemacht. Gleich nach den einleitenden Worten gab Herr Astachow seiner Genugtuung Ausdruck, daß die politische Atmosphäre zwischen unseren beiden Ländern sich allmählich besserte . . .
Im übrigen erklärte er ganz freimütig, daß gute deutsch-sowjetische Beziehungen für beide Länder nur vorteilhaft sein könnten, denn die ganze Geschichte beweise, daß es Deutschland und Rußland immer gut gegangen sei, wenn sie Freunde gewesen wären, und schlecht gegangen sei, wenn sie verfeindet wären . . .
Schulenburg

Bitter für England

Freitag, 23. Juni 1939, Berlin. Die »Deutsche Allgemeine Zeitung« meldet:

. . . Naiverweise glaubt man in London allen Ernstes, die Sowjets würden sich glücklich schätzen, die Kastanien der Demokratien aus dem Feuer zu holen. Aber die Sowjets zeigen nicht die geringste Neigung, für die Demokratien in den Krieg zu ziehen, wenn nicht die Demokratien ebenfalls bereit sind, Rußland freie Hand und volle Deckung zu gewähren.

Gespräch Molotow – Schulenburg

Donnerstag, 29. Juni 1939, Moskau. Telegramm (Geheim):

Ich hatte heute nachmittag Unterredung mit Molotow . . . Unterredung dauerte über eine Stunde und verlief in freundschaftlicher Form.
Ich legte Molotow die Eindrücke dar, die ich in Berlin aus Gespräch mit maßgeblichen Persönlichkeiten, insbesondere mit dem Herrn Reichsaußenminister gewonnen hatte. Ich wies darauf hin, daß . . . wir eine Normalisierung der Beziehungen zwischen Deutschland-Sowjetrußland begrüßen würden. Hierfür sei von uns eine Reihe von Beweisen geliefert worden, wie Zurückhaltung der

Kriegshafen der Halbinsel Hela, Sommer 1939: eines der altersschwachen, 1918 der Kaiserlichen Marine gehörenden Minenräumboote, jetzt in polnischen Diensten

deutschen Presse, Abschluß der Nichtangriffspakte mit den Baltenstaaten und Wunsch nach Wiederaufnahme der Wirtschaftsverhandlungen. Aus all dem gehe hervor, daß Deutschland keine bösen Absichten gegen Sowjetunion hege ... Deutscherseits würde auch weiterhin etwaige Gelegenheit benutzt werden, um unseren guten Willen unter Beweis zu stellen ...
Mein Eindruck geht dahin, daß die Sowjetregierung großes Interesse hat, unsere politische Auffassung kennenzulernen und den Kontakt mit uns aufrechtzuerhalten ...

Schulenburg

Deutscher Kreuzerbesuch in Danzig

Sonnabend, 1. Juli 1939, Berlin. United Press berichtet:

Von unterrichteter Seite verlautet, die deutsche Regierung habe heute schon der polnischen Regierung bekanntgegeben, daß der Panzerkreuzer »Königsberg« vom 25. bis 27. August einen Besuch in Danzig abstatten werde. Man fragt sich in Warschau, warum diese Notifizierung, die übrigens zur Kenntnis genommen wurde, so früh gemacht wurde, da sie in allerletzter Minute noch möglich gewesen wäre. Jedenfalls wurde die Ankündigung in Warschau als Überraschung empfunden.

Erklärung von Potemkin

Dienstag, 4. Juli 1939, Moskau. Telegramm (Geheim):

Mein italienischer Kollege sah heute Potemkin ...
Nachdem italienischer Botschafter deutsch-sowjetische Verhandlungen ge-

streift und erklärt hatte, nach seinen Informationen habe deutsche Regierung ernsten Wunsch, Beziehungen zu normalisieren, erklärte Potemkin, daß eine Einigung der Sowjetunion mit Deutschland die wirksamste Garantie des Friedens sein würde.

Schulenburg

Schwierige Verhandlungen

Dienstag, 11. Juli 1939, Paris. Die Agentur Havas teilt mit:

Außenminister Bonnet und die zuständigen Stellen des Quai d'Orsay haben am Montag die Antwort Molotows auf die letzten französisch-britischen Vorschläge für den Abschluß eines Dreierpaktes geprüft. In den diplomatischen englischen und französischen Kreisen wird festgestellt, daß wohl über manche Punkte Einigung bestehe, daß aber die Verhandlungen in Anbetracht der neuen Forderungen Molotows immer noch auf ernste Schwierigkeiten stoßen.

Polen wird kämpfen

Mittwoch, 19. Juli 1939, Warschau. Die Agentur Reuter berichtet:

Wie klar die Stellung Polens ist, zeigt ein Interview von Marschall Rydz-Smigly, in dem er ausführt: »Wir wollen alle Bemühungen für eine friedliche Lösung der Danziger Frage erschöpfen, aber wenn Deutschland auf seinem Anschlußplan besteht, wird Polen kämpfen, selbst wenn es allein und ohne Verbündete stünde. Die ganze Nation bis zum letzten Mann und zur letzten Frau ist bereit, für Polens Unabhängigkeit zu kämpfen, und wenn wir sagen, wir gingen wegen Danzig in einen Krieg, so ist es ein Kampf für unsere Unabhängigkeit ...«

Das entscheidende Gespräch

Donnerstag, 27. Juli 1939, Berlin. Telegramm (Geheim):

Entsprechend der mir erteilten Weisung habe ich gestern abend den Sowjetgeschäftsträger Astachow und den Leiter der hiesigen Handelsvertretung der UdSSR, Babarin, zum Abendessen zu Ewest eingeladen. Die Russen blieben bis etwa halb ein Uhr. Das Gespräch über die uns interessierenden politischen und wirtschaftlichen Probleme wurde von den Russen in lebhafter und interessierter Weise aufgenommen, so daß eine zwanglose und gründliche Erörterung der einzelnen, mir von Herrn RAM [Reichsaußenminister] bezeichneten Themen möglich war ...

Weingroßhandlung und Weinstuben Julius Ewest, Berlin W 8, Behrenstraße 26a, in der Nähe der Wilhelmstraße. Das im Diplomatenviertel liegende Gourmetlokal des ehem. Hoflieferanten Ewest ist Schauplatz des entscheidenden Gesprächs zwischen deutschen und sowjetischen Diplomaten, dessen Ergebnis der Überfall beider Staaten auf Polen ist

»In Polen lebt der Geist von Boleslaw dem Tapferen« . . . Eine Karte von Polen, das über Berlin und Leipzig bis Lübeck reicht. ». . . Der kleinste Staub polnischen Bodens kehrt zum Mutterland wieder zurück.« Durch solche und ähnliche Plakate auf beiden Seiten ist eine politische Lösung kaum noch möglich

Was könne England Rußland bieten? Bestenfalls die Beteiligung an einem europäischen Krieg und die Feindschaft Deutschlands, doch wohl kaum ein erstrebenswertes Ziel für Rußland. Was könnten wir dagegen bieten? Neutralität und Herausbleiben aus einem etwaigen europäischen Konflikt und, wenn Moskau wolle, eine deutsch-russische Verständigung über die beiderseitigen Interessen, die sich ebenso wie in früheren Zeiten zum Nutzen für beide Länder auswirken würde.

Astachow kam in der folgenden Unterhaltung wieder auf die Frage der baltischen Staaten zurück . . . Bei Polen brachte er zum Ausdruck, daß Danzig so oder so zum Reich kommen würde und daß auch die Korridorfrage irgendwie zugunsten des Reichs gelöst werden müßte. Er stellte die Frage, ob nicht auch die ehemals zu Österreich gehörenden Gebiete nach Deutschland tendierten, insbesondere die galizischen und ukrainischen. Ich habe mich . . . darauf beschränkt zu sagen, daß sich aus all diesen Fragen jedenfalls kein deutsch-russischer Interessengegensatz ergebe . . .

Astachow betonte zum Schluß, wie wertvoll ihm diese Unterhaltung gewesen wäre. Er werde darüber nach Moskau berichten und hoffe, daß sie dort sichtbare Spuren in der weiteren Entwicklung hinterlassen werde . . .

Schnurre

Stimmung in Polen

Dienstag, 1. August 1939, Warschau. Telegramm (Geheim):

Von besonderer Bedeutung für die Gesamthaltung Polens sind Stimmung und Widerstandswille der Bevölkerung in den polnischen Kerngebieten. Hier hat die Bevölkerung den seit nunmehr vier Monaten andauernden Zustand der Teilmobilisierung und politischen Unsicherheit ertragen, ohne daß es bisher zu einem Zusammenbruch oder auch nur wesentlichen Abflauen der Stimmung, geschweige denn zu einem Auftreten defaitistischer Strömungen gekommen wäre . . .

Graf Moltke, Botschafter

Gespräch v. Ribbentrop – Astachow

Donnerstag, 3. August 1939. Geheimbericht an Hitler:

Ich empfing gestern abend russischen Geschäftsträger . . .

Ich bezweckte, mit ihm die Ihnen bekannten Gespräche fortzusetzen, die schon vorher von Mitgliedern Auswärtigen Amts in meinem Einverständnis mit Astachow geführt worden waren. Ich anknüpfte an die Handelsvertragsbesprechungen . . . und bezeichnete ein . . . Handelsabkommen als eine gute Etappe auf dem Wege einer Normalisierung der deutsch-russischen Beziehungen, wenn man eine solche wolle . . .

Unsere Bereitschaft gegenüber Moskau sei vorhanden, es ankomme also darauf, welchen Weg die dortigen Machthaber beschreiten wollten. Stelle sich Moskau, so wüßten wir, woran wir wären und wie wir zu handeln hätten, im umgekehrten Fall gebe es kein Problem von der Ostsee bis zum Schwarzen Meer, was zwischen uns nicht zu lösen sei. Ich sagte, daß an der Ostsee für uns beide Platz sei und daß russsische Interessen hier mit unseren in keiner Weise zu kollidieren brauchten. Was Polen angehe, so sähen wir weiterer Entwicklung aufmerksam und eiskalt zu. Bei polnischer Provokation würde Abrechnung mit Polen in Wochenfrist erledigt sein. Für diesen Fall machte ich eine leichte

Andeutung darüber, uns über das Schicksal Polens mit Rußland zu verständigen ...
Die Wahl liege, wie gesagt, bei Moskau. Interessiere man sich dort für unsere Gedankengänge, so könne ja wohl Herr Molotow demnächst wieder einmal mit dem Grafen Schulenburg den Faden aufnehmen ...
Ich habe Gespräch geführt, ohne irgendwelche Eile zu zeigen. Geschäftsträger, der interessiert schien, hat seinerseits mehrfach versucht, Gespräch zu konkretisieren, worauf ich ihm zu erkennen gab, daß ich zu einer Konkretisierung bereit sei, sobald grundlegender Wunsch Sowjetregierung nach Neugestaltung offiziell mitgeteilt wird. Falls Astachow in diesem Sinne instruiert wird, besteht unsererseits Interesse an baldiger Konkretisierung.

Ribbentrop

Tagesparole des Reichspressechefs
Sonnabend, 5. August 1939:

Die Presse darf sich in den nächsten Wochen in keiner Form mit deutsch-sowjetrussischen Wirtschaftsverhandlungen beschäftigen, sondern muß jetzt so tun, als ob diese Frage für sie im Augenblick überhaupt nicht existiere. Diese Sprachregelung gilt auch für ausgesprochene Wirtschaftszeitungen.

Gespräch Schnurre – Astachow
Sonntag, 10. August 1939, Berlin. Bericht (Geheim):

... Astachow war heute ... zu einer einstündigen Besprechung bei mir ...
Astachow ... brachte folgendes vor:
Die zwischen uns gesprächsweise erörterte Frage, ob in der Präambel des Kreditvertrages ein politischer Gedanke aufgenommen werden sollte, sei auch in Moskau geprüft worden. Man hielte es für richtiger, den Kredit- und Wirtschaftsvertrag nicht in Zusammenhang mit politischen Formulierungen zu bringen. Es wäre dies etwas ein Vorgreifen in die Zukunft.
Ich erwiderte ..., daß dies auch unsere Auffassung sei. Astachow sprach dann davon, daß er nochmals aus Moskau eine ausdrückliche Weisung bekommen habe zu betonen, daß die Sowjetregierung die Verbesserung der Beziehungen zu Deutschland wünsche ... Ich benutzte dies, um ... Astachow folgendes zu sagen:
... Der polnische Größenwahnsinn, der von England gedeckt werde, triebe Polen zu immer neuen Provokationen. Wir hofften nach wie vor, daß Polen irgendwie Vernunft annehme, so daß eine friedliche Lösung erreicht werden könnte. Wenn dies nicht geschehe, so sei es möglich, daß gegen unseren Willen und gegen unsere Wünsche auch eine kriegerische Lösung erfolgen müßte. Wenn wir uns ... Moskau gegenüber zu einem großzügigen Interessenausgleich bereit erklärt hätten, so sei es für uns wichtig zu wissen, wie sich die Sowjetregierung zu der Frage Polen stelle. In Moskau würden ja nunmehr, nachdem die politischen Verhandlungen zu keinem Ergebnis geführt hätten, militärische Verhandlungen mit England und Frankreich geführt. Wir glaubten kaum, daß entgegen der klaren Interessenlage sich die Sowjetregierung an der Seite Englands festlegen und sich ebenso wie England zum Garanten polnischer größenwahnsinniger Aspirationen machen würde.
.....

Schnurre

Militärmissionen in Moskau

Freitag, 11. August 1939, Moskau. Die Agentur Havas berichtet:

Die französische und die britische Militärmissionen sind am Freitag, 10.20 Uhr, in Moskau eingetroffen. Sie werden um 15.00 Uhr vom Kriegsminister Woroschilow empfangen werden. Für 17.00 Uhr ist ein Empfang der beiden Delegationsführer, General Doumenc und Admiral Plunkett, bei Außenkommissar Molotow vorgesehen.

Tagesparole des Reichspressechefs

11. August 1939:

Meldungen über deutsch-polnische Zwischenfälle, Übergriffe auf Volksdeutsche usw. können nunmehr auch auf der ersten Seite gebracht werden. Die Aufmachung darf vorläufig jedoch nicht größer sein als höchstens zweispaltig. Die Kommentare sollen schärfer, im ganzen aber noch verhalten sein. Es ist also zu beachten, daß auf die Zwischenfälle noch nicht in voller Tonstärke, wie sie zu bestimmten Gelegenheiten notwendig ist, reagiert wird. Die Zeitungen müssen sorgfältig darauf achten, daß sie ihre Argumente und ihren Wortschatz noch nicht verbrauchen, da sonst spätere Steigerungen ausgeschlossen würden.

Gespräch Schnurre – Astachow

Montag, 14. August 1939, Berlin. Bericht (Geheim):

Astachow war Sonnabend (12. August) bei mir, um mir folgende Mitteilung zu machen:
Er habe von Molotow Instruktionen erhalten, hier zu erklären, daß man sowjetischerseits an einer Erörterung der einzelnen, bisher zur Sprache gekommenen Fragengruppen interessiert sei. Als solche Fragen bezeichnete A[stachow] außer den schwebenden Wirtschaftsverhandlungen unter anderem Pressefragen, kulturelle Zusammenarbeit, das polnische Problem, Frage der alten politischen deutsch-sowjetischen Verträge. Eine solche Erörterung könne aber nur stufenweise vorgenommen werden ... Sowjetregierung schlüge für diese Erörterung Moskau vor, da es für Sowjetregierung dort wesentlich leichter sei, Gespräche fortzuführen ...
Auf meine Frage, in welcher Stufe man sowjetischerseits die Frage Polen eingruppiere, erwiderte A[stachow], daß er über Reihenfolge besondere Weisungen nicht erhalten habe, daß aber Schwergewicht seiner Instruktion in dem Wort stufenweise liege.

Schnurre

v. Ribbentrop an Graf v. d. Schulenburg

14. August 1939, Berlin. Telegramm (Geheim):

Ich bitte Sie, Herrn Molotow aufzusuchen und ihm folgendes mitzuteilen:
... Reale Interessengegensätze zwischen Deutschland und Rußland bestehen nicht. Deutschlands und Rußlands Lebensräume berühren sich, aber in ihren natürlichen Bedürfnissen überschneiden sie sich nicht. Hiermit fehlt von vornherein jede Ursache einer aggressiven Tendenz eines Landes gegen das andere. Deutschland hat keinerlei aggressive Absichten gegen die UdSSR. Die Reichsregierung ist der Auffassung, daß es zwischen Ostsee und Schwarzem Meer

keine Frage gibt, die nicht zur vollen Zufriedenheit beider Länder geregelt werden könnte. Hierzu gehören Fragen wie: Ostsee, Baltikum, Polen, Südost-Fragen usw. Darüber hinaus könnte politische Zusammenarbeit beider Länder nur nützlich sein ...
Die durch die englische Politik hervorgerufene Zuspitzung der deutsch-polnischen Beziehungen sowie die englische Kriegstreiberei und die damit verbundenen Bündnisbestrebungen machen eine baldige Klärung des deutsch-russischen Verhältnisses erforderlich. Die Dinge könnten sonst ohne deutsches Zutun einen Verlauf nehmen, der beiden Regierungen die Möglichkeit abschneidet, die deutsch-russische Freundschaft wieder herzustellen und gegebenenfalls auch territoriale Fragen Osteuropas gemeinsam zu klären. Die Führung in den beiden Ländern sollte daher die Dinge nicht treiben lassen, sondern zur rechten Zeit zupacken ...
Zusatz: Ich bitte Herrn Molotow diese Instruktion nicht schriftlich zu geben, sondern wörtlich vorzulesen. Ich lege Wert darauf, daß dieselbe möglichst genau an Herrn Stalin gelangt, und ermächtige Sie, hiermit gegebenenfalls bei Herrn Molotow in meinem Auftrage eine Audienz bei Herrn Stalin nachzusuchen, damit Sie ihm diese wichtige Mitteilung auch unmittelbar machen können. Neben der Aussprache mit Molotow wäre eine eingehende Unterredung mit Stalin Voraussetzung meines Besuchs.
Ribbentrop

Gespräch Graf v. d. Schulenburg – Molotow
Mittwoch, 16. August 1939, Moskau. Telegramm (Geheim):

Molotow nahm Inhalt mir aufgetragener Mitteilung mit größtem Interesse entgegen, bezeichnete sie als außerordentlich wichtig und erklärte, daß er seiner Regierung hierüber gleich berichten und mir in Kürze Antwort geben werde. Schon jetzt könne er erklären, daß Sowjetregierung deutsche Absichten nach Verbesserung Beziehungen zu Sowjetunion lebhaft begrüße und angesichts meiner heutigen Mitteilung nunmehr an Aufrichtigkeit dieser Absichten glaube.
Zur Frage der Herreise des Herrn Reichsaußenministers möchte er provisorisch als seine eigene Ansicht zum Ausdruck bringen, daß eine solche Reise einer entsprechenden Vorbereitung bedürfe, damit Meinungsaustausch zu einem Ergebnis führe. In diesem Zusammenhang interessiere ihn die Frage, wie deutsche Regierung zu der Idee des Abschlusses eines Nichtangriffspaktes mit der Sowjetunion eingestellt sei, ferner, ob deutsche Regierung bereit sei, auf Japan zwecks Besserung sowjetisch-japanischer Beziehungen und Beseitigung der Grenzkonflikte einzuwirken und ob etwaige gemeinsame Garantierung Baltenstaaten in den Bereich deutscher Erwägungen gehören ...
Molotow wiederholte, daß, wenn meine heutige Mitteilung Idee Nichtangriffspaktes oder etwas ähnliches einschließt, über diese Frage konkret gesprochen werden müsse, damit im Falle einer Herreise des Herrn Reichsaußenministers es nicht bei einem Meinungsaustausch verbleibt, sondern konkrete Entscheidungen getroffen werden.
Molotow anerkannte zwar, daß Eile geboten, um nicht vor vollendete Tatsachen gestellt zu werden, betonte jedoch, daß entsprechende Vorbereitung von ihm erwähnter Fragen unerläßlich sei.
.....
Schulenburg

v. Ribbentrop an Graf v. d. Schulenburg
Freitag, 18. August 1939, Berlin. Telegramm (Geheim):

Ich bitte Sie, nochmals eine sofortige Unterhaltung mit Herrn Molotow herbeizuführen und alle gegebenen Mittel auszunutzen, daß diese Unterhaltung ohne jede Verzögerung stattfindet. Bei dieser Unterhaltung bitte ich ... in folgendem Sinne zu sprechen: Die Reichsregierung habe aus seiner letzten Erklärung zu ihrer großen Befriedigung positive Einstellung der Sowjetregierung zur Neugestaltung deutsch-russischer Verhältnisse entnommen. Auch wir würden unter normalen Verhältnissen natürlich bereit sein, Neuregelung deutsch-russischer Beziehungen auf diplomatischem Wege weiter vorzubereiten und in der üblichen Weise durchzuführen. Die ungewöhnliche gegenwärtige Lage mache aber nach Auffassung des Führers notwendig, eine andere Methode anzuwenden, die schnell zum Ziele führe. Die deutsch-polnischen Beziehungen verschärfen sich von Tag zu Tag. Wir müßten damit rechnen, daß jeden Tag Zwischenfälle eintreten könnten, die den Ausbruch eines offenen Konfliktes unvermeidlich machten. Nach der ganzen Haltung der polnischen Regierung hätten wir die Entwicklung der Dinge in dieser Beziehung keineswegs in unserer Hand. Der Führer hält es für notwendig, sich bei Bemühung um Klärung deutsch-russischen Verhältnisses nicht von Ausbruch eines deutsch-polnischen Konflikts überraschen zu lassen. Er hält vorherige Klärung schon deshalb für notwendig, um bei diesem Konflikt russischen Interessen Rechnung tragen zu können, was ohne solche Klärung natürlich schwer sei.

.....

Wir bäten ... nunmehr um sofortige Stellungnahme zu dem in der ergänzenden Instruktion gemachten Vorschlag meiner sofortigen Reise nach Moskau. Ich bitte dabei hinzuzufügen, daß ich mit Generalvollmacht des Führers kommen würde, die mich ermächtige, den Gesamtfragenkomplex erschöpfend und abschließend zu regeln ...

Sie müssen sich ... die entscheidende Tatsache vor Augen halten, daß baldiger Ausbruch offenen deutsch-polnischen Konflikts wahrscheinlich ist und daß wir deshalb das größte Interesse daran haben, daß mein Besuch in Moskau sofort zustande kommt.

Ribbentrop

Der Geschäftsträger in Warschau an das Auswärtige Amt
18. August 1939, 11.18 Uhr, Warschau. Telegramm (Geheim):

Verhaftungen in Oberschlesien offenbar auf die von verschiedenen Stellen im Reich ausgehende Organisierung von Diversionsgruppen zurückzuführen. Da in Posen, Pommerellen und Mittelpolen ähnliche Gruppen bestehen, droht auch für diese Gebiete Verhaftungswelle. Im Interesse und auf Wunsch Volksgruppe bitte dringend zu veranlassen, daß jede Weiterarbeit auf diesem Gebiet bis auf weiteres vollständig eingestellt wird.

Wühlisch

Tagesparole des Reichspressechefs
Sonnabend, 19. August 1939:

Was die Behandlung Polens in der deutschen Presse betrifft, so bleibt die Aufmachung die gleiche; also die Terrorakte an der Spitze ...

Die Meldungen sollen aber nichts bringen, was etwa auf Selbstauflösung des polnischen Staates hinweist, weil davon noch keine Rede sein kann. Es ist auch nicht zweckmäßig, von dem »polnischen Mosaikstaat« zu sprechen, dieser Begriff ist für später vorbehalten. Der Begriff »polnische Soldateska« ist ebenfalls zu vermeiden.

Gespräch Graf v. d. Schulenburg – Molotow
Sonntag, 20. August 1939, Moskau. Telegramm (Geheim):

Nachdem ich in meiner heutigen ersten Unterredung mit Molotow ... die mir aufgetragenen Mitteilungen gemachte hatte, versuchte ich immer wieder, Molotow davon zu überzeugen, daß Reise des Herrn Reichsaußenministers nach Moskau das einzige Mittel sei, um die wegen der politischen Lage dringend gebotene Beschleunigung zu erzielen. Molotow anerkannte positive Bedeutung der vorgeschlagenen Reise, betonte, daß die Sowjetregierung die darin liegende Absicht verstehe und schätze, bleibe jedoch dabei, daß es vorläufig nicht möglich sei, auch nur annähernd den Zeitpunkt der Reise zu bestimmen, da sie einer gründlichen Vorbereitung bedürfe. Diese beziehe sich sowohl auf den Nichtangriffspakt als auch auf den Inhalt des gleichzeitig zu schließenden Protokolls ...
Auf meine wiederholt und mit großem Nachdruck vorgebrachten Gründe der Eilbedürftigkeit entgegnete Molotow, daß bisher noch nicht einmal der erste Schritt durch den Abschluß des Wirtschaftsabkommens gemacht sei. Zunächst müsse das Wirtschaftsabkommen unterzeichnet und veröffentlicht werden ... Dann kämen der Nichtangriffspakt und das Protokoll dran.
Von meiner Einwendung blieb Molotow scheinbar unberührt, so daß die erste Unterredung mit der Erklärung Molotows schloß, er habe mir die Auffassung der Sowjetregierung mitgeteilt und nichts mehr hinzuzufügen.
Nachdem kaum eine halbe Stunde nach der Unterredung vergangen war, ließ mich Molotow bitten, ihn ... noch einmal ... aufzusuchen. Er entschuldigte sich, daß er mich bemüht habe und erklärte, er habe Sowjetregierung berichtet und sei beauftragt, mir einen Entwurf für den Nichtangriffspakt zu überreichen. Was die Reise des Herrn RAM betreffe, so sei die Sowjetregierung damit einverstanden, daß Herr von Ribbentrop etwa eine Woche nach Veröffentlichung der Unterzeichnung des Wirtschaftsabkommens nach Moskau komme; wenn somit diese Veröffentlichung morgen erfolge, könne Herr von Ribbentrop am 26. oder 27. August in Moskau eintreffen. Gründe für seine plötzliche Sinnesänderung gab Molotow nicht an. Ich nehme an, daß Stalin eingegriffen hat. Mein Versuch, Molotow zur Annahme eines früheren Termins zur Reise des Herrn Reichsaußenministers zu bewegen, blieb leider erfolglos ...
Schulenburg

v. Ribbentrop an Graf v. d. Schulenburg
20. August 1939, Berlin. Telegramm (Geheim):

Führer beauftragt Sie, sich umgehend bei Molotow anzusagen und ihm folgendes Telegramm Führers an Herrn Stalin auszuhändigen:
Herrn Stalin Moskau.
1. Ich begrüße die Unterzeichnung des neuen deutsch-sowjetischen Handelsabkommens als ersten Schritt zur Neugestaltung des deutsch-sowjetischen Verhältnisses aufrichtig.

2. Der Abschluß eines Nichtangriffspaktes mit der Sowjetunion bedeutet für mich eine Festlegung der deutschen Politik auf lange Sicht. Deutschland nimmt damit wieder eine politische Linie auf, die in Jahrhunderten der Vergangenheit für beide Staaten nutzbringend war. Die Reichsregierung ist daher in einem solchen Falle entschlossen, alle Konsequenzen aus einer so eingreifenden Umstellung zu ziehen.
3. Ich akzeptiere den von ... Herrn Molotow übergebenen Entwurf des Nichtangriffspaktes, halte es aber für dringend notwendig, die mit ihm noch zusammenhängenden Fragen auf schnellstem Wege zu klären.
4. Das von der Regierung der Sowjetunion gewünschte Zusatzprotokoll kann nach meiner Überzeugung in kürzester Zeit substantiell geklärt werden, wenn ein verantwortlicher deutscher Staatsmann in Moskau hierüber selbst verhandeln kann. Sonst ist sich die Reichsregierung nicht darüber im klaren, wie das Zusatzprotokoll in kurzer Zeit geklärt und festgelegt werden könnte.
5. Die Spannung zwischen Deutschland und Polen ist unerträglich geworden. Das polnische Verhalten einer Großmacht gegenüber ist so, daß jeden Tag eine Krise ausbrechen kann. Deutschland ist jedenfalls entschlossen, diesen Zumutungen gegenüber von jetzt an die Interessen des Reichs mit allen Mitteln wahrzunehmen.
6. Es ist meine Auffassung, daß es bei der Absicht der beiden Reiche, in ein neues Verhältnis zueinander zu treten, zweckmäßig ist, keine Zeit zu verlieren. Ich schlage Ihnen daher noch einmal vor, meinen Außenminister am Dienstag, dem 22. August, spätestens aber am Mittwoch, dem 23. August, zu empfangen. Der Reichsaußenminister hat umfassendste Generalvollmacht zur Abfassung und Unterzeichnung des Nichtangriffspaktes sowie des Protokolls. Eine längere Anwesenheit des Reichsaußenministers in Moskau als ein bis höchstens zwei Tage ist mit Rücksicht auf die internationale Situation unmöglich. Ich würde mich freuen, Ihre baldige Antwort zu erhalten. Adolf Hitler.
Ich bitte das vorstehende Telegramm des Führers an Stalin Herrn Molotow schriftlich auf Bogen ohne Kopf zu übergeben.

Ribbentrop

Graf v. d. Schulenburg an v. Ribbentrop

Montag, 21. August 1939, 19.45 Uhr, Moskau. Telegramm (Geheim):

Wortlaut der Antwort Stalins:
An den Reichskanzler Deutschlands, Herrn A. Hitler.

Ich danke für den Brief.
Ich hoffe, daß deutsch-sowjetischer Nichtangriffspakt eine Wendung zur ernsthaften Besserung der politischen Beziehungen zwischen unseren Ländern schaffen wird.
Die Völker unserer Länder bedürfen friedlicher Beziehungen zueinander; das Einverständnis der deutschen Regierung mit dem Abschluß eines Nichtangriffspaktes schafft die Grundlage für die Liquidierung der politischen Spannung und für die Aufrichtung des Friedens und die Zusammenarbeit zwischen unseren Ländern.
Die Sowjetregierung hat mich beauftragt, Ihnen mitzuteilen, daß sie einverstanden ist mit dem Eintreffen des Herrn von Ribbentrop in Moskau am 23. August.
gez. J. Stalin.

Schulenburg

Ansprache Hitlers vor den Oberbefehlshabern
Dienstag, 22. August 1939:

Ich habe Sie zusammengerufen, um Ihnen ein Bild der politischen Lage zu geben, damit Sie Einblick tun in die einzelnen Elemente, auf die sich mein Entschluß zu handeln aufbaut und um Ihr Vertrauen zu stärken.
Danach werden wir militärische Einzelheiten besprechen.
Es war mir klar, daß es früher oder später zu einer Auseinandersetzung mit Polen kommen mußte. Ich faßte den Entschluß bereits im Frühjahr, dachte aber, daß ich mich zunächst in einigen Jahren gegen den Westen wenden würde und dann erst gegen den Osten.
Aber die Zeitfolge läßt sich nicht festlegen ...
Wesentlich hängt es von mir ab, von meinem Dasein, wegen meiner politischen Fähigkeiten. Dann die Tatsache, daß wohl niemand wieder so wie ich das Vertrauen des ganzen deutschen Volkes hat. In der Zukunft wird es wohl niemals wieder einen Mann geben, der mehr Autorität hat als ich. Mein Dasein ist also ein großer Wert-Faktor. Ich kann aber jederzeit von einem Verbrecher, von einem Idioten beseitigt werden ...
Der Gegner hatte noch die Hoffnung, daß Rußland als Gegner auftreten würde nach Eroberung Polens. Die Gegner haben nicht mit meiner großen Entschlußkraft gerechnet. Unsere Gegner sind kleine Würmchen. Ich sah sie in München ...
Ich habe die Umstellung Rußlands gegenüber allmählich durchgeführt. Im Zusammenhang mit dem Handelsvertrag sind wir in das politische Gespräch gekommen. Vorschlag eines Nichtangriffspakts. Dann kam ein universaler Vorschlag von Rußland. Vor vier Tagen habe ich einen besonderen Schritt getan, der dazu führte, daß Rußland gestern antwortete, es sei zum Abschluß bereit. Die persönliche Verbindung mit Stalin ist hergestellt. Von Ribbentrop wird übermorgen den Vertrag schließen. Nun ist Polen in der Lage, in der ich es haben wollte.
Wir brauchen keine Angst vor Blockade zu haben. Der Osten liefert uns Getreide, Vieh, Kohle, Blei, Zink. Es ist ein großes Ziel, das vielen Einsatz fordert. Ich habe nur Angst, daß mir noch im letzten Moment irgendein Schweinehund einen Vermittlungsplan vorlegt ...

Tagesparole des Reichspressechefs
22. August 1939:

Auf die weltanschaulichen Verschiedenheiten beider Staaten [Deutsches Reich und UdSSR] darf dabei weder in positiver noch in negativer Hinsicht eingegangen werden. Kombinationen über die vermutliche Veränderung der politischen Lage in der Welt sind auch nicht in Form von Zitaten ausländischer Meinungen anzustellen.
Die Form der Betrachtungen muß sachlich und nüchtern sein. Aus ihr darf weder Triumph noch Schadenfreude herauszulesen sein.

Nichtangriffsvertrag zwischen Deutschland und der UdSSR
Mittwoch, 23. August 1939, Moskau:

Die Deutsche Regierung und die Regierung der Union der SSR, geleitet von dem Wunsche, die Sache des Friedens zwischen Deutschland und der UdSSR zu festigen, und ausgehend von den grundlegenden Bestimmungen des Neutralitätsvertrages, der im April 1926 zwischen Deutschland und der UdSSR geschlossen wurde, sind zu nachstehender Vereinbarung gelangt:

Artikel 1

Die beiden vertragschließenden Teile verpflichten sich, sich jeden Gewaltaktes, jeder aggressiven Handlung und jeden Angriffs gegeneinander, und zwar sowohl einzeln als auch gemeinsam mit anderen Mächten, zu enthalten.

Artikel 2

Falls einer der vertragsschließenden Teile Gegenstand kriegerischer Handlungen seitens einer dritten Macht werden sollte, wird der andere vertragschließende Teil in keiner Form diese dritte Macht unterstützen.

Artikel 3

Die Regierungen der beiden vertragschließenden Teile werden künftig fortlaufend in Konsultation und Fühlung miteinander bleiben, um sich gegenseitig über Fragen zu informieren, die ihre gemeinsamen Interessen berühren.

Artikel 4

Keiner der beiden vertragschließenden Teile wird sich an irgendeiner Mächtegruppierung beteiligen, die sich mittelbar oder unmittelbar gegen den anderen Teil richtet.

Artikel 5

Falls Streitigkeiten oder Konflikte zwischen den vertragschließenden Teilen über Fragen dieser oder jener Art entstehen sollten, würden beide Teile diese Streitigkeiten oder Konflikte ausschließlich auf dem Wege freundschaftlichen Meinungsaustausches oder nötigenfalls durch Schlichtungskommissionen bereinigen.

Artikel 6

Der gegenwärtige Vertrag wird auf die Dauer von 10 Jahren abgeschlossen mit der Maßgabe, daß, soweit nicht einer der vertragschließenden Teile ihn ein Jahr vor Ablauf dieser Frist kündigt, die Dauer der Wirksamkeit dieses Vertrages automatisch für weitere 5 Jahre als verlängert gilt.

Artikel 7

Der gegenwärtige Vertrag soll innerhalb möglichst kurzer Frist ratifiziert werden. Die Ratifikationsurkunden sollen in Berlin ausgetauscht werden. Der Vertrag tritt sofort mit seiner Unterzeichnung in Kraft.

Ausgefertig in doppelter Urschrift, deutscher und russischer Sprache.
für die Deutsche Reichsregierung
gez. v. Ribbentrop

in Vollmacht der Regierung der UdSSR
gez. Molotow

(Ratifiziert durch beide Regierungen gleichzeitig in Moskau und Berlin am 31. 8. 39)

Moskau, Kreml,
23. 8. 1939, Nichtangriffsvertrag zwischen dem Dritten Reich und der Sowjetunion: Molotow unterzeichnet, v. Ribbentrop und Stalin lachen, Schaposchnikow beobachtet

Geheimes Zusatzprotokoll

Aus Anlaß der Unterzeichnung des Nichtangriffsvertrages zwischen dem Deutschen Reich und der Union der Sozialistischen Sowjetrepubliken haben die unterzeichneten Bevollmächtigten der beiden Teile in streng vertraulicher Aussprache die Frage der Abgrenzung der beiderseitigen Interessensphären in Osteuropa erörtert. Diese Aussprache hat zu folgendem Ergebnis geführt:
1. Für den Fall einer territorial-politischen Umgestaltung in den zu den baltischen Staaten (Finnland, Estland, Lettland, Litauen) gehörenden Gebieten bildet die nördliche Grenze Litauens zugleich die Grenze der Interessensphäre Deutschlands und der UdSSR. Hierbei wird das Interesse Litauens am Wilnaer Gebiet beiderseits anerkannt.
2. Für den Fall einer territorial-politischen Umgestaltung der zum polnischen Staate gehörenden Gebiete werden die Interessensphären Deutschlands und der UdSSR ungefähr durch die Linie der Flüsse Narew, Weichsel und San abgegrenzt.
Die Frage, ob die beiderseitigen Interessen die Erhaltung eines unabhängigen polnischen Staates erwünscht erscheinen lassen und wie dieser Staat abzugrenzen wäre, kann endgültig erst im Laufe der weiteren politischen Entwicklung geklärt werden.
In diesem Falle werden beide Regierungen diese Frage im Wege einer freundschaftlichen Verständigung lösen.
3. Hinsichtlich des Südostens Europas wird von sowjetischer Seite das Interesse an Bessarabien betont. Von deutscher Seite wird das völlige politische Desinteressement an diesen Gebieten erklärt.

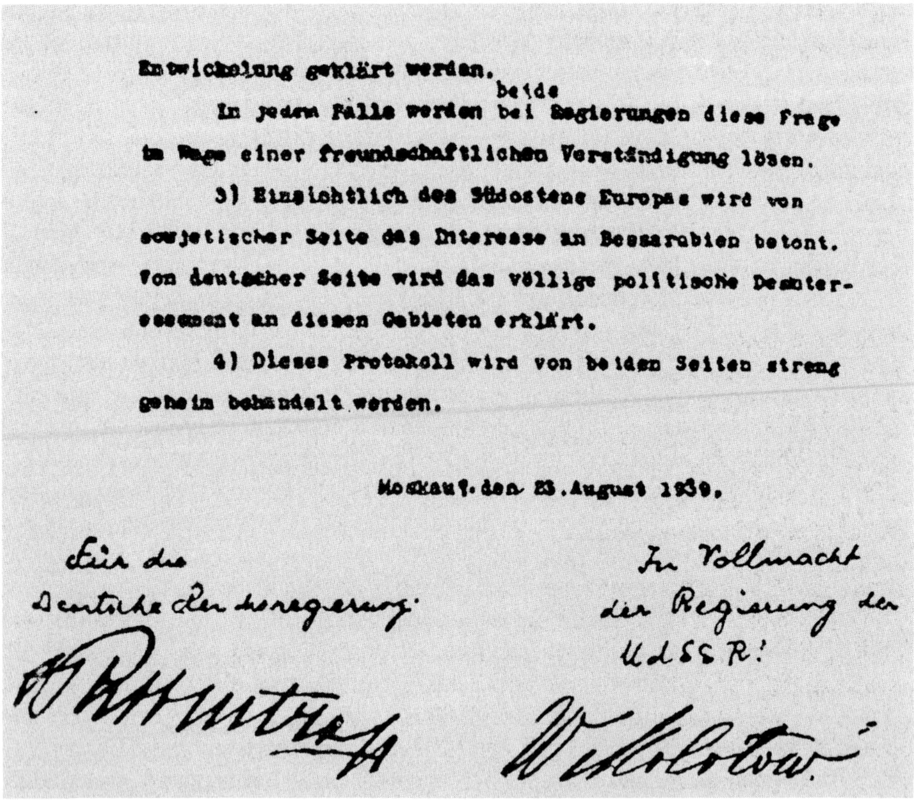

Entwicklung geklärt werden.

In jedem Falle werden beide Regierungen diese Frage im Wege einer freundschaftlichen Verständigung lösen.

3) Hinsichtlich des Südostens Europas wird von sowjetischer Seite das Interesse an Bessarabien betont. Von deutscher Seite wird das völlige politische Desinteressement an diesen Gebieten erklärt.

4) Dieses Protokoll wird von beiden Seiten streng geheim behandelt werden.

Moskau, den 23. August 1939.

Für die Deutsche Reichsregierung

In Vollmacht der Regierung der UdSSR!

→ Die letzte Seite des geheimen Zusatzprotokolls, mit dem sich Hitler und Stalin gegenseitig freie Hand in Polen zugestehen

→→ Ende August 1939: Aufmarschplan der polnischen Streitkräfte, entworfen von General Kutrzeba. Der sog. Plan Zachod (Plan Z) entspricht nicht mehr der aktuellen strategischen Lage der Polnischen Republik

4. Dieses Protokoll wird von beiden Seiten streng geheim behandelt werden.
Moskau, den 23. August 1939.

Für die Deutsche Reichsregierung v. Ribbentrop	In Vollmacht der Regierung der UdSSR W. Molotow

Tagesparole des Reichspressechefs
23. August 1939:

Der Ton der Betrachtungen über die deutsch-russischen Beziehungen muß jetzt um einen Grad wärmer und sympathischer gestimmt werden, wobei selbstverständlich auf die bisherige Einstellung des deutschen Leserpublikums Rücksicht genommen werden muß.
Es würde im Volk nicht verstanden werden, wenn man plötzlich mit blumigen und jubelnden Artikeln über eine deutsch-russische Freundschaft überschüttet würde. Aus diesem Grunde können sich zu diesem Thema auch nur die besten Kräfte äußern . . .
Aus den Kommentaren muß erkennbar werden, daß es sich hier nicht um irgendein taktisches Manöver handelt, das aus den Notwendigkeiten des Tages geboren und vielleicht nur für kurze Zeit bestimmt ist. Die Zeitungen müssen vielmehr mit eigenen Argumenten verständlich machen, daß hier tatsächlich eine historische Wende eingetreten ist. Es handelt sich also um eine Neuorientierung auf der Basis traditioneller Gegebenheiten.

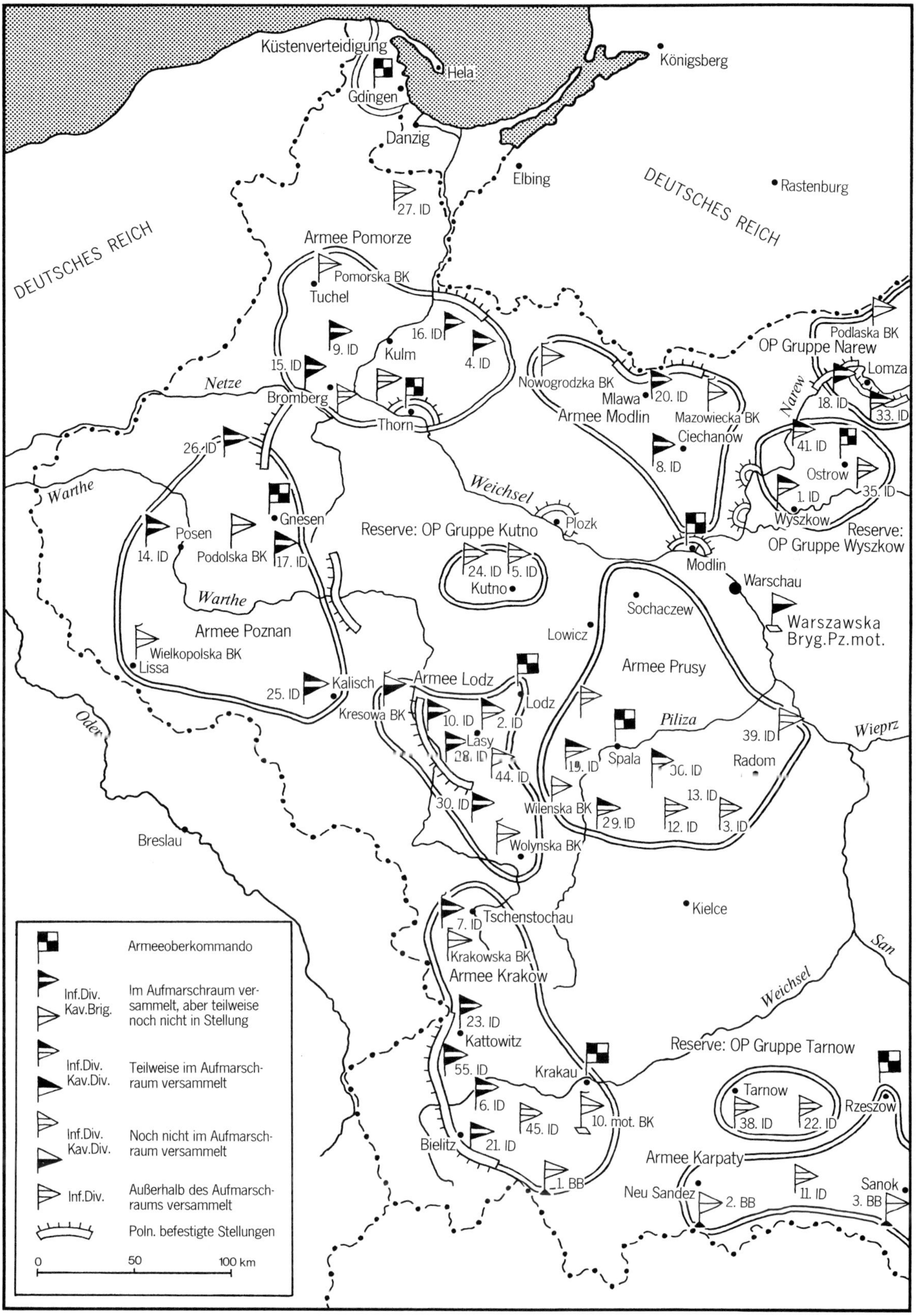
Küstenverteidigung
Hela
Königsberg
Gdingen
Danzig
Elbing
DEUTSCHES REICH
Rastenburg
27. ID
Armee Pomorze
DEUTSCHES REICH
Pomorska BK
Tuchel
16. ID
9. ID
Kulm
4. ID
15. ID
Netze
Bromberg
Thorn
Podlaska BK
OP Gruppe Narew
Lomza
Narew
18. ID
33. ID
Nowogrodzka BK
Mlawa
20. ID
Armee Modlin
Mazowiecka BK
Ciechanow
41. ID
8. ID
Ostrow
35. ID
1. ID
Wyszkow
Reserve:
OP Gruppe Wyszkow
26. ID
Warthe
Weichsel
Gnesen
Plozk
Reserve: OP Gruppe Kutno
Posen
14. ID
Podolska BK
17. ID
24. ID
5. ID
Kutno
Modlin
Warschau
Warthe
Sochaczew
Warszawska
Bryg.Pz.mot.
Armee Poznan
Lowicz
Wielkopolska BK
Lissa
Armee Prusy
25. ID
Kalisch
Armee Lodz
Lodz
Kresowa BK
10. ID
2. ID
Piliza
Oder
Lasy
28. ID
44. ID
19. ID
Spala
36. ID
39. ID
Radom
Wieprz
13. ID
30. ID
Wilenska BK
29. ID
12. ID
3. ID
Breslau
Wolynska BK
Kielce
7. ID
Tschenstochau
Krakowska BK
Armee Krakow
San
Weichsel
23. ID
Kattowitz
Reserve: OP Gruppe Tarnow
55. ID
Krakau
Tarnow
6. ID
45. ID
10. mot. BK
38. ID
22. ID
Rzeszow
Bielitz
21. ID
Armee Karpaty
1. BB
Neu Sandez
2. BB
11. ID
Sanok
3. BB
Armeeoberkommando
Inf.Div.
Kav.Brig.
Im Aufmarschraum versammelt, aber teilweise noch nicht in Stellung
Inf.Div.
Kav.Div.
Teilweise im Aufmarschraum versammelt
Inf.Div.
Kav.Div.
Noch nicht im Aufmarschraum versammelt
Inf.Div.
Außerhalb des Aufmarschraums versammelt
Poln. befestigte Stellungen
0
50
100 km

Moskau Kreml, in der Nacht vom 23./24. 8. 1939, Stalin: »Ich weiß, wie sehr das deutsche Volk seinen Führer liebt.« Links, Hitlers Leibfotograf H. Hoffmann

Gespräche im Kreml

Donnerstag, 24. August 1939, Moskau. Bericht (Geheim):

Aufzeichnung über eine in der Nacht vom 23. zum 24. August zwischen dem Herrn Reichsaußenminister einerseits sowie Herrn Stalin und dem Vorsitzenden des Rats der Volkskommissare, Molotow, andererseits geführte Unterhaltung.

.....

Im Laufe der Unterhaltung brachte Herr Stalin spontan mit folgenden Worten einen Trinkspruch auf den Führer aus:

»Ich weiß, wie sehr das deutsche Volk seinen Führer liebt, ich möchte deshalb auf seine Gesundheit trinken.«

Herr Molotow trank auf das Wohl des Herrn RAM und des Herrn Botschafters Graf v. d. Schulenburg.

Ferner erhob Herr Molotow sein Glas auf Herrn Stalin, wobei er bemerkte, daß es Stalin gewesen sei, der durch seine Rede vom März d. J., die in Deutschland gut verstanden worden sei, den Umschwung der politischen Beziehungen eingeleitet habe.

.....

Wiederholt tranken die Herrn Molotow und Stalin auf den Nichtangriffspakt, die neue Ära der deutsch-russischen Beziehungen und auf das deutsche Volk.

Der Herr RAM brachte seinerseits einen Trinkspruch auf Herrn Stalin sowie Trinksprüche auf die Sowjetregierung und auf eine glückliche Entwicklung der Beziehungen zwischen Deutschland und der Sowjetunion aus.

.....

Bei der Verabschiedung erklärte Herr Stalin dem Herrn RAM wörtlich: Die Sowjetregierung nehme den neuen Pakt sehr ernst, er könne auf sein Ehrenwort versichern, daß die Sowjetunion ihre Partner nicht betrügen würde.

Vortragender Rat Hencke

Mahnung des Oberkommandos der Wehrmacht (OKW)

24. August 1939, 15.00 Uhr, Berlin. Fernschreiben (Geheim):

An den Sonderbeauftragten des Reichsaußenministeriums in Danzig: Oberkommando der Wehrmacht hält Bewaffnung Volksdeutscher nicht für ratsam, da sie gegen ausgerüstete Truppen nichts ausrichten könnten und daher nutzlos geopfert werden würden. Bitte Gauleiter entsprechend verständigen.

Woermann, Leiter der Polit. Abt.

Beistandsabkommen zwischen Großbritannien und Polen
Freitag, 25. August 1939, London:

Die Regierung des Vereinigten Königreiches von Großbritannien und Nordirland und die Polnische Regierung wünschen die Zusammenarbeit zwischen ihren beiden Ländern auf eine feste Grundlage zu stellen, wie sie sich aus dem gegenseitigen, einen defensiven Charakter tragenden, unter ihnen bereits ausgetauschten Hilfsversprechen ergibt ...
Nach Austausch ihrer Vollmachten, die in Ordnung befunden wurden, haben sie [die Bevollmächtigten] folgendes Übereinkommen getroffen:

Art. I
Sollte die eine der Vertragsparteien mit einer europäischen Macht infolge eines Angriffs derselben in Feindseligkeiten verwickelt werden, so wird die andere Vertragspartei der in Feindseligkeiten verwickelten unverzüglich jede in ihrer Macht liegende Unterstützung und Hilfe gewähren.
.....
(gez.) Halifax
(gez.) Eduard Raczyński

Tagesparole des Reichspressechefs
Freitag, 25. August 1939:

Polen und Danzig bilden weiterhin die Hauptaufmachung. Besondern groß herauszustellen sind dabei: A) Militärische Vorbereitungen Polens als Offensivmaßnahmen gegen Deutschland. Bei dem Bau von Befestigungsanlagen in Polen ist nicht von Verteidigungsstellungen, sondern von Ausgangsstellungen für den geplanten Angriff zu sprechen. B) Das provokatorische Auftreten polnischer Militär- und Behördenorgane, die die Präventivabsichten unterstreichen. C) Die hermetische Abschnürung Danzigs von der Lebensmittelzufuhr. D) Terrorakte.

Keine Einwände
25. August 1939, Moskau:

Ribbentrop sagte mir, die Sowjetregierung habe die Notwendigkeit zur Kenntnis genommen, daß Deutschland die Frage Danzig regle und werde infolgedessen keine Einwendungen gegen einen Krieg Deutschlands gegen Polen erheben.
Augusto Rosso, ital. Botschafter in Moskau

Eine erfolgreiche Friedenstat
25. August 1939, Moskau. ZK der KPD zum deutsch-sowjetischen Vertrag:

Das deutsche Volk begrüßt den Nichtangriffspakt zwischen der Sowjetunion und Deutschland, weil es den Frieden will und in diesem Pakt eine erfolgreiche Friedenstat von seiten der Sowjetunion sieht ... Das werktätige deutsche Volk und besonders die deutschen Arbeiter müssen die Friedenspolitik der Sowjetunion unterstützen, sich an die Seite aller von den Nazis unterdrückten und bedrohten Völker stellen und nunmehr erst recht dafür kämpfen, daß im Geiste des von der Sowjetregierung mit Deutschland abgeschlossenen Nichtangriffs-

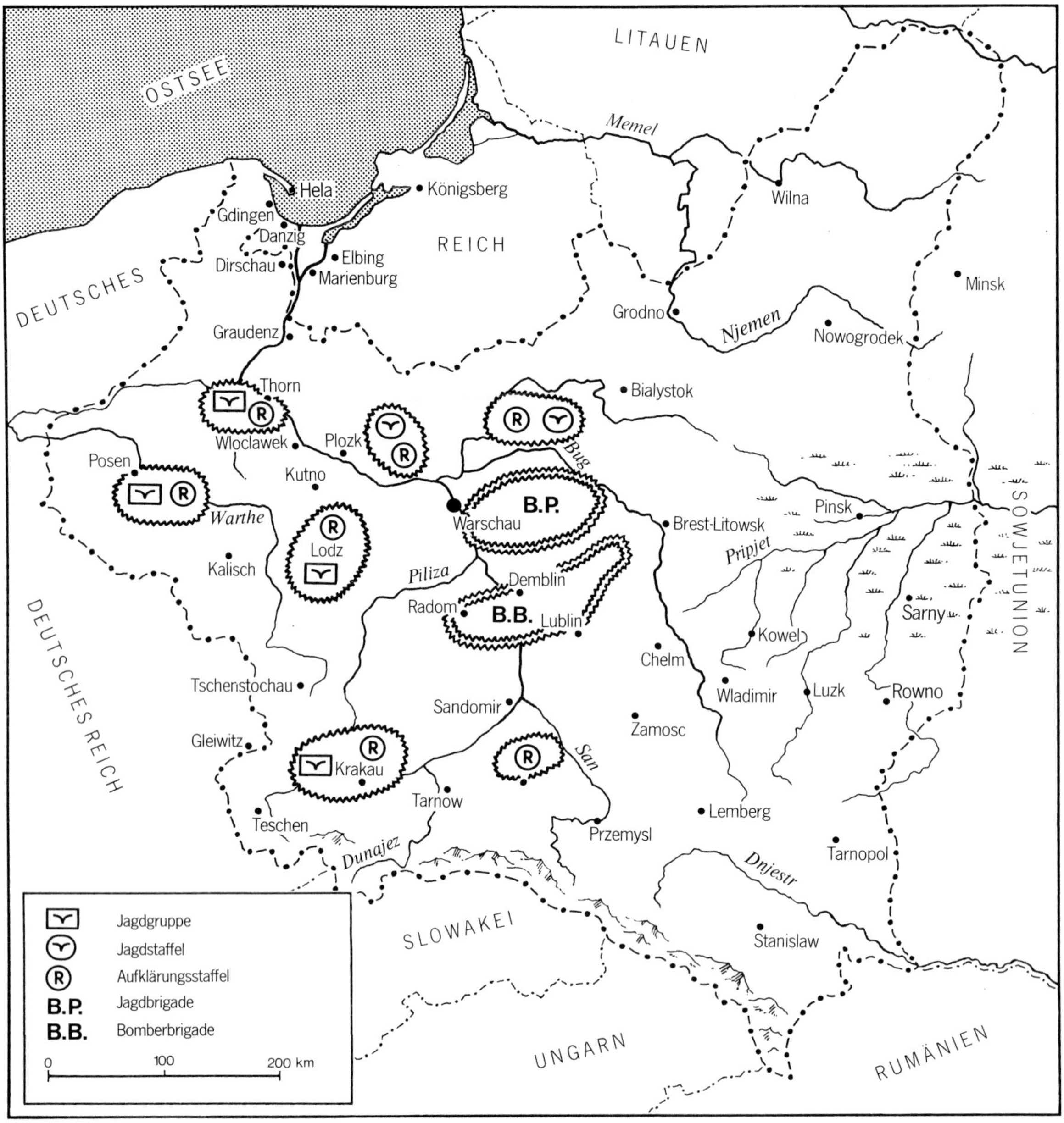

Ende August 1939, Gruppierung der polnischen Luftstreitkräfte: zu alt, zu schwach und falsch verteilt

paktes sofort ebensolche Friedenspakte mit Polen, Rumänien, mit Frankreich und England, mit allen Völkern, die sich mit Recht durch die Angriffspolitik Hitlers bedroht fühlen, geschlossen werden ...

Deutsches Schulschiff besucht Danzig

25. August 1939, Warschau. Die polnische Agentur PAT berichtet:

Wie das Pressebüro des Senats bekanntgibt, kommt am Freitag das deutsche Schulschiff »Schleswig-Holstein« zur offiziellen Visite. Der Kommandant des Schiffes wird u. a. dem Generalkommissar der Republik Polen in Danzig einen Höflichkeitsbesuch abstatten. Ursprünglich war der Besuch des Kreuzers »Königsberg« angekündigt worden, der jedoch abgesagt worden ist.

Die Überraschung aus Moskau

25. August 1939, Zürich. Die »Neue Zürcher Zeitung« berichtet:

Wir haben hier vor einiger Zeit mitgeteilt, daß das Hauptziel der Paktverhandlungen in London und Paris darin erblickt worden ist, Polen die Garantie zu verschaffen, daß Rußland ihm nicht in den Rücken fallen werde; die Zurückziehung von rund 250000 Mann russischer Truppen von der polnischen Grenze in den letzten Tagen spricht dafür, daß Polen vorläufig beruhigt sein kann.

Tagesparole des Reichspressechefs

Sonnabend, 26. August 1939:

... Der »Daily Express« hatte berichtet, daß im deutsch-russischen Pakt eine Geheimklausel vorgesehen sei, die sich auf die Baltischen Staaten beziehen soll. DNB hat für das Ausland ein Dementi herausgegeben, das nur für die Auslandspresse bestimmt ist.

Das Auswärtige Amt an Graf v. d. Schulenburg

Sonntag, 27. August 1939, Berlin. Telegramm (Geheim):

Spannung in deutsch-polnischem Konflikt in dauernder Zunahme begriffen. Versuchen Sie, im Anschluß an Notenaustausch über die im Telegramm 217 vom 25. August erwähnten Punkte in vorsichtiger Form festzustellen:

1. ob es stimmt, daß Sowjetrußland seine Truppen von polnischer Grenze zurückgezogen hat;

Danzig, 25. 8. 1939, das deutsche Schul (Linien)-Schiff »Schleswig-Holstein« wird von der Bevölkerung begeistert begrüßt: Unter Deck liegt die Sondersturmeinheit zum Angriff auf die polnische Enklave Westerplatte bereit

In einem deutschen Fliegerhorst: Ein Geschwader Dornier-Do-17-Bomber wartet auf den Startbefehl

2. ob, wenn dieses zutrifft, es nicht wieder rückgängig gemacht werden kann, da jede in Erscheinung tretende Bedrohung Polens auch von russischer Seite her natürlich zur Entlastung im Westen beitragen würde, ja am Ende Bereitwilligkeit, Polen zu helfen, außerordentlich mindern könnte.

Weizsäcker, Staatssekretär

Graf v. d. Schulenburg an das Auswärtige Amt

Dienstag, 29. August 1939, 21. 18 Uhr, Moskau. Telegramm (Geheim):

Besuchte heute Molotow im Kreml um 17.00 Uhr.

Ich setzte ihm eindringlich die Notwendigkeit auseinander, ausländischen, zu Propagandazwecken ausgestreuten Nachrichten über Zurückziehung von zweihundertfünfzigtausend Mann Sowjettruppen von polnischer Grenze durch entschiedenes Dementi von Sowjetseite entgegenzutreten. Molotow erklärte mit Betonung, daß Sowjetregierung den mit Deutschland abgeschlossenen Nichtangriffspakt sehr ernst nehme und daß diese Tatsache allein genüge, um vorstehender Nachricht den Boden zu entziehen. Molotow fragte, ob ich oder Berlin dieser Nachricht überhaupt Glauben schenkte.

Ich antwortete, wir wüßten selbstverständlich genau, daß an der Nachricht kein wahres Wort sei, es komme aber jetzt darauf an, die zu Propagandazwecken erfundene Nachricht propagandistisch zu bekämpfen; nur deshalb bäten wir um ein möglichst eindringliches und eindeutiges Dementi; ich verwertete dabei die Anregung aus der Drahtweisung Nr. 225. Molotow machte sich eifrig Notizen und erklärte, daß er die Angelegenheit sofort mit Woroschilow und einigen anderen Kollegen (sprich: Stalin) besprechen werde.

Ich hatte bestimmten Eindruck, daß die Sowjetregierung unserem Wunsche in der einen oder anderen Form Rechnung tragen wird.
Schulenburg

Deutscher Botschafter an das Auswärtige Amt
Mittwoch, 30. August 1939, Warschau. Telefonat 17.30 Uhr:

Seit einer Stunde ist in Polen durch Anschlag die allgemeine Mobilmachung befohlen worden. Erster Mobilmachungstag ist der 31. August; zu melden haben sich alle Personen, die eine weiße Einberufungskarte besitzen.
Graf Moltke

Die Lage in Danzig
30. August 1939, Berlin. Telegramm (Geheim) an das Großkonsulat in Danzig:

Veröffentlichung Verlängerung Besuchs »Schleswig-Holstein« nicht beabsichtigt. Auf Anfrage ist als Begründung anzugeben: Lage in Danziger Bucht ist, wie Beschießung deutscher Flugzeuge zeigt, so gespannt, daß Auslaufen des Linienschiffs Gefahr von Bedeutung mit sich bringt. »Schleswig-Holstein« soll daher zunächst im Danziger Hafen bleiben.
Woermann, Leiter der polit. Abt.

Lord Halifax an den britischen Botschafter in Warschau
30. August 1939, 17.30 Uhr, London. Telegramm (Geheim):

Die Atmosphäre kann vielleicht gebessert werden, wenn die Polnische Regierung allen militärischen und zivilen Behörden strikte Weisungen gibt oder bestätigt:
1. Auf Flüchtlinge oder Angehörige der deutschen Minderheit, die Unruhe stiften, nicht zu schießen, sondern sie zu verhaften;
2. Selber abzusehen von Gewaltanwendung gegenüber Angehörigen der deutschen Minderheit, und ähnliche Gewaltanwendung von seiten der Bevölkerung zu verhindern;
3. Angehörigen der deutschen Minderheit, die Polen verlassen wollen, die Erlaubnis zu ungehindertem Passieren zu geben;
4. Aufreizende Rundfunkpropaganda einzustellen.
Bitte benachrichtigen Sie Herrn Beck und fügen Sie hinzu, ich sehe ein, daß Herr Hitler Berichte benutze, um eine maßlose Aktion zu rechtfertigen, aber ich sei darauf bedacht, ihm diesen Vorwand zu nehmen. Ich ersuche die deutsche Regierung ähnliche Schritte zu unternehmen, und mahne sie, daß man von der polnischen Regierung bloß erwarten könne, daß sie sich an solche Weisungen halte, wenn Angehörige der deutschen Minderheit ihrerseits keine Provokationen begehen.

Graf v. d. Schulenburg an das Auswärtige Amt
30. August 1939, Moskau. Telegramm (Geheim):

Gesamte heutige Sowjetpresse veröffentlicht an sichtbarer Stelle Tass-Mitteilung, die folgenden Wortlaut hat: »In einer Reihe ausländischer Zeitungen, insbesondere in Neuer Zürcher Zeitung, wird mitgeteilt, daß sowjetisches

Heereskommando angeblich von westlichen Sowjetgrenzen zweihundert bis dreihunderttausend Mann Truppen zwecks Verstärkung der östlichen Grenzen nach Osten abgezogen habe. Tass ist ermächtigt zu erklären, daß diese Mitteilung den Tatsachen in keiner Weise entspricht. Von kompetenten Kreisen wird im Gegenteil festgestellt, daß im Hinblick auf die Zuspitzung der Lage in den östlichen Gebieten Europas und angesichts der Möglichkeit jeglicher Überraschungen das sowjetische Kommando beschlossen habe, den zahlenmäßigen Bestand der Garnisonen an den westlichen Grenzen der UdSSR zu verstärken.«
Vorstehende Mitteilung wurde seit gestern nacht mehrmals auch vom sowjetischen Rundfunk verbreitet.
Schulenburg

Der Sender Gleiwitz überfallen

Donnerstag, 31. August 1939, Breslau. Das DNB meldet:

Etwa um 20.00 Uhr, am Donnerstag, wurde der Sender Gleiwitz durch einen polnischen Überfall besetzt. Die Polen drangen mit Gewalt in den Senderaum ein. Es gelang ihnen, einen polnischen Aufruf in polnischer und zum Teil in deutscher Sprache zu verlesen. Sie wurden aber schon nach wenigen Minuten von der Polizei überwältigt, die von Gleiwitzer Rundfunkhörern alarmiert worden war. Die Polizei mußte von der Waffe Gebrauch machen, wobei es auf Seiten der Eindringlinge Tote gegeben hat.
Über die gemeldeten Vorgänge in Gleiwitz wird noch folgendes bekannt:
Der bereits mitgeteilte Überfall auf den Sender Gleiwitz war offensichtlich das Signal zu einem Angriff polnischer Freischärler auf deutsches Gebiet. Etwa zur gleichen Zeit haben polnische Aufständische, wie bisher festgestellt werden konnte, an zwei weiteren Stellen die deutsche Grenze überschritten. Es handelt sich wieder um schwerbewaffnete Abteilungen, die anscheinend von regulären polnischen Truppenteilen unterstützt werden. Abteilungen der im Grenzgebiet stehenden Sicherheitspolizei haben sich den Eindringlingen entgegengestellt. Die heftigen Kampfhandlungen dauern noch an.

Überfall auf den Sender Gleiwitz

Aussage eines Teilnehmers:
Ich, Alfred Naujocks, mache unter Eid und nach vorheriger Einschwörung folgende Erklärung:
... Ungefähr am 10. August 1939 befahl mir Heydrich, der Chef der Sipo und des SD, persönlich, einen Anschlag auf die Radiostation bei Gleiwitz in der Nähe der polnischen Grenze vorzutäuschen und so erscheinen zu lassen, als wären Polen die Angreifer gewesen. Heydrich sagte: »Ein tatsächlicher Beweis für polnische Übergriffe ist für die Auslandspresse und für die deutsche Propaganda nötig.« Mir wurde befohlen, mit 5 oder 6 anderen SD-Männern nach Gleiwitz zu fahren, bis ich das Schlüsselwort von Heydrich erhielt, daß der Anschlag zu unternehmen sei. Mein Befehl lautete, mich der Radiostation zu bemächtigen, und sie so lange zu halten, als nötig ist, um einem polnisch sprechenden Deutschen die Möglichkeit zu geben, eine polnische Ansprache über das Radio zu halten.
Dieser polnisch sprechende Deutsche wurde mir zur Verfügung gestellt. Heydrich sagte, daß es in der Rede heißen solle, daß die Zeit für eine Auseinanderset-

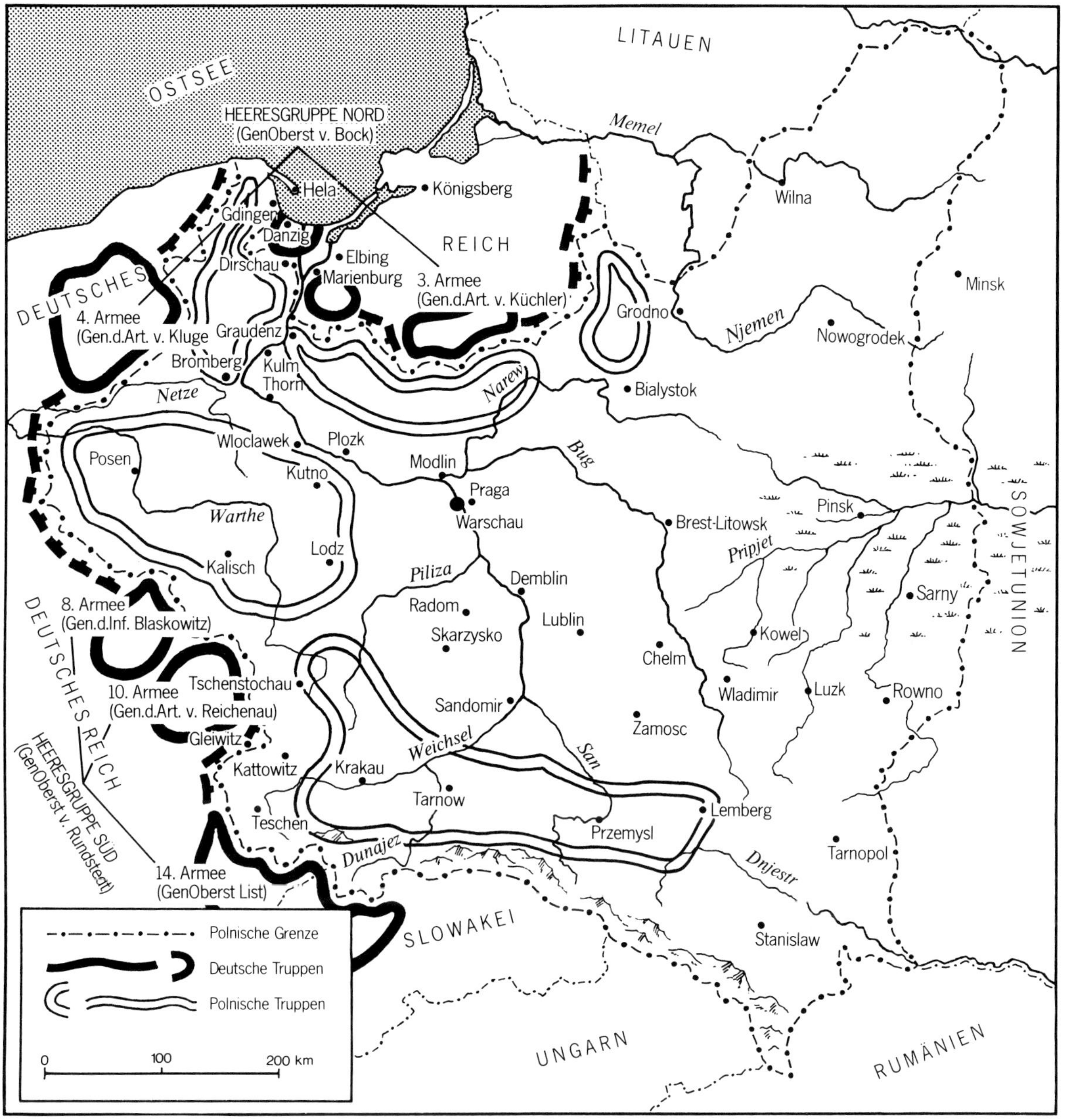

zung zwischen Polen und Deutschen gekommen sei und daß die Polen sich zusammentun und jeden Deutschen, der ihnen Widerstand leistet, niederschlagen sollten …

Zwischen dem 25. und 31. August suchte ich Heinrich Müller, den Chef der Gestapo, auf, der sich damals in der Nähe in Oppeln befand. In meiner Gegenwart erörterte Müller mit einem Mann namens Mehlhorn Pläne für einen Grenzfall, in dem vorgetäuscht werden sollte, daß polnische Soldaten deutsche Truppen angreifen …

Müller sagte, er hätte ungefähr 12 oder 13 verurteilte Verbrecher, denen polnische Uniformen angezogen werden sollten und deren Leichen auf dem Schauplatz der Vorfälle liegen gelassen werden sollten, um zu zeigen, daß sie im Laufe der Anschläge getötet worden seien …

Ende August 1939, Aufmarsch der übermächtigen deutschen Armeen: Für die polnische Führung stellt sich die Frage, ob man das strategische Kerngebiet Polens allein oder nach einer deutschen Umfassung von Ostpreußen, Schlesien und der Slowakei her mit dem gesamten dort befindlichen Heer verlieren will

Hitlers 16-Punkte-Programm

31. August 1939. Radio Warschau meldet:

Die heutige Bekanntmachung des deutschen offiziellen Kommuniqués hat die Ziele und Absichten der deutschen Politik klar gezeigt. Es beweist die offenen Aggressionsabsichten Deutschlands gegenüber Polen. Die Bedingungen, unter denen das Dritte Reich bereit ist, mit Polen zu verhandeln, lauten: Danzig kehrt sofort zum Reich zurück. Pommerellen mit den Städten Bromberg und Graudenz unterliegt einem Plebiszit, wobei alle Deutschen, die nach dem Jahre 1918 aus irgendwelchen Gründen von dort ausgewandert sind, hineingelassen werden sollen. Polnisches Militär und Polizei evakuieren Pommerellen. Die Polizei Englands, Frankreichs, Italiens und der Sowjetunion übernimmt die Gewalt. Nach Ablauf von 12 Monaten findet das Plebiszit statt. Das Gebiet der Halbinsel Hela wird vom Plebiszit gleichfalls erfaßt. Gdingen ist als polnische Stadt ausgeschlossen. Unabhängig vom Ausgang des Plebiszits wird eine exterritoriale Straße in der Breite eines Kilometers gebaut ...
Die deutsche Agentur gibt bekannt, daß der Termin für die Annahme dieser Bedingungen gestern abgelaufen ist. Deutschland hat vergeblich auf einen Abgesandten Polens gewartet. Die Antwort waren die militärischen Anordnungen der polnischen Regierung.
Keine Worte können jetzt mehr die Aggressionspläne der neuen Hunnen verschleiern. Deutschland strebt die Herrschaft über Europa an und durchstreicht mit einem bisher nicht dagewesenen Zynismus die Rechte der Völker. Dieser unverschämte Vorschlag beweist deutlich, wie notwendig die militärischen Anordnungen der polnischen Regierung gewesen sind.

Tagesparole des Reichspressechefs

31. August 1939:

An der Großaufmachung der Nachricht über die Generalmobilmachung in Polen ändert sich nichts, nur soll nicht einheitlich das Wort »Generalmobilmachung« in der Überschrift verwandt werden. Die Überschrift soll eine entsprechende Tendenz ausdrücken wie »Polen, der Friedensstörer Europas«, »Mobilmachung unter dem Druck der Straße«, »Verzweiflungsschritt Polens«.

Molotow über den deutsch-sowjetischen Nichtangriffspakt

31. August 1939, Moskau. Das DNB meldet:

Der Oberste Sowjet ist am Donnerstag kurz nach 19.30 Uhr wieder zusammengetreten ...
Molotow führte u. a. aus, Großbritannien und Frankreich sei es überhaupt nicht um die Schaffung eines effektiven Friedensinstruments bei den Verhandlungen mit Moskau zu tun gewesen, sondern mehr um die »Fiktion eines Paktes« auf Kosten der Interessen der Sowjetunion. Demgegenüber handle es sich bei dem Nichtangriffspakt zwischen Deutschland und der Sowjetunion um eine Entscheidung von größter weltpolitischer Bedeutung ...
Der am 24. August 1939 in Moskau abgeschlossene Nichtangriffspakt setze der Feindschaft zwischen der Sowjetunion und Deutschland ein Ende. Die beiden allergrößten Staaten Europas hätten sich entschlossen, die Kriegsdrohung untereinander zu beseitigen und friedlich miteinander zu leben. Selbst wenn ein Krieg in Europa nicht zu vermeiden sei, so würden infolge des deutsch-

Warschau, 30. 8. 1939: Dieser Anschlag verkündet die allgemeine Mobilmachung, die jedoch auf Drängen Frankreichs und Großbritanniens widerrufen wird

sowjetrussischen Nichtangriffspaktes die Maßstäbe der Kriegshandlungen begrenzt sein. Deshalb herrsche nur dort Unzufriedenheit über den deutschsowjetrussischen Nichtangriffspakt, wo die Kriegsbrandstifter unter der Maske von Friedensfreunden am Werke seien . . .

Der Überfall

Der Oberste Befehlshaber der Wehrmacht — Berlin, den 31. 8. 39
OKW/WFA Nr. 170/39
g. Kdos. Chefs L I
Geheime Kommandosache
Chef-Sache / Nur durch Offizier

Weisung Nr. 1 für die Kriegführung
1. Nachdem alle politischen Möglichkeiten erschöpft sind, um auf friedlichem Wege eine für Deutschland unerträgliche Lage an seiner Ostgrenze zu beseitigen, habe ich mich zur gewaltsamen Lösung entschlossen.
2. Der Angriff gegen Polen ist nach den für Fall Weiß getroffenen Vorbereitungen zu führen, mit den Abänderungen, die sich beim Heer durch den inzwischen fast vollendeten Aufmarsch ergeben.
Aufgabenverteilung und Operationsziel bleiben unverändert.
Angriffstag: 1. 9. 39
Angriffszeit: 4.45 Uhr
. . . . .
Adolf Hitler

Der polnische Botschafter Lipski auf der Treppe des Auswärtigen Amtes Berlin, Wilhelmstraße, in der Nacht zum 1. 9. 1939. Als v. Ribbentrop bei der Unterredung mit Lipski erfährt, daß dieser keine Vollmacht für Verhandlungen hat, komplimentiert er seinen Besucher sofort wieder hinaus

1. 9. – 3. 9. 1939

Erste

Phase

Grenzschlachten

Freitag, 1. September 1939. Das Oberkommando der Wehrmacht gibt bekannt:

Im Zuge der deutschen Kampfhandlungen aus Schlesien, Pommern und Ostpreußen wurden an allen Fronten schon heute die erwarteten Anfangserfolge erzielt.
Die von Süden über das Gebirge vorgegangenen Truppen haben die Linie Neumarkt-Sucha erreicht.
Südlich Mährisch-Ostrau ist die Olsa bei Teschen überschritten. Südlich des Industriegebietes sind unsere Truppen in Höhe von Kattowitz im zügigen Vordringen. Die aus Schlesien angesetzten Truppen sind im flüssigen Vorgehen in Richtung Tschenstochau und nördlich davon.
Im Korridor nähern sich unsere Truppen der Brahe und haben die Netze bei Nakel erreicht.
Dicht vor Graudenz wird gekämpft.
Aus Ostpreußen vorgehende Kräfte stehen tief auf polnischem Gebiet im Kampf.
Die deutsche Luftwaffe hat heute in wiederholten kraftvollen Einsätzen die militärischen Anlagen auf zahlreichen polnischen Flugplätzen, so z. B. Rahmel, Putzig, Graudenz, Posen, Plock, Lodz, Tomaszow, Radom, Ruda, Kattowitz, Krakau, Lemberg, Brest, Terespol angegriffen und zerstört.
Außerdem unterstützten mehrere Schlachtgeschwader wirkungsvoll das Vorwärtskommen des Heeres.
Die deutsche Luftwaffe hat sich damit heute die Luftherrschaft über den polnischen Raum erkämpft, obwohl starke Kräfte in Mittel- und Westdeutschland zurückgehalten wurden.

Danzig, 1. 9. 1939, 4.45 Uhr: Das Linienschiff »Schleswig-Holstein« eröffnet das Feuer auf die Westerplatte

Stukas greifen an: In der letzten Phase des Sturzfluges wird die Maschine genau auf das Ziel gerichtet und die Bombe ausgelöst

Teile der deutschen Seestreitkräfte haben Positionen vor der Danziger Bucht eingenommen und sichern die Ostsee.
Das in Neufahrwasser liegende Schulschiff »Schleswig-Holstein« nahm die von den Polen besetzte Westerplatte unter Feuer. In Gdingen wurde der Kriegshafen durch die Luftwaffe bombardiert.

Major Sucharski an das Kommando der polnischen Kriegsmarine in Gdynia (Gdingen)
1. September 1939, 4.50 Uhr, Westerplatte:

Um 4.45 Uhr hat der Panzerkreuzer »Schleswig-Holstein« das Feuer gegen die Westerplatte aus allen Rohren eröffnet. Die Beschießung dauert an.

Deutschland greift Polen an
1. September 1939, Warschau. Der Stab des Oberbefehlshabers gibt in seinem Kommuniqué Nr. 1 bekannt:

Heute in den frühen Morgenstunden brachen die Deutschen ohne Kriegserklärung in einem Überraschungsangriff ihrer Luftstreitkräfte und Bodentruppen in unser Land ein. Die deutsche Luftwaffe führte mehrere Angriffe gegen Einzelziele im gesamten polnischen Raum durch ...

Botschaft des Präsidenten Moscicki
1. September 1939, Warschau:

Präsident Ignaz Moscicki hat an die Bürger der Polnischen Republik folgende Botschaft gerichtet:
»In der vergangenen Nacht hat unser jahrhundertealter Feind eine Offensivaktion gegen den polnischen Staat eingeleitet, was ich hiermit vor Gott und vor der Geschichte feststelle. In diesem historischen Augenblick wende ich mich an alle Staatsbürger, tief überzeugt, daß die ganze Nation ihre Freiheit, ihre Unabhängigkeit und ihre Ehre verteidigen und sich um ihren Staatschef und die Armee scharen wird und dem Angreifer die gebührende Antwort erteilen wird, wie das schon mehrere Male in der Geschichte der polnisch-deutschen Beziehungen der Fall war.
Die ganze polnische Nation marschiert Seite an Seite in den Kampf um den Schlußsieg, gesegnet von Gott im Kampfe um ihre gerechte und geheiligte Sache, und eng verbunden mit der Armee.«

Hitlers Kriegsrede
1. September 1939, Berlin:

Kurz nach 10.00 Uhr ergriff Hitler im Reichstag das Wort:
»... Ich habe meiner Luftwaffe den Auftrag gegeben, sich auf militärische Objekte bei ihren Angriffen zu beschränken. Wenn aber der Gegner daraus einen Freibrief ableiten sollte, so wird er eine Antwort bekommen, daß ihm Hören und Sehen vergehen wird. Polen hat heute nacht auf unserm Boden auch durch reguläre Soldaten geschossen. Seit 5.45 Uhr wird jetzt zurückgeschossen. Seither wird Bombe mit Bombe vergolten. Wer mit Gift kämpft, wird Giftgas bekommen.«

Tagesparole des Reichspressechefs
1.September 1939:

Der Begriff »Krieg« ist in Berichten und Überschriften auf jeden Fall zu vermeiden. Der gegenwärtige Zustand kann etwa dahingehend charakterisiert werden, daß wir auf polnische Angriffe lediglich zurückschlagen. Die Presse soll also über die Formulierungen nicht hinausgehen, die der Führer bei der Darlegung des gegenwärtigen Zustandes in seiner Rede anwandte. Zur persönlichen Information kann mitgeteilt werden, daß der polnische Botschafter sich gegenwärtig noch in Berlin befindet.

Polen beruft sich auf den Bündnisvertrag mit Großbritannien
1. September 1939, London. United Press berichtet:

Nach Mitteilung von amtlicher polnischer Seite hat der polnische Botschafter Raczynski Lord Halifax einen Besuch abgestattet, und man beruft sich auf den Artikel 1 des britisch-polnischen Bündnisvertrages, der ein Inkrafttreten des Bündnisses im Fall eines direkten Angriffs gegen Polen vorsieht.

Angriff der »Schleswig-Holstein« auf die Westerplatte
1. September 1939. Kriegsberichterstatter F. O. Busch:

Um 4.45 Uhr sind sie nur noch 100 bis 200 Meter von dem gefährlichen polnischen Stützpunkt entfernt, nichts rührt sich, nur in der Nähe kräht ein Hahn den frühen Morgen an. Gerade als die Spannung an Bord ihren Höhepunkt erreicht hat, schrillen mit einem Male die Feuerglocken los: »Salve!«

OPŁATA POCZTOWA UISZCZONA GOTÓWKĄ
Warszawa, piątek 1 września 1939 r. W. Nr. 243 Rok V

GONIEC WARSZAWSKI 10 GR.

Bandycki najazd armii niemieckiej bez wypowiedzenia wojny na ziemie Rzeczypospolitej Polskiej

Orędzie Prezydenta Rzeczypospolitej

Obywatele Rzeczypospolitej!

Nocy dzisiejszej odwieczny wróg nasz rozpoczął działania zaczepne wobec Państwa Polskiego, co stwierdzam wobec Boga i historii.

W tej chwili dziejowej zwracam się do wszystkich obywateli Państwa w głębokim przeświadczeniu, że cały Naród w obronie swojej Wolności, Niepodległości i Honoru skupi się dokoła Wodza Naczelnego i Sił Zbrojnych, oraz da godną odpowiedź napastnikowi, jak to się już nieraz działo w historii stosunków polsko-niemieckich.

Cały Naród Polski, pobłogosławiony przez Boga, w walce o swoją świętą i słuszną sprawę, zjednoczony z Armią pójdzie ramię przy ramieniu do boju i pełnego zwycięstwa.

(—) IGNACY MOŚCICKI
Prezydent Rzeczypospolitej

Warszawa, dnia 1 września 1939 r.

Warschau, 1. 9. 1939. Banditenartiger Überfall der deutschen Armeen ohne Kriegserklärung auf das Gebiet der Polnischen Republik. Botschaft des polnischen Präsidenten

Letzte Besprechung vor dem Bombenangriff auf Warschau: Um die Angriffe auf die polnische Hauptstadt zu erleichtern, funkt der sowjetische Sender Minsk Dauersignale, die es den Verbänden der Luftwaffe selbst bei schlechten Navigationsverhältnissen ermöglichen, das Ziel genau anzufliegen

Längst waren die Anfangsbefehle gegeben, jetzt folgen gewaltige Detonationen dem Feuerbefehl, Granate auf Granate jagt der vordere Turm aus seinen langen Rohren, krachend fallen die 15-cm-Kasemattgeschütze ein – die Beschießung hat begonnen.
Dichtgeballte, tiefbraunschwarze Wolken ziehen leewärts, immer wieder schlagen grellrote Mündungsfeuer aus dem Pulverqualm, meterlange gelbe Feuerstrahlen zucken durch den Rauch, spiegeln sich im stillen, leise dahinströmenden Wasser und blenden die Männer auf der Brücke, die gespannt mit Zeißgläsern und Richtungsweisern die Wirkung der Abschüsse verfolgen.
Es ist, als sei die Hölle mit Donner und Blitz losgelassen, wenn die schweren Granaten Erdfontänen und Flammen zwischen die Werke schmettern. Das ganze Schiff gleicht einem feuerspeienden, in Rauch- und Qualmwolken gehüllten Berg.
Während aus Vor- und Mittelschiff die Feuerschlangen der Abschüsse zucken, hämmern die MG und Flawaffen dazwischen, bellen die Flakgeschütze, die von den hohen Aufbauten her in direktem Beschuß ihr Feuer auf den östlichen Teil der Westerplatte zusammenfassen.
»Glaubt Ihr, daß da noch ein Mensch lebt?« fragt ein Obermaat seine Geschützbedienung und reckt den Kopf, um durch den Kasemattschlitz auch etwas von dem Feuerwerk da drüben zu erspähen.
Die Männer schütteln schweigend die Köpfe und wischen den Schweiß von ihren nassen Stirnen: »Nein, Herr Obermaat, bestimmt keiner!«

Polnische Armee auf dem Rückzug

Sonnabend, 2. September 1939. Das Oberkommando der Wehrmacht gibt bekannt:

Das Vorgehen der deutschen Truppen brachte auf allen Fronten weitere schnelle Erfolge . . .

Nur örtliche Gefechte

2. September 1939, Warschau. Die Agentur PAT meldet:

Von maßgebender Seite wird bestätigt, daß sich die Kämpfe zwischen polnischen und deutschen Truppen auf die Grenzgebiete beschränken und daß bisher größere polnische Verbände nicht in Aktion getreten sind. Es wird jedoch berichtet, daß die polnischen Soldaten sich überall erfolgreich verteidigen und die feindlichen Kräfte in die Flucht schlagen.

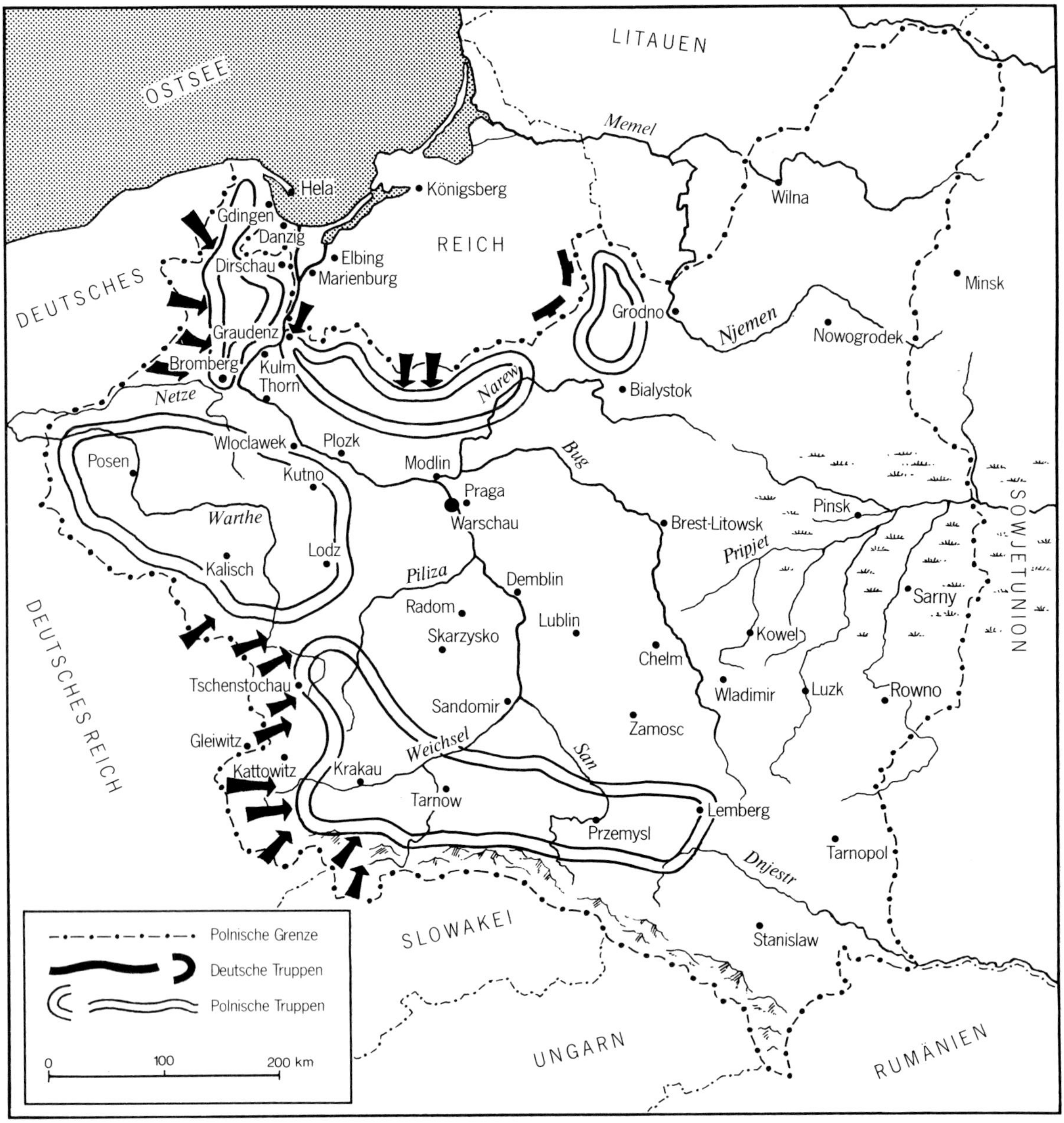

Die Frontlage in den Abendstunden des 1. 9. 1939

Harter Widerstand

2. September 1939, London. Die Agentur Havas berichtet:

Die polnischen Kreise Londons erklären, daß die deutschen Truppen die Verteidigungsstellungen der polnischen Armee an keinem Punkte durchbrechen konnten.

Graf v. d. Schulenburg an das Auswärtige Amt

2. September 1939, 1.30 Uhr, Moskau. Telegramm (Geheim):

Molotow bat mich heute abend 22.30 Uhr zu sich und erklärte, daß Sowjetregierung ankündigende Notiz über Ankunft der Sowjetoffiziere in Berlin aus

Gründen von deren Sicherheit nicht für zweckmäßig hält. Sie wünscht, daß auch nach Ankunft der Herren nicht von Militärmission gesprochen, sondern lediglich Ernennung neuer sowjetischer Militärattachés in der deutschen Presse erwähnt wird. Die Sowjetpresse wird ebenso verfahren.

Schulenburg

Neue Erklärungen Molotows

2.September 1939, Moskau. Die Agentur TASS meldet:

In der gestrigen Sitzung des Obersten Sowjets führte Molotow, Vorsitzender des Rates der Volkskommissare und Außenkommissar, u. a. aus: Der deutsch-sowjetrussische Nichtangriffspakt sei abgeschlossen worden, um eine allgemeine Kriegsgefahr zu beseitigen. Die Regierung betrachte dieses Abkommen als einen Vertrag zwischen dem sowjetrussischen und dem deutschen Volk. Nur die Brandstifter können wegen des Abschlusses dieses Vertrages unzufrieden sein. Dazu gehörten vor allem die Sozialisten in Amerika und England, die den Kapitalisten dienen wollten. Rußland und Deutschland hätten durch die Friedensverträge von 1918 am meisten gelitten. Die politische Kunst der Sowjetunion bestehe darin, die Feinde von gestern zu Freunden von heute zu machen, und zwar im Interesse der Werktätigen der ganzen Welt. Heute wage Deutschland nicht mehr, Sowjetrußland anzugreifen ...

Der erste polnische Soldat

2. September 1939. Kriegsberichterstatter K. Frowein:

Dies war der erste polnische Soldat, der mir vor die Augen kam: ein blutiges Häuflein menschlichen Leidens, die Beine im Schmerz an die Brust gezogen, das Gesicht von grünlicher Blässe. Aus seinen schmalen Lippen rang sich, kaum hörbar, der Ruf: »Wasser! Wasser!« Wir knöpften ihm den blutdurchtränkten Uniformrock auf, der deutsche Sanitäter reichte ihm die Feldflasche. Zum letztenmal ging ein schmerzliches Lächeln über seine Züge, als er das deutsche Wort »Danke« hauchte. Er ist bald darauf gestorben und ruht jetzt an dem Platz, auf dem er fiel, unter einem einfachen, von einem polnischen Stahlhelm geschmückten Holzkreuz, das die Inschrift trägt: »Sechs polnische Soldaten«. Dieser polnische Infanterist ist gefallen wie ein echter Soldat. Er hat die Stellung, die er befehlsgemäß einnehmen mußte, bis zuletzt verteidigt. Seine Patronentaschen waren leer, und im Magazin seines Karabiners waren nur noch zwei Patronen, als ihn der tödliche Schuß traf.

Mit Blumenstrauß ins Feld: Abschied polnischer Soldaten in einer Garnisonstadt in Zentralpolen

Weiteres Vordringen

Sonntag, 3. September 1939. Das Oberkommando der Wehrmacht gibt bekannt:

Am gestrigen Nachmittag und in den heutigen Morgenstunden drangen weiter die deutschen Truppen auf allen Fronten erfolgreich tief auf polnisches Gebiet vor.
Tschenstochau wurde genommen.
Ostwärts von Wielun wurde die Warthe überschritten.
Ein Versuch der im Korridor abgeschnittenen polnischen Truppen, nach Süden durchzubrechen, wurde abgeschlagen. Berent ist in deutscher Hand.
Nach der entscheidenden Wirkung des Einsatzes der deutschen Luftwaffe von gestern beherrschen die Divisionen der beiden gegen Polen eingesetzten Luftflotten uneingeschränkt den polnischen Luftraum und stehen wieder einsatzbereit in ihren Absprunghäfen.

Britische Kriegserklärung

3. September 1939, London. Die Agentur Havas teilt mit:

Um 11.00 Uhr erklärte Premierminister Chamberlain in einer Ansprache im Rundfunk, da keine Antwort der deutschen Regierung eingetroffen sei, bestehe zwischen Großbritannien und Deutschland der Kriegszustand.
Die britische Flotte trat sofort in Aktion.
Der französische Botschafter in Berlin teilte der deutschen Regierung mit, daß Frankreich sich von Sonntag, 17.00 Uhr, an im Kriegszustand mit Deutschland befindlich betrachte.

Tagesparole des Reichspressechefs

3. September 1939:

Mit dem Begriff Krieg ist in den nächsten Tagen noch sehr vorsichtig zu verfahren. Man kann wohl jetzt von einem Kriegszustand sprechen. Kriegserklärungen liegen aber noch von keiner Seite vor. Die Feindseligkeiten im Osten werden zweckmäßigerweise vorläufig als »Kampfhandlungen« bezeichnet.

Polnische Truppen werfen den Feind über die Grenze zurück

3. September 1939, Warschau. Die Agentur PAT berichtet:

Unsere Verbände gingen im Raum Leszno (Lissa) und Rawicz (Rawitsch) gestern um 13.00 Uhr zum Gegenangriff über. Sie drängten den Feind hinter dessen Grenze zurück. Unsere motorisierten Einheiten stehen jetzt auf deutschem Boden. Auch Zbaszyń wurde gestern zurückerobert. Die Deutschen räumten die Stadt panikartig und hinterließen 17 Tote. Unsere Verluste sind minimal.

Tschenstochau in Flammen

3. September 1939. Die polnische Botschaft in Paris teilt mit:

Der polnische Rundfunk meldet, daß Tschenstochau, das polnische Lourdes, in Flammen stehe. Der berühmte Kreuzgang aus dem 16. Jahrhundert, wo sich das heilige Bild der Schwarzen Mutter Gottes befindet, das Pilgerziel ganz Polens

Deutsches MG-Nest am Rande eines polnischen Dorfes

und aller Katholiken von Mitteleuropa, ist am 2. September durch die deutsche Luftwaffe mehrfach mit Bomben belegt worden.

Der große Tag der polnischen Luftstreitkräfte

3. September 1939. Aus dem Tagebuch von Graf Kielmansegg:

»... Überhaupt war der 3. 9. 1939 – jedenfalls bei uns – der große Tag der polnischen Luftwaffe. Man muß es diesen Polen lassen, daß sie mit großem Schneid und auch mit ziemlichem Geschick ihre Aufträge ausführten. Auch war ein abgeschossener und lebend auf die Erde gekommener polnischer Flieger einer der ganz wenigen Gefangenen, die bei ihrer Vernehmung trotz Verwundung nichts aussagten. Die verschiedenen Kolonnen der Division sind an diesem Tage insgesamt fünfzehnmal von polnischen Bombern angegriffen worden! Zeitweise erfolgten die Luftangriffe halbstündlich, meistens kamen die Polen zu drei, gelegentlich auch zu neun Flugzeugen. Zum Glück trafen sie im allgemeinen schlecht.«

Die sowjetische Militärmission in Berlin

3. September 1939, Berlin. Associated Press meldet:

Die sowjetische Militärmission, die nach Berlin entsandt wurde, ist am Samstagabend auf dem Flughafen Tempelhof angekommen. Sie hat die Luftreise auf dem Wege über Stockholm gemacht. An der Spitze der fünf Offiziere umfassenden Mission steht der Kommandierende General Maxim Purkajew. Da die UdSSR zur Pflege ihrer neuen Freundschaftspolitik gleichzeitig einen Botschaf-

Am 3. 9. 1939 empfängt Hitler den neuernannten sowjetischen Botschafter in Berlin, Alexander Schkwarzew, zur Entgegennahme seines Beglaubigungsschreibens sowie den sowjetischen Militärbevollmächtigten in Berlin, den Kommandierenden General Maxim Purkajew. In der Mitte Freiherr v. Dornberg, der Chef des Protokolls

terwechsel in Berlin vornimmt, traf mit dem gleichen Flugzeug auch schon der neuen Botschafter Schkwarzew ein. Schkwarzew war bisher Beamter des Außenkommissariats in Moskau. Zur Begrüßung des Botschafters und der Offiziere fanden sich auf dem Tempelhofer Flugplatz Unterstaatssekretär Woermann mit weiteren Beamten des Auswärtigen Amtes und drei Offiziere ein, an ihrer Spitze der Stadtkommandant von Berlin, General Seifert. Nach der Landung schritten die Sowjets die Front einer Ehrenkompanie des Heeres ab.

Polnische Gegenoffensive
3. September 1939, Warschau. Die Agentur PAT teilt mit:

Polnische Kavallerie griff an der Westgrenze bei Lezno und Rawicz an und drängte den Feind, der seit 1. September auf polnischem Boden stand, über die Grenze zurück. Um die Stadt Tschenstochau wird weiterhin hastig gekämpft. Polnische Flieger richteten zahlreiche Angriffe auf motorisierte deutsche Einheiten. Zwei deutsche Kolonnen wurden zersprengt. Die Deutschen hatten schwere Verluste, während die Polen vier Flugzeuge verloren.

v. Ribbentrop an Graf v. d. Schulenburg
3. September 1939, 18.50 Uhr, Berlin. Telegramm (Geheim):

Erwarten bestimmt, polnische Armee in einigen Wochen entscheidend geschlagen zu haben. Wir würden dann das Gebiet, das in Moskau als deutsche Interessensphäre festgestellt wurde, militärisch besetzt halten. Natürlich müßten wir aber aus militärischen Gründen auch weiter gegen diejenigen polnischen Streitkräfte vorgehen, die zu dieser Zeit in dem zur russischen Interessensphäre gehörigen polnischen Gebiet stehen.
Bitte dies mit Molotow sofort zu besprechen und dabei feststellen, ob es nicht von der Sowjetunion für geboten gehalten wird, daß russische Streitkräfte sich zur gegebenen Zeit gegen polnische Streitkräfte in russischer Interessensphäre in Bewegung setzen und dieses Gebiet ihrerseits in Besitz nehmen. Nach unserer Auffassung würde das nicht nur Entlastung für uns sein, sondern auch im Sinne Moskauer Abmachungen sowie im sowjetischen Interesse liegen.
.....
Ribbentrop

Und so war es

Im Morgengrauen des 1. September 1939 schützt Bodennebel das polnische Land vor dem geplanten »großen Eröffnungsschlag« der deutschen Luftwaffe. Erst nachdem sich der Nebel allmählich aufgelöst hat, starten die Geschwader bei strahlender Herbstsonne zu ihren Kampfaufgaben.
Um 4.45 Uhr nimmt das im Danziger Hafen – etwa 360 Meter von der polnischen Enklave Westerplatte entfernt – ankernde deutsche Linienschiff »Schleswig-Holstein« (14900 t) die im dichten Morgendunst liegende Westerplatte unter Beschuß. Der Zweite Weltkrieg hat begonnen. Als das Feuer der Schiffsartillerie aufhört, greift die SS-Sturmkompanie »Danziger Heimwehr« zusammen mit dem Stoßtrupp »Hennigsen« an. Die kleine polnische Streitmacht von etwa 180 Mann wirft trotz ihrer schwachen Ausrüstung den ersten Ansturm zurück.
Um 4.50 Uhr stürmt die SA das Gebäude der polnischen Post in Danzig. Die 50

Postbeamten, von Leutnant Guderski angeführt, lassen sich nicht überrumpeln, sondern wehren sich heftig. Die deutschen Verbände überschreiten die polnische Grenze auf ihrer Gesamtlänge von 1500 Kilometern. An dem Angriff auf Polen sind beteiligt: Die Heeresgruppe Nord (GenOberst v. Bock) mit der 3. Armee (Gen.d.Art. v. Küchler) und der 4. Armee (Gen.d.Art. v. Kluge) sowie der Heeresgruppe Süd (GenOberst v. Rundstedt) mit der 8. Armee (Gen.d.Inf. Blaskowitz), der 10. Armee (Gen.d.Art. v. Reichenau) und der 14. Armee (GenOberst List) mit insgesamt sechs Panzerdivisionen, vier leichten Divisionen, vier mot. Divisionen, drei Gebirgsdivisionen und 37 Infanteriedivisionen mit 3195 Panzerkampfwagen, darunter nur 98 Panzer III und 211 Panzer IV, außerdem die Luftflotte 1 (Gen.d.Fl. Kesselring) und die Luftflotte 4 (Gen.d.Fl. Löhr) mit 1538 einsatzbereiten Flugzeugen. Die Mehrzahl der schnellen Truppen ist in zwei Stoßgruppierungen zusammengefaßt. Ihre Aufgabe: Umfassung des Hauptteils der polnischen Streitkräfte westlich der Linie Weichsel-Narew. Die bei der Heeresgruppe Süd in der Hauptrichtung Oberschlesien-Warschau angreifende 10. Armee mit ihren zwei Panzerdivisionen, zwei mot. Infanteriedivisionen, drei leichten und sechs Infanteriedivisionen macht fast die Hälfte aller schnellen Truppen aus. Noch ausgeprägter ist die Massierung der schnellen Truppen bei der Heeresgruppe Nord, die von Hinterpommern und Ostpreußen aus angreift. Von vier schnellen Truppenverbänden sind drei im XIX. Panzerkorps (Gen.d.Pz.Tr. Guderian) konzentriert. Sie sollen aus Ostpreußen nach Süden vorstoßen und östlich des Bug den nördlichen Zangenarm eines zweiten Einschließungsringes bilden, um allen über die Weichsel entkommenden polnischen Verbänden und Truppenteilen den weiteren Rückzug zu verlegen.

Danzig, 1. 9. 1939: Die Danziger SS-Heimwehr geht im Schutz eines Panzerwagens gegen das polnische Postamt vor. Das Gebäude wird von der Feuerwehr mit Benzin begossen und in Brand gesteckt. Die polnischen Postbeamten, denen das polnische Oberkommando zuvor raschen Entsatz versprach, werden nach der Waffenniederlegung als Freischärler erschossen

Die strategisch wichtige Weichselbrücke bei Dirschau: für die Versorgung der deutschen Armeen in Ostpreußen unentbehrlich, von polnischen Pionieren in den Morgenstunden des 1. 9. 1939 in die Luft gesprengt

Eine Kette polnischer Jäger vom Typ PZL P-7

Auf polnischer Seite stehen: 38 Infanteriedivisionen, eine mot. Brigade (die zweite in der Aufstellung), elf Kavalleriebrigaden und 745 meist veraltete Flugzeuge, dazu 1134 leichte, kleine Panzerkampfwagen alter Bauart. Die polnische Armee ist dem Angreifer weder an Zahl noch an Ausrüstung gewachsen. Die Masse der polnischen selbständigen Kavallerie – über 70000 Reiter – wird in den letzten Augusttagen recht schablonenhaft entlang der ganzen, rund 1500 Kilometer langen polnisch-deutschen Grenze verteilt. Operative Reserven sind noch nicht vorhanden. Sie befinden sich zu diesem Zeitpunkt in der Mobilmachung oder sind unterwegs auf dem Transport. Von rund 2400000 verfügbaren und ausgebildeten Soldaten können höchstens 1500000 recht notdürftig ausgerüstet werden. Lediglich die 30 aktiven Divisionen haben ihre etatmäßige Ausrüstung, die jedoch an Feuerstärke nicht mit der der Deutschen zu vergleichen ist. Unmittelbar nach Kriegsausbruch werden aus den einsatzbereiten polnischen Panzern und Panzerspähwagen neben der bestehenden 10. Brygada Kawalerii Zmotoryzowanej (Oberst Maczek) zusätzlich aufgestellt: 15 selbständige Panzerkompanien, verteilt auf 15 Infanteriedivisionen, elf Panzerschwadronen und elf Panzerspähwagen-Schwadronen, die elf Kavalleriebrigaden zugeteilt werden, dazu drei Panzerabteilungen (Baon) und zwei Kompanien leichte Panzer sowie drei Kompanien Infanteriepanzer. Die Verteilung der polnischen Panzerwaffe auf die taktischen Verbände der Infanterie und Kavallerie schließt von vornherein einen sinnvollen Einsatz der schwach bewaffneten und gepanzerten Kampfwagen aus.
In Schlesien entbrennen schwere Kämpfe. Die polnische 55. Infanteriedivision (Oberst Kalabinski) leistet bei Mikolow Widerstand gegen die Verbände des deutschen VIII. Korps (Gen.d.Inf. Busch), Diversantengruppen versuchen die

Bergwerke und die Hütten zu besetzen. Der Grenzschutz Korpus Ochrony Pogranicza (KOP) und die Bataillone der Nationalen Verteidigung leisten in den Gebirgstälern, durch die deutsche Panzerkolonnen nach Polen eindringen, hartnäckigen Widerstand. Die Küstengewässer von Hela und Danzig werden sofort durch deutsche Überwasserfahrzeuge, U-Boote und die Luftwaffe hermetisch abgeriegelt.

Gegen 7.00 Uhr stößt über dem Dorf Nieporet, nördlich von Warschau, die polnische Jagdbrigade auf deutsche Bomber, über 80 Maschinen vom Typ He 111 und Do 17, begleitet von etwa 20 schweren Jägern Me 110. Diese erste und zweifellos bis zum Sommer 1940 größte Luftschlacht des Zweiten Weltkriegs dauert etwa 50 Minuten. Auf den Feldflugplätzen der polnischen Bomberbrigade warten zu dieser Zeit die Staffeln der modernen Los-Bomber mit eingehängten Bomben auf den Startbefehl. Trotzdem weigert sich Marschall Rydz-Smigly auf Druck der Alliierten, der ihm unterstellten Brigade Bombenangriffe zu genehmigen.

Die Wolynska Brygada Kawalerii (Oberst Filipowicz), die zwischen dem Städtchen Klobuck und der Liswarta liegt, hat den Auftrag, die südliche Flanke der Armee Lodz (Gen. Rómmel) sowie den Raum nordöstlich von Tschenstochau zu sichern. Gegen 8.00 Uhr tauchen plötzlich einige Dutzend Schützenpanzerwagen der deutschen 4. Panzerdivision (GenLt. Reinhardt) vor den Stellungen der Wolynska Brygada Kawalerii am Ortsrand von Rebielice auf. Nachdem sie von der Höhe 268 mit einer Pak, mehreren MG und einer Panzerbüchse unter Beschuß genommen werden, ziehen sie sich in das Dorf Wilkowiecko zurück. Die Kavallerie-Schwadron von Leutnant Berezowski sitzt sofort ab und verstärkt die Verteidigung.

Um 10.00 Uhr bilden in Berlin die Männer der Leibstandarte einen dreifachen Sperrgürtel um die Kroll-Oper. Auf der Bühne Hitler im feldgrauen Rock, den noch niemand an ihm gesehen hat. Er gibt in seiner Rede vor dem Reichstag der deutschen wie der Weltöffentlichkeit Kenntnis von dem Geschehen. Hitler geht auch auf die Ratifizierung des Nichtangriffsvertrages in Moskau und Berlin ein und erwähnt die Rede Molotows, von der er sagt, daß er sie »Wort für Wort« unterschreiben könnte. Seiner Darstellung zufolge habe Polen auf sein großzügiges Angebot einer Revision des Korridors nicht reagiert, sondern mit Mobilmachung und Terror sowie Gewalt geantwortet und ihn, der mit endloser Langmut alles getan habe, um den Frieden zu erhalten, gezwungen, solchem Tun endlich gebührend entgegenzutreten. »Seit 5.45 Uhr wird jetzt zurückgeschossen. Seitdem wird Bombe mit Bombe vergolten.« Eine bewußte Irreführung, durch die der Eindruck entstehen soll, Deutschland sei, nachdem die Kampfhandlungen polnischerseits bereits Stunden zuvor begonnen hätten, gezwungen worden, nun zurückzuschlagen.

Bei Mokra gelingt es der Wolynska Brygada Kawalerii, einen ganzen Tag lang den Vormarsch der 4. Panzerdivision aufzuhalten. Das Gefecht bei Mokra ist wohl der einzige bekannte Fall während des Zweiten Weltkriegs, bei dem ein Kavallerieverband eine Panzerdivision aufgehalten hat.

In Warschau erscheint am 1. September 1939 im Laufe des Vormittags zu aller Verblüffung im Palais Brühl, dem polnischen Außenministerium, der sowjetische Botschafter Scharonow und fragt an, »weshalb Polen nicht mit seiner Regierung über Materiallieferungen verhandelt«. Man werde sich doch gewiß erinnern, daß Marschall Woroschilow in seinem Interview in der »Iswestija« vom 27. August 1939 deutlich betont habe, daß die Annäherung zwischen Moskau und Berlin nicht eine Unterstützung Polens in Form von Lieferungen

Nach den erfolgreichen Grenzschlachten: deutsches Panzerregiment auf dem Vormarsch

an Rohstoffen und Rüstungsmaterial ausschließe, da dies eine rein kommerzielle Frage sei. Daraufhin telegrafiert Beck sofort nach Moskau an Botschafter Grzybowski und teilt ihm mit, daß eine Liste der notwendigen Güter per Kurier unterwegs sei.

In der Sowjetunion läuft unterdessen die Mobilisierung von drei Millionen Mann. Die deutschen Kampfgeschwader, die die volle Luftherrschaft besitzen, unterstützen die Panzer- und Infanterieverbände und greifen die operativ und taktisch wichtigen Ziele im polnischen Hinterland an.

Gegen 14.00 Uhr wird Oxhöft, der Kriegshafen von Gdingen, durch Stukas der 1. Fliegerdivision angegriffen. Sie versenken das kleine Taucher-Werkstattschiff »Nurek« und kurz danach das Torpedoboot »Mazur«. Die beiden Einheiten sind die ersten, die in diesem Krieg durch Fliegerbomben versenkt werden.

Im sogenannten polnischen Korridor stößt von Westen her die deutsche 20. Division (GenLt. Wiktorin) auf Konitz vor. Gegen 14.00 Uhr entbrennt der Kampf zwischen deutschen Vorhuten und dem 18. Ulanenregiment (Oberst Marstelarz) von der Pomorska Brygada Kawalerii entlang der Eisenbahnlinie Konitz-Naklo. Die Ulanen erhalten Befehl zum Gegenstoß, um der eigenen Infanterie den Rückzug zu ermöglichen. In einem lichten Wald in der Nähe des Dorfes Krojanty formieren sich die Reiter in loser Gliederung.

Unvermutet taucht aus einer Kurve der Chaussee nach Konitz eine lange Kolonne von Panzern und motorisierten Einheiten auf, die von den Ulanen zunächst nicht bemerkt wird. Ein Hagel von Feuersalven aus den gepanzerten Fahrzeugen empfängt die Polen, und ehe es ihnen gelingt, die rasenden Pferde zu wenden, beginnt das Gemetzel. Rittmeister Swiesciak, der die Attacke führt, stürzt mit seinem Pferd zu Boden. Auch der ihm mit einigen Ulanen zu Hilfe

eilende Regimentschef, Oberst Marstelarz, findet den Tod. In wenigen Augenblicken verlieren die Ulanen die Hälfte ihrer Leute. Mit dieser Reiterattacke bei Krojanty am 1. September entsteht die Legende: Polnische Kavallerie greift mit Säbeln und Lanzen deutsche Panzer an, da sie ihrer Meinung nach nur aus Pappe sind. Von der NS-Propaganda verbreitet, geistert sie bis heute durch die Geschichtsschreibung des deutsch-polnischen Krieges vom September 1939.
Im Laufe des Nachmittags treffen die Verbände der deutschen 8. Armee (Gen.d.Inf. Blaskowitz), die in Richtung Warschau vorstoßen, auf starken Widerstand der polnischen 8. Infanteriedivision (Oberst Furgalski) und 20. Infanteriedivision (Oberst Lawicz) sowie der Nowogrodzka Brygada Kawalerii (Gen. Anders) im Raum Mlawa. Die deutschen Panzerangriffe werden mit schweren Verlusten durch Pakfeuer aus der Bunkerlinie von Mlawa gestoppt. Die Truppen der deutschen 14. Armee (GenOberst List) werfen nach schweren Kämpfen Teile der 10. Brygada Kawalerii Zmotoryzowanej (Oberst Maczek) aus der Neumarkt und säubern den Jablunkapaß.
Am Abend des 1. September 1939 ordnet Frankreich die Generalmobilmachung an. Die Botschafter von Großbritannien und Frankreich übergeben v. Ribbentrop gleichlautende Noten, in denen Deutschland aufgefordert wird, die Angriffshandlungen einzustellen und seine Truppen von polnischem Gebiet zurückzuziehen.
Vom ersten Tag an wendet man die Taktik des Blitzkrieges an. Werden die auf den Landstraßen vorstoßenden deutschen Panzerkolonnen unter Feuer genommen oder durch Hindernisse aufgehalten, so setzen sie ihren Vormarsch querfeldein fort. Falls erforderlich, wird die Luftwaffe zur Unterstützung eingesetzt, um durch Stuka-Angriffe gegen Widerstandsnester den Vorstoß zu unterstützen.

Am Sonnabend, dem 2. September 1939, um 6.00 Uhr, nimmt die Heeresgruppe Süd (GenOberst v. Rundstedt) ihren Vormarsch wieder auf. Die Polen leisten heftigen Widerstand, besonders in den Befestigungen vor Kattowitz und bei Tschenstochau. Die 8. Armee (Gen.d.Inf. Blaskowitz) überquert die obere

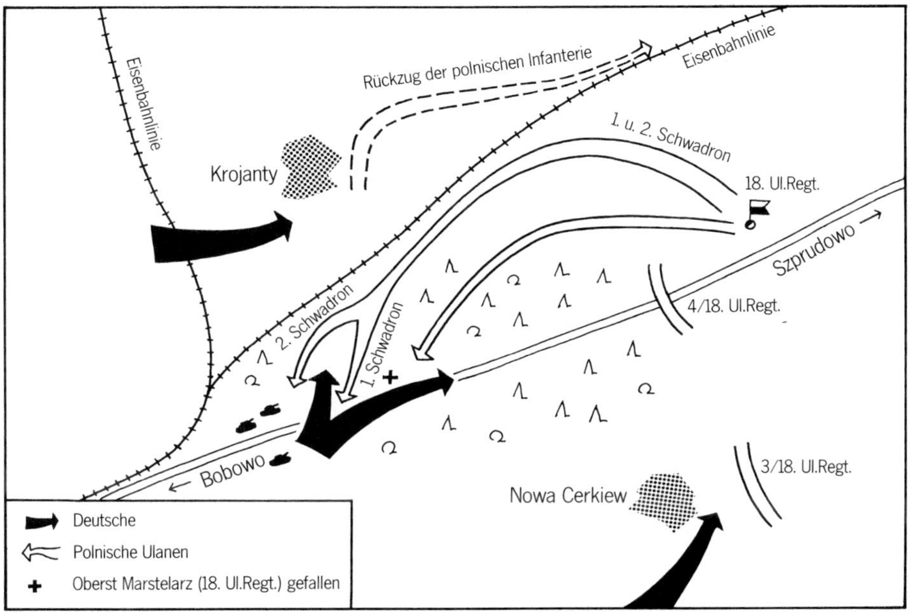

Die Kavallerieattacke des 18. Ulanenregiments bei Krojanty: Beginn einer Legende

11774

Prosna, die 10. Armee (Gen.d.Art. v. Reichenau) erreicht die Warthe nördlich von Tschenstochau, und die Divisionen der 14. Armee (GenOberst List) stoßen vor, um nördlich von Neumarkt anzuschließen.

Gegen 10.00 Uhr übersteht die Halbinsel Hela einen ihrer schwersten Luftangriffe. Deutsche Kampfflugzeuge und Stukas greifen mehrfach die polnischen Befestigungen ergebnislos an. An diesem Tag kommen erstmalig auch polnische Bomber zum Einsatz. Nach der energischen Intervention des Kommandeurs der Bomberbrigade, Oberst W. Heller, dürfen nun 18 Karas-Maschinen (VI. Gruppe) seiner Verbände im Raum Tschenstochau das deutsche XVI. Panzerkorps (Gen.d.Kav. Hoepner) angreifen. Sie werfen aus etwa 1500 m ihre Bomben ab und feuern trotz strikten Verbots im Tiefflug mit ihren Bordwaffen auf deutsche Kampfwagen. Dabei werden fünf Maschinen von der deutschen Bodenabwehr abgeschossen, eine weitere durch polnische Flak; zwei schwerbeschädigte Karas zerschellen bei der Landung auf dem Feldflugplatz. Die Staffeln der Los-Bomber dagegen warten immer noch auf den Startbefehl.

Bereits am 2. September 1939 beginnt der Kreml eine psychologische Kampagne zur Vorbereitung des sowjetischen Überfalls auf Polen, wobei Presse und Rundfunk die Hauptrolle spielen. Den Reigen eröffnet die »Prawda«: Das offizielle Organ der sowjetischen Regierung greift Polen heftig an, und zwar wegen der Weißrussen und der Ukrainer in den polnischen Grenzgebieten, und meint, daß »ihr Schicksal die öffentliche sowjetische Meinung nicht gleichgültig lasse«.

Am Vormittag des 2. September 1939 schlägt Mussolini auf Drängen Frankreichs in Berlin eine Konferenz der Achsenmächte mit England, Frankreich und Polen vor, denn Danzig sei bereits deutsch und die ersten Kriegserfolge hätten

←← 2. 9. 1939, nahe Neumarkt/Galizien, Kampfpause einer motorisierten Einheit: Das Bild trügt, es sind keine deutschen Landser! Eine der seltenen Aufnahmen von der polnischen 10. Brygada Kawalerii Zmotoryzowanej (Oberst Maczek) mit ihren deutschen Stahlhelmen

↓ 2. 9. 1939, polnische Kampfflugzeuge P-23 B Karas vor dem Start: im Tiefangriff gegen deutsche Panzerkorps

↑ 2. 9. 1939, Warschau, Theaterplatz: eine Arbeitskolonne Freiwilliger auf dem Weg zum Bau von Splittergräben. Im Hintergrund das Rathaus

↗ 2. 9. 1939, Sonnenuntergang über Warschau: Aufnahme eines deutschen Aufklärers kurz nach dem Luftangriff

dem Reich »moralische Genugtuung« gegeben. In Paris stehen sowohl die Regierung als auch die öffentliche Meinung gegen den Krieg. Der Slogan »Mourir pour Danzig?«, vor allem durch die dem Kreml nahestehende linke Presse lanciert, lähmt den Entschluß zum Handeln. Außenminister Bonnet begrüßt Mussolinis Konferenzvorschlag. Auf Wunsch Mussolinis legt Frankreich diesen Vorschlag in Warschau zur Stellungnahme vor, muß sich aber von Beck belehren lassen, daß man sich im Krieg befinde und das Anliegen der Stunde nicht eine Konferenz sei, sondern die gemeinsame energische militärische Operation gegen Hitler-Deutschland.

In Pommerellen stoßen die deutschen Truppen mit starken Kräften entlang der Linie Konitz-Dirschau vor. Die polnischen Verbände befinden sich auf dem Rückzug. Das XIX. Panzerkorps (Gen.d.Pz.Tr. Guderian) verbreitert den geschlagenen Keil in die polnische Gruppierung mit dem Ziel, die Verbände in der Tucheler Heide einzukreisen und eine Verbindung mit Ostpreußen herzustellen. Die Divisionen der Armee Pomorze (Gen. Bortnowski) leisten zwar verbissenen Widerstand, haben jedoch kaum eine Chance gegen die Übermacht der deutschen Panzerwaffe.

In Schlesien kommt es weiterhin zu schweren Kämpfen, da die polnischen Divisionen hartnäckig ihre Stellungen verteidigen. Im Raum Pless erleidet die polnische 6. Infanteriedivision (Gen. Mond) schwere Verluste durch deutsche motorisierte Verbände. Bei Wozniki durchbrechen deutsche Panzer trotz energischer Abwehr die Stellungen der Krakowska Brygada Kawalerii (Gen. Piasecki). Die polnische 7. Infanteriedivision (Gen. Gasiorowski) wird in den Wäldern bei Tschenstochau eingekesselt.

Die Einsätze der deutschen Luftwaffe haben in den ersten beiden Tagen zum Teil »strategischen« Charakter: Neben den Angriffen auf die Friedensflugplätze der polnischen Fliegertruppe sind sie gegen Verkehrsziele gerichtet, um die Bewegungen der polnischen Truppen zu stören. So artet die polnische Mobilisierung in ein Chaos aus, und der militärische Befehlsapparat wird schon jetzt stellenweise völlig lahmgelegt. Am Nachmittag greift die Luftwaffe in Warschau die Weichselbrücken und die Gegend um den Ostbahnhof in der Vorstadt Praga an. Trotz wiederholter deutscher Luftangriffe auf die Hauptstadt gelingt es der polnischen Jagdbrigade nicht, sich feindlichen Maschinen auf Schußweite zu nähern. Um 18.00 Uhr bombardieren 60 Sturzkampfflugzeuge die Westerplatte. Nach diesem Inferno ist die Verteidigung desorganisiert, das Verbindungsnetz unterbrochen, und alle Mörser sind ausgefallen. Da schon am ersten Tag ein Artilleriegeschoß der »Schleswig-Holstein« das einzige 7,5-cm-Geschütz zerstört hat, bleiben den Verteidigern nur MG und zwei leichte Pak.

Im Laufe dieses Tages, dem 2. September 1939, wird die Lage der Armee Krakow (Gen. Szylling) zunehmend kritisch, und sie beginnt wegen der Bedrohung von Norden und Süden her den Rückzug entlang der Weichsel hinter den Dunajez und die Nida. Jetzt, nach Abschluß der Grenzkämpfe, stoßen deutsche Panzerverbände rasch vorwärts, und die polnischen Armeen gehen überall zurück – im Norden, Westen und Süden. Im mittleren Abschnitt entsteht eine gefährliche Lücke, die sich von Tschenstochau über Pietrkow, Kielce und Sandomir verbreitert.
Ein Relikt der NS-Propaganda, das bis heute immer wieder in den verschiedensten Publikationen auftaucht, besagt, die Luftwaffe habe bereits in den ersten Tagen die polnischen Luftstreitkräfte am Boden zerschlagen. Was jedoch fast restlos zerstört wurde, sind die Einrichtungen der Friedensflugplätze, die Reserve- und Schulflugzeuge sowie die gerade in Reparatur bzw. Überholung befindlichen Maschinen. Tatsächlich ist an den beiden ersten Septembertagen laut polnischen Quellen keine einzige der Frontmaschinen am Boden zerstört worden. Aber dennoch verschafft die qualitative und quantitative Überlegenheit den Deutschen von der ersten Stunde an die uneingeschränkte Luftherrschaft.
Die Luftangriffe auf Hela gehen auch nach Einbruch der Dunkelheit weiter. Im übrigen Kampfgebiet konzentriert sich die Luftwaffe auf Bodenunterstützung der vorrückenden Verbände. Sie bombardiert mehrere Städte, Bahnknotenpunkte und Aufmarschwege.

Am frühen Morgen des 3. September 1939 können die im Hafen von Hela liegenden Schiffe »Wicher« und »Gryf« gemeinsam mit der 15-cm-Küstenbatterie »H. Laskowski« auf zwölf Seemeilen Distanz einen Vorstoß deutscher Zerstörer abwehren, die sich im Schutz einer künstlichen Nebelwand zurückziehen. Ein Zerstörer wird von der Küstenbatterie manövrierunfähig geschossen und muß abgeschleppt werden. Gegen 15.00 Uhr gelingt es dann Leutnant Lion, Stuka-Pilot der Flugzeugträger-Staffel 4./186, den Zerstörer »Wicher« und den Minenleger »Gryf« zu versenken. Dies ist die erste Schiffsversenkung im Zweiten Weltkrieg und zugleich ein Beweis für die Überlegenheit der Flugzeuge gegenüber den Kriegsschiffen.
Im nördlichen Frontabschnitt bei Mlawa wird für die polnischen Verbände die Lage immer hoffnungsloser. Die Armee Modlin (Gen. Przedrzymirski) bereitet ihren Rückzug vor. Die Armee Pomorze (Gen. Bortnowski) verliert beinahe die Hälfte ihrer Verbände und ist gezwungen, sich nach Thorn und Bromberg zurückzuziehen. Das XIX. Panzerkorps (Gen.d.Pz.Tr. Guderian) gewinnt

Lebhaft begrüßt: Überall werden deutsche Truppen von Volksdeutschen herzlich empfangen

dadurch eine Verbindung mit Ostpreußen. Es wird beschlossen, den Brückenkopf Bromberg zu räumen und die Verbände der Armee Pomorze vom rechten Ufer der Weichsel zurückzunehmen. Bei Angriffen polnischer Luftstreitkräfte auf deutsche motorisierte Kolonnen büßt die Bomberbrigade von ihren 45 Karas allein 15 Maschinen ein. Die meisten Verluste entstehen bei Tiefangriffen auf die mit leichter Flak gut ausgestatteten gegnerischen Kolonnen.
Trotz der kritischen Situation erkennt der Oberste Befehlshaber, Marschall Rydz-Smigly, die Bedrohung durch deutsche Panzerverbände nicht im vollen Umfang: Er ist der Meinung, daß es den Armeen gelingen wird, auf die geplante Verteidigungslinie zurückzugehen und sich dort zu halten.
Am Morgen des 3. September 1939 wird Tschenstochau eingenommen, das berühmte Kloster bleibt, entgegen den Beteuerungen der polnischen Propaganda, unbeschädigt. Die 10. Armee (Gen.d.Art. v. Reichenau) bildet trotz heftigen polnischen Widerstandes mehrere Brückenköpfe über die Warthe. Die 14. Armee (GenOberst List) kämpft sich durch die Befestigungen vor Kattowitz und stößt in östlicher Richtung entlang der Weichsel vor. Die Armee Krakow (Gen. Szylling), laufend in Kämpfe verwickelt, tritt den befohlenen Rückzug an, und ihre Nachhut, die 55. Infanteriedivision (Oberst Kalabinski), räumt Kattowitz. In der Stadt bleiben nur mehrere Gruppen Heckenschützen und Pfadfinder unter dem Kommando von Jan Fasek.
An diesem Tag tritt das enge Zusammenwirken der Luftwaffe mit dem Heer in den Vordergrund, und sie wird fast ausschließlich taktisch eingesetzt. Das Tempo des deutschen Vormarsches macht eine wirksame Koordinierung der polnischen Verteidigungsmaßnahmen immer schwieriger. Man versucht nun, die angeschlagenen polnischen Verbände in drei Armeen umzugruppieren, eine nördlich der Weichsel, eine zweite südlich von Warschau bis zum Zusammenfluß der Weichsel und des San und eine dritte im Süden Polens. Das schnelle deutsche Vorgehen wird jedoch diesen Plan zunichte machen.
Am selben Tag, um 9.00 Uhr morgens, stellt England ein unwiderrufliches Ultimatum und erklärt, daß es sich ab 11.00 Uhr mit Deutschland im Kriegszustand befinden werde, falls nicht bis dahin in London befriedigende Zusicherungen über die Einstellung aller Angriffshandlungen gegen Polen und die Zurückziehung der deutschen Truppen aus diesem Land vorlägen. Der französische Außenminister Bonnet will dagegen die Kriegserklärung seines Landes bis zum 3. September mittags verschieben. Er hofft noch immer auf eine Friedenskonferenz.
Vom Kriegsschauplatz meldet der Befehlshaber der polnischen Fliegertruppe einen Bombenangriff um 10.00 Uhr auf deutsche motorisierte Kolonnen bei

3. 9. 1939, bei Radomsko: Nach einem Luftangriff polnischer Kampfflugzeuge auf die 1. Panzerdivision (GenLt. Schmidt)

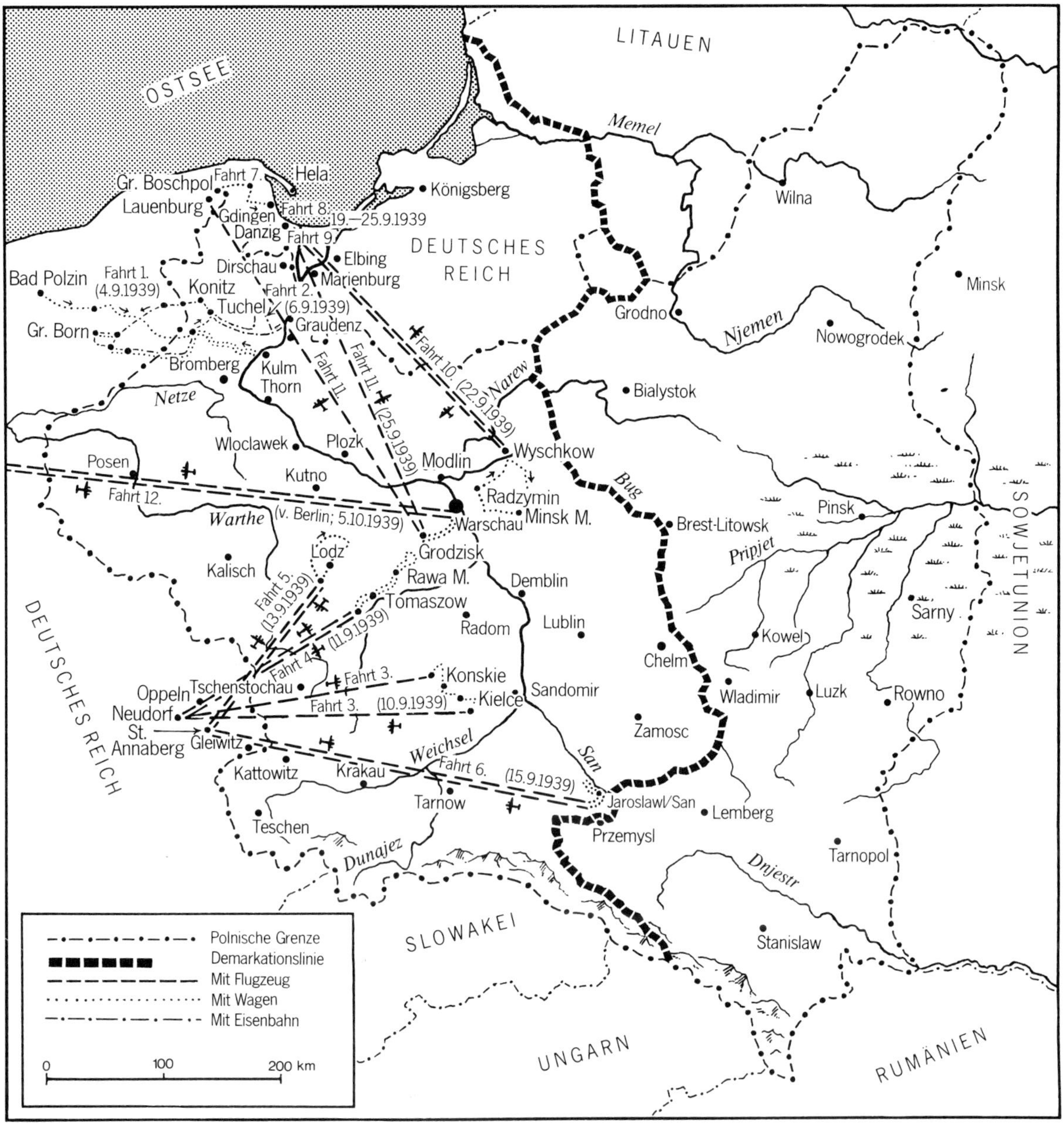

Die Frontfahrten Hitlers während des Polenfeldzuges

Radomsko der in das Stoßzentrum der 10. Armee (Gen. d. Art. v. Reichenau) vordringenden 1. und 4. Panzerdivision. »Die feindlichen Verluste werden auf 30 Prozent geschätzt.« Dies ist natürlich eine grobe Übertreibung, 18 Karas-Maschinen können dem Feind niemals solche Verluste zufügen. Es entspricht jedoch den Tatsachen, daß beide Divisionen nach Luftunterstützung rufen.

In Moskau empfängt am Vormittag Molotow den polnischen Botschafter Grzybowski und erklärt ihm zunächst, daß Deutschland als Angreifer zu betrachten sei. Danach fragt er den Botschafter, ob Polen auf die Hilfe von Frankreich und Großbritannien rechne und zu welchem Zeitpunkt. Grzybowski erwidert, daß seiner Ansicht nach beide Staaten in den nächsten Stunden Deutschland den Krieg erklären würden. Molotow zeigt sich jedoch skeptisch und bemerkt: »Das werden wir sehen, Herr Botschafter.«

Am Nachmittag wird in Berlin eine auf 17.00 Uhr befristete französische Note vorgelegt. Die Nachricht von dem britisch-französischen Ultimatum und der englischen Kriegserklärung löst in Warschau allgemeinen Jubel aus. Tausende von Menschen versammeln sich vor der französischen und englischen Botschaft.

Ebenfalls am 3. September 1939 kommt es in Bromberg zu Vorfällen, die noch lange die Gemüter auf beiden Seiten bewegen. Vormittags, als die deutsche 50. Infanteriedivision (GenLt. Sorche) etwa 15 km von der Stadt entfernt ist, feuern deutsche Diversanten auf die durch die Straßen ziehende polnische Troßkolonne. In Bromberg liegen zu dieser Zeit nur zwei Sicherungsbataillone. Es gelingt den Diversanten jedoch nicht, das Überraschungsmoment auszunutzen und die Stadt bis zum Eintreffen der regulären Truppe zu halten. Es kommt zu erbitterten Straßenkämpfen mit polnischen Einheiten, die von den Einwohnern unterstützt werden. Gegen 16.00 Uhr, nachdem etwa 300 Diversanten gestellt und erschossen sind, hören die Auseinandersetzungen allmählich auf. Die 50. Infanteriedivision schafft es an diesem Tag nicht, in die Stadt einzudringen und ihren kämpfenden Landsleuten zu Hilfe zu eilen.

Nun beginnt in der Stadt die Jagd nach den Diversanten, an der sich neben polnischen Soldaten auch die polnische Bevölkerung beteiligt. Es kommt dabei zu zahlreichen Fällen von Selbstjustiz, bei denen oft Unschuldige ihr Leben lassen müssen. Für die NS-Propaganda ist der »Blutsonntag«, wie die Ereignisse von Bromberg in ihrer Sprachregelung genannt werden, ein willkommener Anlaß, die Mordaktionen von Einsatzgruppen und Erschießungskommandos während und unmittelbar nach dem Polenfeldzug zu begründen. Insgesamt sollen, laut Dr. Goebbels, von den Polen rund 58000 deutsche Zivilpersonen

↓ Raum Bromberg, nach dem »Blutsonntag«: von Polen ermordete Volksdeutsche

↘ So sieht etwa das Kräfteverhältnis der Wehrmacht zu den polnischen Streitkräften bei Beginn des Feldzuges aus

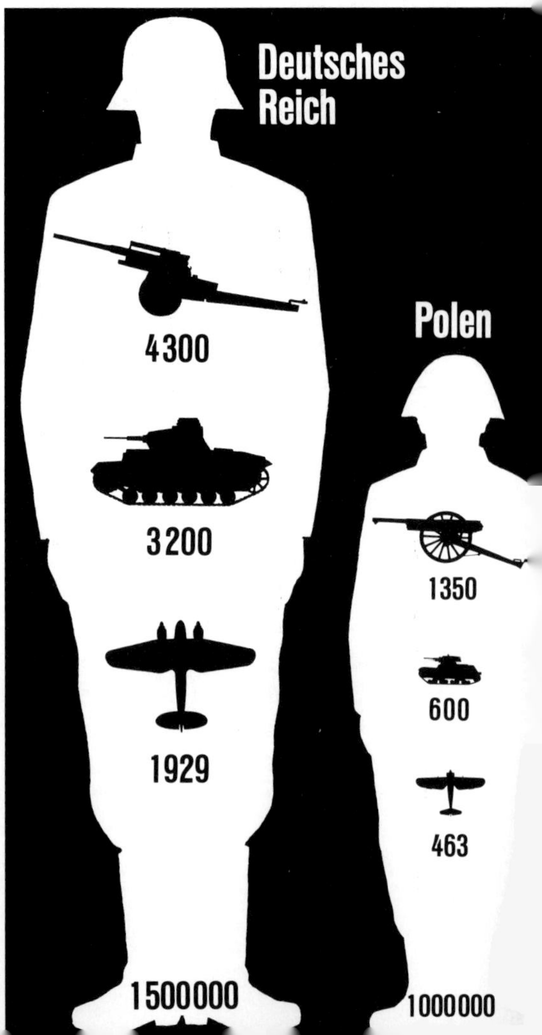

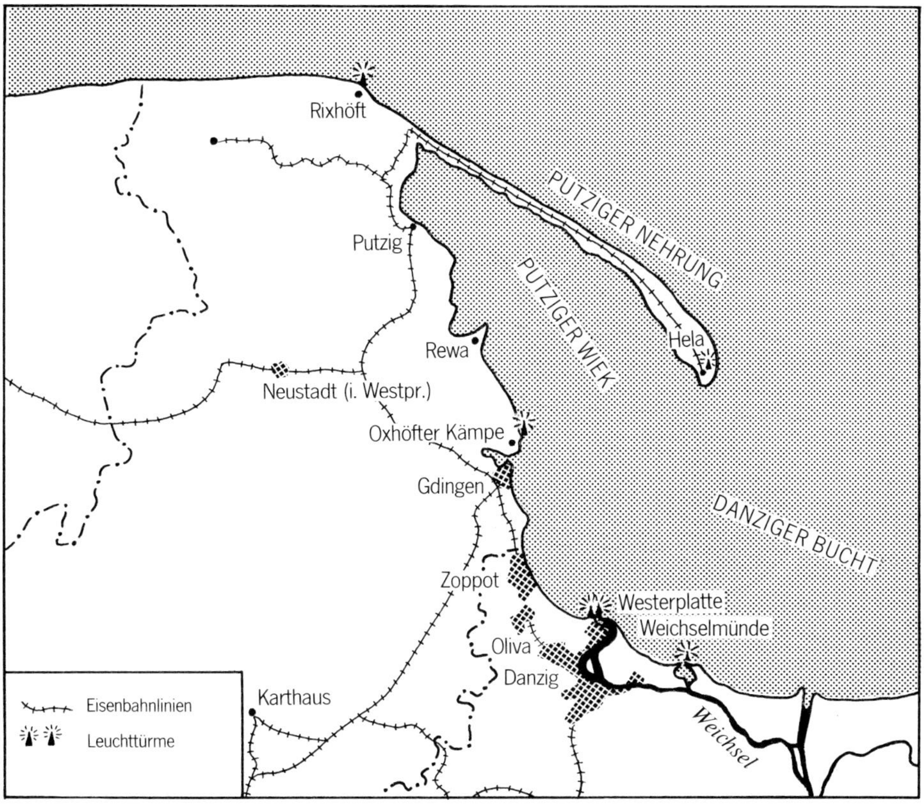

Polnische Ostseeküste mit Danziger Bucht: Die Westerplatte, die Hafenstadt Gdingen, Oxhöfter Kämpe und Halbinsel Hela, die sich bis zum 1. 10. 1939 verteidigt, sind Schauplatz erbitterter Kämpfe

umgebracht worden sein, in Wirklichkeit sind es »nur« etwa zehn Prozent davon, ausreichend genug, um das Ausmaß des Hasses zu bezeugen, der sich seit Ende des Ersten Weltkriegs in Westpolen angestaut hat. Übrigens befiehlt Hitler im November 1939 die Zurücknahme der vom Auswärtigen Amt bekanntgegebenen Zahl (5400) der vor und während des Feldzuges durch Polen getöteten Volksdeutschen.

An diesem 3. September 1939 werden von Warschau aus Militärmissionen über Stockholm nach Paris und London entsandt. Bei ihrer Verabschiedung meint Marschall Rydz-Smigly: »Die Front ist überall zusammengebrochen. Es bleibt uns nur noch der Rückzug hinter die Weichsel, falls das noch durchführbar sein sollte.«

Daraufhin erteilt der polnische Kriegsminister, General Kasprzycki, General Czuma den Befehl, die Verteidigung Warschaus zu organisieren.

4. 9. – 6. 9. 1939

Zweite

Phase

Zusammenbruch der polnischen Front

Die Weichsel erreicht

Montag, 4. September 1939. Das Oberkommando der Wehrmacht gibt bekannt:

Von den aus Schlesien und südlich vorgehenden Truppen drängen nördlich der Hohen Tatra und südlich des Industriegebietes starke Kräfte dem auf Krakau zurückweichenden Gegner nach.
Ostwärts Pless wurde der Weichselübergang erkämpft.
Nördlich des Industriegebietes folgen unsere Truppen dem zurückweichenden Feind über die Linie Koniecpol-Kamiensk und über die Warthe nordöstlich Wielun. Im scharfen Vorgehen haben sie sich Sieradz auf 20 km genähert.
Die pommersche Kräftegruppe erreichte mit starken Kräften die Weichsel bei Kulm. Das Abschneiden der im nördlichen Korridor stehenden polnischen Kräfte ist damit vollendet. Der deutsche Angriff gegen die Festung Graudenz ist im Nordosten in die Fortlinie eingedrungen.
Die aus Ostpreußen vorgehende Kräftegruppe nahm Przasnysz. Polnische Kavallerie, die nördlich Treuburg versuchte, in deutsches Land einzudringen, wurde zurückgeworfen ...
Im Westen bisher keine Kampfhandlungen.

Tagesparole des Reichspressechefs

4. September 1939:

Die gestern gegebene Sprachregelung über Zurückhaltung gegenüber Frankreich wird dahingehend erweitert, daß auch die Regierung Daladier nicht angegriffen werden darf. Die Wucht unseres Angriffes muß ausschließlich gegen England gerichtet sein.

Der erste französische Kriegsbericht

4. September 1939, Paris:

Die Kriegsoperationen der Land-, See- und Luftstreitkräfte haben begonnen.

Bromberger Blutsonntag

4. September 1939, Bromberg. Die schwedische Zeitung »Christa Jäderlund«:

Eine fürchterliche Bartholomäusnacht fand am Sonntag (3. 9.) und in der Nacht zum Montag in Bromberg statt, bevor die deutschen Truppen die Stadt besetz-

Bromberg, 4. 9. 1939: Nach dem Einmarsch der deutschen Truppen werden die Schuldigen des »Blutsonntags« gesucht

Warszawa, poniedziałek 4 września 1939 r. W. Nr. 246 Rok V

GONIEC WARSZAWSKI

10 GR

Armia polska wytrzymała uderzenie całej militarnej potęgi niemieckiej

Błyskawiczny atak niemiecki sparaliżowany

Żołnierz polski wkroczył na ziemie niemieckie

Während sich bereits am 4. 9. 1939 der Zusammenbruch der polnischen Verteidigung abzeichnet, werden unter der Bevölkerung Zwecklügen verbreitet: »Polnische Armee widersteht der geballten deutschen Militärmacht. Deutscher Blitzangriff gelähmt. Polnischer Soldat dringt nach Deutschland ein.«

ten. Eine unbeschreibliche Schreckensstimmung lagert noch heute über der Stadt. Der Sonntag war fürchterlich. Die Anzahl der ermordeten und scheußlich verstümmelten Menschen – Deutsche und Polen, die als deutschfreundlich verdächtig waren – wird auf etwa Tausend berechnet. Ich fotografierte selbst eine ganze Reihe von großen Leichenhaufen, die noch heute teils auf den Straßen, teils in den Wäldern sowie in den Gärten umherlagen. Die Fotografien sind jedoch zu gräßlich, um in einer Zeitung veröffentlicht zu werden.

Unübersehbare Beute

Dienstag, 5. September 1939. Das Oberkommando der Wehrmacht gibt bekannt:

Das deutsche Ostheer brach am 4. September auf allen Fronten den feindlichen Widerstand und stieß unaufhaltsam weiter vor. Der Gegner geht stellenweise in Unordnung und schwer erschüttert zurück. Gefangenen- und Beutezahlen mehren sich und lassen sich zur Zeit noch nicht übersehen ...
Die Kriegsmarine hat die Sicherungsmaßnahmen für die deutsche Küste planmäßig durchgeführt.
Die Luftwaffe beherrscht den Luftraum. 40 polnische Flugzeuge, darunter 15 im Luftkampf, wurden abgeschossen. In zunehmendem Maße wird durch die Luftangriffe auf feindliche Marsch- und Eisenbahnkolonnen ein planmäßiger Rückzug des Gegners vereitelt ...

Polnische Kavallerie dringt in Ostpreußen ein

5. September 1939, Warschau. Die Agentur PAT berichtet:

Unsere Kavalleriebrigade ist in Ostpreußen eingedrungen. Nachdem sie Klarheim und Kowahlen eingenommen hat, stößt sie weiter in Ostpreußen vor. Der Feind zieht sich in Unordnung zurück und hinterließ riesige Mengen an Munition. Es wurden Gefangene gemacht. Während der Nacht vom 3./4. 9. 1939 führte unsere Kavalleriebrigade einen bravourösen Angriff auf feindliche Panzereinheiten durch, die am Vortag Tschenstochau in Brand gesteckt hatten.

Die Front nähert sich der Hauptstadt

5. September 1939, Warschau. Die Agentur Havas teilt mit:

Während des ganzen Vormittags war heute in Warschau ferner Kanonendonner zu hören.

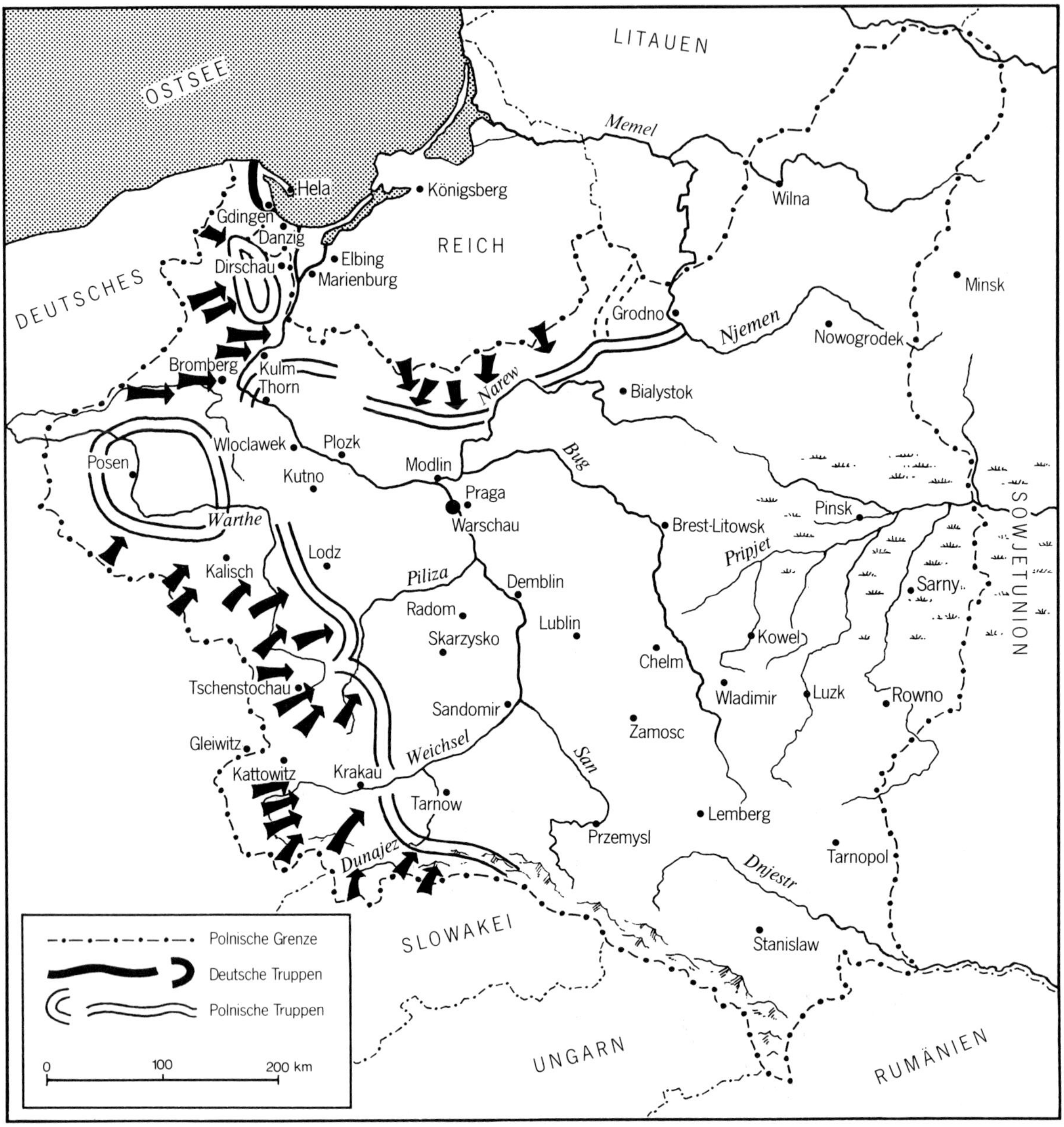

So sieht bereits am Abend des 3. 9. 1939 die wirkliche Lage aus: Die polnischen Armeen befinden sich überall auf dem Rückzug und versuchen der Einkreisung zu entgehen

Tagesparole des Reichspressechefs
5. September 1939:

Frankreich darf nach wie vor in der Presse nicht angegriffen werden. Ebenso ist nicht auf den merkwürdigen Umstand einzugehen, daß an der deutsch-französischen Front bisher kein Schuß gefallen ist, obwohl der französische Heeresbericht meldet, daß die Kampftätigkeiten zu Wasser, zu Lande und in der Luft bereits begonnen haben.
Über den Einsatz von Lautsprechern o. ä. an der Westfront darf auf keinen Fall etwas gebracht werden.
Es ist bei der Berichterstattung über Frankreich besonders zu unterstreichen, daß das französische Volk von England in den Krieg hineingetrieben wird.

Auf der Westerplatte
5. September 1939, Warschau. Die Agentur PAT meldet:

Das ganze polnische Volk beobachtet mit Bewunderung und Sorge die heldenhafte Verteidigung der Westerplatte-Besatzung. Dort schlägt eine polnische Infanterieabteilung immer wieder Angriffe weit überlegener gegnerischer Kräfte, die durch Artilleriefeuer schwerer Geschütze des Linienschiffes »Schleswig-Holstein« unterstützt werden, zurück.

Hitler an der Front
5. September 1939, Berlin. Das DNB berichtet:

Der Führer überschritt auf der Fahrt zur Front gestern vormittag die Grenze des ehemaligen polnischen Korridors und erreichte in den frühen Nachmittagsstunden bei Kulm die Weichsel, wo er dem Übergang der deutschen Vorhut beiwohnte. Auf seiner mehr als 250 km langen Fahrt wurden dem Führer Ovationen durch die Bevölkerung zuteil; die Kirchenglocken läuteten.

Polnische Flugzeuge über Berlin
5. September 1939, Warschau. Die Agentur PAT teilt mit:

Dreißig polnische Flugzeuge haben einen Luftangriff auf Berlin ausgeführt. Alle Flugzeuge kehrten zu ihren Stützpunkten zurück.

Dementi
5. September 1939, Berlin. Das DNB meldet:

Die Nachricht, daß polnische Flugzeuge Berlin angegriffen hätten, wird dementiert.

Wehrmaßnahmen in der UdSSR
5. September 1939, Moskau. United Press berichtet:

Ein Dekret des Obersten Sowjet setzt das Gesetz über die Militärdienstpflicht in Kraft, durch das etwa eine Million Mann mehr unter die Waffen gerufen werden, so daß die Rote Armee auf mehr als drei Millionen Mann ansteigen wird.
Von zuständiger Stelle wird erklärt, daß die UdSSR keinerlei aggressive Aktionen plane, sondern daß es sich lediglich um die Verteidigung der Grenzen handle.

Graf v. d. Schulenburg an das Auswärtige Amt
5. September 1939, Moskau. Telegramm (Geheim):

Molotow bat mich heute um 12.30 Uhr zu sich und übermittelte mir nachstehende Antwort der Sowjetregierung:
»Wir stimmen darin überein, daß wir in einem geeigneten Zeitpunkt unbedingt genötigt sein werden, konkrete Handlungen zu beginnen. Wir sind aber der Ansicht, daß dieser Zeitpunkt noch nicht herangereift ist. Es ist möglich, daß wir uns irren, es scheint uns aber, daß durch Übereilung der Sache geschadet und der Zusammenschluß der Gegner gefördert werden könnte. Wir verstehen,

daß im Verlaufe der Operationen einer der Teile oder beide Teile gezwungen sein könnten, die Linie, an der die Interessensphären der beiden Teile sich berühren, zeitweilig zu überschreiten; solche Fälle können aber die genaue Durchführung des angenommenen Planes nicht hindern.«

Schulenburg

Weichsel überquert

Mittwoch, 6. September 1939. Das Oberkommando der Wehrmacht gibt bekannt:

Die Operationen des Heeres in Polen nahmen am 5. September ihren planmäßigen Fortgang . . .

Die von Süden und Westen gegen Krakau vorstoßenden Kräfte haben den Feind auf die Stadt zurückgeworfen. Das ostoberschlesische Industriegebiet ist in unserer Hand . . . Beiderseits Sieradz wurde eine stark ausgebaute Bunkerlinie durchbrochen und der Angriff auf dem Ostufer der Warthe in Richtung Lodz fortgesetzt. Die bei Kulm und Graudenz auf das Ostufer der Weichsel übergegangenen Kräfte setzen die Verfolgung des geschlagenen Feindes fort . . .

Die Angriffe der deutschen Luftwaffe haben am gestrigen Tage wiederum starke Störungen der feindlichen Verkehrslinien und rückwärtigen Verbindungen bewirkt . . . Die polnische Fliegertruppe ist mit Ausnahme einzelner Jäger bei Lodz überhaupt nicht mehr in Erscheinung getreten.

Deutsche Seestreitkräfte vernichteten in der Ostsee ein drittes polnisches U-Boot.

Französischer Heeresbericht

6. September 1939, Paris:

Unsere vordersten Einheiten rücken jenseits der Grenze je nach Frontabschnitt mehr oder weniger vor.

Verlegung des polnischen Regierungssitzes nach Lublin

6. September 1939, Warschau. Die Agentur Havas meldet:

Die polnische Regierung und die bei ihr akkreditierten Botschafter und Gesandten, darunter der schweizerische Gesandte, haben Warschau verlassen und sich nach Lublin begeben.

5. 9. 1939, die Weichsel bei Kulm: Deutsche Truppen forcieren unter polnischem Feuer den Fluß

Express Poranny

6 września 1939 r.

Linia Zygfryda przerwana

Francuzi wkroczyli do Nadrenii

Nalot polskich bombowców na Berlin

Nalot na Berlin
samolotów polskich

Odezwa Rządu Rzeczypospolitej

Blokada Niemiec rozpoczęła

Die Schlagzeilen der polnischen Presse am 6. 9. 1939: Siegfriedlinie zusammengebrochen, Franzosen marschieren ins Rheinland ein. Luftangriffe polnischer Bomber auf Berlin

Die Siegfriedlinie ist zusammengebrochen

6. September 1939, Paris. Die Agentur Havas berichtet:

Im Raum Metz überschritten französische Truppen an zwölf Stellen die deutsche Grenze und stehen jetzt im saarländischen Kohlenrevier. Die Siegfriedlinie wurde an verschiedenen Abschnitten auf einer Länge von mehreren Kilometern durchbrochen. Die französischen Truppen greifen mutig an, indem sie Breschen in den Befestigungen ausnutzen. Auch die westlich der Siegfriedlinie gelegenen Landstriche wurden von den Deutschen panikartig evakuiert.

Gib uns einen gerechten Frieden . . .

Fürbittengebet des geistlichen Vertrauensrates der Evangelischen Kirche in Deutschland, 1939:
Herr, unser Gott! Vater unseres Herrn Jesu Christi! . . . Segne Du unseren Kampf für die Ehre, für die Freiheit, für den Lebensraum des deutschen Volkes und sein Brot. Segne Du unsere Wehrmacht auf dem Lande, zu Wasser und in der Luft. Segne allen Einsatz und alle Arbeit im deutschen Land, segne und schütze Du unseren Führer, wie Du ihn bisher bewahrt und gesegnet hast, und laß es ihm gelingen, daß er uns einen wahrhaftigen und gerechten Frieden gewinne, uns und den Völkern Europas zum Segen und Dir zur Ehre . . .

Jede Stadt – eine Festung

6. September 1939. Radio Warschau meldet:

Aufruf von Oberst Umiastowski: »Die Zivilbevölkerung muß sich an den Kämpfen gegen feindliche Panzer beteiligen. In allen Ortschaften, Dörfern, kleineren und größeren Städten soll Material zur Errichtung von Barrikaden und Panzersperren vorbereitet werden. Diese Hindernisse müssen aus Steinen, Platten, Baumstämmen und Fahrzeugen oder Sandsäcken errichtet werden. Vor den Barrikaden sollen Gräben mit steilen Wänden ausgehoben werden, zwei Meter tief und sechs Meter breit. Ein deutscher Panzer, der in einen solchen Graben fährt, wird da nicht mehr herauskommen. Es genügt dann, mit Benzin oder einer anderen brennbaren Flüssigkeit gefüllte Flaschen auf den Panzer zu werfen, um ihn in Brand zu setzen. Jede Stadt muß in eine Festung verwandelt werden, in die keine feindliche motorisierte Einheit eindringen kann. Wird diese Anordnung sorgfältig ausgeführt, kann man die feindliche Panzerwaffe, die in jedem Ort auf derartige Hindernisse stößt, endgültig

Warschauer Vorstadt Zoliborz, 6. 9. 1939, beim Bau von Splittergräben: für die Kinder ein willkommener Anlaß zum Spielen

aufhalten. Diese Anordnung muß sofort begonnen und bis heute abend auf dem linken Weichselufer, in allen Landesteilen, wo Kriegshandlungen stattfinden, sowie bis 100 km hinter der Frontlinie durchgeführt werden. An den Barrikaden bzw. Panzersperren müssen nachts zu beiden Seiten Posten mit Laternen aufgestellt werden, die gleichzeitig den Verkehr kontrollieren und feindliche Panzerkräfte aufhalten. In jedem Dorf, dem sich feindliche Panzer nähern, sollen Burschen mit Fahrrädern bereitstehen, die die Nachbarschaft sofort alarmieren. Bei Annäherung deutscher Panzer sollen die Glocken läuten, um die ganze Gegend zu alarmieren, und in der Nacht zusätzlich die dafür vorbereiteten Stroh- und Holzhaufen angezündet werden.

Graf v. d. Schulenburg an das Auswärtige Amt
6. September 1939, Moskau. Telegramm (Geheim):

... Sowjetregierung tut alles, um Einstellung hiesiger Bevölkerung gegen Deutschland zu ändern. Presse ist wie umgewandelt. Angriffe auf Haltung Deutschlands haben nicht völlig aufgehört, sondern auch Darstellung außenpolitischer Vorgänge fußt vorwiegend auf deutschen Nachrichtenquellen, aus Buchhandel wird antideutsche Literatur entfernt ...
Von Bevölkerung wird Befürchtung geäußert, daß Deutschland, nachdem es Polen zerschlagen hat, sich gegen Sowjetunion wenden könnte.
Erinnerung an deutsche Stärke im Weltkrieg ist allenthalben noch lebendig.
Für Beurteilung hiesiger Verhältnisse Tatsache maßgebend, daß Sowjetregierung es bisher immer aber meisterhaft verstanden hat, Stimmung Bevölkerung in dem von ihr gewünschten Sinne zu beeinflussen und es auch diesmal an der erforderlichen Propaganda nicht fehlen läßt.
Schulenburg

Polnischer Heeresbericht
Donnerstag, 7. September 1939, Warschau:

Kommuniqué Nr. 6 des polnischen Generalstabs:
Fliegertätigkeit: Die deutschen Flugzeuge fahren mit der Bombardierung unserer Truppen und Verbindungslinien fort. Sie haben auch Warschau mehrmals bombardiert. Unsere Flugzeuge bombardierten feindliche Panzerkolonnen. In den Luftkämpfen wurden am Mittwoch fünfzehn und am Dienstag zwanzig deutsche Flugzeuge abgeschossen, während sich unsere Verluste auf sechs Flugzeuge belaufen.

Operationen zu Lande: Erbitterte Kämpfe finden in der Gegend von Lodz, Piotrkow (Petrikau), Tomaszow in Masowien und westlich von Tarnow statt.

Polnische Freischärler in Kattowitz

7. September 1939, Kattowitz. Das DNB meldet:

In den Gebäuden gegenüber dem Woiwodschaftsbau, in welchem zur Zeit das Kommando der Sicherheitspolizei untergebracht ist, wurden in der Nacht zum Mittwoch die beiden Posten durch Kopfschüsse von Aufständischen getötet. Auf dem Dache des Hotels Monopol wurden dreißig Aufständische gefaßt, darunter Frauen, die sich von dort aus als Dachschützen gegen deutsche Soldaten betätigten.

Und so war es

In der Nacht vom 3./4. September 1939 muß die Armee Modlin (Gen. Przedrzymirski), die bis jetzt die Befestigungen bei Mlawa erfolgreich gegen das I. Armeekorps (GenLt. Petzel) verteidigt hat, sich wegen drohender Einkreisung zurückziehen. Gegen 7.00 Uhr morgens verlassen die letzten Soldaten ihre Stellungen.

Bei Sonnenaufgang, am Montag, dem 4. September 1939, versuchen in Danzig die »Schleswig-Holstein« und kleinere Einheiten der Kriegsmarine sowie eine Batterie schwerer 21-cm-Haubitzen, die aus Ostpreußen herangeschafft wurde, den polnischen Widerstand auf der Westerplatte zu brechen. Die Lage der

Auf einem Feldflugplatz kurz vor dem Start: leichte Bomber PZL P-37 Los (Elch), der einzige moderne Flugzeugtyp, über den die polnischen Luftstreitkräfte verfügen

Verteidiger ist äußerst schwierig. Trotzdem werden an diesem Tag sämtliche deutschen Angriffe abgewehrt.
An diesem Morgen treten auch erstmals seit Kriegsausbruch die modernen polnischen Los-Bomber in Aktion: Die X. und XV. Gruppe, insgesamt 27 Maschinen, starten zum Angriff auf das XVI. Panzerkorps (Gen. d. Kav. Hoepner) im Raum Radomsko. In Ketten zu je drei Maschinen greifen sie in Abständen von einigen Minuten deutsche Kolonnen an.
An diesem Tag beginnt der Zusammenbruch der polnischen Verteidigung. Das Wetter und das Gelände begünstigen die Operationen der motorisierten Verbände, die die Spitzen der deutschen Angriffskeile bilden.
Die zweite Phase des Feldzuges eröffnet die deutsche 4. Armee (Gen. d. Art. v. Kluge): Ihr XIX. Panzerkorps (Gen. d. Pz. Tr. Guderian) säubert das Gebiet westlich der Weichsel nahe Graudenz von den Resten polnischer Truppen, die immer noch versuchen, sich aus dem Korridor zurückzuziehen. Die Verbände der 4. Armee erreichen nach schweren Gefechten in der Tucheler Heide die Weichsel bei Kulm, Teile der 3. Armee (Gen. d. Art. v. Küchler) nehmen die Festung Graudenz. Die Armee Lodz (Gen. Rómmel) steht in Verteidigungskämpfen entlang der Warthe und verhindert gegnerische Versuche, das Ostufer des Flusses zu erreichen. Es gelingt den Deutschen jedoch, einige Brückenköpfe zu errichten. Verbände der 4. Panzerdivision (GenLt. Reinhardt), unterstützt durch die Luftwaffe, führen heftige Angriffe gegen die polnischen Stellungen bei Belchatow, die vom 2. Infanterieregiment Legionow (Oberst Czyzewski) verteidigt werden. Um den Rückzug der polnischen Streitkräfte bis hinter die Weichsel zu verhindern, beordert die Heeresgruppe Süd (GenOberst v. Rundstedt) die 14. Armee (GenOberst List) in Richtung San. Die 10. Armee (Gen. d. Art. v. Reichenau) soll dabei mit ihrer rechten Flanke den Rückzug der polnischen Truppen aus dem Raum Kielce-Radom versperren, mit der linken Flanke die polnischen Kräfte im Raum Petrikau-Tomaszow-Mazowiecki schlagen und in Richtung Warschau vorstoßen.
Die 14. Armee meldet die Vernichtung der zur Armee Krakow gehörenden 6. Infanteriedivision (Gen. Mond) sowie den Rückzug polnischer Truppen aus Krakau weiter in Richtung Osten. An diesem Tag wird das XXII. Armeekorps (Gen. d. Kav. v. Kleist) im Rahmen der 14. Armee eingesetzt und stößt von der Slowakei nach Norden in den Raum Neumarkt vor. Dem XXII. Armeekorps sind dabei eine Panzerdivision, eine Gebirgsdivision und die bewährte österreichische 4. leichte Division (GenMaj. Ritter v. Hubicki) unterstellt.
Ebenfalls am 4. September 1939 übernimmt General Piskor die Führung der am Weichsel-Mittellauf konzentrierten Verbände und stellt aus ihnen die Armee

4. 9. 1939, östlich von Radomsko: ein motorisierter Verband des XVI. Panzerkorps nach dem Luftangriff polnischer Bomber

Lublin auf. Am Nachmittag wiederholen vereinzelte polnische Los-Bomber ihre Angriffe auf deutsche Panzerspitzen, diesmal bei Kamiensk und Wielun. Kurz vor Sonnenuntergang starten auch die Kampfflugzeuge vom Typ Karas der VI. Gruppe zum Angriff auf motorisierte Kolonnen zwischen Ciechanow und Pultusk.
Am gleichen Tag zieht die Warschauer Jagdbrigade auf neue Feldflugplätze. Der Bestand kampffähiger Maschinen ist auf ganze 25 Stück zusammengeschrumpft.
Der Luftwaffe gelingt es an diesem Tag zum erstenmal, polnische Frontmaschinen am Boden zu zerstören: zwei Los-Maschinen der Bomberbrigade bei Kuciny und drei P-11-Jäger von der Armee Lodz bei Widzew. Immer spürbarer wirkt sich der Mangel an Nachschub auf die Kampfbereitschaft der polnischen Flieger aus. So fehlen der Jagdbrigade z. B. die Spezialglieder für MG-Metallgurte. »Um sie zu sparen, bekamen wir den Befehl, jedesmal nur 200 MG-Geschosse zu munitionieren. Dies reichte für ganze 30 Sekunden Dauerfeuer.«
Unterdessen treffen in der Hauptstadt die Reste der aufgeriebenen Verbände aus dem Raum Tschenstochau sowie Westpolen ein; während der Nacht erreichen die ersten Verwundetentransporte Warschau. Gleichzeitig beginnt in der Hauptstadt die organisierte Evakuierung. Als erstes werden die in der polnischen Staatsbank lagernden Goldbestände in Richtung Lemberg abtransportiert.

In den frühen Morgenstunden des 5. September 1939 bombardiert die Luftwaffe an der Ostseeküste wiederholt die Halbinsel Hela und die Westerplatte, die den starken Angriffen noch standhalten.
Am gleichen Tag überschreitet der linke Flügel der 3. Armee (Gen. d. Art. v. Küchler) den Narew bei Lomza und nimmt Fühlung mit der 4. Armee (Gen. d. Art. v. Kluge) auf, die bis dahin den Korridor gesäubert hat. Weiter nördlich forcieren Verbände der 4. Armee die Weichsel und setzen ihren Vormarsch entlang des Flusses in Richtung Warschau fort.
Die Armee Prusy (Gen. Dab-Biernacki), die sich im Raum Petrikau konzentriert, beordert zur Verteidigung der Stadt die 19. Infanteriedivision (Gen. Kwaciszewski). Die Armee Lodz (Gen. Rómmel) wird durch den Vorstoß der deutschen 10. Armee gespalten: Die eine Hälfte zieht sich östlich nach Radom zurück, die andere in nordwestlicher Richtung. Durch die Lücke rollen jetzt die 1. Panzerdivision (GenLt. Schmidt) und die 4. Panzerdivision (GenLt. Reinhardt), um auf kürzestem Weg nach Warschau vorzustoßen.
Die Armee Poznan (Gen. Kutrzeba) ist bis zu diesem Zeitpunkt die einzige, im

↙ Nördlich von Pless/Südwestpolen, 5. 9. 1939: durch polnische Tellerminen beschädigte deutsche Panzerkampfwagen; rechts im Bild, Pioniere beim Minenräumen

↓ Nördlich von Petrikau, 5. 9. 1939: Erste Luftversorgung im Polenfeldzug. Die vordersten Teile der zum XVI. Panzerkorps gehörenden 1. Panzerdivision (GenLt. Schmidt), die bei Grabica stehen, werden jetzt von einer Staffel Transportmaschinen Ju 52/3m mit Treibstoff versorgt

westlichen Grenzgebiet stehende polnische Armee, die immer noch eine beträchtliche Kampfkraft besitzt. Nun bedrängen die beiden deutschen Heeresgruppen von Norden und Süden die Verbände von General Kutrzeba und zwingen sie, ihren Rückzug nach Osten fortzusetzen. Mit der Armee Poznan vereinigen sich hier die Divisionen der Armeen Pomorze und Lodz, die durch den deutschen Angriff in diese Richtung zurückgeworfen worden sind. Der große polnische Verband zählt nun zwölf Divisionen, durch deren Südflanke die deutsche 10. Armee auf Warschau vorgeht, die nur durch die verhältnismäßig schwache 8. Armee gedeckt ist. Obwohl die Gefahr einer Umzingelung seiner Truppen besteht, will General Kutrzeba aus dem Raum Kutno einen Schlag nach Süden gegen die Flanke der deutschen Divisionen führen.
Die 14. Armee rückt in Richtung Krakau vor, das XXII. Armeekorps (Gen. d. Kav. v. Kleist) zieht zum San, und das XVIII. Armeekorps (Gen. d. Inf. Baier) erkämpft sich einen Weg über die östlichen Karpaten-Pässe.
Am Abend des 5. September 1939 verläßt Staatspräsident Moscicki seine Residenz in Falenica bei Warschau und fährt nach Lublin. Währenddessen bereitet sich die Hauptstadt auf den Kampf vor. Truppentransporte, die über Warschau in westlicher Richtung rollen, werden gestoppt und die Einheiten dem Stab von General Czuma unterstellt. Nach dem Aufruf des Stadtpräsidenten Starzynski melden sich Tausende zum Bau von Barrikaden in dem zur offenen Stadt erklärten Warschau. In die Hauptstadt strömen immer mehr Flüchtlingstrecks, die Schreckensnachrichten vom Vormarsch der Deutschen verbreiten.

In der Nacht vom 5./6. September 1939 erteilt Marschall Rydz-Smigly endlich den Rückzugsbefehl an die Armeen Pomorze, Poznan, Lodz und Modlin. Sie

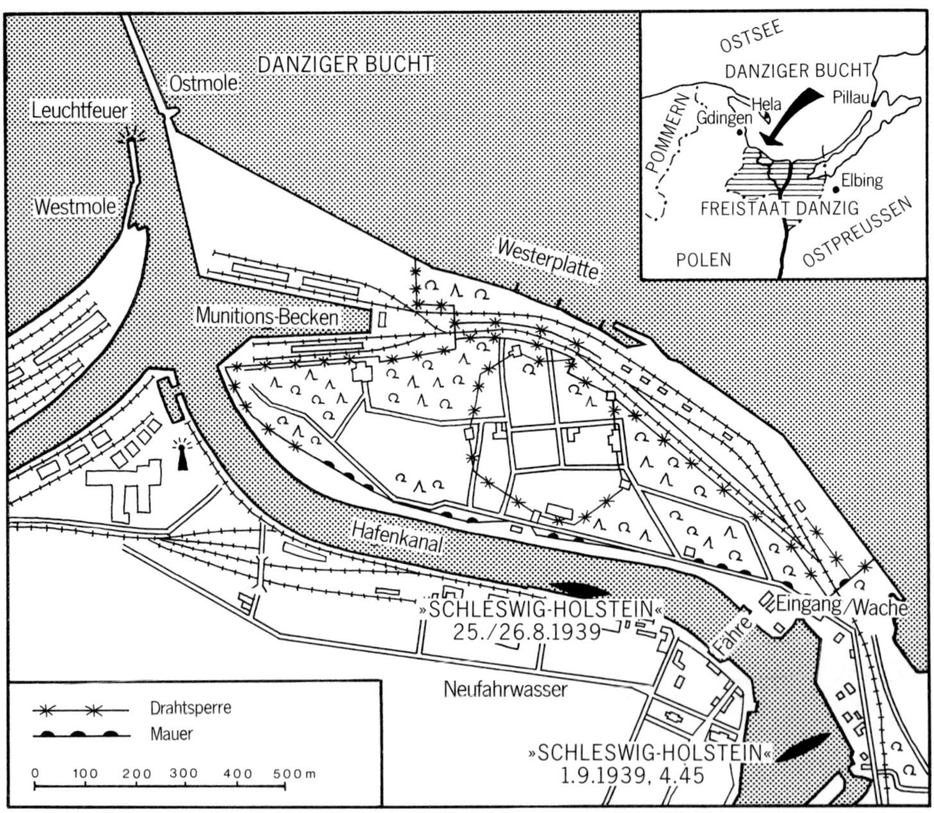

Schauplatz erbitterter Kämpfe: Die kleine polnische Enklave im Danziger Hafen an der Weichselmündung wehrt eine ganze Woche lang die deutschen Angriffe ab

sollen auf der anderen Seite der Weichsel und des San sowie am Narew und Biebrza eine neue einheitliche Abwehrfront errichten. Dies erfolgt jedoch zu spät, um sich den deutschen Zangenbewegungen noch entziehen zu können. Im Süden hat die 14. Armee nach verlustreichen Kämpfen gegen die polnischen Befestigungen den Durchbruch bereits erzielt und ist, unterstützt durch die Truppen der am 5. September in den Krieg eingetretenen Slowakei, mit ihrem Südflügel tief in den westgalizischen Raum eingedrungen.

Am Mittwoch, dem 6. September 1939, ist es auf der Westerplatte relativ ruhig. Die Verteidiger liegen nur unter dem Störfeuer der »Schleswig-Holstein« und der 15-cm- sowie 8,8-cm-Batterien.
Auf dem nördlichen Frontabschnitt gelingt es den Deutschen nach hartnäckigen Kämpfen, den Narew zu überqueren und bei Rozan einen Keil zwischen die Verbände der Armee Modlin und der Samodzielna Grupa Operacyjna Narew zu schieben. Nach der Einnahme von Petrikau ziehen die deutschen Truppen am frühen Morgen in Eilmärschen zur Weichsel, um die Flußübergänge zu besetzen und den polnischen Streitkräften den Rückzug abzuschneiden. Die Polen bemühen sich verzweifelt, die Einkreisungsmanöver zu vereiteln. Bei Tomaszow Mazowiecki liefern sich die polnische 13. Infanteriedivision (Oberst Kalicki) der Armee Prusy (Gen. Dab-Biernacki) und die Einheiten der deutschen 1. Panzerdivision (GenLt. Schmidt) sowie die 4. Panzerdivision (GenLt. Reinhardt) den ganzen Tag über blutige Gefechte. Die polnische Oberste Führung verlegt unterdessen ihr Hauptquartier nach Brest-Litowsk.
An diesem Tag schlagen das XVI. Panzerkorps (Gen. d. Kav. Hoepner) und das XV. Panzerkorps (Gen. d. Inf. Hoth) bei Tomaszow Mazowiecki die Verbände der Armee Prusy und kämpfen sich den Weg nach Warschau frei. In Südpolen erreicht das XXII. Armeekorps (Gen. d. Kav. v. Kleist) Tarnow. Damit ist die polnische Verteidigungslinie zwischen Tschenstochau und Warschau durchbrochen, Krakau wird kampflos genommen. In Richtung Warschau ziehen sich auch die Divisionen der Armeen Lodz, Poznan und Pomorze zurück. Dabei besitzen die Verbände der Armee Poznan, die bisher kaum Feindberührung hatten, beachtlichen Kampfwert.
Ebenfalls am 6. September 1939 beginnt Frankreich – durch einen Bündnisvertrag mit Polen zur Offensive verpflichtet – mit schwachen Kräften der 4. Armee (Gen. Réquin) eine symbolische Operation im Raum Saarbrücken. Sie artet in zeitweilige Besetzung des von Deutschen geräumten Westwall-Vorfeldes aus. Frankreich und England verzichten jedoch bewußt auf die Chance, das Dritte Reich in diesem günstigen Augenblick anzugreifen und sehen tatenlos zu, wie ihr Bündnispartner Polen untergeht.
Am Abend, während verschiedene Regierungsstellen Warschau überstürzt verlassen, mehren sich die Anzeichen von Chaos. Die Lage wird noch schlimmer, als gegen Mitternacht der Chef der Propagandaabteilung, Oberst Umiastowski, über den Rundfunk einen Appell an die Bevölkerung zum verstärkten Bau von Barrikaden und Befestigungen richtet. Zugleich ergeht ein Aufruf an alle Männer, die noch nicht einberufen sind, sich unverzüglich in Ostpolen zu melden. Selbst die Feuerwehr verläßt mit ihren Wagen die Hauptstadt. In dieser Nacht wird auch die Jagdbrigade, die bis dahin Warschau vor den deutschen Bombern schützte, in den Raum Lublin verlegt.

7. 9. – 9. 9. 1939

Dritte

Phase

Versuch des Rückzugs an die Weichsel

Danzig, 7. 9. 1939: die Verteidiger der Westerplatte nach der Kapitulation

Polnische Front zusammengebrochen

Donnerstag, 7. September 1939. Das Oberkommando der Wehrmacht gibt bekannt:

Der Rückzug des polnischen Heeres hielt gestern auf der ganzen Front an. Durch den entschlossenen Einsatz der Luftwaffe tatkräftig unterstützt, blieben die Truppen des Ostheeres dem weichenden Feind in scharfer Verfolgung auf den Fersen und stellten ihn an verschiedenen Stellen zum Kampf ...

Westerplatte gefallen

7. September 1939, Berlin. United Press berichtet:

Das deutsche Kriegsministerium teilt mit, daß die Spitze der deutschen Truppen nur noch 31 km von Warschau entfernt ist. Die polnische Garnison der Westerplatte bei Danzig hat sich nach tapferem Kampf heute vormittag um 10.20 Uhr ergeben. Das Kriegsministerium zollte dem Mut der polnischen Truppen volle Anerkennung.

Die Lage an der Westfront

7. September 1939, Paris. Die Agentur Havas meldet:

An der Saarfront haben französische Verbände mit Unterstützung zahlreicher Panzer und starker Luftstreitkräfte die deutsche Grenze überschritten und sind an einer Stelle bis auf elf Kilometer weit vorgedrungen. Nicht weniger als 600 Panzer sind dabei eingesetzt worden. Der stärkste Druck der Offensive, die hinter dem Moseltal begonnen hat und von Truppenverbänden aus Nancy und Metz durchgeführt wird, richtet sich gegen Saarbrücken. Britische Truppen sind in Frankreich gelandet und werden in großen Mengen an die Front transportiert.

Entscheidender Einsatz der Luftwaffe

Freitag, 8. September 1939. Das Oberkommando der Wehrmacht gibt bekannt:

Die Operationen in Polen nahmen gestern an vielen Stellen den Charakter einer Verfolgung an, nur an einzelnen Stellen kam es noch zu ernsteren Kämpfen ...
Die Besatzung der Westerplatte in Danzig hat sich ergeben, ihr Widerstand wurde durch Pioniere, Marine-Sturmkompanien und SS-Heimwehr unter Mitwirkung der »Schleswig-Holstein« gebrochen ...
An diesen schnellen und großen Erfolgen hatte die Luftwaffe wieder entscheidenden Anteil. Ihr Masseneinsatz richtete sich gegen die zurückgehende polnische Armee. Sie griff mit Schlacht- und Sturzkampfgeschwadern unmittelbar in den Erdkampf ein. Marschkolonnen wurden zersprengt, Rückzugswege durch Zerstörung von Brücken und Übergängen versperrt, Versuche von feindlichen Gegenangriffen schon in der Bereitstellung zerschlagen. Die Weichselbrücken südlich Warschau sind nachhaltig zerstört, in Warschau selbst die Durchgangsstraßen mit Kolonnen angefüllt und verstopft. Die eilige Räumung der Stadt ist im Gange ...
Zwei deutsche Flugzeuge wurden über polnischem Gebiet abgeschossen, ein Flugzeug wird vermißt. Ein viertes polnisches U-Boot wurde vernichtet.
Das deutsche Hoheitsgebiet wurde auch gestern nicht angegriffen.

Warschauer Vorstadt Ochota, 8. 9. 1939: Die deutschen motorisierten Verbände versuchen, die polnische Hauptstadt aus der Bewegung heraus zu nehmen

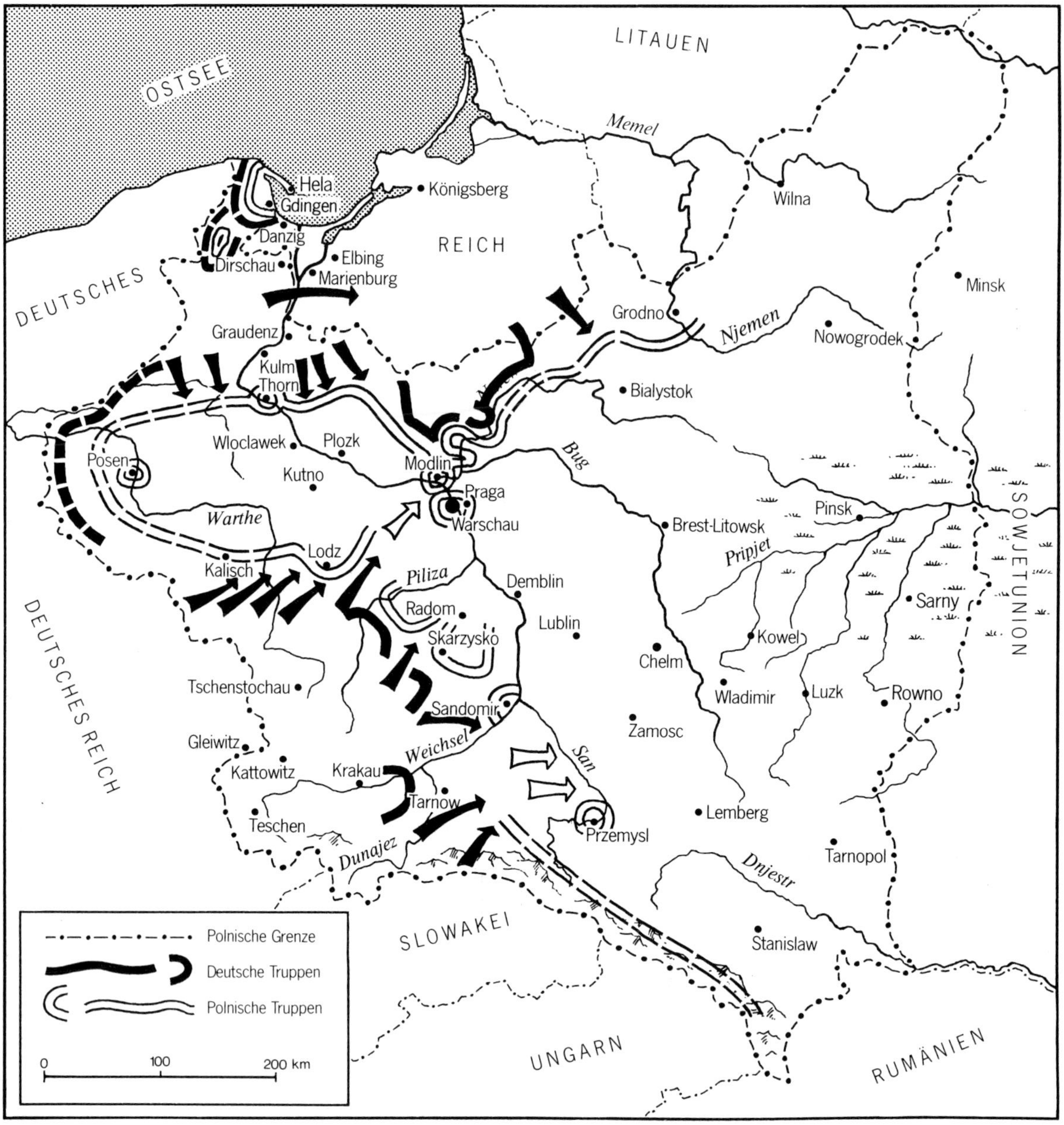

Am Abend des 7. 9. 1939 zeichnen sich bereits die ersten Kessel ab, in denen in den nächsten Tagen die polnischen Hauptkräfte aufgerieben werden

Warschau eingenommen

8. September 1939. Das Oberkommando der Wehrmacht gibt bekannt:

(Sondermeldung) Deutsche Panzertruppen sind heute, 17.15 Uhr, in Warschau eingedrungen.

Tagesparole des Reichspressechefs

8. September 1939:

Es ist schon vor einiger Zeit darauf hingewiesen worden, daß wir die Leistungen unserer Armee nicht dadurch verkleinern dürfen, daß wir den Gegner über Gebühr als feige und verächtlich hinstellen. Bekanntlich hat auch der deutsche Heeresbericht mehrfach von tapferen polnischen Soldaten gesprochen.

Entschlossener Widerstand

8. September 1939, Warschau. Die Agentur PAT meldet:

Marschall Rydz-Smigly erließ heute einen Befehl über die Organisierung der Verteidigung von Warschau und ernannte zum Stadtkommandanten General Czuma.

Der Tagesbefehl von General Czuma lautet heute, 22.00 Uhr: »Der Oberkommandierende der polnischen Armee, Marschall Rydz-Smigly, hat mir die Verteidigung der Hauptstadt anvertraut. Er verlangt, daß der feindliche Angriff auf unsere Hauptstadt an unserem Widerstand zusammenbreche. Wir rufen dem Feinde zu: Genug, keinen Schritt weiter! Wenn der Feind trotzdem durchbricht, so bedeutet das, daß der letzte polnische Soldat von den deutschen Panzern zermalmt wurde. Warschau hat einmal mehr die historische Aufgabe, seine Vaterlandsliebe zu beweisen.«

Nach Verlesung des Tagesbefehls des Kommandierenden Generals für die Verteidigung Warschaus erklärte Oberstleutnant Lipinski, der Tagesbefehl bedeute, daß Warschau bis zum letzten Blutstropfen verteidigt werde.

Berlin in Flammen

8. September 1939, London. Die Agentur Reuter meldet:

Als Folge der letzten schweren Luftangriffe durch britische Bombergeschwader liegt der größte Teil des Industrieviertels von Berlin in Trümmern. Fast restlos vernichtet sind auch die großen Gießereianlagen von Krupp, die bereits zweimal bombardiert wurden.

Warschauer Vorstadt Ochota, 8. 9. 1939: Sanitäter bergen den tödlich getroffenen Kradschützen einer Vorausabteilung der 4. Panzerdivision (GenLt. Reinhardt)

Täglich bereits 200 Exekutionen

8. September 1939. Aus dem Tagebuch von Oberst i. G. Großcurth:

Admiral Canaris machte dem Generalquartiermeister I, General v. Stülpnagel, Mitteilung. Heydrich, der Chef der Sipo und des SD habe geäußert, täglich fänden bereits 200 Exekutionen statt. Die Kriegsgerichte würden zu langsam arbeiten. Er würde das abstellen.
Die Leute müßten sofort ohne Verfahren erschossen oder erhängt werden. Die kleinen Leute sollten geschont werden. Der Adel, die Geistlichkeit und die Juden sollten umgebracht werden.

Lodz eingenommen

Sonnabend, 9. September 1939. Das Oberkommando der Wehrmacht gibt bekannt:

Auch gestern nahm der Rückzug des geschlagenen polnischen Heeres fast an allen Fronten seinen Fortgang. Die feindlichen Nachhuten vielfach durchstoßend, erreichten bewegliche Truppen mit den vordersten Teilen zwischen Sandomierz und Warschau an verschiedenen Stellen die Weichsel und drangen am Nachmittag von Südwesten her in die polnische Hauptstadt ein ...
Bei Sandomierz gelang es auch im Osten von der Weichsel Fuß zu fassen. ..
Lodz wird heute von rückwärts gestaffelten Verbänden besetzt werden, während die Masse der dort kämpfenden Truppen an der Stadt beiderseits vorbeistoßend südlich der Bzura dem kämpfenden, weichenden Feind folgt ...
Die Luftwaffe hat während des ganzen Tages vor allem die Rückzugswege des Gegners westlich und ostwärts der Weichsel angegriffen. Abgesehen von einigen Jagdflugzeugen über den Weichselbrücken zwischen Sandomierz und Warschau trat die polnische Fliegertruppe nur noch wenig in Erscheinung.
Im Westen wurden zwei französische Flugzeuge über deutschem Gebiet abgeschossen.

Der zweite polnische Bombenangriff auf Berlin

9. September 1939, London. BBC meldet um 20.15 Uhr aus Paris:

Polnische Luftstreitkräfte haben soeben einen zweiten schweren Luftangriff auf Berlin durchgeführt.

v. Ribbentrop an Graf v. d. Schulenburg

9. September 1939, Berlin, 0.50 Uhr. Telegramm (Geheim):

Wir sind selbstverständlich mit Sowjetregierung darüber einig, daß Gültigkeit der in Moskau getroffenen Abreden durch örtliche Ausdehnung unserer militärischen Operationen nicht berührt wird. Wir müssen und werden polnische Armee da schlagen, wo wir sie treffen. Dadurch wird aber an den Moskauer Vereinbarungen nichts geändert.
Militärische Operationen schreiten noch über unsere Erwartungen hinaus schnell vorwärts. Polnische Armee befindet sich allen Anzeichen nach mehr oder weniger im Zustande der Auflösung. Unter diesen Umständen halte ich Eile geboten, daß Sie das Gespräch mit Molotow über militärische Absichten Sowjetregierung wieder aufnehmen ...

Ribbentrop

Graf v. d. Schulenburg an das Auswärtige Amt
9. September 1939, Moskau, 0.56 Uhr. Telegramm (Geheim):

Ich erhielt soeben von Molotow nachstehendes Telephonat: »Ihre Mitteilung über den Einzug deutscher Truppen in Warschau habe ich erhalten. Übermitteln Sie deutscher Reichsregierung meine Glückwünsche und Grüße. Molotow.«
Schulenburg

Graf v. d. Schulenburg an das Auswärtige Amt
9. September 1939, Moskau. Telegramm (Geheim):

Molotow erklärte mir heute um 15.00 Uhr, daß eine sowjetische militärische Aktion noch in diesen Tagen erfolgen würde ...
Schulenburg

Und so war es

Am Donnerstag, dem 7. September 1939, um 2.00 Uhr, verläßt die polnische Regierung Warschau in Richtung Luzk. Marschall Rydz-Smigly fährt mit seinem Stab nach Brest-Litowsk. Gegen 3.00 Uhr wird zwar der unbedachte Aufruf von Oberst Umiastowski über Rundfunk widerrufen, doch nur wenige hören es. Noch vor Morgengrauen verlassen Tausende von Männern die Hauptstadt in Richtung Osten und beginnen ihre ziellose Wanderung, fast ständig den Angriffen der Luftwaffe auf den verstopften Landstraßen ausgeliefert.
Um 4.15 Uhr nehmen die »Schleswig-Holstein« wie auch die Feldartillerie und Mörser die Westerplatte wieder unter Beschuß. Ein Infanterieangriff wird von den Verteidigern erneut zurückgeworfen. Es sind jedoch die letzten Anstrengungen der polnischen Besatzung. Um 10.15 Uhr kapituliert die Westerplatte.
Die deutsche Führung ist davon überzeugt, daß die Polen auf eine Verteidigung am westlichen Weichselufer verzichten, dagegen am Narew, an der Weichsel und am San Widerstand leisten sowie im Raum Lublin größere Kräfte zusammenziehen werden. Das OKH befiehlt nun der Heeresgruppe Nord (GenOberst v. Bock), mit seiner 3. Armee (Gen. d. Art. v. Küchler) über den Narew in Richtung Siedlce-Warschau anzugreifen und mit der 4. Armee (Gen. d. Art. v. Kluge) entlang der Weichsel vorzustoßen. Die Heeresgruppe Süd (GenOberst v. Rundstedt) soll dagegen die Armee Lodz einkreisen, um sie an der Besetzung

Die Chaussee Warschau–Brest-Litowsk, nahe Minsk-Masowiecki, in den Morgenstunden des 7. 9. 1939. Das Ergebnis des unbedachten Aufrufs von Oberst Umiastowski: Tausende von jungen Männern auf dem Weg ins Ungewisse

der Weichsellinie zu hindern und so den Angriff der 14. Armee (GenOberst List) auf Lublin von Süden her zu erleichtern. Mit dieser Operation wird die Einkreisung der polnischen Armee östlich der Weichsel eingeleitet.
Um die Vorbereitungen zur Verteidigung von Lublin und Polesie zu unterbinden, bombardiert die Luftwaffe alle in diesem Raum liegenden Eisenbahnanlagen, und die deutsche 4. Luftflotte (Gen. d. Fl. Löhr) verlegt den größten Teil ihrer zur taktischen Unterstützung des Heeres bestimmten Nahaufklärungs-, Jagd- und Sturzkampfverbände von Schlesien in den Raum Kielce-Radom.
Nun entbrennt in den darauffolgenden drei Tagen ein Wettlauf zur Weichsel: Die deutschen Panzerverbände wollen den Versuch der polnischen Truppen, über die Weichsel nach Osten zu entkommen, vereiteln. Es gelingt, die polnischen Kampfgruppen auseinanderzureißen, was die tief in die polnische Verteidigung vorstoßenden Panzerverbände beschleunigen. Zuerst drängt in drei bis vier Kilometer Breite eine keilförmige Formation vor, um einen Durchbruch durch das feindliche Verteidigungssystem zu erzwingen. Dann besetzen die hinter den Panzern folgenden Sturmtruppen die Durchbruchsstelle. Danach rollen frische Panzerkräfte durch die Lücke. Ein Teil breitet sich fächerförmig aus, während andere direkt den Angriff in die Tiefe vornehmen. Die nahezu völlige Lahmlegung des polnischen Führungs-, Verbindungs- und Transportnetzes durch die rollenden Angriffe der Luftwaffe macht eine einheitliche Führung der Operationen kaum noch möglich.
Um 11.00 Uhr meldet sich bei dem noch in Warschau anwesenden Chef des Generalstabs, General Stachiewicz, der Oberbefehlshaber der Armee Lodz, General Rómmel. Er wird zum Oberbefehlshaber der neu aufgestellten Armee Warszawa und der beiden in der Umgebung der Hauptstadt befindlichen

Warschauer Vorstadt Szczeslewice, 8. 9. 1939: Ein deutscher Stoßtrupp drängt an der Straßenbahnlinie entlang in Richtung Hauptstadt vor

Armeen Modlin und Lodz ernannt. Stadtpräsident Starzynski übernimmt die Funktionen des Zivilen Kommissars beim Stab des Befehlshabers zur Verteidigung der Stadt. Gegen 14.00 Uhr erreichen die Spitzen der 4. Panzerdivision (GenLt. Reinhardt) die Warschauer Vorstädte Okecie und Wlochy. Zu dieser Zeit passiert etwas Unerwartetes: Der deutschen Aufklärung entgeht es, daß sich im Rücken der 10. Armee (Gen. d. Art. v. Reichenau), die die polnische Hauptstadt gerade umzingelt, die derzeit stärkste Konzentration polnischer Truppen befindet: Die Armee Poznan (Gen. Kutrzeba), vereint mit der angeschlagenen Armee Pomorze (Gen. Bortnowski). Die beiden Armeen haben sich aus dem westlichen Teil Polens in nächtlichen Märschen zurückgezogen, ohne daß die Luftwaffe etwas davon bemerkte.

Nachdem die Hauptkräfte der 10. Armee die Weichselübergänge bei Pulawy erreicht haben, entwickeln sich harte Kämpfe mit den Resten der bei Radom zusammengedrängten Südgruppe der Armee Prusy (Gen. Dab-Biernacki), die heftigen Widerstand leistet. Die 3. Infanteriedivision (Oberst Turkowski) und die 13. Infanteriedivision (Oberst Kalinski) wehren in einem mehrstündigen Gefecht bei Ilza drei starke deutsche Angriffe ab und gehen selbst zum Gegenangriff über, der dem Feind bei Kotlarka hohe Verluste zufügt. Auch im südlichen Frontabschnitt dauern den ganzen Tag über erbitterte Kämpfe an.

Am Nachmittag bombardiert die Luftwaffe Warschau. Ihre Angriffe richten sich vor allem gegen die Weichselbrücken, den Wilnaer Bahnhof und den Ostbahnhof.

Bis zum Abend nimmt im Norden die Panzerdivision Kempf die Orte Brok und Ostrow Mazowiecki ein und schneidet die Verbände der Samodzielna Grupa Operacyjna Narew von der Armee Modlin ab. Um 21.00 Uhr meldet das

Raum Ilza, nach dem Gefecht vor Ciepielow, nahe Zwolen, 8. 9. 1939: Einige der rund 200 polnischen Soldaten des I. Bataillons (Maj. Pelc) des 74. Infanterieregiments, die nach der Gefangennahme durch das deutsche III/Infanterieregiment (mot.) 15 (Oberstlt. Wessel) erschossen wurden

Raupenschlepper C2P einer polnischen leichten Flak (4 cm)-Einheit: Treibstoffvorräte sind nach 8 Tagen nicht mehr vorhanden

Hauptquartier von Generaloberst v. Rundstedt die Einnahme Warschaus durch das XVI. Panzerkorps (Gen.d.Kav. Hoepner).

Am Freitag, dem 8. September 1939, entschließt sich der polnische Botschafter in Moskau, Grzybowski, in Sachen Waffenlieferungen für Polen im Kreml nachzufragen. Molotow eröffnet ihm, daß sich die Lage grundlegend geändert habe, an eine Hilfeleistung nicht mehr zu denken sei und die UdSSR nicht einmal mehr den Transitverkehr von kriegswichtigen Gütern nach Polen gestatten könne. Unterdessen bemüht sich Reichsaußenminister v. Ribbentrop, die Sowjets zu bewegen, ihren Einmarsch in Ostpolen zu beschleunigen. Die größten polnischen Verbände sind zur Stunde immer noch die Armee Pomorze (Gen. Bortnowski) und die völlig intakte Armee Poznan (Gen. Kutrzeba). Beide weichen jetzt zur unteren Bzura zurück, und General Kutrzeba plant, einen Vorstoß von der Bzura aus zu unternehmen, um den Feind zu schlagen, der ihn auf dem Marsch nach Warschau abgeschnitten hat. Das OKH, davon überzeugt, daß auf der westlichen Weichselseite keine stärkeren polnischen Kräfte mehr stehen, befiehlt unterdessen der Heeresgruppe Süd (GenOberst v. Rundstedt), ihre Operationen fortzusetzen, um die Einkreisung der polnischen Kräfte im Raum Lublin zu beenden.
Die Schlacht zwischen Radom und dem Weichselbogen bei Demblin nähert sich ihrem Höhepunkt. Währenddessen leiden die auf dem rechten Weichselufer stehenden polnischen Truppen nach General Piskors Worten unter dem Mangel an Ausrüstung und Munition. Die Ironie des Schicksals will es, daß sich in den Wäldern bei Stawy, etwa acht Kilometer nordöstlich von Demblin, das gut getarnte, größte polnische Waffen- und Munitionsdepot »Skladnica Uzbrojenia

Nr. 2« befindet. Erst mit viel Mühe gelingt es General Piskor, die Abteilung VI des Obersten Befehlshabers zu bewegen, für seine Truppen einige Kisten mit Gewehren und Munition aus dem riesigen Lager bei Stawy zu bekommen. Da für eine Evakuierung dieses Depots 3500 Güterwagen erforderlich wären, läßt man den Gedanken einer Verlagerung fallen. Und weil der Luftwaffe die genaue Lage des Depots bis zuletzt unbekannt ist, bleibt es vor Bombenangriffen verschont. Jetzt, nachdem deutsche Panzerspitzen gemeldet sind, öffnet man das Lager den zurückweichenden polnischen Truppen. Sie können sich nun

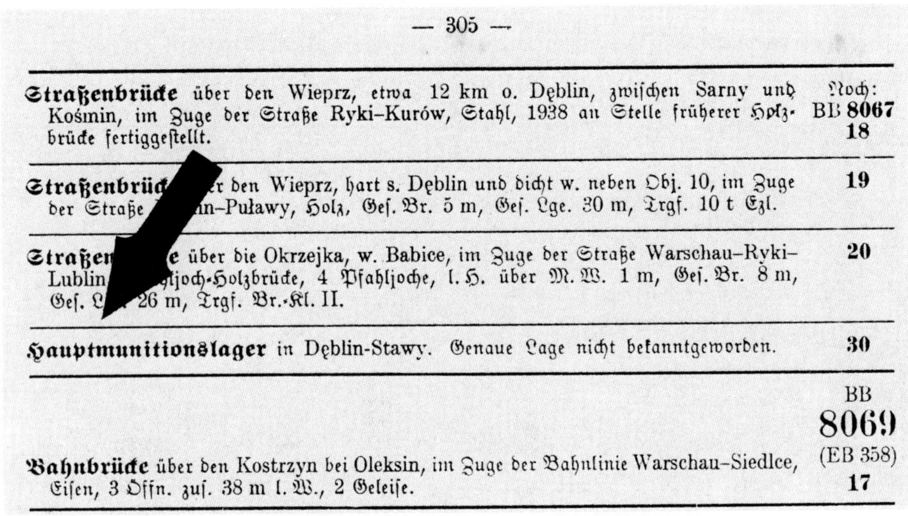

— 305 —

Straßenbrücke über den Wieprz, etwa 12 km o. Dęblin, zwischen Sarny und Kośmin, im Zuge der Straße Ryki–Kurów, Stahl, 1938 an Stelle früherer Holzbrücke fertiggestellt.	Noch: BB **8067** **18**
Straßenbrück[illegible]r den Wieprz, hart s. Dęblin und dicht w. neben Obj. 10, im Zuge der Straße [illegible]n–Puławy, Holz, Ges. Br. 5 m, Ges. Lge. 30 m, Trgf. 10 t Ezl.	**19**
Straßen[illegible]**e** über die Okrzejka, w. Babice, im Zuge der Straße Warschau–Ryki–Lublin, [illegible]ljoch-Holzbrücke, 4 Pfahljoche, l. H. über M. W. 1 m, Ges. Br. 8 m, Ges. L[illegible] 26 m, Trgf. Br.-Kl. II.	**20**
Hauptmunitionslager in Dęblin-Stawy. Genaue Lage nicht bekanntgeworden.	**30**
Bahnbrücke über den Kostrzyn bei Oleksin, im Zuge der Bahnlinie Warschau–Siedlce, Eisen, 3 Öffn. zus. 38 m l. W., 2 Geleise.	BB **8069** (EB 358) **17**

Das größte polnische, von der Luftwaffe verschonte Munitions- und Waffenlager: genaue Lage unbekannt (aus einem »Geheimen Handbuch« des Generalstabes des Heeres vom Sommer 1939)

nach Bedarf eindecken. Man versucht auch noch das gewaltige, meist unterirdische Depot zu zerstören, doch reicht die Zeit dafür nicht mehr aus, und der Gegner überrollt nun Stawy.

In der Nacht vom 8./9. September 1939 funkt Marschall Rydz-Smigly an General Kutrzeba das Codewort: »Die Sonne geht auf!« Damit beginnt die Operation, die unter der Bezeichnung »Schlacht an der Bzura« in die Geschichte des Zweiten Weltkriegs eingehen wird. Danach reißt die Verbindung mit dem Oberbefehlshaber völlig ab.
In dem vom 9. bis zum 18. September tobenden Kampf beiderseits der Bzura, die ihren Weg in romantischen Windungen durch Mazowien, die Landschaft westlich Warschaus, nimmt, stehen auf polnischer Seite acht Infanteriedivisionen und zwei Kavalleriebrigaden (»Wielkopolska« und »Podolska«). Der kühne Gegenangriff bringt nicht nur die deutsche 8. Armee in eine kritische Lage, sondern hindert auch einen Teil der 10. Armee und sogar ein Korps der 4. Armee am Vormarsch auf Warschau. »Die größte Schlacht aller Zeiten«, nennt sie die NS-Presse.

Am Morgen des 9. September 1939 nehmen die Deutschen Wyschkow ein und überschreiten den Bug. Die polnischen Divisionen beginnen in diesem Abschnitt den Rückzug auf die Linie Minsk Mazowiecki-Kaluszyn. Ein schwerer Kampf entbrennt um die Befestigungslinie an der Wizna. Seit Sonnenaufgang liegt das starke Feuer der deutschen Artillerie auf den polnischen Stellungen, und mit Zerstörung der Brücke bei Strekowa Gora wird die Verbindung mit dem nördlichen Abschnitt der Verteidigung unterbrochen. Auch die Festungs-

Brigadeabteilung Lötzen (Oberst Gall) greift in diesem Abschnitt an, wird jedoch zurückgedrängt.

Die 10. Armee (Gen. d. Art. v. Reichenau) nimmt Konskie und bereitet sich auf die Vernichtung der Armee Krakow vor, die sich bei Radom befindet und die Linie San-Weichsel zu erreichen versucht. Die 14. Armee (GenOberst List) setzt ihren Vorstoß nach Osten und Nordosten fort. Die Armee Karpaty (Gen. Fabrycy) zieht sich nach Przemysl zurück.

An der Bzura toben unterdessen schwere Kämpfe: Gegen 15.00 Uhr meldet Oberst Reichert, Kommandeur des deutschen Infanterieregiments 6: »Die Marschkolonne meines Regiments ist in Gegend Michalowice, zwei Kilometer ostwärts Marynki, von Feind in Stärke etwa eines Bataillons mit Panzerwagen von rückwärts angegriffen worden ... Seitensicherungen der Panzerabwehr

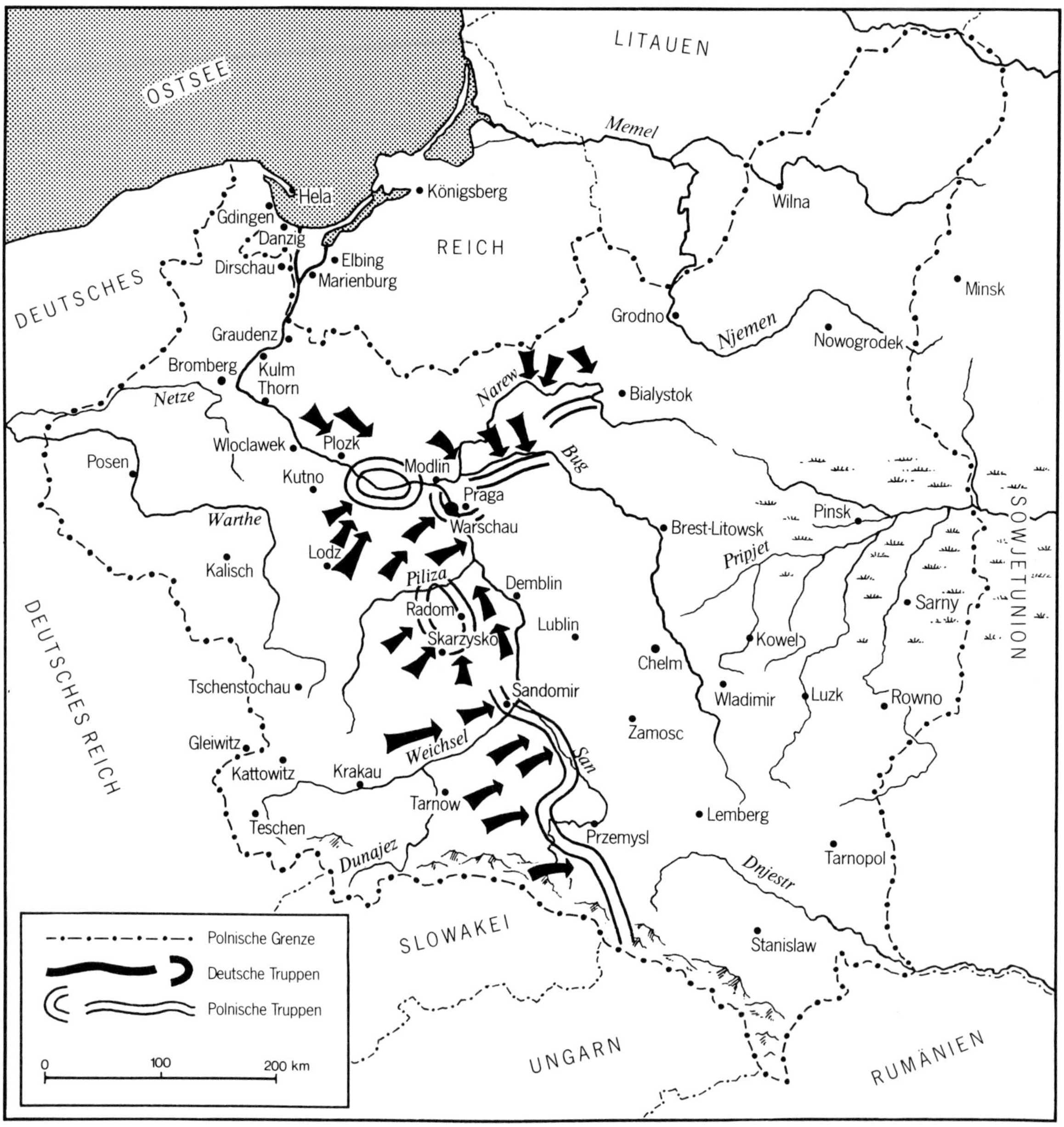

Die Lage am Abend des 9. 9. 1939: Auch von Norden her nähern sich deutsche Truppen Warschau, der Ring um die polnischen Truppen zwischen Kutno und Modlin wird immer enger. Die letzte Chance, eine Verteidigungslinie entlang den Flüssen Bug, Weichsel und San zu errichten, ist zum Scheitern verurteilt

melden bei Zagai das Auftreten gepanzerter Kettenfahrzeuge. Überall, auf breiter Front, treten Polen südlich der Bzura auf.« In der gleichen Zeit setzen deutsche Panzer mit Flößen über den Narew, durchbrechen gegen 17.00 Uhr die Verteidigungslinie an der Wizna und stoßen in Richtung Zambrow und Tykocin vor. Den Deutschen liegt jetzt der Weg in den Rücken der polnischen Front offen und ermöglicht ihnen, die Verteidigungsstellungen am Bug zu durchbrechen und die Verbände vom Fluß zurückzudrängen. Von diesem Augenblick an ist die Hauptstadt auch von Osten her bedroht.

Heute gibt das OKH die Weisung zur doppelten Umfassung ostwärts der Weichsel: Das XIX. Panzerkorps (Gen.d.Pz.Tr. Guderian) von der Heeresgruppe Nord soll am Bug die Verbindung mit den schnellen Verbänden des XXII. Armeekorps (Gen.d.Kav. v. Kleist) der Heeresgruppe Süd aufnehmen.

An diesem Tag wird die Armee Prusy (Gen. Dab-Biernacki) restlos aufgerieben. Teile ihres Nordflügels, etwa 1400 Soldaten der 13. Infanteriedivision (Oberst Kalinski) und der Wilenska Brygada Kawalerii (Oberst Drucki-Lubekki) haben sich bis hinter die Weichsel bei Maciejowice durchgeschlagen.

Am Abend des 9. September 1939 greift überraschend die Armee Poznan von der unteren Bzura in Richtung Struga an und stößt auf den linken, weit auseinandergezogenen Flügel der 8. Armee (Gen. d. Inf. Blaskowitz). General Kutrzeba gelingt es, die Verbände der 8. Armee, besonders die 30. Infanteriedivision (GenMaj. v. Briesen), abzuweisen. Und das Infanterieregiment 46 meldet gegen 23.00 Uhr: »Lage hoffnungslos, Regimentsstab bildet Igel und weicht aus! Leczyca ist verloren!« General Blaskowitz entschließt sich nun, statt in Richtung Warschau vorzugehen, die Angriffe der Armee Poznan zurückzuschlagen. In Südpolen kann die Armee Karpaty (Gen. Fabrycy) die Linie am Dunajez nicht halten und wird in Richtung Przemysl zurückgedrängt.

Am späten Abend unternehmen die Deutschen einen erneuten Versuch, in Warschau einzudringen. Einige Panzer gelangen bis zum Mokotow-Feld, dem ehemaligen Flugplatz, und bedrohen den Führungsstab der Armee Warszawa, der sich an der Rakowiecka-Straße befindet.

Am 9. September 1939 beginnt nun auch die Sowjetunion, Reservisten einzuberufen. Wichtige Lebensmittel verschwinden aus den Läden, Schulräume werden für Lazarette bereitgestellt und Benzin wird rationiert. Der Stab der Roten Armee setzt sich mit dem deutschen Militärattaché, Generalleutnant Köstring, in Verbindung und teilt ihm ein baldiges Eingreifen sowjetischer Truppen in Polen mit.

In Paris wird ein Vertrag über die Gründung einer polnischen Armee in Frankreich unterzeichnet. In London interveniert der Chef der polnischen Militärmission, General Norwid Neugebauer, erfolglos um Hilfe für Polen bei General Ironside, dem Chef des britischen Generalstabs. Das Gespräch wird »aus Zeitmangel« unterbrochen. Rydz-Smigly beschließt inzwischen in Brest-Litowsk, alle zur Verfügung stehenden Kräfte in Südostpolen zu konzentrieren und hier auf wesentlich verkürzter Front Widerstand zu leisten.

10. 9. – 11. 9. 1939

Vierte

Phase

Scheitern der Verteidigung an Weichsel, Bug und San

Der schnelle Durchbruch

Sonntag, 10. September 1939. Das Oberkommando der Wehrmacht gibt bekannt:

Zwischen dem Gebirge und dem Oberlauf der Weichsel setzten die deutschen Kräfte die Verfolgung des geschlagenen Feindes in ostwärtiger Richtung fort. Im großen Weichselbogen zwischen Sandomierz und Kutno hat der schnelle Durchbruch der motorisierten und Panzertruppen bis an die Weichsel große Erfolge angebahnt ... Die Luftwaffe hat die von Warschau nach Ost und Südost zurückführenden Straßen und Eisenbahnen durch Bombenangriffe blockiert und die in diesem Raume noch vorhandenen Reste der polnischen Bodenanlagen angegriffen ...

Deutsche Soldaten näher betrachtet

10. September 1939. Kpt. Pilot Polasinski berichtet über Radio Warschau:

Die deutschen Soldaten gingen bisher immer nur vorwärts, weil unsere Soldaten von der neuen, schnellen Panzerwaffe überrascht wurden. Aber heute, nach zehn Kampftagen, haben sich unsere Soldaten daran gewöhnt. Es sind zwar noch viele deutsche Soldaten in unserem Land, aber mit jedem Tag werden es weniger, weil an der westlichen Grenze die deutsche Front zusammengebrochen ist. Die französisch-englischen Truppen stoßen unaufhörlich vorwärts. 600 französische Panzer zerschossen im Sturmangriff die Befestigungen um Saarbrücken. Französische Bomber jagten bei Köln die größten deutschen Treibstofflager in die Luft. Und seitdem fehlt es den Deutschen an Treibstoff,

Irgendwo im Weichselbogen, zwischen Radom und Demblin: Deutsche Infanterie säubert ein brennendes Dorf vom Feind

den sie so dringend an der Front benötigen. Die deutschen Kräfte sind heute auf der breiten Front verstreut. Jeder weitere Schritt auf polnisches Gebiet bringt ein weiteres Abbröckeln der feindlichen Kräfte mit sich.

UdSSR-Waffenhilfe für Polen
10. September 1939, Moskau. Bericht des polnischen Militärattachés, Oberst Brzeszczynski:

An diesem Tag erreichte uns via Kiew ein hoher Beamter, Vertreter der Rüstungsindustrieabteilung im Warschauer Kriegsministerium, mit der Order für den Botschafter, bei der sowjetischen Regierung wegen Waffen- und Rohstoffhilfe vorstellig zu werden. Er brachte eine lange Wunschliste mit. Der Botschafter konnte sein Erstaunen nicht verbergen, daß jemand aus Regierungs- oder Militärkreisen sich über eine Materialhilfe seitens der UdSSR derart hat täuschen lassen, und wollte von dem Vertreter wissen, wie es zu dieser Mission gekommen sei. Wir haben dann erfahren: Der sowjetische Botschafter in Warschau hat persönlich geraten, einen Delegierten in dieser Sache nach Moskau zu schicken. Bei dieser Gelegenheit wurden wir informiert, daß der sowjetische Botschafter aus Warschau dienstlich nach Moskau gefahren sei und den Vertreter mit dem gleichen Zug mitgebracht habe. Wir empfanden dies hier als den Gipfel der Niedertracht.

Graf v. d. Schulenburg an das Auswärtige Amt
10. September 1939, Moskau. Telegramm (Geheim):

In heutiger Besprechung um 16.00 Uhr einschränkte Molotow seine gestrige Erklärung, indem er sagte, daß Sowjetregierung durch unerwartet schnelle deutsche militärische Erfolge völlig überrumpelt worden sei. Rote Armee habe gemäß unserer ersten Mitteilung mit einigen Wochen gerechnet, die jetzt auf wenige Tage zusammengeschrumpft wären. Sowjetische Militärs seien daher in schwierige Lage geraten, da sie bei hiesigen Verhältnissen für ihre Vorbereitungen noch zwei bis drei Wochen brauchten. Über drei Millionen Mann seien bereits mobilisiert.
Ich habe M[olotow] nachdrücklich auseinandergesetzt, wie entscheidend in der gegenwärtigen Lage ein schnelles Handeln der Roten Armee ist. M. wiederholte, daß alles zur Beschleunigung geschehe, was möglich sei. Ich hatte den Eindruck, daß M. gestern mehr versprochen hat, als Rote Armee halten kann.
Dann kam M. auf politische Seite Angelegenheit und erklärte, daß Sowjetregierung beabsichtigt hätte, das weitere Vordringen deutscher Truppen zum Anlaß zu nehmen, um zu erklären, daß Polen auseinanderfalle und Sowjetunion infolgedessen genötigt sei, den von Deutschland »bedrohten« Ukrainern und Weißrussen zu Hilfe zu kommen.
Mit dieser Begründung solle den Massen das Eingreifen der Sowjetunion plausibel gemacht und gleichzeitig vermieden werden, daß Sowjetunion als Angreifer erscheint. Dieser Weg sei der Sowjetregierung durch eine gestrige DNB-Meldung versperrt worden, wonach gemäß einer Erklärung des Generalobersten Brauchitsch Kriegshandlungen an deutscher Ostgrenze nicht mehr notwendig seien.
Die Meldung erwecke den Eindruck, daß deutsch-polnischer Waffenstillstand unmittelbar bevorstehe. Schließe aber Deutschland einen Waffenstillstand, so könne Sowjetunion nicht einen »neuen Krieg« beginnen.

Stukas und Panzer: das Sinnbild des modernen Blitzkrieges

Ich erklärte, daß mir diese Meldung, die den Tatsachen völlig widerspreche, unbekannt sei. Ich würde sofort Erkundigungen einziehen.
Schulenburg

Der Höhepunkt des Feldzuges

Montag, 11. September 1939. Das Oberkommando der Wehrmacht gibt bekannt:

Die große Schlacht in Polen nähert sich ihrem Höhepunkt, die Vernichtung des polnischen Feldheeres westlich der Weichsel schreitet voran ... Polnische Artillerie aller Kaliber hat von den östlichen Teilen Warschaus aus das Feuer gegen unsere im Westteil der Stadt befindlichen Truppen eröffnet ...
Die Luftwaffe hat die Straßen und Eisenbahnlinien ostwärts und nordostwärts Warschau und in den Räumen Lemberg und Lublin – Chelm wiederholt mit Erfolg angegriffen und Kolonnen und Truppentransporte dort zerschlagen ...
Im Westen wurde der geräumte Flugplatz Saarbrücken von französischer Artillerie beschossen. 3 französische Flugzeuge wurden über Reichsgebiet abgeschossen.

Feind zurückgeworfen

11. September 1939, Warschau. Die Agentur PAT berichtet:

Gegenangriffe polnischer Truppen haben die im Süden von Warschau operierenden deutschen Panzerformationen zurückgeworfen und etwa 18 Panzer niedergekämpft. Alle südlichen Vorstädte und weiteren Außenbezirke Warschaus sind wieder völlig in polnischer Hand. Der Widerstand der polnischen Streitkräfte hat sich durch das Eintreffen der aus dem Raum Posen zurückgezogenen Truppen wesentlich versteift.

Französischer Heeresbericht
11. September 1939, Paris:

Trotz des feindlichen Widerstandes machen unsere Angriffe auf einer Front von etwa 20 Kilometer östlich der Saar weiterhin bedeutende Fortschritte.

Radio Warschau
11. September 1939, 23.00 Uhr. Frontbericht des polnischen Oberkommandos:

Alle deutschen Versuche, die polnischen Verteidigungslinien am Narew und Bug zu durchbrechen, sind mißlungen. Motorisierte Einheiten, die hinter der Kampfzone mit der Zerstörung von Wohnhäusern begonnen hatten, wurden durch Truppen der zweiten Linie unschädlich gemacht.
Das Verteidigungskommando von Warschau teilt mit: Bei Luftangriffen auf Warschau wurden ungefähr zwanzig Prozent der feindlichen Flugzeuge abgeschossen.
Heute stürzte ein Bombenflugzeug im Zentrum der Stadt ab. Im Norden Warschaus wurde der Feind zurückgedrängt.

Der Kampf um Warschau
11. September 1939, Warschau. Die Agentur Havas berichtet:

Oberst Lipinski, Stabschef der Garnison Warschau, sprach gestern über den Sender Warschau: »Warschau macht schwere Tage durch. Seit 5.00 Uhr dauern die Fliegerangriffe.«
Die von deutschen Flugzeugen abgeworfenen Flugblätter, in denen die Polen aufgefordert wurden, sich zu ergeben, sind auf dem Pilsudskiplatz vor einer großen Menschenmenge öffentlich verbrannt worden.

Und so war es

Am Sonntag, dem 10. September 1939, erringt die Armee Poznan (Gen. Kutrzeba) weitere Erfolge: Sie erreicht die günstigen Ausgangsstellungen zum geplanten Gegenangriff eher als die deutschen Divisionen. Während die 8. Armee (Gen. d. Inf. Blaskowitz) noch mit großer Mühe die auseinandergezogene Frontlinie hält und ihre Aufmerksamkeit auf die Bzura konzentriert, schlägt sich die Armee Lodz (Gen. Rómmel) bis zur Weichsel durch und gelangt in den Raum Skierniewice, südwestlich von Warschau. Die Kavallerie und wenige Panzer, die General Kutrzeba zur Verfügung stehen, erzielen tiefe Einbrüche; besonders schwer wird dabei die deutsche 30. Infanteriedivision (GenMaj. v. Briesen) getroffen.
An diesem Tag führt die Heeresgruppe Nord (GenOberst v. Bock) mit ihrem linken Flügel vom Mittellauf des Narews ihren Angriff nach Südosten und Süden aus und kreist bei Zambrow das Gros der Selbständigen Operationsgruppe Narew (Gen. Mlot-Fijalkowski) ein. An der Wizna fallen gegen 10.00 Uhr die letzten Widerstandspunkte. Die benachbarte Armee Modlin (Gen. Przedrzymirski) befindet sich auf dem Rückzug.

Wegrow, nördlich von Warschau: Nach blutigen Kämpfen dringt ein deutscher Reitertrupp in das brennende Städtchen ein

Gegen Mittag meldet die deutsche 30. Infanteriedivision, daß sie in schweren Kämpfen gegen die aus nördlicher Richtung vordringenden zwei oder drei Infanteriedivisionen und zwei Kavalleriebrigaden steht: »Unter dem gut geleiteten polnischen Feuer drohte der Führung die Bewegung aus der Hand zu gleiten; es kam zu Verstopfungen, Kolonnen bahnten sich ihren Weg über freies Feld, fuhren sich fest, im Feuer durchgehende Gespanne verbreiteten Verwirrung, Gerüchte flackerten auf, erste Anzeichen einer Panik griffen um sich und wurden nur mit Mühe erstickt.« Die polnische 14. Infanteriedivision (Gen. Wlad) erzielt dabei einen taktischen Erfolg und drängt den Gegner nach blutigen Kämpfen aus Piatek. Es besteht zwar die Gefahr, daß die 8. Armee zurückgeworfen wird oder daß die Polen in Richtung Warschau durchbrechen. Es bietet sich jedoch bei schnellem Handeln auch die Chance, die stärkste, noch geschlossene polnische Gruppierung in einer Kesselschlacht zu zerschlagen. Die Heeresgruppe Süd (GenOberst v. Rundstedt) zieht nun aus dem auf Warschau zugehenden linken Flügel der 10. Armee zwei Korps für den Vormarsch auf Kutno ab. Diese bilden die Ostflanke des entstehenden Kessels. Die Südflanke übernehmen die beiden Korps der 8. Armee. Von Nordwesten wird das rechte Flügelkorps der Heeresgruppe Nord herangeführt. Unterdessen durchbricht das XIX. Panzerkorps (Gen. d. Pz. Tr. Guderian) die Stellungen der Selbständigen Operationsgruppe Narew und zerschlägt bei Lomza die polnische 18. Infanteriedivision (Oberst Kossecki). In zehn Tagen legt das XIX. Panzerkorps auf seinem Vorstoß in Richtung Brest-Litowsk fast 300 Kilometer zurück.

Bei Radom erreichen die Kämpfe im Weichselbogen jetzt ihren Höhepunkt: Der nördliche Flügel der Armee Krakow nähert sich nach schweren Kämpfen

bei Stopnica nun Baranow, wo er über die Weichsel setzen soll. Im Frontabschnitt der Armee Karpaty hält die 10. Brygada Kawalerii Zmotoryzowanej (Oberst Maczek) bei Jaroslaw den Feind zurück. Die Kämpfe dauern den ganzen Tag über an, bis die Deutschen bei Radymno den San überqueren und so die Brigade zum Rückzug zwingen.
Im Süden stoßen das XVIII. Armeekorps (Gen. d. Inf. Baier) und das XVII. Armeekorps (Gen. d. Inf. Kienitz) am rechten Flügel der 14. Armee eilig in Richtung Lemberg vor, nehmen Radymno sowie Sanok und überschreiten den San beiderseits Przemysl.
Das deutsche Oberkommando verlegt nun weitere, in Richtung Warschau vordringende Verbände an die Bzura-Front, und der Druck auf die Hauptstadt wird geringer.
Inzwischen hat eine große Anzahl polnischer Verbände es geschafft, östlich der Weichsel zu entkommen, und man erwartet, daß sie versuchen werden, eine neue Verteidigungslinie in Südostpolen, angelehnt an die natürliche Linie von Brest-Litowsk hinunter bis Lemberg, von da aus entlang dem San, zu errichten.
Dieses Gebiet ist strategisch besonders wichtig: Es ermöglicht einerseits die Verbindung mit Rumänien sowie über das Schwarze Meer mit Frankreich und England, andererseits kann man die zerschlagenen Einheiten wieder ergänzen und mit den hier stationierten Reservisten aus zahlreichen Versorgungseinheiten auffüllen. Die Deutschen haben jedoch an diesem Tag den unteren San überschritten, und das Halten dieser Linie ist kaum noch möglich.
Marschall Rydz-Smigly teilt die ihm unmittelbar unterstellten Kräfte in drei Großgruppierungen ein: Front Polnocny (Nordfront) unter General Dab-

Der Stab der polnischen 10. Brygada Kawalerii Zmotoryzowanej während einer Besprechungspause. Vierter von links, Oberst Maczek, Kommandeur der Brigade

Biernacki, Front Srodkowy (Mittelfront) unter General Piskor und Front Poludniowy (Südfront) unter General Sosnkowski. Marschall Rydz-Smigly bleibt nun nichts anderes übrig, als so viele Truppen wie möglich im Raum südöstlich von Przemysl zusammenzuziehen, um in Anlehnung an das verbündete Rumänien den Widerstand fortzusetzen. An den sowjetischen Überfall denkt zur Stunde noch keiner, da Moskau seine Absichten Polen gegenüber fast perfekt zu tarnen weiß. Mit der Verteidigung dieses »rumänischen Brückenkopfes« östlich des San wird der ehemalige Kriegsminister, General Sosnkowski, beauftragt. Ihm werden neben der Südfront auch die sich noch in Bahntransporten in Galizien befindlichen Reserven unterstellt.
In den Abendstunden benachrichtigt der Botschafter der Sowjetunion, Scharonow, den in Krzemieniec weilenden polnischen Außenminister Beck, daß er sich wegen der schlechten Nachrichtenverbindung mit Moskau in die sowjetische Grenzstadt Schepetowka begeben wolle. Scharonow informiert Beck zugleich, daß er K. Zarembski, dem Vertreter der polnischen staatlichen Waffen-Importfirma SEPEWE, der in Sachen Waffenkäufe nach Moskau fahren soll, ein Einreisevisum ausgestellt habe. Der Botschafter betont, er zweifele nicht an dem Erfolg dieser Mission.
Die Sowjets, vom Tempo des deutschen Vorstoßes überrascht, beginnen nun mit einer Pressekampagne in der »Prawda« und der »Iswestija«, die das beabsichtigte Eingreifen der Roten Armee begründen soll: Man schildert den deutschen Vormarsch in Polen und wirft die Frage nach dem Schicksal der Ukrainer und Weißrussen auf polnischem Gebiet auf.
Bei Einsetzen der Dämmerung ist die Lage der deutschen 30. Infanteriedivision an der Bzura-Front, südlich Piatek, weiterhin schwierig.

Kielce, 10. 9. 1939, Hitler vor der Büste Marschall Pilsudskis: Während seiner dritten Frontreise besucht Hitler Kielce, wo er im Woiwodschaftsgebäude die Büste des polnischen Diktators vorfindet

Raum Kutno, 11. 9. 1939: GenMaj. v. Briesen (Mitte), Kommandeur der deutschen 30. Infanteriedivison, verfolgt die schweren Kämpfe seiner Truppen

Im Morgengrauen des 11. September 1939 dringt das 6. Ulanenregiment (Oberst Liszka), unterstützt durch eine Batterie, in Uniejow ein. Nachdem die Polen auch noch die Brücke über die Warthe eingenommen haben, rücken die Deutschen ab. Tote, Verwundete und zahlreiche Lkw bleiben zurück. Von Piatek aus will man den Durchbruch nach Lodz erzwingen und so den im Raum um Kutno eingeschlossenen polnischen Heeresteilen den Ausbruch nach Süden ermöglichen. Das 14. Ulanenregiment besetzt nach kurzem Gefecht Wartkowice. Das hier eroberte große Nachschubdepot behebt für einige Zeit die miserable Verpflegungslage der Podolska Brygada Kawalerii. Um Ozorkow westlich umgehen zu können, wird am Morgen des 11. September 1939 die inzwischen herangeführte deutsche 17. Infanteriedivision (GenMaj. Loch) nach Westen gegen Parzeczew eingesetzt. General Blaskowitz berichtet dem Oberkommando der Wehrmacht über die Krise, die durch den unerwarteten Vorstoß »erheblicher feindlicher Kräfte« aus dem Norden zu entstehen droht. Die noch in Reserve gehaltenen Divisionen der 8. Armee und das Gros der 10. Armee (Gen. d. Art. v. Reichenau) erscheinen nach und nach auf dem Schlachtfeld. General Kutrzeba erkennt nun, daß ein weiterer Angriff in der bisherigen Richtung keinen Erfolg verspricht, schiebt sich unter dem Schutz der Armee Pomorze an die untere Bzura heran und stößt von dort nach Osten vor, um den Weg nach Warschau zu öffnen.
Unterdessen will die Heeresgruppe Süd (GenOberst v. Rundstedt) den geplanten Angriff auf Lublin nicht zurückstellen und beordert – trotz der schweren Lage der 8. Armee – nur einzelne Regimenter aus verschiedenen Divisionen in Richtung Bzura. Die Lage ist jedoch so ernst, daß v. Rundstedt zum erstenmal seit Kriegsbeginn von der Luftwaffe dringend »den Einsatz starker Fliegerkräf-

te am 11. September 1939 gegen den Raum um Kutno« fordert. Mehrere Kampfgeschwader, die in den letzten Tagen hauptsächlich rollende Angriffe gegen Warschau sowie gegen Eisenbahn- und Industrieziele östlich der Weichsel geflogen haben, werden sofort in die Schlacht an der Bzura geworfen. Erst die massiven Einsätze der Stukas und Schlachtfliegerstaffeln stoppen die polnischen Angriffe. MG-Garben mähen Soldaten und Pferde nieder, ein Hagel von Splitterbomben regnet auf sie herab.

Am 11. September 1939 überträgt das OKH der 8. Armee (Gen. d. Inf. Blaskowitz) die Operationen gegen polnische Streitkräfte im Raum Kutno. Nun beginnt sich das Blatt zu wenden: v. Reichenau läßt das XVI. Panzerkorps (Gen. d. Kav. Hoepner), dessen linker Flügel sich wegen unerwarteter, harter Widerstände vor Warschau noch einmal zurückziehen mußte, umschwenken.

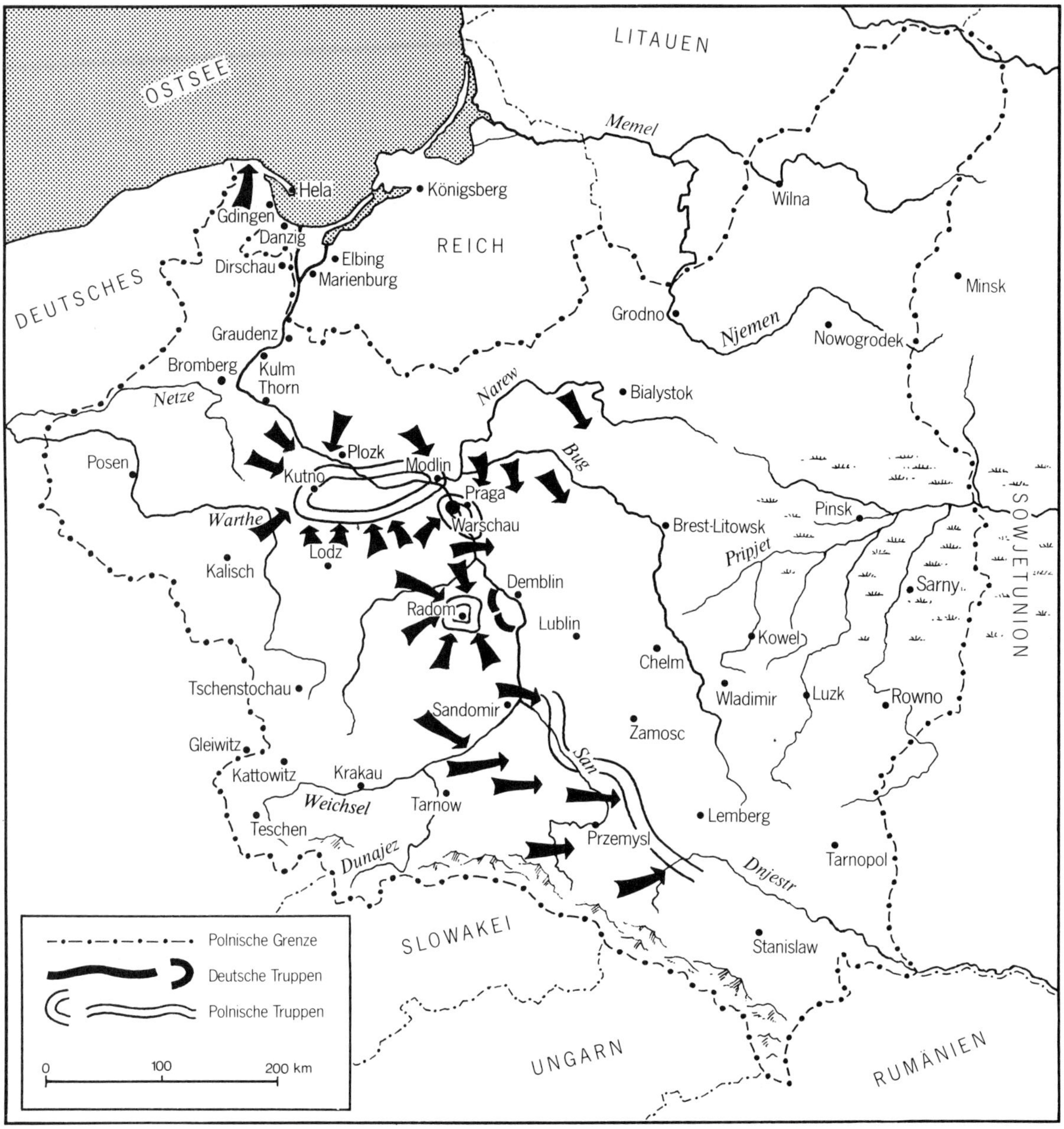

Die Lage am Abend des 11. 9. 1939: Der Polenfeldzug ist bereits zu diesem Zeitpunkt operativ entschieden: Die Masse der polnischen Streitkräfte steht nun vor ihrer Vernichtung im Kessel von Kutno und Radom, die anderen Verbände ziehen sich schnellstens nach Ostpolen zurück. Die Deutschen nähern sich Lemberg

Als zur gleichen Zeit die 4. Armee (Gen. d. Art. v. Kluge) westlich von Modlin die Weichsel erreicht und die 8. Armee nordostwärts von Lodz wieder an Boden gewinnt, kesseln die Deutschen die beiden polnischen Armeen beiderseits der Bzura ein.
Bei Gdingen trifft an diesem Tag das Korps Kaupisch auf heftigen Widerstand, als es von drei Seiten auf die Hafenstadt zumarschiert. Aus dem Danziger Gebiet dringt unterdessen die Brigade Eberhard an der Küste entlang nach Norden vor, verbindet sich mit der 207. Infanteriedivision (GenMaj. v. Tiedemann), die ihren Angriff von Westen her durchführt.
Im nördlichen Frontabschnitt bei Zambrow kämpft die Kavallerie der Armee Narew den ganzen Tag über gegen deutsche Panzerkräfte und der Versuch, sich nach Osten durchzuschlagen, endet mit einem Mißerfolg. Etwa 18 Divisionen werden eingekreist. Am gleichen Tag schneidet das I. Armeekorps (GenLt. Petzel) die Verbindungen östlich von Warschau ab.
Das XV. Panzerkorps (Gen. d. Inf. Hoth) und das XVI. Panzerkorps (Gen. d. Kav. Hoepner) sowie das IV. Armeekorps (Gen. d. Inf. v. Schwedler) schließen die polnische Armee Prusy (Gen. Dab-Biernacki) bei Radom ein und zwingen sie zur Kapitulation. 60000 polnische Soldaten gehen in Gefangenschaft. Einige polnische Einheiten in Regimentsstärke ziehen sich in die bewaldeten Landstriche zurück und leisten weiterhin Widerstand.
Unterdessen kommt es zu den ersten schweren deutschen Luftangriffen auf Lemberg. Die polnische Bomberbrigade setzt die am Vortag begonnenen Aktionen gegen deutsche Panzerkräfte im Raum Rzeschow fort: Sechs Bomber vom Typ Los der 10. Gruppe bombardieren feindliche Kolonnen auf der Straße Jaroslaw-Radymno. Deutsche Panzereinheiten stehen jetzt schon 70 Kilometer vor Brest-Litowsk. Marschall Rydz-Smigly verläßt mit seinem Stab die bedrohte Stadt und verlegt das polnische Oberkommando nach Wladimir Wolynskij.
Vor Warschau ist es dagegen relativ ruhig: Für die Kämpfe an der Bzura haben die Deutschen einen Teil ihrer Kräfte von der Hauptstadt abgezogen. Der Beschuß durch schwere Artillerie hält jedoch an. Zum erstenmal schlagen jetzt auch Geschosse im Stadtzentrum ein.
Mit einer Mischung aus Erstaunen und Erleichterung beobachtet die deutsche militärische Führung die Untätigkeit Frankreichs und Englands. Die Befehlshaber wissen, daß die Wehrmacht für einen Krieg im Westen noch nicht bereit ist.
An diesem Tag erbittet der Kreml von Berlin detaillierte Informationen über die Stärke der polnischen Truppen, besonders über noch kampffähige Truppenteile und deren Standorte. Das Auswärtige Amt teilt Graf v. d. Schulenburg mit, er möge die Sowjets davon unterrichten, daß sie erst nach Abschluß der »Großen Schlacht in Polen«, damit ist wohl die Schlacht an der Bzura gemeint, die gewünschten Unterlagen erhalten könnten.

12. 9. – 14. 9. 1939

Fünfte

Phase

Verspäteter Rückzug nach Südosten

Kesselschlacht bei Kutno

Dienstag, 12. September 1939. Das Oberkommando der Wehrmacht gibt bekannt:

Die große Schlacht in Polen geht westlich der Weichsel ihrem Ende entgegen. Die Südgruppe dringt in Gewaltmärschen gegen und über den San vor. Gebirgstruppen haben am äußersten Südflügel Chyrow, südlich Przemysl, erreicht . . .
Verzweifelte Versuche der um Kutno eingeschlossenen starken feindlichen Kräfte, nach Süden durchzubrechen, wurden vereitelt. Der Ring auch um diese feindliche Gruppe ist geschlossen. Nördlich der Weichsel nähern sich unsere Truppen der Festung Modlin . . .

Weitere Erfolge bei Kutno

Mittwoch, 13. September 1939. Das Oberkommando der Wehrmacht gibt bekannt:

Am 12. September setzte das deutsche Ostheer mit seinem Süd- bzw. seinem Nordflügel die stürmische Verfolgung des Feindes fort . . .
Alle Versuche der um Kutno umstellten 5 polnischen Divisionen und 2 Kavallerie-Brigaden, nach Süden durchzubrechen, sind gescheitert, der konzentrische Gegenangriff unserer Divisionen ist im Gange . . .
Am äußersten Ostflügel stehen motorisierte Truppen 40 km nördlich Brest . . .

Tagesparole des Reichspressechefs

13. September 1939:

Zu gleicher Zeit, als DNB heute nachmittag den Einzug des Führers in Lodz meldete, berichtete Radio London, daß Lodz nunmehr von den Polen wiedererobert sei. Eine Gegenüberstellung dieser beiden Meldungen illustriert am besten die Unglaubwürdigkeit der englischen Propaganda.

Radio Warschau

13. September 1939, 22.30 Uhr. Frontbericht des polnischen Oberkommandos:

In der Gegend von Kutno – Lowicz setzen wir den Kampf fort und bringen dem Feind ernsthafte Verluste bei. Es wurden 30 feindliche Flugzeuge abgeschossen. Unsere Verbände haben einen feindlichen Angriff auf den Frontabschnitt Modlin – Zegrze zurückgeschlagen. Die Bombardierung von Warschau geht

Zwischen Kutno und der Bzura, 13. 9. 1939: Deutsche Infanterie rückt nach erbitterten Kämpfen vor

Środa 13 września 1939 r.

Express Poranny

DOM PRASY

10 groszy

Ofensywa niemiecka na Polske - załaman

Powstania w okupowanych miastach Polski

Zwycięskie ataki sprzymierzonych na froncie zachodnim

Wspólny atak przeciwniemiecki

na obu frontach

Na froncie zachodn

atak francuskich kolumn szturmowyc

Die Schlagzeilen der polnischen Presse am 13. 9. 1939: Deutsche Offensive in Polen zusammengebrochen – Aufstände in besetzten polnischen Städten – Siegreiche Angriffe der Alliierten an Westfront

weiter. Südlich der Linie Kaluszyn – Siedlce ziehen wir uns vor feindlichen Panzereinheiten unter Kampf zurück.
Die Kämpfe gegen den Feind, der bei Annopol die Weichsel überschritten hat, dauern an. Lemberg hat den Angriff einer motorisierten deutschen Einheit zurückgeschlagen.

Die Brände sind leicht zu löschen

13. September 1939. Radio Warschau berichtet:

Oberst Lipinski: »Die deutschen Brandbomben, die immer öfter abgeworfen werden, sind gar nicht so schrecklich, wie es manchmal aussieht. Die Brände sind gleich beim Entstehen leicht mit etwas Mut und Geistesgegenwart zu löschen. Jeder Kommandant des OPL (Landesluftverteidigung) hat innerhalb seines Häuserblocks die Pflicht, nach jedem Luftangriff zu überprüfen, ob irgendwo verdächtiger Rauch oder Feuer zu sehen sind. Die Brandbomben krepieren ohne Detonation. Denken wir alle daran: Wenn eine silberfarbene Bombe, die wie eine Liter-Schnapsflasche aussieht, fällt, dann ist es die Brandbombe, vor der wir keine große Angst haben müssen, sie kann sofort mit Sand zugeschüttet werden.

v. Ribbentrop an Graf v. d. Schulenburg

13. September 1939, Berlin, 17.50 Uhr. Telegramm (Geheim):

Sobald das genaue Ergebnis der ihrem Ende entgegengehenden großen Schlacht in Polen vorliegt, werden wir in der Lage sein, der Roten Armee die von ihr erbetenen Informationen über die einzelnen Teile der polnischen Armee zu geben. Schon jetzt bitte ich Herrn Molotow aber zu sagen, daß seine Äußerung über die Erklärung des Generalobersten Brauchitsch auf einem völligen Mißverständnis beruhe ... Von einem bevorstehenden Abschluß eines Waffenstillstandes mit Polen kann nicht die Rede sein.

Ribbentrop

Vernichtungsschlacht bei Radom

Donnerstag, 14. September 1939. Das Oberkommando der Wehrmacht gibt bekannt:

Die Operationen in Südpolen fanden nur mehr geringen Widerstand und gewannen rasch nach Osten Raum. Die Straße Lublin – Lemberg wurde mit starken Kräften bei Rawa-Ruska und Tomaszow erreicht, die Weichsel nördlich Sandomierz an mehreren Stellen überschritten. Als vorläufiges Ergebnis der Vernichtungsschlacht bei Radom sind 60000 Gefangene, darunter zahlreiche Generale, 143 Geschütze und 38 Panzerwagen eingebracht. Der umfassende Angriff gegen die um Kutno umstellten polnischen Divisionen schreitet vorwärts. Der Ring um die polnische Hauptstadt wurde gestern auch im Osten geschlossen ...

Die Verteidigung Warschaus

14. September 1939, Warschau. Das Kommuniqué des Warschauer Verteidigungskommandos:

In der Umgebung von Warschau fanden Gefechte von Patrouillen statt. Größere Angriffe auf die Vorstadt Wola blieben erfolglos. Ein Panzer wurde in Brand gesteckt, mehrere Panzerwagen und Panzerabwehrkanonen erbeutet. Der Feind hatte beträchtliche Verluste.

Verbrannte deutsche Panzer im Stadtteil Ochota

14. September 1939. »Express Poranny« berichtet:

In der Radomska-Straße stoßen wir auf den ersten deutschen, kaum beschädigten Panzerwagen, etwas weiter auf den zweiten, dessen zwölf Millimeter dicke Stahlplatten verrußt sind, drinnen die verkohlten Reste der Besatzung. Wenige Meter weiter zwei zerschossene Panzerwagen. In der Opaczewska-Straße sind die Häuser von Granaten durchlöchert. Aus einem halbzerstörten Haus hört man die Klänge eines Klaviers. Auf den umliegenden Feldern graben die Bewohner nach Kartoffeln, ohne auf die Schüsse zu achten. Als die Salven anschwellen, ducken sie sich für eine Weile in die Furchen. Brände gab es in Ochota kaum. Das Haus der Akademiker hatte durch den Artilleriebeschuß etwas gelitten. Die Staszic-Kolonie und die ganze Nachbarschaft hatten den Artilleriebeschuß ohne größere Schäden überstanden. Dieses ganze Stadtviertel wußte nicht einmal, daß auf dem nahen Narutowicz-Platz bereits die Deutschen waren.

Tagesparole des Reichspressechefs

14. September 1939:

Es wird angeordnet, nicht von einer polnischen Westarmee zu sprechen. Diesen Begriff hat eine feindliche Propaganda geprägt, um ihre Völker über den Zusammenbruch des polnischen Heeres hinwegzutäuschen. Für uns gibt es nur eine einzige polnische Armee, und die befindet sich jetzt im Zusammenbruch.

Wem verdanken wir das Nachlassen der Luftangriffe?

14. September 1939, Warschau. Die Agentur PAT teilt mit:

Ein Beispiel dafür, mit welcher Verzögerung wir Nachrichten über besonders wichtige Ereignisse bekommen, ist die Tatsache, daß der Hauptflugplatz der deutschen Bombergeschwader in Polen zerstört worden ist und niemand in Warschau bisher davon erfahren hat, obwohl dies bereits vor vier Tagen geschah. In der Nacht vom 10./11. September 1939 hat die Bomberstaffel Losie aus Posen in einem schneidigen Nachtangriff den deutschen Luftstützpunkt

Warschauer Vorstadt Ochota, 14. 9. 1939: ein deutscher Panzer, abgeschossen während des ersten Angriffs auf die polnische Hauptstadt am 9. 9. 1939

völlig vernichtet. Unsere Flieger bewiesen dabei ihren berühmten Mut, als sie, ungeachtet der Gefahr, mit voll eingeschalteten Reflektoren rollende Angriffe durchführten, um ihr Ziel mit größtmöglicher Genauigkeit zu treffen. Dieser Großangriff trägt entscheidend dazu bei, daß die deutschen Bomber über Warschau jetzt kaum noch in Erscheinung treten.

Graf v. d. Schulenburg an das Auswärtige Amt
14. September 1939, Moskau. Telegramm (Geheim):

Molotow bat mich heute 16.00 Uhr zu sich und erklärte, daß Bereitschaft Roter Armee schneller erreicht worden sei als erwartet. Sowjetische Aktion könne daher früher erfolgen, als er bei unserer letzten Unterredung annahm. Für die politische Untermauerung sowjetischen Vorgehens (Zerfall Polens und Schutz ›russischer‹ Minderheiten) sei es von größtem Werte, erst dann zur Aktion zu schreiten, wenn Regierungszentrum Polens, die Stadt Warschau, gefallen sei. M. bat daher, ihm so annähernd wie möglich mitzuteilen, wann mit Einnahme Warschaus zu rechnen ist.
Bitte um Weisung. Lenke Aufmerksamkeit auf heutigen »Prawda«-Artikel, der von DNB gegeben und dem morgen ähnlicher Artikel in »Iswestija« folgen wird. Artikel dienen von M. erwähnter politischer Untermauerung sowjetischen Eingreifens.
Schulenburg

Die Verteidigung Warschaus
14. September 1939, Warschau. Die Agentur Havas meldet:

Das Oberkommando der Verteidigung von Warschau hat gestern um 22.00 Uhr folgendes Kommuniqué veröffentlicht:
In der Nacht vom 12./13. September haben die Polen den Feind weiter aus der unmittelbaren Umgebung Warschaus zurückgedrängt. Gestern nachmittag bombardierten deutsche Flugzeuge die nördlichen und nordwestlichen Vorstädte Warschaus. Militärische Ziele wurden beschädigt ... In den Straßen Warschaus wurde eine Proklamation des Verteidigers der Stadt, General Czuma, angeschlagen. General Czuma gibt seiner Befriedigung darüber Ausdruck, daß die Bevölkerung sich ihrer heldenmütigen Tradition würdig erwiesen habe. Nachdem der Feind aus der unmittelbaren Nähe der Stadt zurückgedrängt worden ist, wurde auf die weitere Schaffung von Arbeiterabteilungen verzichtet. Die Warschauer Banken haben ihre Tätigkeit wieder aufgenommen.

Warschauer Vorstadt Praga, 14. 9. 1939: Freiwillige bauen unter der Aufsicht von Pionieren Panzersperren auf der Straße Warschau-Wyszkow, über die von Nordosten her deutsche Verbände nach Warschau vorstoßen

Ständige Grenzverletzungen
14. September 1939, Moskau. Die Agentur TASS berichtet:

In den letzten Tagen häuften sich die Fälle von Grenzverletzungen durch polnische Militärflugzeuge, die sogar versuchten, ins innere sowjetische Gebiet vorzudringen. Am Dienstag verletzten polnische Militärflugzeuge die Grenze in den Bezirken von Chepetowka (Ukraine) und Jitkowitschi (Weißrußland). Sowjetische Jagdflugzeuge zwangen die polnischen Flugzeuge zur Rückkehr auf polnisches Gebiet. Indessen werden noch weitere Fälle von Grenzverletzungen gemeldet. So stießen am Mittwoch polnische Bombenflugzeuge in den Bezirken Kriwine und Jempol (Ukraine) auf sowjetisches Gebiet vor. Ein zweimotoriges polnisches Flugzeug wurde von sowjetischen Jagdflugzeugen gestellt und zur Landung auf sowjetischem Gebiet gezwungen. Die dreiköpfige Besatzung wurde festgenommen. Am selben Tag verletzten drei polnische Bombenflugzeuge die Grenze der UdSSR in den Bezirken Mozyr in Weißrußland. Auch in diesem Fall wurde die Landung der polnischen Flugzeuge erzwungen und die Besatzungen, insgesamt zwölf Mann, festgenommen.

Gewitterzeichen an der polnisch-russischen Grenze
14. September 1939, Berlin. Associated Press meldet:

Der Schatten der russischen Intervention zeichnet sich immer deutlicher und drohender am Horizont von Osteuropa ab. Um die Erfindung von Grenzzwischenfällen, die ja im passenden Moment immer herhalten müssen, wenn ein landhungriger Staat seine Armeen marschbereit gemacht hat, ist man in Moskau keineswegs verlegen, obwohl dabei wenig Raffinement an den Tag gelegt wird. Nach den Erzählungen, die von der amtlichen Agentur TASS verbreitet werden, müßte man geradezu annehmen, daß die polnischen Luftstreitkräfte geschwaderweise aufgebrochen sind, um an der sowjetischen Grenze plötzlich ganze Serien von Zwischenfällen herbeizuführen und den friedlichen Sowjethimmel zu verfinstern. Nachdem aus deutscher Quelle schon vor Tagen gemeldet wurde, daß die polnischen Luftstreitkräfte bis auf geringe Überreste vernichtet worden seien und es sich von selbst verstehe, daß die Polen alles, was ihnen an Flugzeugen verbleibe, auf dem Kriegsschauplatz brauchten, kann man sich auf das plumpe Manöver der sowjetischen Berichterstattung einen Vers machen. Die roten Truppen stehen zum Sprung auf Polen bereit, und der Vorwand, der dabei herhalten muß, spielt für das robuste Gewissen der sowjetischen Machthaber überhaupt keine Rolle.

Das Nationalitätenproblem in Polen
14. September 1939, Moskau. Das DNB berichtet:

Unter der Überschrift »Die inneren Gründe für die militärische Niederlage Polens« nimmt die »Prawda« zur Nationalitätenfrage in Polen Stellung. Die »terroristische Politik Polens«, so schreibt das Blatt, in den Gebieten der ukrainischen und weißrussischen Bevölkerung, die gewaltsamen Kolonisierungsversuche, die kulturelle Entrechtung, die grausame wirtschaftliche Ausbeutung durch die polnischen Großgrundbesitzer hätten unsägliches Elend über die acht Millionen Ukrainer und drei Millionen Weißrussen gebracht. Die polnischen Regierungskreise hätten nicht einmal die elementarsten Grundsätze beachtet, die allein einen Nationalitätenstaat lebensfähig erhalten können. So sei es auch nicht verwunderlich, daß die nationalen Minderheiten in Polen kein sicherer Rückhalt für den polnischen Staat wurden. Ein Nationalitätenstaat, der nicht die Freundschaft und Gleichheit unter seinen fremden Völkern pflege, sondern auf Unterdrückung und Entrechtung der Minderheiten aufgebaut sei, könne natürlich auch keinen soliden militärischen Faktor darstellen. Das sei die Schwäche des polnischen Staates und die eigentliche Ursache seiner militärischen Niederlage.

Eine polnische Erklärung über die deutsche Kriegführung
14. September 1939, London. Die Agentur Havas berichtet:

Die polnische Botschaft in London teilt folgendes mit: Laut Pressemeldungen hat Hitlers Generalquartier ein Kommuniqué herausgegeben, in welchem als

Eine kurze Rast auf dem Weg ins Ungewisse: Abertausend Bauern in Westpolen haben ihre Gehöfte verlassen und flüchten seitdem vor den deutschen Truppen

Repressalie gegen den Widerstand der Zivilbevölkerung den Eindringlingen gegenüber die Bombardierung der offenen Städte, Weiler und Dörfer durch deutsche Flugzeuge und schwere Artillerie in Aussicht gestellt wird.
Die Botschaft erklärt, daß seit Ausbruch der Feindseligkeiten die Luftwaffe systematisch und erbarmungslos polnische Städte bombardiert hat ... Im Laufe der beiden letzten Tage haben die Deutschen systematisch offene Städte bombardiert, die weit im Rücken der Front liegen.

Umfangreiche Füsilierungen

14. September 1939. Aktenvermerk von Vizeadmiral Canaris (Leiter des Amtes Ausland/Abwehr im OKW):

Ich machte Generaloberst Keitel darauf aufmerksam, daß ich davon Kenntnis hätte, daß umfangreiche Füsilierungen in Polen geplant seien und daß insbesondere der Adel und die Geistlichkeit ausgerottet werden sollen. Für diese Methoden werde die Welt doch auch die Wehrmacht verantwortlich machen, unter deren Augen diese Dinge geschähen ..

Und so war es

Am Dienstag, dem 12. September 1939, ist die erste Phase der Schlacht an der Bzura beendet: Nun gehen die Deutschen zum Angriff über. Trotz lokaler Erfolge, wie z. B. nördlich von Ozorkow, werden jetzt die polnischen Armeen Poznan (Gen. Kutrzeba) und Pomorze (Gen. Bortnowski) mit ihren fast 200 000 Mann in einem etwa 30 km breiten und 45 km langen Kessel zusammengedrängt. General Kutrzeba: »Die heftigen Luftangriffe auf die Bzura-Übergänge haben, sowohl was die Zahl der eingesetzten Flugzeuge als auch die Heftigkeit der Angriffe und die geradezu akrobatische Fähigkeit ihrer Flugzeugführer betrifft, kein Beispiel. Jede unserer Bewegungen, jede Truppenansammlung, jeder Marschweg geriet unter ein alles zermalmendes Bombardement ... Die Brücken wurden zerstört, die Furten blockiert und die sich stauenden Troßkolonnen dezimiert ...«
Die Initiative ist nun auf seiten der Deutschen, und es zeichnet sich die erste große Kesselschlacht des Zweiten Weltkriegs ab. Im Raum Kutno befinden sich zwölf polnische Divisionen: die Armee Poznan mit der 14. Infanteriedivision (Gen. Wlad), der 17. Infanteriedivision (Oberst Mozdyniewicz), der 25. Infanteriedivision (Gen. Alter) und der 26. Infanteriedivision (Oberst Ajdukiewicz); ferner die Wielkopolska Brygada Kawalerii (Gen. Abraham) sowie die Kreso-

↓ Im Abschnitt Kutno-Bzura, 12. 9. 1939: Der Stoßtrupp einer SS-Einheit dringt im Schutz des Panzerspähwagens in Ozorkow ein

↘ Südpolen, 12. 9. 1939: deutsche motorisierte Verbände auf ihrem Vormarsch in Richtung Lemberg

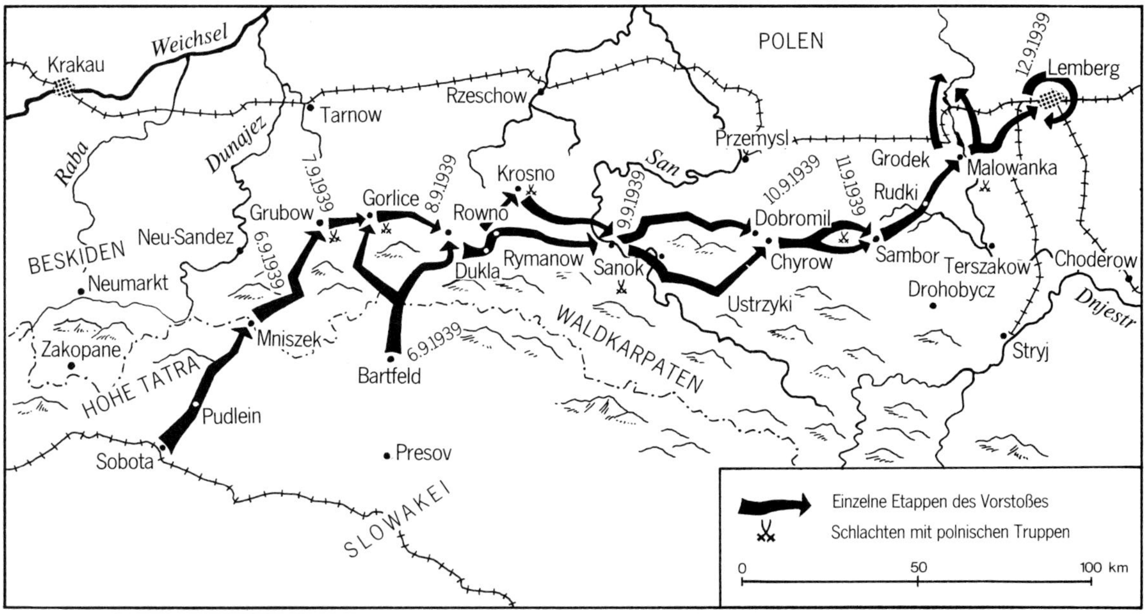

Die »Sturmfahrt nach Lemberg« der deutschen 1. Gebirgsdivision (GenMaj. Kübler): in einer Woche trotz erbitterter Kämpfe und schwerem Gelände quer durch Galizien

wa Brygada Kawalerii (Oberst Hanka-Kulesza); dazu die Reste die Armee Lodz (Gen. Rómmel) mit der 2. Infanteriedivision (Oberst Dojan-Surowka), der 10. Infanteriedivision (Gen. Dindorf), der 13. Infanteriedivision (Oberst Kalinski), der 28. Infanteriedivision (Gen. Boncza-Uzdowski) und der 30. Infanteriedivision (Gen. Cehak) mit der Wolynska Brygada Kawalerii (Oberst Filipowicz); außerdem die Verbände der Armee Pomorze mit der 4. Infanteriedivision (Oberst Niezabitowski), der 15. Infanteriedivision (Gen. Przyjalkowski) und der 16. Infanteriedivision (Oberst Switalski). Dies ist mehr als ein Drittel des polnischen Heeres.

Die Armee Poznan (Gen. Kutrzeba) versucht jetzt, sich der Einkreisung durch den Rückzug auf Warschau zu entziehen. Sie schwenkt nach Süden ein und wendet sich mit heftigen Flankenangriffen gegen den linken Flügel der deutschen 8. Armee, die den Vorstoß der 10. Armee auf Warschau sichern soll. Mit der Armee Poznan vereinigen sich andere polnische Divisionen, die sich auch in dem Kessel westlich von Warschau befinden und mit dem Mut der Verzweiflung einen Ausbruch nach Süden wagen. Am Nordabschnitt wird die Armee Poznan von der deutschen 3. Infanteriedivision (GenMaj. Lichel), die bei Plozk die Weichsel überschritten hat, bedroht.

Das Hauptziel der Luftwaffe sind während dieser Tage polnische Kolonnen, die sich nach Osten absetzen. Gleichzeitig werden die Bahnhöfe in Zamosc, Krasnystaw, Lublin, Chelm, Kowel und Rawa Ruska bombardiert. Die 15. Gruppe der polnischen Bomberbrigade greift wiederholt deutsche Panzerkolonnen zwischen Brzeziny und Rawa Mazowiecka an.

Gegen 16.00 Uhr drängen aus Richtung Sambor die Spitzen der deutschen 1. Gebirgsdivision (GenMaj. Kübler) mit Artillerie und Panzerwagen in die Vorstadt von Lemberg ein. In Grodek entwickeln sich um den Bahnhof harte Kämpfe, die bis zur Dämmerung andauern. Dank des energischen Widerstandes der polnischen Verteidiger bleibt der Vorstoß erfolglos, und der Gegner muß sich unter starken Verlusten zurückziehen.

Warschau erlebt dagegen wieder einen relativ ruhigen Tag: Die Luftwaffe zeigt sich kaum, und die Artillerie tritt nur vereinzelt in Aktion.

Am 12. September 1939 befiehlt General Gamelin, der über die Entwicklung der Lage in Polen beunruhigt ist, dem Befehlshaber der Operationen an der Saar, General Prételat, in die Defensive überzugehen. Zugleich meldet die Pariser Zeitung »Express«: »Frankreichs geheime 70-t-Panzer durchbrechen die deutschen Linien.« Tatsächlich nehmen lediglich neun Divisionen an der Saaroperation teil; sie haben Befehl, nur bis zu den Vorposten des Westwalls vorzugehen. Bis zum 17. September 1939 sind die Franzosen auf einer Frontbreite von 27 Kilometern bis zu fünf Kilometer Tiefe vorgerückt und haben etwa zwanzig der von den Deutschen geräumten menschenleeren Ortschaften im Vorfeld des Westwalls besetzt.
An diesem Tag verstärkt v. Ribbentrop den Druck auf die rumänische Regierung: Seine neue Weisung für den deutschen Botschafter in Bukarest enthält die

Halt unter dem Bild der Muttergottes: Eine deutsche Vorausabteilung hat Niemirow, eine Ortschaft nordöstlich von Przemysl, erreicht

Forderung, polnische Politiker und Militärs zu internieren, falls sie die rumänische Grenze überschreiten sollten. Die Grenze müsse ab sofort geschlossen und Transporte mit Kriegsmaterial nach Polen zurückgehalten werden.

Am Mittwoch, dem 13. September 1939, entschließt sich General Kutrzeba, jetzt Oberbefehlshaber der vereinigten Armeen Poznan und Pomorze, wegen des wachsenden deutschen Widerstandes an der Bzura, den Angriff auf Strykow zu unterbrechen und mit den Divisionen der Armee Pomorze einen neuen Vorstoß über Lowicz auf Skierniewize zu unternehmen. Im Laufe des Tages werden auf beiden Flügeln der deutschen 30. Infanteriedivision die bisher immer noch bestehenden Lücken zu den von Süden und Osten herangeführten Verbänden der 17. Infanteriedivision (GenMaj. Loch) und der 10. Infanteriedi-

vision (GenLt. Cochenhausen) geschlossen. Westlich Ozorkows hat die 17. Division Verbindung mit der über die Warthe vorstoßenden 221. Infanteriedivision (GenLt. Pflugbeil) aufgenommen, die ihrerseits bereits im Angriff gegen westlich von Ozorkow vordrängende Teile polnischer Kavallerieverbände liegt. Damit schließt sich der Ring um die polnische Armee von Süden her. Zusammen mit der deutschen 4. Panzerdivision (GenLt. Reinhardt) wird die SS-Leibstandarte »Adolf Hitler« (SS-Obergruppenf. Dietrich) am Bzura-Abschnitt eingesetzt, um den zurückflutenden Teilen der polnischen Armee das Überqueren des Flusses zu verwehren. Dietrich: »Die Polen griffen mit großer Hartnäckigkeit an und bewiesen immer wieder, daß sie zu sterben wissen. Es wäre unwahrhaftig, diesen polnischen Einheiten die Tapferkeit absprechen zu wollen.«
Gleichzeitig beginnt sich der deutsche Ring um Warschau zu schließen. Die ersten Verbände der Armee Lodz (jetzt Gen. Thommee) marschieren in Modlin ein, während von Norden und Süden her das deutsche II. Armeekorps (Gen. d. Inf. Strauss) die Festung erreicht.
Unterdessen dringen deutsche Truppen in Przemysl ein. Damit schlägt der Versuch von Marschall Rydz-Smigly, mit der Festung als Rückgrat hinter dem San eine neue Verteidigungsstellung zu errichten, endgültig fehl. Der Oberbefehlshaber der polnischen Südfront, General Sosnkowski, beschließt jetzt, sich mit seinen Truppen nach Lemberg durchzuschlagen; er beabsichtigt damit, die Verteidigung der Stadt und des östlichen Galiziens mit allen ihm unterstellten Kräften zu verstärken und die neugebildete Armee Malopolska selbst weiterzuführen.
An diesem 13. September 1939 befiehlt die Führung der Heeresgruppe Süd (GenOberst v. Rundstedt) der 14. Armee, mit Teilen ihres XVIII. Armeekorps (Gen. d. Inf. Baier) nach Norden vorzustoßen und Lemberg einzunehmen. Das XVII. Armeekorps (Gen. d. Inf. Kienitz) und das XXII. Armeekorps (Gen. d. Kav. v. Kleist) sollen nach Nordosten auf Wladimir und Hrubieszow einschwenken und den Anschluß an die Heeresgruppe Nord (GenOberst v. Bock) östlich des Bug durchführen. Auf dem rechten Weichselufer treffen die Deutschen nur stellenweise auf Widerstand und können schnell vordringen. Im Raum Brest-Litowsk stellt General Kleeberg die Selbständige Operationsgruppe (Samodzielna Grupa Operacyjna) Polesie auf.
An diesem Tag erlebt Warschau mehrere Angriffe der Luftwaffe. Besonders großer Schaden entsteht in dem von Juden bewohnten nördlichen Stadtteil Nalewki. Gleichzeitig muß Gdingen von den polnischen Truppen unter Oberst Dabek geräumt werden.

Im Raum Kutno-Bzura: Ein polnisches 75-mm-Feldgeschütz, das bereits im 1. Weltkrieg seinen Dienst tat, wird in Stellung gebracht

Sochaczew, eine Kleinstadt im Kutno-Bzura-Abschnitt: Kräfte der deutschen 4. Panzerdivision (GenLt. Reinhardt) haben den Marktplatz erreicht

In der Nacht vom 13./14. September 1939 gelingt es drei polnischen Minensuchbooten der Vogel-Klasse, etwa fünf Seemeilen südlich vom Leuchtturm Hela eine Sperre von 60 Minen zu legen.

Am Donnerstag, dem 14. September 1939, gehen an der Bzura-Front die polnischen Verbände, ungeachtet des zähen deutschen Widerstandes, weiter vor. Die 16. Infanteriedivision (Oberst Switalski) von der Armee Pomorze setzt über die Bzura und nimmt Lowicz ein, der Vormarsch kommt jedoch durch die immer massiver werdenden deutschen Abwehrangriffe zum Stehen. Angesichts der Gefahr einer möglichen Bedrohung im Rücken, unterbricht General Bortnowski den Angriff und läßt seine Verbände entlang der Bzura Verteidigungsstellungen beziehen.
Die zweite Phase dieser Schlacht geht nun zu Ende: Am Nachmittag beginnt ein deutscher Angriff auf die polnischen Linien am nördlichen Ufer der Bzura. Die 4. Panzerdivision und die SS-Leitstandarte »Adolf Hitler« sollen die Flußübergänge bei Brochow und Sochaczew einnehmen. Als die Deutschen die Bzura überschreiten, stößt das 7. berittene Jägerregiment (Oberst Krolicki) nach vorn und wirft sie bis hinter Brochow zurück. Der Weg der Armee Poznan durch die Kampinos-Heide, die zwischen der Bzura und Warschau liegt, steht jetzt offen. Die Divisionen der zerschlagenen Armee Lodz haben inzwischen Modlin erreicht, und General Thommée organisiert die Verteidigung der Festung. Die Besatzung: die polnische 2. Infanteriedivision (jetzt Oberst Staich), die 28. Infanteriedivision (jetzt Oberst Broniowski), die 30. Infanteriedivision (Gen. Cehak) und die 8. Infanteriedivision (Oberst Furgalski) der ehemaligen Armee Modlin sowie einige Infanteriebataillone und Artillerieabteilungen, die sich bereits in der Festung befinden.
Die Straßen sind bereits durch Flüchtlinge hoffnungslos verstopft und lassen kaum irgendwelche Truppenbewegungen zu. Im Hinterland sorgen Gerüchte für Panik: Demnach setzen die Deutschen jetzt Fallschirmspringer in polnischen Uniformen ab, die angeblich neben Medaillons mit der Muttergottes und anderen Kultgegenständen auch mit Gift getränkte Banknoten verteilen.
Der Warschauer Sender verbreitet ernstgemeinte Warnungen vor deutschen Diversanten, die sich unter die Menschenmenge mischen, um die von der Bevölkerung getragenen Gasmasken mit Nähnadeln zu durchstechen, dazu soll die deutsche Luftwaffe massenhaft vergiftete Bonbons und Schokolade sowie explodierende Federhalter abwerfen. Man ruft zur Jagd nach deutschen Spionen auf, die den Flugzeugen tagsüber mit Spiegeln und nachts mit Taschenlampen Signale geben.

Die Kampfhandlungen auf dem rechten Weichselufer verlagern sich immer weiter von Warschau nach Südosten: Die Verbände der Nordfront, die sich auf Wlodawa und Wladimir zurückziehen, erreichen an diesem Tag die Gegend von Lubartow und Parczew. Das deutsche IV. Armeekorps (Gen.d.Inf. v. Schwedler) bildet bei Annopol und Solec am östlichen Weichselufer einen Brückenkopf und stößt ostwärts auf Krasnik vor. Selbst diesen relativ geringen feindlichen Kräften ist die improvisierte Armee Lublin (Gen. Piskor) nicht mehr gewachsen.

Bei Krasnik kommt es zu einem für den Feldzug bezeichnenden Fall: General Piskor erteilt vor dem Rückzug den Befehl, die in der Nähe liegenden größten Treibstofflager der polnischen Luftstreitkräfte in Szastarka zu vernichten. Die kurz vor dem Krieg gebaute moderne Anlage ist randvoll mit 30 Millionen Liter bestem Flugbenzin gefüllt. Weil den Deutschen jedoch nichts davon bekannt ist, bleibt Szastarka von Luftangriffen verschont. Das Depot wird in der zweiten Woche der Kämpfe kaum benutzt, obwohl Dutzende von polnischen Maschinen wegen Treibstoffmangels nicht starten können. Um dieses Lager nicht dem Feind zu überlassen, soll es zerstört werden. Das Räumkommando der Warszawska Brygada Pancerno-Motorowa (Oberst Rowecki) beschränkt sich jedoch lediglich darauf, einzelne Zählwerke und Manometer mit dem Hammer zu zerschlagen und einige, zum Teil leere Benzinfässer in Brand zu setzen. Nach der Einnahme kann die Luftwaffe noch zwei Jahre lang in Szastarka den Sprit für ihre Kampfverbände zapfen.

Das XIX. Panzerkorps (Gen. d. Pz.Tr. Guderian) erreicht nach Kämpfen im Raum Wysokie Mazowieckie gegen die Verbände der Selbständigen Operationsgruppe Narew den Ort Kamieniec Litewski und stößt von hier nach Brest-Litowsk und Kobryn vor, die von der Selbständigen Operationsgruppe Polesie (Gen. Kleeberg) verteidigt werden. Weit im Rücken des XIX. Panzerkorps, in Podlasie, verbleiben Kavallerieregimenter der Selbständigen Operationsgruppe Narew (Gen. Mlot-Fijalkowski), die versuchen, sich in östlicher Richtung nach Bialowierza durchzuschlagen.

Am selben Tag meldet die deutsche 10. Panzerdivision (GenMaj. Schaal), daß ihre Spitzen Brest-Litowsk erreicht haben. Die Festung aus der Bewegung heraus in einem Überraschungsangriff zu nehmen, schlägt jedoch fehl. Dem XXII. Armeekorps (Gen. d. Kav. v. Kleist) gelingt es bei Hrubieszow, die Armee Krakow von Süden her zu umgehen und zugleich die polnischen Verbände, die sich aus dem Lubliner Hügelland zurückziehen, zu bedrohen. Die größte Gefahr für die polnischen Verbände zeichnet sich jedoch im Süden ab: Dort erreicht die 14. Armee (GenOberst List) nach Überquerung des San

Warschauer Vorstadt Wola, 14. 9. 1939: nach einem Bombenangriff der Luftwaffe

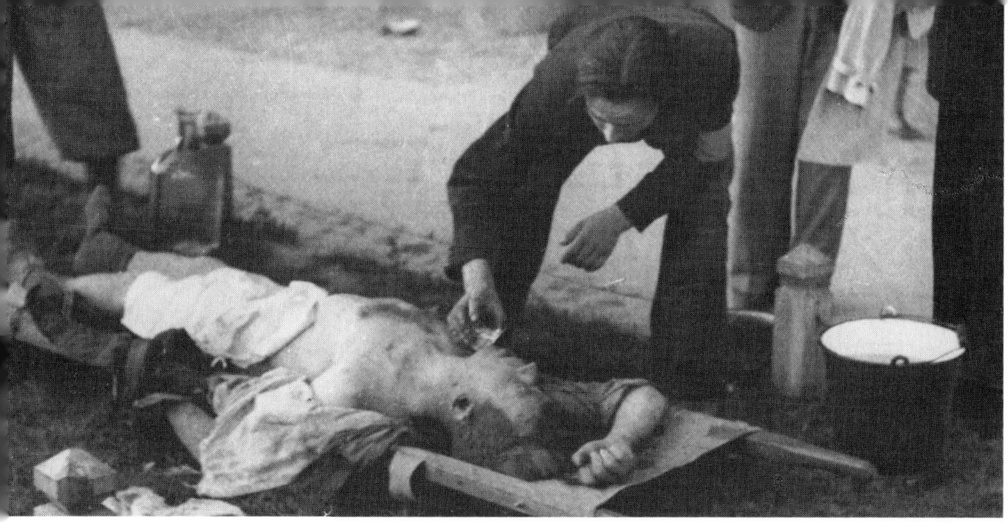

Eines der Opfer des Bombenangriffs auf Wola

mit ihrem rechten Flügel Lemberg und schneidet der Armee Karpaty (Gen. Fabrycy) den Rückweg ab.
Heute meldet der Chef des polnischen geheimen Nachrichtendienstes, daß er vom Militärattaché aus Paris die telegraphische Ankündigung erhielt, es sei ein Transport mit Panzern und Jagdflugzeugen auf dem Seeweg via Rumänien nach Polen unterwegs. Erst jetzt werden die unter größten Anstrengungen und Personal- sowie Materialaufwand gehaltenen Geheimflugplätze im Raum Lublin für die Landung des von der französischen Regierung zugesagten Jagdgeschwaders aufgelöst. Nach Beteuerungen der französischen Führung hieß es bis zur Stunde, die Flugzeuge sollten in direktem Nachtflug über Deutschland den arg bedrängten polnischen Truppen zu Hilfe eilen.
Am 14. September 1939 wird Lemberg von den Verbänden des deutschen XVIII. Armeekorps (Gen. d. Inf. Baier) eingekreist. Ein Angriff der 10. Brygada Kawalerii Zmotoryzowanej (Oberst Maczek) und weiterer Kräfte, die von Zolkiewka auf die Stadt vorstoßen, kann den deutschen Keil, der die polnischen Verbände trennt, nicht zerschlagen. Lemberg ist nun von Zolkiew und dem großen Munitionsdepot in Holosk abgeschnitten. Auch die Verbindung mit Stryj und Stanislaw wird unterbrochen.
Kurz vor Sonnenuntergang greift die Luftwaffe einen der wichtigsten Feldflugplätze der Bomberbrigade in Hutniki bei Brodow an. Fast alle Maschinen (laut deutschen Berichten elf Stück), darunter Los-Bomber, werden am Boden zerstört. Dieser Angriff, genau zwei Wochen nach Kriegsbeginn, ist tatsächlich der erste, der ernsthafte Verluste an polnischen Frontflugzeugen verursacht.
Warschau liegt den ganzen Tag über und bis spät in die Nacht hinein unter starkem Artilleriefeuer und wird von der Luftwaffe mehrfach bombardiert.
Die polnische Oberste Heeresleitung mit Marschall Rydz-Smigly befindet sich jetzt in Mlyszow/Wolhynien. Am Ende der zweiten Woche des Feldzuges schwindet immer mehr die Möglichkeit, einen einigermaßen geordneten Rückzug wenigstens eines Teils der polnischen Truppen nach Südpolen durchzuführen: Inzwischen hat selbst der polnische Oberste Befehlshaber kaum noch Kontakt mit den kämpfenden Verbänden.

15. 9. – 16. 9. 1939

Sechste

Phase

Schließung des Kessels an der Bzura

Warschau eingekreist

Freitag, 15. September 1939. Das Oberkommando der Wehrmacht gibt bekannt:

Das Tempo des deutschen Vormarsches: Innerhalb von 12 Tagen die wichtigsten Landstriche Polens genommen, den Armeen den Rückzug in Richtung Ostpolen, wo sie sich noch in dem unwegsamen Gelände verteidigen können, größtenteils abgeschnitten

Am 14. 9. überschritt die Südgruppe des deutschen Ostheeres die Straße Lemberg–Lublin. Die sehr starken und sich verzweifelt wehrenden, um Kutno eingeschlossenen polnischen Kräfte versuchten gestern nochmals, nach Südosten durchzubrechen. Auch diese Angriffe schlugen fehl. Ostwärts der Weichsel nähern sich unsere Truppen von Norden, Osten und Südosten der Warschauer Vorstadt Praga. Auch dort wurden Durchbruchsversuche nach Osten abgewiesen. Die auf die Festung Brest-Litowsk angesetzten Truppen sind von Norden in die Befestigungszone eingedrungen . . .

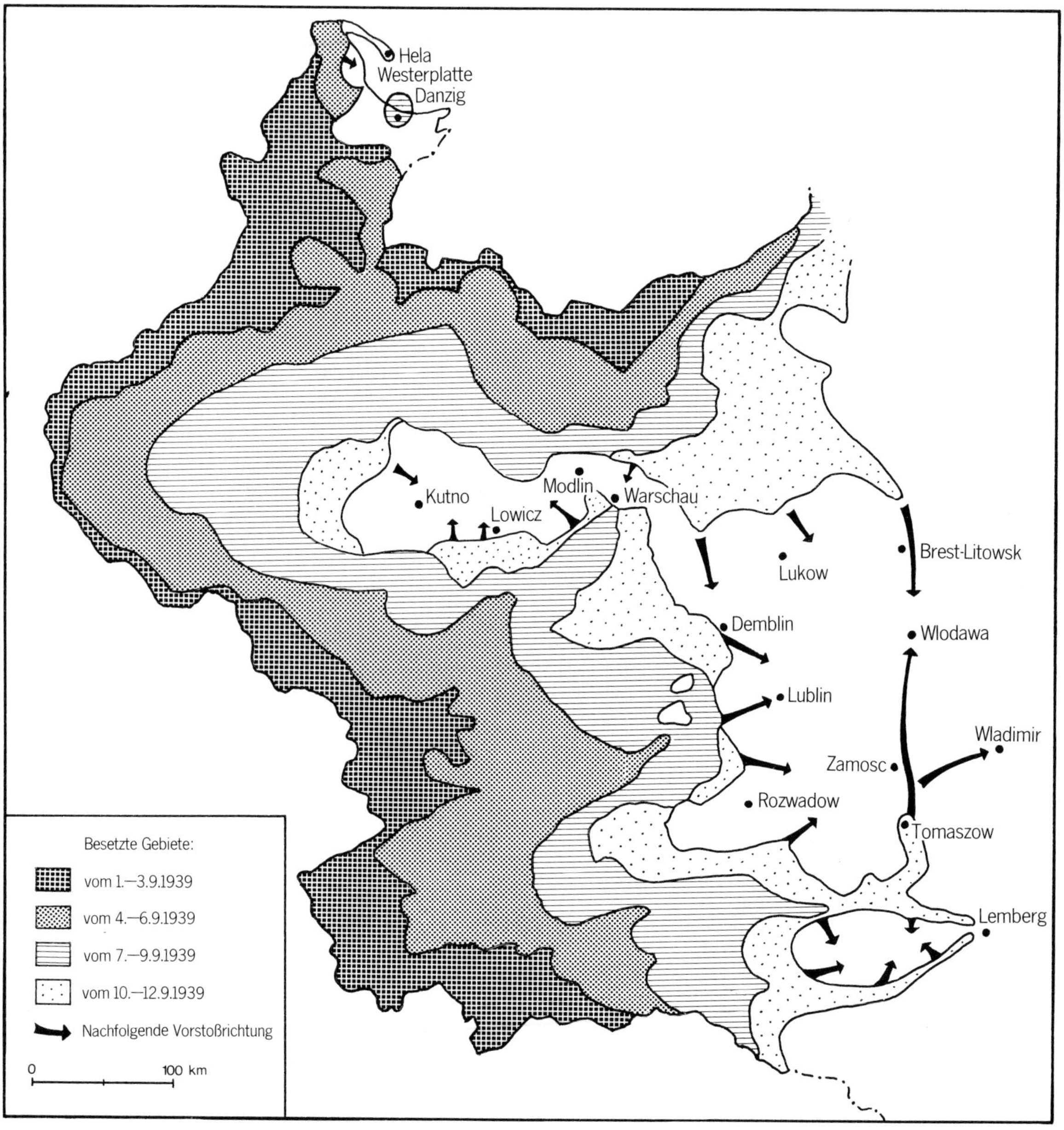

Die Stadt Gdingen ist in unserer Hand. Seestreitkräfte griffen in den Kampf um Gdingen und auf der Halbinsel Hela wirkungsvoll ein. Die Einfahrt in den Südhafen von Gdingen wurde erzwungen. Die Luftwaffe griff trotz schlechter Wetterlage Bahnlinien und Bahnhöfe mit Erfolg an und unterstützte den Kampf des Heeres gegen die um Kutno eingeschlossene feindliche Armee durch Bomben- und Tiefangriffe . . .

Die Reste eines polnischen Kavallerieverbandes auf dem Rückzug nach Ostpolen

Radio Warschau
15. September 1939, 22.30 Uhr:

Polnische Luftstreitkräfte unternahmen einen Angriff auf den deutschen Luftstützpunkt in der Provinz Posen, von dem die deutschen Flugzeuge gestartet sind, die in den letzten Tagen Warschau bombardiert haben. Dieser Luftstützpunkt ist zerstört worden, so daß die deutsche Luftwaffe weniger Einsätze als in den letzten Tagen fliegen konnte.

Befehl des Oberbefehlshabers der Armee Warszawa, General J. Rómmel
15. September 1939:

XIV. Die Truppen der Verteidigung von Warschau sollen in ihren Abschnitten sowohl aus freiwilligen Soldaten als auch aus Freiwilligen der Bevölkerung in jedem Bataillon jeweils eine Diversanten-Einheit in Stärke von 20 Mann bilden. Die Aufgabe dieser Einheiten: ständige Störaktionen hinter der feindlichen Frontlinie (nächtliche Überfälle, Einsickern in rückwärtige Stellungen, Zerstörung von Gerät und Ausrüstung, Sprengung von Munitionslagern etc.).

Eine Attacke der polnischen Kavallerie

Die oben erwähnten Diversanten-Einheiten sollen neben den zivilen Diversanten, die die Abt. II des Generalstabs organisiert hat, und deren Arbeit man als »Langstrecken-Diversion« bezeichnet, eingesetzt werden. Der Armee-Oberbefehlshaber erwartet so schnell wie möglich Meldungen von den Abschnitt-Kommandanten nicht nur über die Aufstellung derartiger Abteilungen für die »nahe« Diversion, sondern auch über deren Einsatz.

. . . . .

J. Rómmel, gen. dyw.

Wie lange sollen wir noch warten?

15. September 1939, Warschau. Rundfunkappell des Stadtpräsidenten Starzynski:

»Wir erinnern unsere Bundesgenossen Frankreich und England an die Verpflichtungen, die sie übernommen haben. Warschau kämpft. Warschau wehrt sich. Tagtäglich gehen auf unsere offene Stadt, in der über eine Million Menschen leben, darunter Frauen und Kinder, ganze Tonnen von Stahl nieder. Der Feind, unser Erbfeind, entfacht täglich Hunderte von Feuersbrünsten, legt unsere Häuser in Schutt und Asche. Er mordet Tausende unschuldiger Opfer. Wie lange noch werden wir auf eine wirksame Aktion der heldenhaften Truppen unserer Bundesgenossen warten müssen? Ihr teilt uns mit, daß ihr Flugblätter über Berlin abwerft, und die Deutschen werfen Tausende von Bomben über Warschau ab. Ihr benachrichtigt uns von der Tätigkeit von Streifen an der Maginotlinie, und wir wehren täglich Dutzende von Angriffen ab. Wir fordern eine wirksame Aktion. Wir fordern die Erfüllung eurer Verpflichtungen.«

Die heldenhafte Verteidigung von Lemberg

15. September 1939. Radio Lemberg meldet:

Das Befehlskommando der Lemberger Verteidigung gibt bekannt: Während des gestrigen Luftangriffs warfen die feindlichen Bomber Flugblätter ab, auf denen der Bevölkerung von Lemberg für den geleisteten Widerstand Vergeltung angedroht wird. Gleichzeitig sind Wohnviertel, die keine militärischen Objekte darstellen, bombardiert worden.

v. Ribbentrop an Graf v. d. Schulenburg

15. September 1939, 20.20 Uhr, Berlin. Telegramm (Geheim):

Ich bitte nunmehr Herrn Molotow sofort folgendes mitzuteilen:
1.) Die Zerschlagung der polnischen Armee geht, wie sich schon aus der Ihnen mitgeteilten Übersicht über die militärische Lage vom 14. September ergibt, schnell ihrer Beendigung entgegen. Wir rechnen in den allernächsten Tagen mit der Besetzung Warschaus.
2.) Daß wir uns, unabhängig von rein militärischen Operationen, an die in Moskau vereinbarte Abgrenzung der beiderseitigen Interessensphären für gebunden halten, haben wir Sowjetregierung schon erklärt und gilt selbstverständlich auch in Zukunft.
3.) Aus den Ihnen von Molotow am 14. September gemachten Mitteilungen entnehmen wir, daß die Sowjetregierung nunmehr militärisch eingreifen wird und daß sie im Begriff ist, ihre Aktion jetzt einzuleiten. Wir begrüßen das.

↖ Auf einer Landstraße bei Lublin

↑ Vor Fliegersicht geschützt zieht eine polnische Feldhaubitzen-Batterie im Eilmarsch durch unwegsames Waldgelände in Richtung Ostpolen

Sowjetregierung enthebt uns damit der Notwendigkeit, die Reste der polnischen Armee durch Verfolgung bis an die russische Grenze zu vernichten. Ferner erledigen sich so die Fragen, die mangels eines russischen Eingreifens dadurch aufgeworfen wären, daß in östlich der deutschen Einflußzone gelegenen Gebieten ein politisch leerer Raum entstanden wäre. Da wir unsererseits in diesen Gebieten, abgesehen von den durch die militärischen Operationen bedingten Maßnahmen, keinerlei politische oder verwaltungsmäßige Aufgaben zu übernehmen beabsichtigen, hätte dort ohne ein Eingreifen Sowjetregierung die Möglichkeit der Bildung neuer Staaten bestanden.
4.) Für die politische Untermauerung des Vorgehens der Sowjetarmee schlagen wir die Veröffentlichung eines gemeinsamen Kommuniqués folgenden Inhalts vor: »Angesichts des offenbaren Auseinanderfallens der in dem bisherigen Staatsgebilde Polens lebenden Völkerschaften halten Reichsregierung und die Regierung der UdSSR es für erforderlich, den politisch und wirtschaftlich unhaltbaren Zuständen in diesen Gebieten ein Ende zu machen. Sie betrachten es als ihre gemeinsame Aufgabe, in diesen ihren natürlichen Interessengebieten die Ruhe und Ordnung wiederherzustellen und dort eine Neuregelung unter dem Gesichtspunkt der Herstellung natürlicher Grenzen und lebensfähiger Wirtschaftskörper herbeizuführen.«
5.) Wir gehen bei dem Vorschlag eines solchen Kommuniqués davon aus, daß die Sowjetregierung den von M. bei einer früheren Unterhaltung mit Ihnen geäußerten Gedanken, als Grund der sowjetischen Aktionen eine Bedrohung der ukrainischen und weißrussischen Bevölkerung durch Deutschland anzugeben, schon von selbst hat fallenlassen. Eine derartige Motivierung wäre in der Tat unmöglich. Sie würde sachlich den wahren deutschen Absichten, die ausschließlich auf die Realisierung der bekannten deutschen Lebensinteressen abgestellt sind, widersprechen, würde ferner mit den in Moskau getroffenen Abmachungen unvereinbar sein und würde endlich, im Gegensatz zu dem beiderseits ausgedrückten Wunsch der Herstellung freundschaftlicher Beziehungen, die beiden Staaten vor der Welt als Gegner in Erscheinung treten lassen.
6.) Da die militärischen Operationen schon wegen der fortgerückten Jahreszeit in kürzester Zeit ihren Abschluß finden müssen, wären wir dankbar, wenn die Sowjetregierung uns nunmehr Tag und Stunde bestimmen würde, an dem ihre Armee mit dem Einmarsch beginnt, damit wir uns unsererseits danach richten können. Zum Zweck der notwendigen Koordinierung des beiderseitigen militärischen Vorgehens ist es außerdem notwendig, daß sofort je ein Beauftragter der beiden Regierungen sowie deutsche und russische Offiziere an einem Ort im

Deutsche - erwachet

Schon zwei Wochen dauert der mörderische Kampf. Schon seit zwei Wochen drängen, Euch Soldaten, Eure blutigen Tyrannen mit Hitler an der Spitze, der sich nur durch den Terror der Gestapo am Ruder erhält, in den furchtbaren Krieg. Eure Flugzeuge bombardieren im Widerspruch zu dem, was Hitler gesagt hat, wehrlose Städte und Dörfer. Tausende Frauen und Kinder werden gemordet oder werden ihrer Wohnstätten beraubt. Gleichzeitig hungern Eure Familien schon in den ersten Tagen des Krieges, wobei sie kümmerliches Essen gegen Bezugscheine erhalten.

Soldaten, könnt ihr dem verblendeten Hitler glauben, dass ihr die Welt erobern werdet. Lüge — Ihr müsst im Kampf gegen alle unterliegen. Habt Ihr schon daran gedacht, was Euer harrt und Eure Angehörigen. Vernichtung des Landes, Besetzung durch fremde Heere und ein völliger Zusammenbruch Eures grossen Landes Ihr werdet für die Verbrechen Eurer Führer und verblendeten Machthaber zahlen. Jede Bombe wird man Euch hundertfach berechnen, jedes zerstörte Gebäude wird für Euer Geld wiederaufgebaut werden. Es wartet Euch Schande und Unglück Und wozu das? Jetzt ist noch Zeit zur Rettung

Höret nicht auf Eure Führer!

Tretet mit Waffen auf die polnische Seite über, Es wartet Euer eine gute Behandlung und dann eine ruhige Rückkehr in die Heimat!

Deutsche erwachet.

Am 15. 9. 1939 wird aus polnischen Flugzeugen – in völliger Verkennung der Lage – dieses Flugblatt abgeworfen mit der Aufforderung an die deutschen Soldaten, zur polnischen Seite überzulaufen

Operationsgebiet, wofür wir Bialystok vorschlagen, auf dem Flugwege zusammentreffen, um das Erforderliche zu vereinbaren.
Erbitte sofortigen Drahtbericht. Die von Gaus mit Hilger besprochene Textänderung ist bereits berücksichtigt.

Ribbentrop

Mobilmachung in der UdSSR
15. September 1939, Moskau. Das DNB meldet:

Wie hier verlautet, soll die teilweise Einberufung einiger Jahrgänge mit irgendeinem Eingreifen der Sowjetunion in den deutsch-polnischen Krieg nichts zu tun haben. Es handelt sich nur um eine Vorsichtsmaßnahme. Stalin hat nicht die Absicht, seine neutrale Friedenspolitik zu ändern oder irgendeinen Nachbarstaat zu überfallen oder zu erobern.
Die amtliche »Iswestija« schreibt, die Sowjetunion denke zur Zeit nicht daran, in die europäischen Kämpfe einzugreifen, sondern sie werde sich mit der Beobachtung der militärischen Ereignisse begnügen.

Greift die UdSSR Polen an?
15. September 1939, Berlin. United Press berichtet:

Wie hier mitgeteilt wird, hatte der neue sowjetische Militärattaché, General Maxim Purkajew, in den letzten paar Tagen mehrere Besprechungen mit hohen deutschen Militärstellen . . . Aus gutunterrichteter nationalsozialistischer Quelle verlautet, daß es sich bei den militärischen Besprechungen in Berlin nicht nur um routinemäßigen Austausch von Ansichten gehandelt habe, sondern daß dabei bestimmte Fragen diskutiert wurden, die durch den deutschen Feldzug in Polen und die Wahrscheinlichkeit eines baldigen Zusammenbruchs des polnischen Widerstandes dringlich geworden waren. Man spricht sogar bereits von der Möglichkeit einer baldigen militärischen Aktion der UdSSR gegen Polen als Vergeltungsmaßnahme gegen die angeblichen Grenzverletzungen, wie sie heute von der sowjetischen Nachrichtenagentur TASS gemeldet wurden.

Przemysl genommen

Sonnabend, 16. September 1939. Das Oberkommando der Wehrmacht gibt bekannt:

Die Südgruppe des deutschen Ostheeres trieb auch am 15. 9. die versprengten Teile der polnischen Südarmee vor sich her . . . Weit ostwärts davon haben motorisierte Truppen Wlodzimierz erreicht. Przemysl wurde genommen.
Unter Einsatz neuer deutscher Kräfte wurde der Ring um die bei Kutno eingeschlossene polnische Armee verstärkt und im Angriff verengt . . .
Bialystok wurde genommen. Der Kampf um die Zitadelle von Brest ist noch im Gange.
Die Luftwaffe vereitelte den Versuch der letzten polnischen Transportbewegungen gegen die Ostgrenze . . .
Luftangriffe auf deutsches Reichsgebiet fanden nicht statt.

Polnischer Frontbericht

16. September 1939, Warschau. Die Agentur PAT meldet:

Die polnischen Luftstreitkräfte bombardierten erfolgreich militärische Objekte der Deutschen. Im Abschnitt von Warschau geht die Verteidigung energisch weiter. Die vom Feind im Nordosten der Stadt unternommenen Angriffe wurden abgewehrt.
Die deutsche Aktion in Richtung auf Bialystok und Brest-Litowsk stößt auf entschlossenen Widerstand der polnischen Truppen. In diesem Abschnitt hat sich die Lage seit zwei Tagen nicht verändert. Auch die Truppenteile in Gdingen und Hela leisten weiterhin erbitterten Widerstand. Heftige Kämpfe spielen sich in der Gegend von Lowicz-Skierniewize ab, wo die polnischen Truppen dem Gegner große Verluste beigebracht haben.

Graf v. d. Schulenburg an das Auswärtige Amt

16. September 1939, Moskau. Telegramm (Geheim):

Habe heute 18.00 Uhr Auftrag bei Molotow ausgeführt. Molotow erklärte, daß militärisches Eingreifen Sowjetunion unmittelbar bevorstände. Vielleicht sogar schon morgen oder übermorgen. Stalin befände sich zur Zeit in einer Beratung mit den militärischen Führern und würde mir noch heute nacht im Beisein Molotows Tag und Stunde des sowjetischen Vormarsches angeben.
Molotow fügte hinzu, daß er meine Mitteilung seiner Regierung vortragen werde, aber glaube, daß ein gemeinschaftliches Kommuniqué nicht mehr nötig sein werde. Sowjetregierung beabsichtige, ihr Vorgehen wie folgt zu begründen: polnischer Staat sei zerfallen und existiere nicht mehr; damit seien sämtliche mit Polen geschlossenen Verträge hinfällig; dritte Mächte könnten versu-

Jagd auf Freischärler und Heckenschützen: In einer Ortschaft nordwestlich von Warschau sind während des deutschen Vormarsches aus einer Häuserreihe Schüsse gefallen

Während der Kämpfe nordöstlich von Warschau: Das Städtchen Goworowo soll geräumt werden. Der Panzerverband Ostpreußen (GenMaj. Kempf) befiehlt allen Einwohnern, den Ort innerhalb kürzester Zeit zu verlassen

chen, aus dem entstandenen Chaos herauszuschlagen; Sowjetunion fühle sich verpflichtet, zum Schutze ihrer ukrainischen und weißrussischen Brüder einzugreifen und dieser unglücklichen Bevölkerung Möglichkeit zu ruhiger Arbeit zu verschaffen . . .
Molotow gab zu, daß die von der Sowjetregierung beabsichtigte Formulierung für das deutsche Empfinden einen kleinen Schatten enthalte, bat aber im Hinblick auf die schwierige Lage der Sowjetregierung, über diesen Strohhalm nicht zu stolpern . . .
Zum Schluß bat Molotow dringlich um Aufklärung, was mit Wilna geschehen solle. Sowjetregierung möchte den Zusammenstoß mit Litauen unbedingt vermeiden und daher wissen, ob über das Wilna-Gebiet mit Litauen etwas verabredet sei, insbesondere, wer die Stadt besetzen soll.

Schulenburg

Sowjetische Truppenkonzentration

16. September 1939, Budapest. Die ungarische Agentur MTJ meldet:

Die über Bukarest aus Kiew eintreffenden Nachrichten sprechen von sowjetischen Truppenkonzentrationen vorwiegend in der Gegend von Minsk. Über den Zeitpunkt des sowjetischen Eingreifens gegen Polen gehen die Meinungen noch immer stark auseinander. Man hört oft die Ansicht, die Sowjetunion werde zuerst die völlige Auflösung der polnischen Armee abwarten, um dann erklären zu können, der ehemalige Nichtangriffspakt sei nicht nur von Polen verletzt worden, sondern wäre überhaupt hinfällig, weil der Vertragspartner, die Republik Polen, de facto zu bestehen aufgehört habe.

Generalmajor Roettig gefallen
16. September 1939, Berlin. Das DNB teilt mit:

Bei Tomaszow ist der Generalinspektor der deutschen Gendarmerie, Generalmajor Roettig, im Gefecht mit polnischen Heckenschützen gefallen. Seine Beisetzung erfolgte heute.

Vor dem sowjetischen Überfall
16. September 1939. Aus dem Tagebuch von General Schtemenko:

Von nun an kamen wir Tag und Nacht nicht mehr zur Ruhe. Wir hatten die Entfaltung der Truppen, ihre Ausrüstung mit Waffen und technischen Kampfmitteln und ihre Konzentration in den Ausgangsräumen zu überwachen. Im Raum Perga–Olewsk–Belokorowitschi konzentrierte sich das 15. Selbständige Schützenkorps; im Raum Nowograd–Wolynskij–Slawuta–Schepetowka die 5. Armee; im Raum Kupel–Sotanow–Proskurow (Chmelnizki) die 6. Armee; im Raum Gussjatin–Kamenez, Podolski–Nowaja, Uschiza–Jarmolinszy die 12. Armee. Am rumänischen Grenzabschnitt bezog die 13. Armee Stellung. Der Stab der Front siedelte nach Proskurow über, wo ich dem Leiter der operativen Abteilung, General Slobin, unterstellt wurde . . . Die Ukrainische Front hatte entsprechend einer Direktive am 16. September abends zum Vorgehen bereitzustehen und am 17. September die Staatsgrenze zu überschreiten. Die Schepetowkaer Gruppe unter Sowjetnikow erhielt Anweisung, in Richtung Rowno–Luzk vorzugehen und am zweiten Tag Luzk zu nehmen. Die Wolotschissker Gruppe unter Golikow wurde auf Tarnopol–Lemberg angesetzt und sollte am 18. September abends Busk und Przemysl besetzen, das heißt, sich Lemberg unmittelbar nähern. Die Kamenez-Podolsker Gruppe unter Tjulenjew hatte in Richtung Tschortkow vorzugehen und am zweiten Tag Stanislaw zu besetzen.

Riesige deutsche Verluste
16. September 1939, London. BBC meldet:

Die deutschen Verluste in Polen betragen einem in Paris eingetroffenen Bericht zufolge bisher 100000 Tote und Verwundete.

Saarbrücken vor dem Fall
16. September 1939, London. »Daily Express« berichtet:

Saarbrücken, die Hauptstadt von Deutschlands reichstem Industriebezirk, ist von der französischen Armee umklammert. Paris erwartet den Fall der Stadt für Ende der Woche.

Und so war es

Am Freitag, dem 15. September 1939, beginnen schon im Morgengrauen schwere Kämpfe an der Ostseeküste. Im Nordwesten werden bei Oxhöft die Angriffe des weit überlegenen Gegners von Einheiten des polnischen Küstenschutzes abgewiesen. Der Hafen von Jastarnia, in dem polnische Minenleger und eine Reihe kleiner Einheiten liegen, wird erneut bombardiert. Die Besatzungen der versenkten Schiffe verstärken nun die Verteidigung von Hela, eine

Danziger Bucht, 15. 9. 1939: das Linienschiff »Schleswig-Holstein« im Feuergefecht mit der polnischen Batterie auf der Halbinsel Hela

Batterie beschießt von Hela aus deutsche Schiffe, die das Feuer erwidern, darunter das vor der Küste liegende Linienschiff »Schleswig-Holstein«. Ein Stuka-Angriff vernichtet das größte Munitionsdepot auf der Halbinsel.
Am Morgen tauchen über Hutniki, dem Feldflugplatz der polnischen Bomberbrigade, wieder deutsche Maschinen auf und zerstören weitere sechs Bomber, die sie beim ersten Angriff am Vortag nicht getroffen haben.
Am selben Tag erhält die 14. Armee (GenOberst List) den Befehl, mit den schnellen Truppen in Richtung Tarnopol und Stanislaw vorzugehen, um den polnischen Verbänden den Weg nach Rumänien abzuschneiden.
An der ganzen Bzura-Front läuft die von General Blaskowitz für diesen Tag befohlene Operation zur Vernichtung der beiden abgedrängten polnischen Armeen. Die Deutschen gehen mit starker Artillerie- und Luftunterstützung vor. So steht die Kavallerie einem mehrfach überlegenen, motorisierten Gegner gegenüber. Den Polen fehlen nicht nur Waffen, Munition sowie Verpflegung für Mensch und Tier, sondern selbst so elementare Dinge wie Karten von dem Gebiet, in dem sie kämpfen. Nach der Schlacht um Brochow berichtet Rittmeister Szacherski vom 7. berittenen Jägerregiment: »Auf dem Weg und zwischen den Trümmern lagen überall tote Deutsche. Ich befahl, ihre Karten- und Hosentaschen sorgfältig zu durchsuchen, in der stillen Hoffnung, vielleicht doch irgendwo eine für uns so bitter notwendige Landkarte zu finden. Endlich war unsere Suchaktion von Erfolg gekrönt: Bei einem toten Unteroffizier fanden wir eine Karte vom Raum Brochow–Sochaczew. Das war für uns die kostbarste Kriegsbeute überhaupt.«
Als sich die Schlacht an der Bzura mehr und mehr zu einer Niederlage entwickelt, ordnet General Kutrzeba an: »Die beiden Brygada Kawalerii ›Wielkopolska‹ und ›Podolska‹ bilden von jetzt an die ›Grupa Operacyjna Kawalerii‹ (G. O. Kaw.) unter dem Kommando von General Abraham.« Die G. O. Kaw. hat die Aufgabe, die Kampinos-Heide zu säubern und den Armeen den Weg nach Warschau, das seit dem 9. September belagert ist, zu öffnen.
Auf dem kleinen Landstrich zwischen der Bzura-Einmündung in die Weichsel, Lowicz und Zychlin liegen nun zusammengedrängt zwölf große Verbände mit über 170000 Mann, Tausenden von Fahrzeugen und endlose Flüchtlingstrecks, die ständig der deutschen schweren Artillerie und Stuka-Angriffen ausgesetzt sind. Durch fünftägige hartnäckige Kämpfe gelingt es zwar General Kutrzeba, deutsche Kräfte an der Bzura zu binden, doch wirkt sich dies auf die inzwischen entstandene Situation kaum aus. Es wird lediglich die Gefahr eines deutschen Umfassungsangriffs auf Warschau verzögert.
Generaloberst v. Brauchitsch, Oberbefehlshaber des Heeres, der mit größerem

Nördlich von Rawa Ruska, 15. 9. 1939: Auf einer Landstraße stößt von Witkow aus die 1. Schwadron vom Aufklärungsregiment (mot.) 9 der 4. leichten Division in Richtung Bug bis Krylow vor

Widerstand in Warschau nicht rechnet, befiehlt nun der 3. Armee, die polnische Hauptstadt energisch anzugreifen. Am gleichen Tag erfolgt nach starker Artillerievorbereitung der erste Sturmangriff auf die Festung Modlin. Vor Warschau versucht die deutsche Infanterie von Grochow aus in den Ostteil der Hauptstadt einzudringen. Erst am späten Abend wird der letzte deutsche Angriff aufgehalten. Die Hauptstadt ist bereits, mit Ausnahme des nördlichen Frontabschnitts von Palmiry bis Modlin, von allen Seiten eingeschlossen. Die Verbindung mit der Festung Modlin kann noch gehalten werden.

Hitler inspiziert an diesem Tag das Vorfeld von Praga am rechten Weichselufer und beobachtet vom Kirchtum in Glinki aus die Kämpfe um Warschau. Um den polnischen Widerstandswillen zu schwächen, werden wiederholt über der Hauptstadt Flugblätter mit dem Aufruf zur Waffenniederlegung abgeworfen.

Unterdessen ziehen sich die Verbände der Nordfront weiter in Richtung Chelm und Wlodawa zurück. Die Reste der Armee Krakow, von General Sosnkowski aufgefordert in Richtung Lemberg zu marschieren, werden in schwere Kämpfe verwickelt, als sie die deutschen Stellungen entlang der Straße Jaroslaw–Tomaszow Lubelski–Zamosc forcieren.

Bei Brest-Litowsk schließt das XIX. Panzerkorps den Ring um die Festung; alle Anstrengungen jedoch, sie einzunehmen, schlagen fehl. Am Bug bei Krylow nimmt heute die zum XXII. Armeekorps gehörende Wiener 4. leichte Division (GenMaj. Ritter v. Hubicki) mit ihrem Aufklärungsregiment (mot.) 9, allen voraus die 1. Schwadron unter Leutnant C. H. Hermann, Funkkontakt mit den nach Norden vorstoßenden Panzerspitzen des XIX. Panzerkorps (Gen. d. Pz.Tr. Guderian) auf. Damit ist die Weisung des OKH vom 9. 9. 1939 erfüllt, und so erreicht die 4. leichte Division nahe Wladimir den östlichsten Punkt dieses Feldzuges.

Vor Lemberg werden die Reste verschiedener polnischer Verbände bei ihrem verzweifelten Versuch, die Stadt zu erreichen, unter schweren Verlusten durch die 1. Gebirgsdivision (GenMaj. Kübler) nördlich der Stadt an den Höhen bei Holosko-Zboiska abgeschlagen.

Am selben Tag fällt Przemysl. Dies bedeutet das Ende des organisierten polnischen Widerstandes im Frontabschnitt der deutschen 14. Armee. Nur noch in Lemberg selbst, im Raum nordwestlich von Lemberg und nahe Bilgoraj ist die 14. Armee in Kampfhandlungen verwickelt.

Am 15. September 1939 wird in Moskau ein Abkommen zwischen Japan und der UdSSR unterzeichnet. Die Kämpfe in der Mandschurei werden eingestellt und eine Grenzkommission gebildet. Nun hat Stalin die Hände für den Westen frei. Allein die Tatsache, daß das Dritte Reich alle Hebel in Bewegung setzt, um

Japan und die UdSSR, zwei bis jetzt erbitterte Feinde, miteinander auszusöhnen, bestätigt die energischen Aktivitäten Berlins hinter der politischen Bühne und deutet auf die Absicht Hitlers, den deutsch-sowjetischen Pakt zu einem dauernden Faktor der Weltpolitik zu machen.

Am Sonnabend, dem 16. September 1939, beginnt v. Rundstedt die endgültige Einkreisung der Armeen Poznan und Pomorze. Den dezimierten Divisionen der Armee Poznan gelingt es zwar noch in letzter Minute, einen Übergang durch die untere Bzura zu erkämpfen. Die Armee Pomorze wird jedoch abgeschnitten und in die Mündungsgabelung von Weichsel und Bzura gedrängt. In den Morgenstunden erreicht die Wielkopolska Brygada Kawalerii (Gen. Abraham) mit sechs Reiterregimentern, aus dem Raum Brochow die Kampinos-Heide, um den Weg nach Warschau zu öffnen.
Im Laufe des Tages überqueren deutsche Panzer des XVI. Armeekorps (Gen. d. Kav. Hoepner) die Bzura und stoßen den polnischen Truppen nach, um ihnen den Weg zu verlegen. Trotz seiner hoffnungslosen Lage unternimmt General Bortnowski nochmals einen Versuch, die deutschen Linien zu durchbrechen, diesmal nach Nordosten zur Weichsel hin, um Modlin zu erreichen. Die 8. Armee drängt jedoch die Verbände zusammen und macht sie zum Ziel konzentrierter Luftangriffe. Mit dem Eintreffen des I. Armeekorps (GenLt. Petzel) der 3. Armee (Gen. d. Art. v. Küchler) vor Praga wird der Belagerungsring um Warschau endgültig geschlossen.
Das OKH befiehlt nun den Abwurf von Flugblättern, in denen Verhandlungen mit der polnischen Garnison über die Evakuierung der Zivilbevölkerung und des Diplomatischen Korps vorgeschlagen werden. Im Praga-Abschnitt erscheinen auf der Kreuzung Grochowska–Podskarbinskastraße deutsche Parlamentäre mit einem Schreiben an den Befehlshaber der Verteidigungsarmee, das die Aufforderung zur Kapitulation enthält. General Rómmel weigert sich, die Parlamentäre zu empfangen, ist aber einverstanden, daß die Ausländer des Diplomatischen Korps die Hauptstadt verlassen. Nach Ablehnung der Kapitulation führen die Deutschen mehrere Vorstöße durch mit dem Ziel, sich der

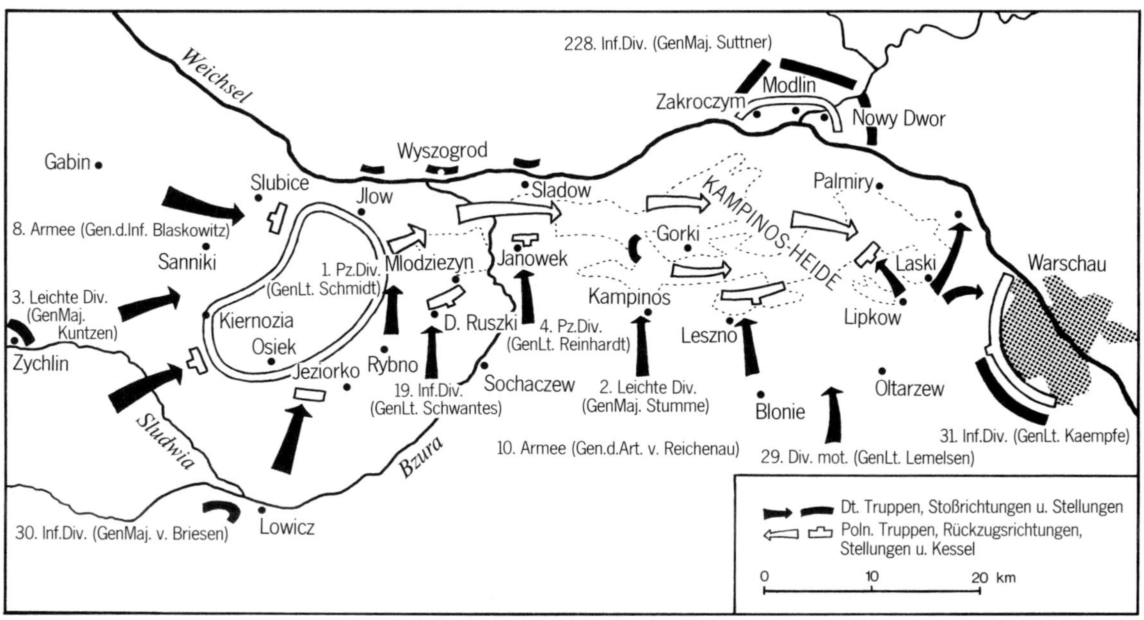

Die Lage zwischen Lowicz und Warschau am späten Abend des 16. 9. 1939: Der Kessel an der Bzura steht kurz vor seiner endgültigen Zerschlagung. Die ausgebrochenen polnischen Kräfte versuchen nun in Gewaltmärschen durch die unwegsame Kampinos-Heide Warschau zu erreichen. Die deutschen Verbände verlegen ihnen den Weg

Weichselbrücken von Praga zu bemächtigen. Der um 17.oo Uhr einsetzende Großangriff auf die Kreuzung Waszyngton-Grenadierowstraße und bei Kamionek kann jedoch durch das Feuer des Abschnitts Skrzyzowanie zurückgeworfen werden.
Südlich von Warschau beendet das Korps Wodrig die Säuberung des besetzten Gebietes von den Resten der polnischen Truppen, die nach dem Vorstoß der Heeresgruppe Süd aus dem Raum Radom über die Weichsel gegangen sind. Die deutsche 1. Kavalleriebrigade (Oberst Feld) sichert das Ostufer der Weichsel, um eine weitere Überquerung zu verhindern. Vor Brest-Litowsk beginnen die 10. Panzerdivision (GenMaj. Schaal) und die 20. Division (mot.) des Generalleutnants Wiktorin einen Angriff auf die Festung. Es gelingt ihnen lediglich, die äußere Befestigungslinie einzunehmen. Die 14. Armee meldet an diesem Tag nur lokale Gefechte. Schwere Kämpfe dauern weiterhin vor Lemberg und im Raum Bilgoraj an.
Die Divisionen der Armee Malopolska beginnen ihren Vorstoß von Przemysl aus in Richtung Lemberg. General Piskor, Oberbefehlshaber der Armee Lublin, übernimmt auch die Armee Krakow. Ihm untersteht ebenfalls die Warszawska Brygada Pancerno-Motorowa (Oberst Rowecki). Den zweiten motorisierten polnischen Verband, die von Oberst Maczek geführte 10. Brygada Kawalerii Zmotoryzowanej, übernimmt die Nordfront. Nach der Verkürzung seiner Frontlinie entscheidet sich General Piskor für einen Durchbruch in Richtung Lemberg über Tomaszow Lubelski-Belzec.
Graf v. d. Schulenburg erfährt am selben Tag gegen 18.00 Uhr von Molotow, daß die Rote Armee »morgen oder übermorgen« sich in Bewegung setzen werde und Stalin sich soeben mit seinen Armee-Befehlshabern berate. Noch im

Warschauer Vorstadt Rakowiec, 16. 9. 1939: in einer deutschen Stellung vor der belagerten Hauptstadt

Laufe der Nacht will Molotow dem deutschen Botschafter Tag und Stunde des sowjetischen Einmarsches in Polen mitteilen.
Wie General Leonid M. Sandalow, Chef der operativen Abteilung der Weißrussischen Front, notiert, ist seine Schreibkraft im Stab, nachdem er ihr die Weisung mit dem endgültigen Befehl des Angriffs auf Polen zum Abtippen gab und sie die ersten Zeilen des Dokuments überflogen hat, in Ohnmacht gefallen.

Eine Kette polnischer Kampfflugzeuge PZL P-23 Karas bei einem ihrer letzten Einsätze

Die Trümmer eines polnischen Kampfflugzeuges PZL P-23 Karas, abgeschossen von deutschen Jägern in der Nähe von Piaseczno, südlich von Warschau

17. 9. – 18. 9. 1939

Siebte

Phase

Überfall der Roten Armee

Vor Grodek, 17. 9. 1939: Immer neue deutsche Einheiten verstärken den Belagerungsring um Lemberg

Kapitulationsangebot für Warschau

Sonntag, 17. September 1939. Das Oberkommando der Wehrmacht gibt bekannt:

Die Säuberung Ostgaliziens schritt am 16. 9. weiter fort. Lemberg ist von 3 Seiten umstellt, polnischen Kräften zwischen Lemberg und Przemysl der Rückzug nach Südosten verlegt . . . Deblin wurde genommen. 100 unzerstörte Flugzeuge fielen dort in unsere Hand. Bei Wlodawa südlich Brest haben sich die vordersten Aufklärungstruppen der aus Ostpreußen und der aus Oberschlesien und der Slowakei angesetzten Armeen die Hand gereicht.
Die Schlacht von Kutno nimmt ihren planmäßigen Verlauf. Von Westen her wurde Kutno genommen, die Bzura nach Norden überschritten. Warschau ist eng umschlossen.
Um die Bevölkerung der polnischen Hauptstadt vor schwerstem Leid und Schrecken zu bewahren, hat die deutsche Wehrmacht den Versuch unternommen, durch einen Offizier den polnischen Militärbefehlshaber von Warschau zur Aufgabe seines zwecklosen Widerstandes in einer offenen Millionenstadt zu veranlassen. Der polnische Militärbefehlshaber in Warschau hat es abgelehnt, den deutschen Offizier zu empfangen . . .

Graf v. d. Schulenburg an das Auswärtige Amt

17. September 1939, Moskau. Telegramm (Geheim):

Stalin empfing mich um 2.00 Uhr nachts in Gegenwart von Molotow und Woroschilow und erklärte, daß Rote Armee heute morgen 6.00 Uhr Sowjetgrenze auf der ganzen Linie von Polozk bis Kamenetz-Podolsk überschreiten würde.
Um Zwischenfälle zu vermeiden, bat Stalin dringend zu veranlassen, daß deutsche Flugzeuge ab heute Linie Belostok–Brest-Litowsk–Lemberg nach Osten nicht überfliegen. Sowjetische Flugzeuge würden schon heute anfangen, Gegend östlich von Lemberg zu bombardieren.
Ich versprach, mein Bestes hinsichtlich Benachrichtigung der deutschen Luftwaffe zu tun, bat jedoch mit Rücksicht auf die Kürze der Zeit zu veranlassen, daß Sowjetflugzeuge sich erwähnter Linie heute nicht allzusehr nähern . . .
Stalin vorlas mir Note, die noch in dieser Nacht polnischem Botschafter übergeben, im Laufe des Tages sämtlichen Missionen in Abschrift zugestellt und sodann veröffentlicht werden soll. Note enthält Begründung für sowjetisches Vorgehen. Mir vorgelesener Entwurf enthielt drei für uns unannehmbare

Stryj, südlich von Lemberg, in den Morgenstunden des 17. 9. 1939: zerschlagene polnische Truppen auf ihrem Rückzug. Niemand ahnt, daß die Rote Armee bereits die polnische Grenze überschritten hat

Stellen. Auf meine Einwände änderte Stalin den Wortlaut bereitwilligst so ab, daß Note mir nunmehr als für uns tragbar erscheint . . .
Behandlung auftauchender militärischer Fragen soll in Zukunft in unmittelbarem Benehmen Generalleutnant Köstrings mit Woroschilow erfolgen.
Schulenburg

Einmarsch der Sowjets
17. September 1939, Moskau. Erster Heeresbericht der Roten Armee über die Operationen in Ostpolen:

Heute morgen haben sowjetische Truppen die polnische Grenze in deren gesamten Verlauf von der Dwina im Norden bis zum Dnjestr im Süden überschritten. Nach Überwältigung des schwachen Widerstandes polnischer Vorposten wurden im Norden die Ortschaften Globokie, Molodeczno und andere besetzt, in Richtung auf Baranowitschi der Njemen überschritten und die Ortschaften Mir und Snow erreicht. In der Westukraine sind bereits die Städte Rowno, Dubno, Tarnopol und Kolomea in sowjetischer Hand. Durch den Vorstoß auf Kolomea ist die Grenze zwischen Polen und Rumänien bereits zum größten Teil abgeschnitten. Von den sowjetischen Streitkräften wurden ferner sieben polnische Jagdflieger und drei polnische Bombenflugzeuge abgeschossen. Die Truppen der Roten Armee wurden von der örtlichen weißrussischen und der ukrainischen Bevölkerung jubelnd begrüßt.

Gespräch Potemkin–Botschafter Grzybowski
17. September 1939, Moskau. Bericht des polnischen Militärattachés, Oberst Brzeszczynski:

»Die sowjetischen Radionachrichten über die Kämpfe in Polen wurden mit jedem Tag unangenehmer, dazu die Kommentare immer aggressiver. Um Mitternacht vom 16./17. September 1939 klingelte das Telefon im Kabinett des Botschafters, wo wir gerade Schach spielten . . . Nach dem Gespräch legte der Botschafter den Hörer ab und schaute auf die Uhr, ich auch, es war gerade drei Minuten vor zwölf. Dann sagte er, daß Potemkin, der Stellvertreter Molotows, angerufen und ihn gebeten habe, »in einer sehr wichtigen und dringenden Angelegenheit« in das Außenkommissariat zu kommen. Ich benachrichtigte Jankowski, daß wir beide auf die Rückkehr des Botschafters warten sollten. Er selbst äußerte den Verdacht, daß es sich wohl um irgendeine unangenehme Sache handeln müsse und er nur ungern nächtliche Gespräche im Außenkommissariat führe. Nach einer Stunde kehrte der Botschafter blaß und niedergeschlagen zurück. Jankowski und ich warteten in seinem Kabinett. Er ließ sich schwer in den nächsten Sessel fallen und begann zu erzählen: »Empfangen hat mich Potemkin, nicht Molotow. Gleich zu Beginn sagte er, daß die polnische Regierung und der Oberbefehlshaber nach Rumänien ›getürmt‹ seien und die Deutschen Polen bereits zu neunzehntel erobert hätten. Ich protestierte gegen das Wort ›getürmt‹, da dies kein Ausdruck in der Diplomatensprache sei. Daraufhin hat mir Potemkin geantwortet, wenn es keine polnische Regierung gebe, dann gäbe es auch keine polnischen Diplomaten mehr. Wir seien also nur noch eine Gruppe von Polen, wohnhaft in der Sowjetunion und unterlägen ab sofort den sowjetischen Behörden. Potemkin versuchte, mir eine Note zu übergeben, in der stand, daß heute, um 4.00 Uhr früh, sowjetische Truppen die polnische Grenze auf der gesamten Länge überschreiten würden. Die Annahme der Note habe ich abgelehnt und erneut gegen die beabsichtigte Grenzverletzung Polens, mit der die UdSSR einen gültigen Nichtangriffspakt habe, protestiert. Potemkin erwiderte: ›Wenn es in Polen keine Regierung mehr gibt, dann gibt es auch keinen Nichtangriffspakt mehr.‹«

Letzte Nachricht
17. September 1939, Czernowitz. United Press-Sonderkorrespondent E. W. Beatty berichtet:

Heute nachmittag begann der Übertritt der polnischen Regierung über die rumänische Grenze. Beamte des Außenministeriums und andere Funktionäre verließen Kuty in Autobussen, Automobilen, Wagen und allen möglichen Fahrzeugen. Außenminister Beck dürfte in den nächsten Stunden ebenfalls über die Grenze gehen. Ebenso erwartet man, daß der Präsident der Republik, Moscicki, von Sniatyn aus schon am Nachmittag die Reise nach Rumänien antreten wird.

Polnischer Widerstand
17. September 1939, London. United Press teilt mit:

Wie in hiesigen amtlichen polnischen Kreisen erklärt wird, haben die Kämpfe zwischen den in Polen einrückenden sowjetischen Truppen und polnischen Verbänden bereits begonnen. In der Gegend von Molodetschno, einem wichtigen Eisenbahnknotenpunkt an der Eisenbahnlinie Minsk–Wilna, leisteten polnische Truppen Widerstand.

→ Ein Bruderkuß auf Sowjetisch: »Unsere Armee ist die Befreiungsarmee der Werktätigen. J. Stalin.«

→→ Einer, der den Überfall auf Polen am 17. 9. 1939 durchführt: OB der Weißrussischen Front, Michail Kowalew. Rechts, Stellvertreter des OB des Weißrussischen Militärbezirks, K. F. Kusnetzow

Radio Moskau
17. September 1939. Erklärung Molotows:

In Polen ist eine Lage entstanden, die allen Zufällen und unerwarteten Ereignissen die Möglichkeit gibt, sich für die Sowjetunion zu einer Bedrohung zu ändern. Die Sowjetunion war bisher neutral; sie kann diese Politik im gegenwärtigen Augenblick nicht weiter fortsetzen. Die Sowjetunion kann gleichzeitig auch dem Schicksal der Brüder in der Ukraine und in Weißrußland nicht tatenlos zusehen, die schon früher als rechtlose Völker betrachtet wurden und jetzt ihrem Schicksal überlassen werden. Die Sowjetregierung hat sich entschlossen, ihnen die brüderliche Hand zur Hilfe entgegenzustrecken . . .

Tagesparole des Reichspressechefs
17. September 1939:

Die skandalöse Behandlung der Minderheiten in Polen hat Rußland auf den Plan gerufen. Deutschland begrüßt dieses Vorgehen Rußlands. Besonders hinweisen auf die russische Formulierung, daß der polnische Staat aufgehört habe, zu existieren . . . Der polnische Staat ist nicht von selbst entstanden, sondern wurde künstlich von den Vätern von Versailles zusammengeflickt. Dieser Kunstbau mußte deshalb auch wieder zerbrechen.

Die ersten Meldungen
17. September 1939. Aus dem Tagebuch von General Schtemenko:

In der Nacht zum 17. September befand ich mich auf der Beobachtungsstelle der 6. Armee. Wie stets am Vorabend großer Ereignisse herrschte hier geschäftige Gespanntheit. Ununterbrochen läutete der Fernsprecher, Melder von den Divisionen kamen und gingen. Dennoch schien die Zeit stillzustehen.
Endlich war die Stunde der befohlenen Grenzüberschreitung angebrochen. Punkt 5.00 Uhr setzten sich die Truppen in Marsch. Die ersten Meldungen kamen bereits von polnischem Gebiet:
»Keinerlei organisierter Widerstand.«
»Unsere Truppen dringen erfolgreich vor. Im Stationsgebäude von Podwoloczyska viele Soldaten und Offiziere der polnischen Armee gefangengenommen, MG und andere Ausrüstungen erbeutet.«
»Überall Scharen von Flüchtlingen, darunter auch Militär.«
Kurze Zeit danach wurde auch der Stab der 6. Armee vorverlegt. Ich aber kehrte abends mit der Lagemeldung zum Stab der Front zurück.

Vor dem Abschluß des Feldzuges
Montag, 18. September 1939. Das Oberkommando der Wehrmacht gibt bekannt:

Der Feldzug in Polen geht seinem Ende entgegen.
Nach der völligen Umschließung Lembergs und der Einnahme von Lublin steht ein Teil des deutschen Ostheeres in der allgemeinen Linie Lemberg–Wladimir–Brest–Bialystok und hat damit den größten Teil Polens besetzt. Dahinter vollzieht sich noch an mehreren Stellen die Vernichtung und Gefangennahme einzelner versprengter Reste der ehemaligen polnischen Armee. Die stärkste dieser umschlossenen polnischen Kampfgruppen – etwa ein Viertel des polni-

In einer Artilleriestellung vor Warschau

schen Heeres – ist südwestlich Wyszogrod zwischen Bzura und Weichsel auf engstem Raum zusammengepreßt und geht seit gestern der Auflösung entgegen . . .
Die Luftwaffe griff die südwestlich Wyszogrod eingeschlossenen polnischen Kräfte wirksam an. Polnische Fliegerkräfte traten an der ganzen Front nicht mehr in Erscheinung.
Die deutsche Luftwaffe hat damit die ihr im Osten gestellten Aufgaben im wesentlichen erfüllt. Zahlreiche Einheiten der Fliegertruppe und Flak-Artillerie sind zurückgezogen und stehen für anderweitige Verwendung bereit.

Einsatz polnischer Diversanten

18. September 1939, Warschau. An den Abschnitt-Kommandanten Oberst E. Zongollowicz:

Betrifft: Einsatz von Diversantengruppen im Rücken des Feindes.
Am 18. September 1939 zwischen 22.00 Uhr und 24.00 Uhr soll außerhalb unserer Frontlinie bei Grochow im Abschnitt des 21. Infanterieregiments eingeschleust werden: 1. Eine Militärpatrouille in Stärke von 12 Mann, die eine Diversantenaufgabe im Rücken des Feindes im Raum Minsk Maz.-Siedlce erhalten haben . . .
2. Eine Erkundungspatrouille in Stärke von 2 Mann (in Zivilkleidung). Aufgabe: Militärische Aufklärung im Raum Otwock-Garwolin.
. . . . .

Gruppen-Befehlshaber
J. Zulauf, gen.bryg.

Die Batterie beim Beschuß der Ziele in der polnischen Hauptstadt

Wie tägliche Musik
18. September 1939, Warschau. »Express Poranny« berichtet:

Die Einwohner von Warschau haben sich an den Kanonendonner und die Bombenexplosionen bereits gewöhnt. Wenn noch vor zwei Tagen bei Luftangriffen und Artilleriebeschuß die Bewohner der oberen Stockwerke in den Keller flüchteten, so ließ sich in der vergangenen Nacht kaum jemand durch den »Krach« stören . . .
Im Stadtzentrum herrscht reger Fußgängerverkehr. Die Warschauer besorgen ihre Einkäufe und hören den entfernten Kanonendonner wie tägliche Begleitmusik. Die Kaffeehäuser sind, besonders während der Mittagspause, überfüllt. Die Stammgäste lassen es sich nicht nehmen, ihren täglichen »halben Schwarzen« zu bestellen, und diskutieren wie üblich an den runden Tischen in ihren beliebten Eckchen.

Verluste der Deutschen
18. September 1939, Lemberg. Die Agentur Havas berichtet:

Bei den Kämpfen in der Umgebung von Grodek bei Lemberg wurden die 2. Wiener Panzerdivision und die Linzer 45. Infanteriedivision vollständig aufgerieben. Der Kommandeur des Infanterieregiments 134, Oberst Göritz, wurde gefangengenommen. General Prittwitz-Gaffron ist bei diesen Kämpfen gefallen.
Die an sich schon sehr schwierige Lage der bayerischen Gebirgsjäger vor Lemberg und an der Seenkette vor Grodek hat sich erheblich verschärft.

Französische Flugzeuge und Panzer für Polen

18. September 1939, Paris/Warschau. Die Agentur Havas teilt mit:

Das Oberste Befehlskommando der französischen Armee hat für die Unterstützung der polnischen Truppen neue große Fliegerverbände abkommandiert, die auf dem Weg nach Polen direkt das deutsche Territorium überflogen haben. Gleichzeitig erreicht uns die Nachricht, daß Großbritannien und Frankreich umfangreiche Transporte an Panzer und Munition nach Polen verschifft haben. Diese Waffen und Munition sollen über das Schwarze Meer und Rumänien geliefert werden.
Bei den Flugzeugen handelt es sich um die modernsten französischen Jagdmaschinen, die bereits große Erfolge unter polnischem Himmel errungen haben.

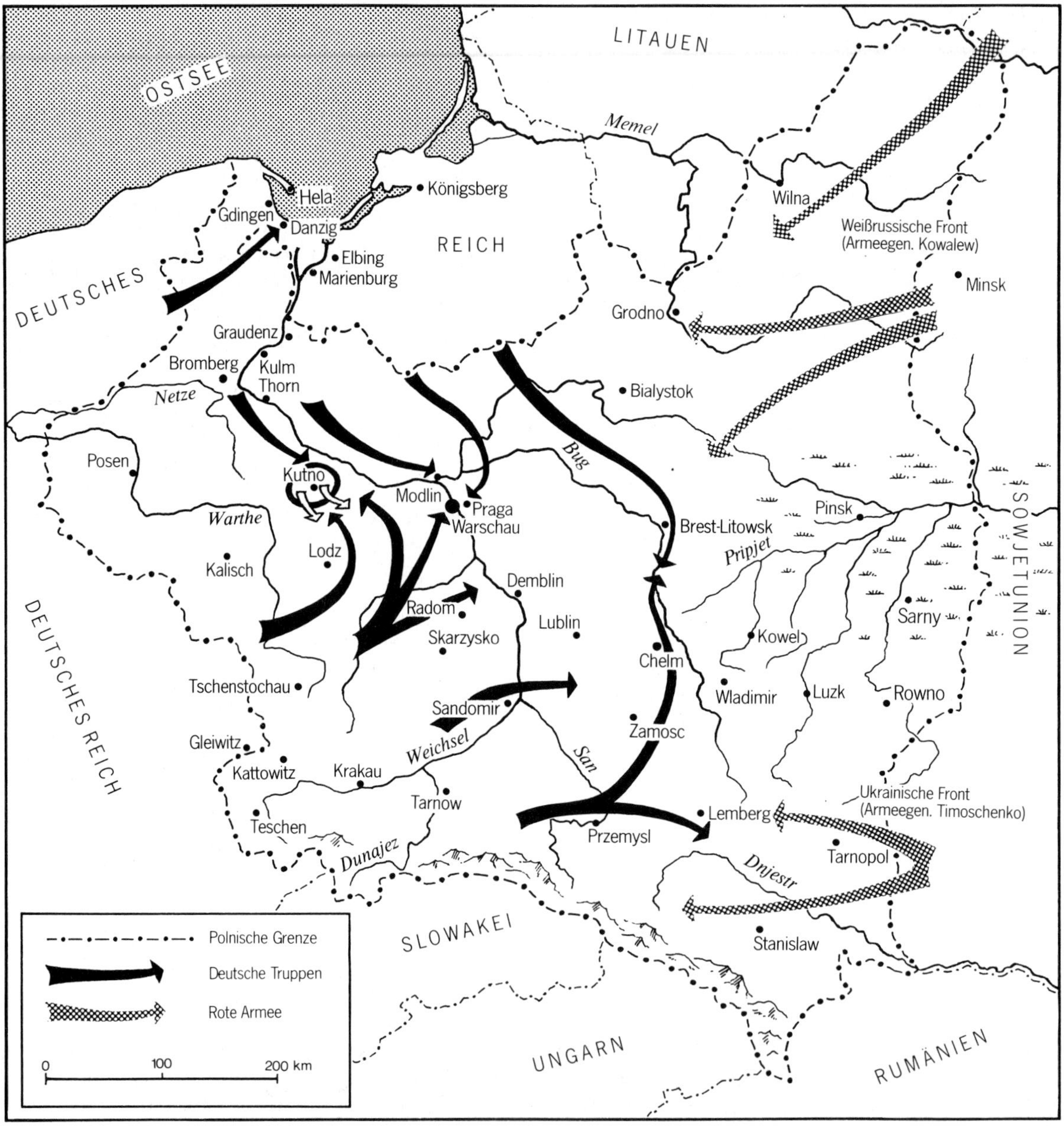

Die Lage am Abend des 18. 9. 1939: Während die deutschen Verbände den letzten Widerstand der eingekreisten polnischen Truppen in Mittel- und Südpolen brechen, stößt die Rote Armee vor und macht die Pläne einer Verteidigung Ostpolens vor den Deutschen zunichte

EXPRESS Monday, Sept. 18, 1939.

r Family Fitness
URE SHIELD
ISTERED TRADE MARK
RUIT LAXATIVES
3d FROM ALL CHEMISTS 8½d & 1/3 PER TIN

BLACK-OUT ZERO HOUR TO-NIGHT
UNTIL 6.41 a.m.

Daily Express
WORLD'S LARGEST DAILY SALE

No. 12,270 Monday, September 18, 1939 One Penny

ASK FOR WHITE HORSE as a matter of course
Screw-cap flasks on sale everywhere.

Russia's invading Red Army sweep on: Rendezvous with Germans in Poland this morning

STOP PRESS WAR NEWS
Central 8000

WE FIGHT ON' SAY POLES AT 1 a.m.

rapped army still defiant

OVERNMENT IN FLIGHT TO RUMANIA' REPORT

LARING FROM EVERY GERMAN RADIO TRANSMITTER EARLY THIS MORNING CAME A SERIES OF REPORTS

On Page Six: WHY STALIN MARCHED By Trotsky

WESTERN FRONT

DALADIER IN TRENCHES

Guns overlook Siegfried Line

From GEORGE MILLAR, Daily Express Staff Reporter
PARIS, Sunday.

THERE has been fierce fighting on the Western Front for the last twenty-four hours without a break. French troops not only held their positions against fierce German attacks, but made further advances.

M. Daladier, it was revealed to-night, has paid a thirty-hour

THE NAZIS ARREST JEW-BAITER No. 1

SIEGFRIED LINE SHELLED

Early this morning the French (according to a report from Paris) opened a bombardment of the Siegfried Line where it runs behind Saarbruecken. The bombardment was directed from the plateau captured yesterday. Outskirts of Saarbruecken are now under trench mortar fire.

BULLETS FIRED AT LOOSE BALLOON HIT HOUSES

Several houses in Ewell (Surrey) were struck by machine gun bullets yesterday when a balloon that had escaped from its moorings was fired at from a plane in attempt to bring it down.

People ran from homes in alarm as tiles were dislodged from four houses in Stane-way, Ewell.

»Trotz aller Rückschläge bleibt der Kampfgeist der polnischen Truppen ungebrochen.« – meldet am 18. 9. 1939 die englische Presse

Begegnung bei Brest-Litowsk

18. September 1939, Moskau. Das DNB meldet:

Wie man erfährt, haben sich am Montag Abteilungen der deutschen und der sowjetischen Truppen bei Brest-Litowsk getroffen. Die Offiziere tauschten Begrüßungen aus.

Begeisterter Empfang der Befreier

18. September 1939, Moskau. Die Agentur TASS teilt mit:

Nach Berichten aus den ehemals ostpolnischen Gebieten werden die sowjetischen Truppen mit Begeisterung als die Befreier vom polnischen Joch empfangen. Überall werden die polnischen Fahnen und Schilder der polnischen Verwaltungsstellen abgerissen und aus Stoffresten schnell zusammengenähte Sowjetflaggen gehißt. Die Bevölkerung, die einen furchtbar heruntergekommenen und verelendeten Eindruck macht und oft nur mit Fetzen bekleidet ist, trägt trotzdem ihre wenigen Lebensmittel zusammen, um die sowjetischen Truppen damit würdig zu empfangen. Die ganze wirtschaftliche Lage ist eine furchtbare Anklage gegen die polnische Regierung, die kaltblütig weite Landstriche der Verelendung preisgegeben hat.

Treff mit einem sowjetischen General

Kriegsberichterstatter K. Frowein:

Der Kommandeur, ein Brigadegeneral, begrüßte uns. Sein glattes soldatisches Gesicht, von einem kleinen schwarzen Schnurrbart geziert, sprach von Ent-

schlossenheit und Energie. Er sprach ein gutes Französisch. Durch den Wald führte er uns, vorbei an überlebensgroßen, bunten Kopfbildern Stalins und Woroschilows, vorbei an politischen Aufklärungs- und Propagandaplakaten zu seinem Zelt . . .
Wir standen vor einer großen Weltkarte. Unsere Finger deuteten auf Deutschland und Rußland und auf die Linie, an der sich diese beiden Völker jetzt trafen . . . Dann rutschte mein Finger auf der Landkarte zur britischen Insel. Der Russe zog daraufhin seine Geldbörse. Ich verstand: Dort oben sitzt der Brite auf seiner Insel wie auf einem riesigen Geldsack. Und eine weitere Geste, ein einfacher Händedruck, sprach mehr, als viele Worte es hätten sagen können, davon, daß dort der gemeinsame Feind sitzt. Wir verstanden uns, auch ohne Worte . . .

Völkischer Beobachter, September 1939

Graf v. d. Schulenburg an das Auswärtige Amt

18. September 1939, 15.59 Uhr, Moskau. Telegramm (Geheim):

Im Verlauf Unterredung, die ich heute nacht mit Stalin . . . hatte, sagte Stalin ziemlich unvermittelt, daß auf Sowjetseite gewisse Zweifel beständen, ob sich deutsches Oberkommando im gegebenen Zeitpunkt an Moskauer Abmachungen halten und auf vereinbarte Linie (Pisa–Narew–Weichsel–San) zurückgehen würde.
Ich entgegnete mit Nachdruck, daß Deutschland selbstverständlich fest entschlossen sei, Moskauer Abmachungen genau zu erfüllen und verwies auf Punkt zwei der von mir an Molotow am 16. September im Auftrag des Herrn Reichsaußenministers gemachten Mitteilung.
Ich betonte, daß es dem Oberkommando nur recht sein würde, auf die vereinbarte Linie zurückgehen zu können, weil auf diese Weise Truppen für die Westfront frei würden.
Stalin erwiderte, daß er an der Loyalität der deutschen Regierung nicht zweifle, seine Bedenken bezögen sich auf die bekannte Tatsache, daß alle Militärs eroberte Territorien nicht gern räumten.
Hier warf der anwesende deutsche Militärattaché Generalleutnant Köstring ein, daß das deutsche Militär genau das tue, was der Führer befehle. – Mit Rücksicht auf Stalins bekanntes Mißtrauen wäre ich dankbar, wenn ich erneut zu einer Erklärung ermächtigt würde, die geeignet wäre, seine letzten Zweifel zu zerstreuen.

Schulenburg

Vor Brest-Litowsk, 18. 9. 1939: ». . . Sein glattes soldatisches Gesicht, von einem kleinen schwarzen Schnurrbart geziert, sprach von Entschlossenheit und Energie . . .« Brigadekommandeur Kriwoschein begrüßt deutsche Offiziere

Gemeinsame Erklärung Moskau–Berlin
18. September 1939, Moskau. Telegramm (Geheim):

Am 17. 9. um 15.00 Uhr wurde vom Auswärtigen Amt der Entwurf für ein gemeinsames deutsch-sowjetisches Kommuniqué telephonisch durchgegeben mit der Weisung, das Einverständnis der Sowjetregierung mit einer am 18. September zu erfolgenden Veröffentlichung . . . herbeizuführen . . .
Am 17. 9. um 23.30 Uhr legte der Herr Botschafter den Entwurf Herrn Molotow zur Begutachtung vor. Dieser erklärte, sich in der Angelegenheit mit Herrn Stalin beraten zu müssen. Herr Stalin, der von Herrn Molotow telephonisch herbeigerufen wurde, erklärte, daß auch nach seiner Ansicht ein gemeinsames Kommuniqué herausgegeben werden müsse; mit dem von uns vorge-

»Heil Stalin!« (Aus: Japan Times, Tokio)

schlagenen Wortlaut könne er sich jedoch nicht ohne weiteres einverstanden erklären, da es den Tatbestand mit allzu großer Offenheit darlege. Hierauf fertigte Herr Stalin mit eigener Hand einen neuen Entwurf an und bat, das Einverständnis der deutschen Regierung mit diesem Entwurf herbeizuführen.
. . . . .
Hilger

Stalins Entwurf des Kommuniqués

Zur Verhütung von irgendwelchen unbegründeten Gerüchten hinsichtlich der Aufgaben der deutschen und sowjetischen Truppen, die in Polen tätig sind, erklären die deutsche Reichsregierung und die Regierung der UdSSR, daß die

Handlungen dieser Truppen keinerlei Ziele verfolgen, die den Interessen Deutschlands und der Sowjetunion zuwiderlaufen und dem Geiste und Buchstaben des zwischen Deutschland und der UdSSR geschlossenen Nichtangriffsvertrages widersprechen. Die Aufgabe dieser Truppen besteht, im Gegenteil, darin, in Polen Ordnung und Ruhe herzustellen, die durch den Zerfall des polnischen Staates zerstört wurden, und der Bevölkerung Polens zu helfen, die Bedingungen seines staatlichen Daseins neu zu regeln.

Botschaft des Präsidenten Moscicki an das polnische Volk
18. September 1939, Paris. Die Agentur Havas teilt mit:

Mitbürger! Während unsere Armee mit beispiellosem Mut gegen den Feind kämpft und sich seit Kriegsbeginn der gewaltigen Überlegenheit fast der gesamten deutschen Streitkräfte entgegenstellt, überfällt unser östlicher Nachbar unser Gebiet unter Verletzung der geltenden Verträge und der ungeschriebenen Grundsätze der Moral. Nicht zum erstenmal in unserer Geschichte stehen wir einer Invasion unseres Landes gegenüber, die gleichzeitig von Westen und von Osten kommt. Polen kämpft als Verbündeter Frankreichs und Großbritanniens für das Recht gegen das Unrecht, für den Glauben und die Zivilisation gegen die Barbarei und für das Gute gegen die Herrschaft des Bösen in der Welt. Ich habe den unerschütterlichen Glauben, daß es aus diesem Kampf siegreich hervorgehen wird . . .

Und so war es

Am Sonntag, dem 17. September 1939, nachts um 1.00 Uhr, melden die Posten des polnischen Grenzschutzes (KOP) auf sowjetischer Seite entlang des Zbrucz zahlreiche Feuerstellen und lebhaften Fahrzeugverkehr. Um 2.00 Uhr nachts wird der deutsche Botschafter, Graf v. d. Schulenburg, von Stalin persönlich darüber informiert, daß die sowjetischen Truppen um 6.00 Uhr morgens in Polen einmarschieren würden. Kurz darauf überreicht der stellvertretende Außenminister, Potemkin, dem polnischen Botschafter in Moskau, Grzybowski, eine Note, in der die Sowjetunion erklärt, »der polnische Staat habe aufgehört zu existieren, und die Sowjetunion müßte daher die auf polnischem Gebiet lebenden Ukrainer und Weißrussen unter ihren Schutz nehmen.« Grzybowski weigert sich, die Note entgegenzunehmen, und spricht die Hoffnung aus, die UdSSR würde »Polen nicht während seines Kampfes gegen Deutschland den Dolch in den Rücken stoßen«.
Bei Sonnenaufgang setzt die Sowjetunion, ähnlich wie Hitler, ohne Kriegserklärung zum Überfall auf das um Tod oder Leben gegen die deutsche Übermacht kämpfende Polen an. Vor dem Morgengrauen durchbrechen Motorengetöse und Alarmschüsse der KOP-Wachtposten die Stille: Die Sowjets überschreiten den Grenzfluß Zbrucz an mehreren Stellen. Im Abschnitt des KOP-Bataillons Borszczow eröffnen sofort die Wachtposten Nr. 4 Skala Podolska, Nr. 2 Turylcze und Nr. 3 Kudrynce, das Feuer. Nach kurzem Kampf erobern die Sowjets den Posten Zbrzyz und metzeln die gesamte Mannschaft nieder. Der Wachtposten Skala Podolska (Sergeant Cwojdzinski) schafft es dagegen, sich nach kurzem, heftigem Feuerwechsel zurückzuziehen.
Die sowjetischen Armeen schwärmen über die fast ungeschützte polnische Ostgrenze aus und rollen auf breiter Front weiter nach Westen. Es sind zwei sowjetische Heeresgruppen, die Weißrussische Front (Armeegen. Kowalew)

mit der 3., 10. und 11. Armee, dazu der 4. schnellen Gruppe (mechan. Kavallerie) und dem XXIII. Selbständigen Infanteriekorps, sowie die Ukrainische Front (Armeegen. Timoschenko) mit der 5., 6. und 12. Armee, die am Sonntagmorgen in Polen einbrechen, um auf Grund des deutsch-sowjetischen Vertrages vom 23. 8. 1939 mit Hitler die Beute zu teilen.
Die Verbände dieser zwei Fronten sind aus dem Inneren der Sowjetunion hierher verlegt worden. Die Truppen der Grenzgebiete hat man in ihren Garnisonen belassen.
Die Aufgabe der 3. Armee der Weißrussischen Front (Hauptquartier in Minsk): auf Brest-Litowsk und Bialystok vorzustoßen. Die 11. Armee soll die an der litauischen und ostpreußischen Grenze liegenden Landstriche besetzen. Die 3. Armee besteht aus einem Panzer-, einem Kavallerie- und einem Infanteriekorps mit insgesamt zwei Infanterie-, drei Kavalleriedivisionen und vier Panzerbrigaden. Die 11. Armee führt drei ähnliche Korps, verstärkt durch eine zusätzliche Infanteriedivision.
Die Aufgabe der 6. Armee der Ukrainischen Front (Hauptquartier in Proskurow): Einnahme von Lemberg, während die 12. Armee in das Lubliner Land vorstößt.
Die 6. Armee hat ein Panzerkorps, zwei Kavalleriekorps und vier Infanteriekorps mit insgesamt sechs Infanterie- und sechs Kavalleriedivisionen sowie sechs Panzerbrigaden. Die 12. Armee umfaßt nur zwei Korps mit zwei Kavalleriedivisionen und vier Infanteriedivisionen.
Nach Schätzung der polnischen Führung haben die Sowjets mindestens 20 bis 24 Infanteriedivisionen, 15 Kavalleriedivisionen und neun Panzerbrigaden zum Überfall auf Polen eingesetzt.
Da Moskau einerseits nur geringen Widerstand erwartet, andererseits aber sowohl den Polen als auch Deutschen »imponieren« will, eröffnen die sowjetischen Panzer- und mot. Verbände überall dort den Vormarsch, wo das Gelände dies erlaubt. Die Infanterie folgt in einiger Entfernung. In weglosem Gelände wird dagegen Kavallerie eingesetzt. Die Identifizierung der sowjetischen Truppen bereitet den deutschen Kommandeuren einige Probleme: Die Farbe der Uniformen der Roten Armee und die der polnischen Armee ist sich sehr ähnlich, so daß die Deutschen sie in vielen Fällen nicht auseinanderhalten können. Andererseits trägt der Reichsarbeitsdienst Uniformen, die den polnischen ähnlich sind, was des öfteren zu Beschuß durch sowjetische Flugzeuge führt.
Nach polnischen Angaben verkündet der einzige außer in Warschau noch in Wilna tätige Rundfunksender, daß die Rote Armee den Polen zu Hilfe eilt, und die Befehlshaber der sich östlich vom Bug befindlichen polnischen Verbände bekommen den angeblich von Marschall Rydz-Smigly stammenden Befehl, kein Feuer auf die sowjetischen Truppen zu eröffnen.

Tarnopol, 17. 9. 1939: nach einem Luftangriff sowjetischer Bomber auf eine polnische Rotkreuz-Kolonne

Ostpolen, Raum Kowel: Eines der letzten noch verbliebenen Flugzeuge, eine Verbindungsmaschine vom Typ PWS 26, wird startklar gemacht

Inzwischen besetzt die sowjetische Armee gewaltsam die ersten Flugplätze; seit den frühen Morgenstunden steht eine Handvoll polnischer Flieger dem neuen übermächtigen Feind im Kampf gegenüber. Den ganzen Tag über kommt es zu erbitterten Duellen mit der roten Luftflotte. Besonders die am weitesten östlich liegenden Feldflugplätze bei Kowel, Dubno und Luzk, wo Reste der Bomber- und Jagdbrigade sowie operative Fliegerkräfte der Armee Karpaty liegen, werden durch sowjetische Luftangriffe überrascht. Polnische Flieger schießen zwei Bomber vom Typ Tupolew SB-2 und fünf Rata-Jäger (I-16) ab. Die Sowjets melden den Abschuß von sieben polnischen Jagdmaschinen und drei Bombern.

Am Morgen des 17. September 1939 erhält in Grodno der diensthabende Beamte im Hauptpostamt einen Anruf, daß die Sowjets mit Panzern die Grenze überschritten hätten. Der Oberbefehlshaber des Korpsbezirks III, General Olszyna-Wilczynski, fährt daraufhin sofort nach Sopockino, unweit der litauischen Grenze. Unterdessen organisiert Vizepräsident Sawicki die Verteidigung der Stadt sowie den Bau von Sperren und Panzergräben. Über Lautsprecher wird auf dem Batory-Platz bekanntgegeben, daß sich Freiwillige melden sollen, um Waffen und Munition in den Kasernen abzuholen. Flaschen mit Benzin werden vorbereitet. Die Führung der Freiwilligen, die sich in Scharen melden, übernimmt Major Serafin (Kommandant RKU Grodno).

Von der ersten Stunde des Überfalls an läßt die Rote Armee die Nachricht verbreiten, sie eile den Polen zu Hilfe, um sie im Kampf gegen die deutschen Truppen zu unterstützen. Dort, wo es möglich ist, besetzen die Sowjets die Postämter und zwingen die Beamten, die auf ihrer Marschroute liegenden Nachbarorte per Telefon zu verständigen, daß die Rote Armee ins Landesinnere vorstößt, um Hilfe gegen die Faschisten zu leisten, und man sie wie Freunde empfangen soll. In vielen grenznahen Landstrichen gelingt dieser Bluff, und die Sowjets nutzen das Überraschungsmoment, um sich widerstandslos strategisch wichtiger Punkte zu bemächtigen.

Auf höherer Befehlsebene unternimmt nur der stellvertretende Kommandierende General des Grenzschutzkorps (KOP), General Orlik-Rückeman, mit seiner KOP-Gruppe in Wolhynien und Polesie den Versuch, die rückwärtigen Verbände der polnischen Armee, die im Kampf gegen die Deutschen stehen, vor der Roten Armee zu decken und sich gleichzeitig im Raum Sarny nach Süden zu in Richtung ungarische Grenze zurückzuziehen. Unterdessen führen sowjetische Bomber rollende Angriffe auf die restlichen, noch intakten Straßen, Eisenbahnlinien und Brücken durch. 15 Kilometer westlich von Bialystok greifen sie eine Brücke an und töten dabei drei deutsche Soldaten und mehrere

Nahe Rowno/Ostpolen, 18. 9. 1939: Von sowjetischen Jägern auf dem Flug nach Rumänien abgeschossene polnische Verbindungsmaschine vom Typ PWS 26; ein Rotarmist hält Wache

Männer des Reichsarbeitsdienstes. Weitere sowjetische Luftangriffe bringen Verluste für die vorgeschobenen Einheiten des XIX. Panzerkorps (Gen. d. Pz.Tr. Guderian), östlich des Bug.
Rund ein Fünftel der polnischen Armee wird von den Sowjets überrollt und kann nicht gegen die deutschen Truppen eingesetzt werden.
Die Wehrmacht hat die in Moskau heimlich vereinbarte Demarkationslinie an manchen Stellen bereits um mehr als 200 Kilometer überschritten und befindet sich auf der Linie Lemberg–Brest–Bialystok–Ostrowice. Das OKW gibt sofort Weisung, die Operationen einzustellen. Hitler beauftragt vorläufig General v. Vormann, die Verhandlungen mit den Stäben der Roten Armee zu führen und mit dem deutschen Militärattaché in Moskau, Generalleutnant Köstring, Verbindung aufzunehmen.
An der Ostsee verstärkt sich der Druck auf die Oxthöfter Kämpe. Die polnischen Truppen sind auf kleinstem Raum zusammengedrängt und werden pausenlos mit Artillerie sowie aus der Luft angegriffen.
Während des ganzen Tages ist die Kampinos-Heide vom Lärm des chaotischen Kampfes erfüllt, der sich stündlich den vor Warschau liegenden Ausläufern bei Bielany nähert. »Die Kampinos-Heide wurde zum Grab der Armee Poznan«, sagt später ihr Oberbefehlshaber, General Kutrzeba. Die Kavallerieregimenter, die sich hier Schutz vor der allgegenwärtigen Luftwaffe erhoffen, finden einen weglosen, hochgeschossenen, dünnen Nadelwald ohne Unterholz vor, ausgedörrt, dazwischen breite helle Sandflächen, auf denen sie ein ausgezeichnetes Ziel für Bomben abgeben.
Die deutsche 10. Armee ist ununterbrochen gegen die an der Ostseite der Bzura kämpfenden polnischen Verbände im Einsatz, während die Luftwaffe weiterhin

Kampinos-Heide: Die Reste polnischer Truppen, denen es gelang, aus dem Inferno des Kessels an der Bzura zu entkommen, bilden ein ausgezeichnetes Ziel für die Luftwaffe

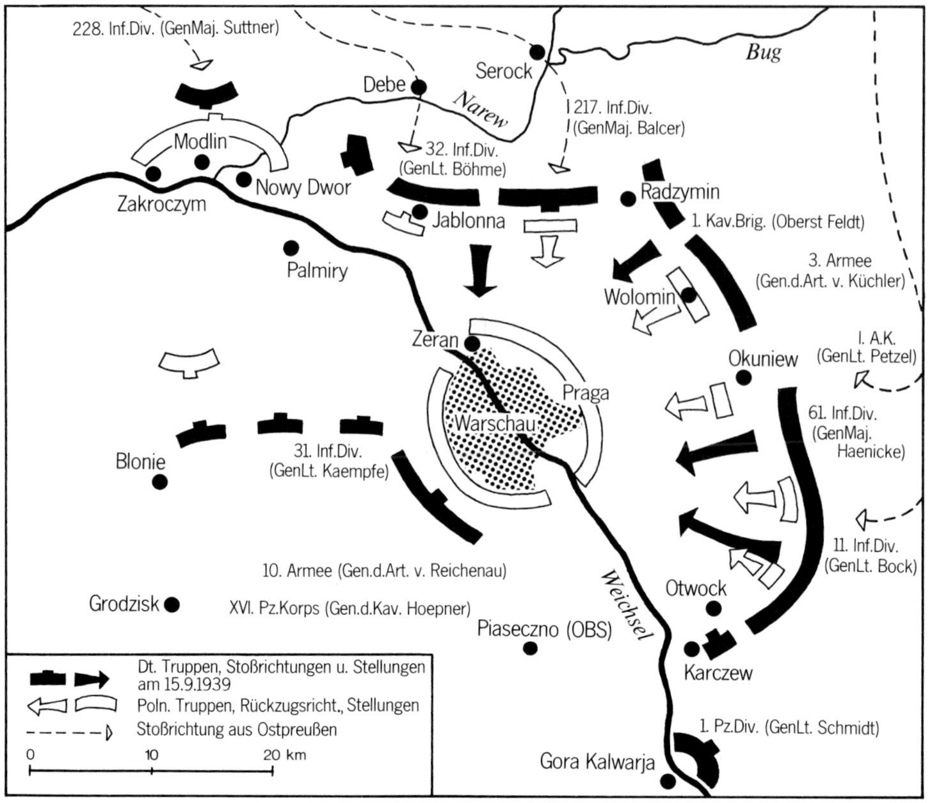

Lage vor Warschau am Abend des 17. 9. 1939: Die Verbände der 10. Armee (Gen.d.Art. v. Reichenau) und der 3. Armee (Gen.d. Art. v. Küchler) stehen bereits vor der polnischen Hauptstadt oder befinden sich in der letzten Anmarschphase. Sie bereiten sich auf den letzten Ansturm vor

ihre rollenden Unterstützungsangriffe fliegt. An diesem Sonntag erreicht der Einsatz der Luftwaffe gegen den Kessel an der Bzura seinen Höhepunkt: 820 Kampfflugzeuge, Bomber und Stukas greifen die praktisch ohne jede Flugabwehr ziehenden Truppen Schlag auf Schlag mit bis zu fünf Starts pro Tag an. Allein am 17. September fallen bei 4100 Starts 328000 Kilogramm Bomben auf die beiden zwischen der Bzura und Kampinos-Heide eingekesselten Armeen Poznan und Pomorze. Die Zusammenfassung ihrer Kräfte an diesem Punkt zwingt die Luftwaffe, fast alle anderen Kampfhandlungen zu unterbrechen. Mit der Ausschaltung dieser letzten größeren Kampfgruppe des polnischen Heeres hat der Feldzug praktisch das ihm von Hitler gestellte Ziel erreicht.

Zu gleicher Stunde fällt die Zitadelle Brest-Litowsk. Sie ist nach dem energischen Angriff eines Infanterieregiments der 20. Infanteriedivision (mot.) und dem gescheiterten Versuch der polnischen Besatzung, aus der Festung auszubrechen, erobert worden. Zwischen Warschau und Brest-Litowsk hat nun jeder organisierte Widerstand aufgehört. Das an der rechten Weichselseite vorgehende XIX. Panzerkorps (Gen. d. Pz.Tr. Guderian) besetzt Wlodawa und bildet am linken Bug-Ufer einen Brückenkopf. Seine Panzerspitzen erreichen die Bahnlinie Lublin–Kowel und schneiden den polnischen Verbänden der Nordfront den Weg für einen Rückzug hinter den Bug ab. Weiter östlich am Bug haben vorgeschobene Panzereinheiten des XIX. Panzerkorps bereits Funkkontakt mit den Panzerspitzen der österreichischen 4. leichten Division (GenMaj. Ritter v. Hubicki) aufgenommen. Jetzt trennen nur noch wenige Kilometer die beiden deutschen Heeresgruppen. Die Verbände der polnischen Armee, die am Tag zuvor die Weichsel und den San überquert haben, werden eingekreist.

Inzwischen zieht General Kleeberg, Befehlshaber der Samodzielna Grupa Operacyjna (SGO) Polesie, seine Truppen in der Gegend von Kobryn zusammen, und in Bialowieza werden die Kavallerieeinheiten der ehemaligen Samodzielna Grupa Operacyjna (SGO) Narew, die die Umzingelung bei Zambrow durchbrochen haben, neu formiert.
Zur selben Zeit führt das IV. Armeekorps (Gen. d. Inf. v. Schwedler) aus dem Raum Annopol über Krasnik einen Vorstoß bis Krasnystaw und Lublin durch. Damit wird die Armee Lublin in zwei Teile zerschnitten, die keine Verbindung mehr untereinander haben und denen die 14. Armee (GenOberst List) den Weg nach Süden versperrt. Die 14. Armee bildet nun eine Front nach Westen auf der Linie Zamosc–Tomaszow–Lubelski. Die Mitte der 14. Armee rückt auf Lemberg vor, wo sie auf heftigen Widerstand stößt. Sie wird im Rücken von den Verbänden der früheren Armee Karpaty angegriffen, die seit der Räumung von Przemysl eingekesselt sind und jetzt den Versuch unternehmen, die deutsche Einkreisung in Richtung Lemberg zu durchbrechen.
Den ganzen Tag über liegt Warschau unter einem Hagel von Geschossen der schweren Artillerie. Das Königsschloß und der Dom brennen.
Im Laufe des Tages verlegt Marschall Rydz-Smigly sein Hauptquartier von Kolomyja nach Kosow, nicht ganz zehn Kilometer von der polnisch-rumänischen Grenze entfernt.
In Moskau erklärt sich Stalin mit einem deutsch-sowjetischen Kommuniqué einverstanden, dessen Bekanntgabe jedoch noch zwei bis drei Tage hinausgezögert werden soll. Es wird auch vereinbart, militärische Einzelheiten zwischen dem deutschen Militärattaché, Generalleutnant Köstring, und Marschall Woroschilow erörtern zu lassen.

Am Montag, dem 18. September 1939 um 0.30 Uhr, befiehlt das OKW eine vorläufige Haltelinie und ordnet vor der Räumung noch eine Säuberung jener Teile des polnischen Gebietes an, die an die UdSSR fallen sollen. Dieser, aus militärischer Sicht völlig unsinnige Befehl nur Stalin zuliebe, kostet die Wehrmacht noch viele unnötige Menschenverluste. Die Westmächte, die Hitlers Überfall auf Polen mit der Kriegserklärung quittierten, enthalten sich jetzt bei Stalins Überfall auf Polen der Kriegserklärung an Moskau.
Am 18. September 1939, um 4.00 Uhr morgens, überschreitet die Oberste Polnische Führung, Präsident Moscicki, Premier Slawoj-Skladkowski, Marschall Rydz-Smigly, Außenminister Beck u. a., angesichts der hoffnungslosen Lage nach dem sowjetischen Überfall die polnisch-rumänische Staatsgrenze bei Czerniowiec. Entgegen den Versprechungen des rumänischen Botschafters,

In den Vororten von Brest-Litowsk: Die ersten Vorhuten der Roten Armee rollen in die Stadt ein, erwartet von einer Abordnung des XIX. Panzerkorps (Gen.d.Pz.Tr. Guderian)

Lemberg. Treff der höheren Offiziere der Roten Armee und der Wehrmacht. In der Mitte, Brigadekommandeur F. J. Golikow

der im Namen von König Karol der polnischen Regierung freie Durchreise angeboten hat, wird sie interniert. Mit diesem Akt ist faktisch die polnische Staatsgewalt auf ihrem Hoheitsgebiet erloschen. Eine Exilregierung soll nun den Fortbestand der Republik Polen sichern.
Im Morgengrauen des 18. September 1939 können sich die beiden Bataillone Kleck und Ludwikowo der KOP-Gruppe durch die Wälder in Richtung Luniniec ohne Feindberührung zurückziehen. Das Bataillon Sienkiewicze muß unter dem Druck von zwei sowjetischen Infanteriebataillonen mit Artillerie und Panzern nach Luniniec zurückweichen. Das Bataillon Dawidgrodek wird in den Morgenstunden von einem sowjetischen Infanteriebataillon und Panzern nach Stolin zurückgedrängt. Dagegen kann sich das Regiment Sarna trotz schwerer Kämpfe gegen die feindliche Übermacht halten.
Auf die Nachricht vom sowjetischen Überfall hin wird die Reserve-Kavalleriebrigade Wolkowysk (Oberst Tarnasiewicz) aus dem 101., 102 und 110. Ulanenregiment sowie aus dem 103. berittenen Jägerregiment aufgestellt. Die Brigade bricht mit der Absicht in Richtung Nordosten auf, Wilna zu verteidigen. Der größte Teil der Brigade und die gleichnamige Gruppe (Gen. Przezdziecki) überschreiten bereits den Njemen.
An der Ostseeküste stehen die Verteidiger der Oxhöfter Kämpe vor ihrem letzten Gefecht. Die deutschen Truppen unter General Kaupisch beginnen einen konzentrierten Angriff bei Oxhöft, unterstützt durch die Artillerie des Linienschiffs »Schleswig-Holstein« sowie mehrerer Torpedo- und Minensuchboote.
Die Schlacht an der Bzura, von der NS-Propaganda als »die größte Schlacht aller Zeiten« genannt, geht nun zu Ende. Die Reste der polnischen Armeen

Sarny/Ostpolen: die letzten Augenblicke vor dem Abmarsch in Anbetracht der sich nähernden Roten Armee

versuchen, sich durch die Kampinos-Heide nach Warschau durchzuschlagen. Der Hauptstadt am nächsten befindet sich die Kavallerie unter General Abraham, dessen Regimenter trotz mehrtägiger Gefechte immer noch eine starke Kampfkraft darstellen. Und der General führt trotz einer Verletzung persönlich seine Ulanen. Unter dem Schutz von Nachhuten der polnischen 25. Infanteriedivision (Gen. Alter) durchquert General Kutrzeba in der Nacht die Kampinos-Heide und erreicht Palmiry. Jene Verbände, denen es nicht mehr gelungen ist, die Bzura zu überschreiten, führen jetzt im Kessel ihre letzte Schlacht. Die Reste der Armee Poznan (Gen. Kutrzeba) erreichen schließlich unter großen Verlusten Warschau. In der Hauptstadt befinden sich jetzt zwar 180000 Soldaten, aber nur wenige Einheiten sind genügend ausgerüstet.
Nach Beendigung der Kämpfe an der Bzura verlegt die deutsche Führung ihre Verbände vor Warschau, und noch am gleichen Tag befiehlt das OKH die Wiederaufnahme der Operationen gegen die polnische Hauptstadt. Die 3. und 4. Armee beginnen jetzt mit einem konzentrierten Artilleriefeuer auf Warschau. Durch den Angriff auf Lomianki wird die Verbindung zwischen der Hauptstadt und der Festung Modlin unterbrochen und Warschau zugleich von seinem umfangreichen Munitionslager in Palmiry abgeschnitten, von dem man seit dem 9. September 1939 über 100 Waggons mit Munition herangeschafft hat.
Der Polenfeldzug tritt nun in seine letzte Phase: Die polnischen Truppen bestehen nur noch aus einzelnen Verbänden, die von deutschen Kräften oder der Roten Armee umzingelt und deren Kommandeure vollkommen auf sich selbst gestellt sind. General Kleebergs Verband hat unterdessen den deutschen Vorstoß auf Kobryn abgewehrt und marschiert jetzt in Richtung Kowel. General Sosnkowski kämpft an der Spitze seiner Divisionen der Armee Malopolska weiterhin im Janowski-Wald und versucht, sich nach Lemberg durchzuschlagen.
Am selben Tag, dem 18. September 1939, beginnt der Abschnittskommandeur der Verteidigung von Warschau, Oberst Porwit, im Vorfeld seiner Stellungen mit Diversionsaktionen und Störangriffen und läßt von einem berittenen Zug des 144. Infanterieregiments jede Nacht das Gebiet zwischen den eigenen Verteidigungslinien bis tief in die Kampinos-Heide hinein aufklären. Eine Sondersturmabteilung mit Fähnrichen der Fliegerkräfte unter Hauptmann Zbrowski operiert nachts vor den eigenen Linien in den westlichen Vorstädten und spezialisiert sich auf das Ausheben kleinerer Soldatengruppen und Patrouillen. Es werden auch mehrfach polnische Soldaten in Zivilkleidung eingesetzt, die nach dem Einsickern in die deutsche Belagerungslinie neben Aufklärung auch Überfälle auf schlafende Troßmannschaften oder Kanoniere an ihren Geschützen durchführen.
Die Armee der Mittelfront (Gen. Piskor) versucht bei Tomaszow Lubelski den ganzen Tag über vergeblich, die deutsche Umfassung zu durchbrechen. Den Verbänden von General Sosnkowski gelingt es auch heute nicht, den Weg nach Lemberg zu öffnen.
Am 17. und 18. September 1939 landen in Rumänien fast 100 polnische Militärflugzeuge. Sämtliche Maschinen und Besatzungen werden interniert, die Kampfflugzeuge vom Typ Los und Karas den rumänischen Luftstreitkräften einverleibt. Sie bewähren sich später an der Ostfront im Kampf gegen die Sowjetunion.

19. 9. – 6. 10. 1939

Achte

Kämpfe gegen
sowjetische
Fall von Warschau

Phase

deutsche und Streitkräfte, Modlin und Hela

Münchener Ausgabe

Münchener Ausgabe
München, Dienstag, 19. September 1939

VÖLKISCHER BEOBACHTER

Kampfblatt der national-sozialistischen Bewegung Großdeutschlands

Der Feldzug in Polen geht seinem Ende entgegen

Vernichtung und Gefangennahme versprengter Restteile – Die stärkste polnische Gruppe bei Wyszogrod vor der Auflösung – Der größte Teil Polens besetzt – Lublin eingenommen – Warschau schickte noch keinen Parlamentär – Aufgabe der Luftwaffe im Osten im wesentlichen erfüllt

geht seit gestern der Auflösung entgegen.

Volles Einvernehmen Berlin-Moskau

Gemeinsame Erklärung der Reichsregierung und der Regierung der UdSSR.

Zum Lagebericht des Oberkommandos der Wehrmacht

Beispiellose Leistungen der Ostarmee

Gemeinsam zerschlagen Hitlers und Stalins Armeen die noch Widerstand leistenden polnischen Truppen

Polnisches Heer in völliger Auflösung

Dienstag, 19. September 1939. Das Oberkommando der Wehrmacht gibt bekannt:

Die Auflösung und Kapitulation der versprengten oder eingeschlossenen Reste des polnischen Heeres schreiten rasch vorwärts. Die Schlacht an der Bzura ist zu Ende. Bisher wurden 50000 Gefangene und eine unübersehbare Beute eingebracht . . . Eine kleinere feindliche Kampfgruppe wurde nordwestlich Lemberg vernichtet und dabei 10000 Gefangene gemacht. Lemberg wurde zur Übergabe aufgefordert. Vor Warschau hat nach Ausbleiben des polnischen Parlamentärs die Kampftätigkeit wieder begonnen . . .

Tagesparole des Reichspressechefs

19. September 1939:

Es wäre ungerecht den Leistungen der deutschen Truppen gegenüber, wenn unsere Zeitungen die militärische Tätigkeit der Sowjets noch über den roten Heeresbericht hinaus unterstreichen würden. Der Vormarsch der Roten Armee stößt kaum noch auf erhebliche Hindernisse, da unsere Truppen dem feindlichen Widerstand das Rückgrat gebrochen haben.

Polnisches U-Boot im Finnischen Meerbusen

19. September 1939, Reval (Tallinn). Die Agentur Reuter meldet:

Das polnische Unterseeboot »Orzel«, das letzte Woche hier interniert wurde, ist in der vergangenen Nacht trotz Artilleriefeuer estnischer Geschütze geflüchtet. Mehrere Angehörige der Armee wurden beim Versuch, das U-Boot zu stoppen, getötet. Es wurde sofort von Flugzeugen verfolgt. Die Geschützverschlüsse und 14 von 20 Torpedos der »Orzel« hatte man tags zuvor entfernt.

Polnische U-Boote im Baltikum

19. September 1939, Moskau. Die Agentur TASS teilt mit:

Wie aus Leningrad berichtet wird, sollen sich polnische U-Boote unter Duldung und mit Unterstützung der Regierungen baltischer Staaten in deren Häfen versteckt halten. Der Oberbefehlshaber der sowjetischen Flotte im Baltischen Meer wird gegen mögliche Aktionen von Unterseebooten, die sich in den baltischen Gewässern aufhalten, Maßnahmen ergreifen.

Kampinos-Heide, 19. 9. 1939: nach einem Stuka-Angriff auf einen polnischen Verband, der versucht hat, sich nach Warschau durchzuschlagen

Weitere Erfolge der Roten Armee

19. September 1939. Das Oberkommando der Roten Armee teilt mit:

Unsere Truppen schlugen am 18. September die Streitkräfte der polnischen Armee weiter zurück und besetzten am Abend im Norden von West-Weißrußland die Stadt Swienciany, den Eisenbahnknotenpunkt Lida, die Stadt Nowogrodek, den Weiler Orlia (am Njemen), die Städte Slonim, Wolkowysk und die Eisenbahnstation Jaglewiczi an der Eisenbahnlinie Minsk–Brest-Litowsk. Im Süden der westlichen Ukraine wurde der Eisenbahnknotenpunkt Sarny besetzt. Vorpostentruppen der Roten Armee nähern sich Lemberg und Wilna.

Dementi

19. September 1939, Bern. Die »Neue Zürcher Zeitung« berichtet:

Die polnische Gesandtschaft erklärt sich ermächtigt, die von deutscher Seite verbreitete Nachricht zu dementieren, wonach Marschall Rydz-Smigly nach Rumänien geflohen sein soll. Der Oberkommandierende der polnischen Armee weilt inmitten seiner Truppen.

Der Sieg von Lemberg

19. September 1939. Der Verteidigungsstab von Lemberg gibt bekannt:

Zwei deutsche Divisionen verloren während der Kämpfe beinahe die gesamte Panzerwaffe und erlitten hohe Verluste an Menschen (viele Tausende an Toten und Verwundeten). Die Deutschen zogen sich fluchtartig zurück und hinterlie-

Raum Stryj, 19. 9. 1939: Die Reste einer polnischen Infanteriedivision machen eine kurze Rast auf ihrem Marsch in Richtung ungarische Grenze

Vor dem Überschreiten der ungarischen Grenze: Die Stabskanzlei-Akten werden verbrannt

ßen reiche Beute. Es wurden 12000 Gefangene gemacht und 100 Panzer erbeutet.

Das Ultimatum Frankreichs und Englands
19. September 1939, London. Die Agentur Havas berichtet:

Die Sowjets stoppen ihren Vormarsch. Die Regierungen Frankreichs und Englands richteten an die sowjetische Regierung eine energische Protestnote, in der sie die Sowjets auffordern, ihre Truppen aus Polen zurückzuziehen und erklären, daß ein weiterer Vormarsch in das polnische Gebiet eine Kriegserklärung dieser Staaten an die Sowjetunion gemäß der Abmachungen des polnisch-britischen und polnisch-französischen Bündnisvertrages automatisch nach sich ziehen würde.

Befehl des Gruppen-Befehlshabers General Zulauf

An das 21. Infanterieregiment
Betrifft: Den Einsatz einer Erkundungsgruppe außerhalb der Frontlinie.
Am 19. September 1939 zwischen 20.00 Uhr und 24.00 Uhr soll eine Erkundungsgruppe in Stärke von 5 Mann in Zivilkleidung in den Abschnitt außerhalb unserer Verteidigungslinie eingeschleust werden. Diese Gruppe hat die Aufgabe: Aufklärung im Raum Wawer, Rembertow und Minsk Maz.
. . . . .
Gruppen-Befehlshaber
J. Zulauf, gen.bryg.

Der polnische Widerstand
19. September 1939, Czernowitz. Die Agentur Havas meldet:

Während die deutschen und sowjetischen Truppen versuchen, Polen so schnell wie möglich zu erobern, setzen sich einzelne polnische Verbände immer noch heldenhaft zur Wehr.
In der Gegend von Grodno leistete eine polnische Einheit gegen die aus Ostpreußen vorstoßenden deutschen Truppen und die von Osten her vorrükkenden sowjetischen Truppen hartnäckigen Widerstand.
Seit Montag funktioniert der polnische Rundfunk nicht mehr; auch der Presse- und Propagandadienst existiert nicht mehr. Die Leiter dieser Organisation befinden sich in Czernowitz.

Die Reste einer polnischen Batterie der bespannten Artillerie auf dem Rückzug

»Was tut Ihr?«

19. September 1939. Rundfunkappell des Stadtpräsidenten Starzynski:

Wieder haben die Deutschen Zehntausende von Geschossen gegen Warschau abgefeuert, Tausende von Brand- und Sprengbomben abgeworfen. Hunderte von Häusern liegen in Trümmern. Es brennen Kirchen und historische Paläste. Unschätzbare Kunstwerke gehen zugrunde. Hundertmal schlimmer sind dagegen die Verluste unter den Menschen . . . Uns fehlen Medikamente und Verbandstoffe, an vielen Stellen sogar Wasser, Strom und Gas. Und wir wehren uns doch. Die Soldaten auf den Barrikaden, selbst die Bewohner verlieren den Mut nicht, pausenlos, ohne Rast sind die Arbeiter des Wasserwerks, Kraftwerks, Gaswerks und der Fernsprechämter Tag und Nacht im Einsatz, um die

Auf der Chausee Biala Podlaska–Brest-Litowsk, 19. 9. 1939: nach dem Scharmützel mit einem durchbrechenden polnischen Reitertrupp

zerstörten Leitungen zu reparieren und wiederherzustellen. Die vereinsamte Hauptstadt Polens, Warschau, bietet heldenhaft allen Angriffen des Feindes zu Lande und in der Luft die Stirn. Und Ihr, was tut Ihr, unsere Bundesgenossen, die Ihr uns Hilfe versprochen, die Ihr gelobt habt, was immer kommen möge, an unserer Seite zu stehen? Schon zum zweitenmal frage ich: Was tut Ihr, um Eure Verpflichtungen zu erfüllen? Danach fragen die Gefallenen und die Sterbenden. Danach fragen die Frauen und Kinder des gequälten Polens, des gequälten Warschaus . . .

Eine der größten Vernichtungsschlachten

Mittwoch, 20. September 1939. Das Oberkommando der Wehrmacht gibt bekannt:

Die Schlacht im Weichselbogen, die vor etwa einer Woche bei Kutno begann und sich dann nach Osten gegen die Bzura zog, erweist sich nunmehr als eine der größten Vernichtungsschlachten aller Zeiten . . .
Ernsterer Widerstand wird im ganzen von uns besetzten Polen nurmehr in und südlich Modlin sowie in Warschau geleistet . . .
Im Westen nur örtliche Spähtruppunternehmungen.

Generalangriff unterbleibt!

20. September 1939, Mitternacht, Dawidow, südlich Lemberg. Kriegsberichterstatter Leixner:

Die Dämmerung fällt ein. Es heißt, wir marschieren zurück. Noch in dieser Nacht. Der geplante Generalangriff auf Lemberg unterbleibt. Die Russen werden in Lemberg einmarschieren. Rascher Aufbruch!
Eben mundgerecht gebratene Hühnchen bleiben ungenossen zurück. Wie weh das tut! Nur die »Machorkowie«, die in der Zigarettenfabrik zu Winniki hergestellte und erbeutete fürchterliche Nikotinnudel, nehmen wir als lungenbeizende Erinnerung an Winniki mit. Wir lösen uns von Lemberg. Regen fällt. Kolonnen fahren nach Dawidow, wo wir spät nachts eintreffen.

Mehrere Städte im Sturm genommen

20. September 1939. Das Oberkommando der Roten Armee teilt mit:

Die Truppen der Roten Armee drängten die polnischen Streitkräfte weiter zurück und besetzten nach zweistündigem Kampf gegen Abend im Norden West-Weißrußlands die Stadt Wilna, ferner die Städte Welika-Berestowitsa (50 km östlich von Bialystok), Pruzany, Kobrin (40 km nordöstlich von Brest-Litowsk).
Im Süden der westlichen Ukraine wurden die Städte Wladimir Wolynskij, Sokal (am Bug), Brody, Bobrka, Rogatin und Dolina genommen. Kavallerieeinheiten und Panzerverbände drangen in die nordöstlichen und südlichen Vorstädte von Lemberg ein.

Angriff abgewehrt

20. September 1939. Kommuniqué des Verteidigungskommandos von Warschau:

In der Nacht vom 18./19. September machte der Gegner im östlichen Abschnitt

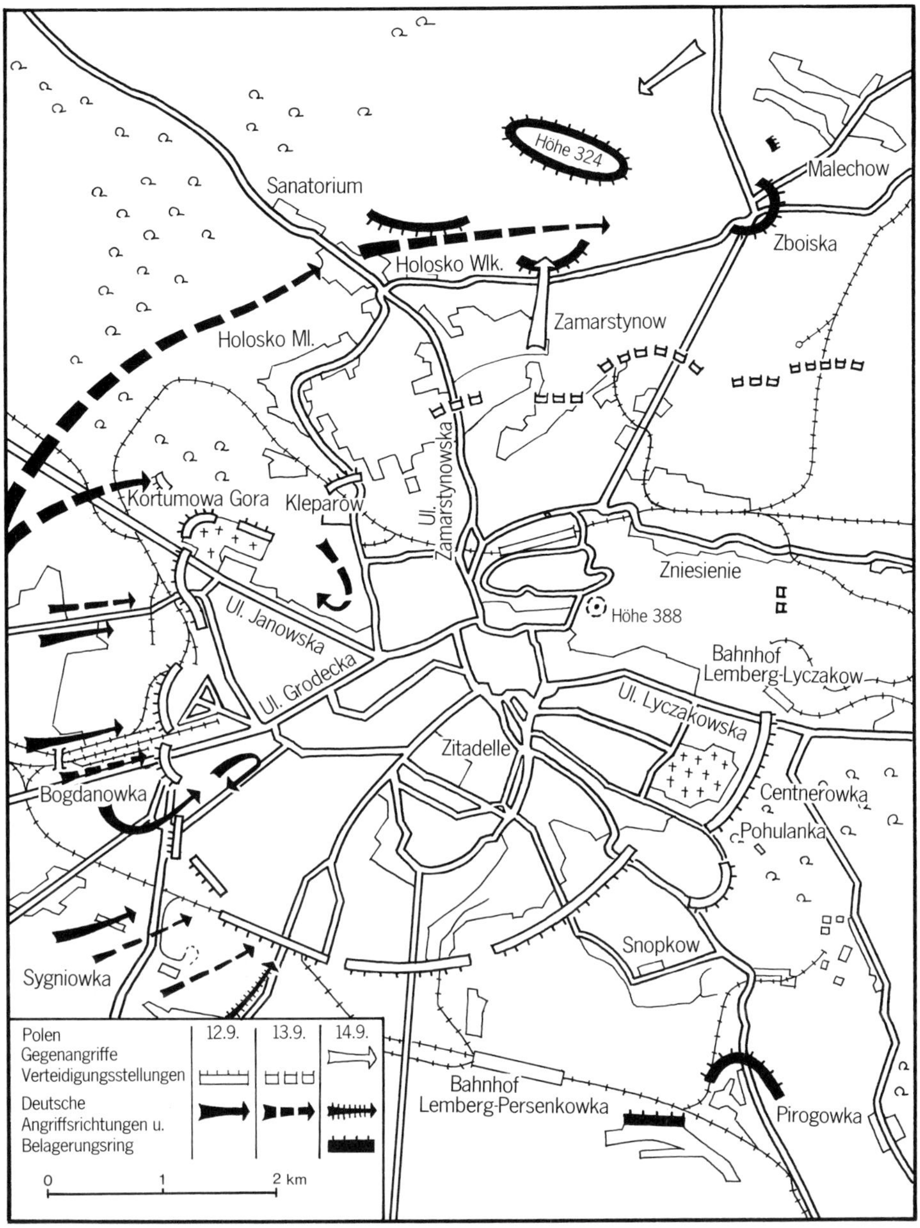

Die Lage vor Lemberg am Abend des 19. 9. 1939: Die seit einer Woche belagerte Stadt verteidigt sich weiterhin verbissen in der Hoffnung, daß es den Truppen von General Sosnkowski gelingt, den deutschen Ring um Lemberg von außen zu sprengen. Das OKW berichtet bereits über die Kapitulation der Besatzung von Lemberg, als der Befehl eintrifft, die Vorstädte zu räumen und die Einnahme der Stadt der Roten Armee zu überlassen

Wilna, 20. 9. 1939: Obwohl am Stadtrand die Kämpfe gegen polnische Truppen immer wieder aufflammen, zieht die Rote Armee in die Stadt ein

einige Angriffsversuche, die abgewehrt wurden, wobei der Feind beträchtliche Verluste erlitt. Unsere Einheiten führten südlich von Praga einen Vorstoß durch und warfen den Gegner aus dem Vorfeld.

Der Angriff des Generals Sosnkowski
20. September 1939, London. Die Agentur Reuter teilt mit:

Mit großer Genugtuung wird in der Londoner Presse die Tatsache vermerkt, daß der Angriff von General Sosnkowski bei Lemberg die gegen die Stadt anstürmenden Deutschen weit zurückgeworfen hat.

Brest-Litowsk – Siegesparade
Kriegsberichterstatter K. Frowein:

Unter der Reichskriegsflagge, die im Winde eines frischen Herbsttages flatterte, standen der deutsche und der russische General. Jubel der Menschen kündigte das Nahen der ersten russischen Truppen an. Dann hörte man das vielfache Rasseln der Raupenketten, der erste Panzer tauchte auf, mit Blumen über und über bedeckt. Das deutsche Musikkorps, das neben einem russischen gegenüber der Tribüne sich aufgestellt hatte, intonierte einen deutschen Marsch.
Es war ein Bild von seltener Eindringlichkeit, wie die großen Panzer, genau ausgerichtet, mit knatternden Motoren und zuckenden Auspuffflämmchen an dem deutschen Musikkorps vorüberrasselten . . .
Dann übergab der deutsche General mit kurzen militärischen Worten im Auftrag des Führers Stadt und Festung Brest-Litowsk an den Russen. Die beiden reichten sich die Hand. Die Augen richteten sich auf den Fahnenmast, an dem die Reichskriegsflagge eingeholt und die Fahne des Rätebundes gehißt wurde.
Für kurze Augenblicke standen wir und grüßten Brest-Litowsk, von deutschen Waffen erkämpft, war an seinen rechtmäßigen Besitzer zurückgegeben . . . Sie alle, die den weiten Platz säumten, Soldaten aller Waffengattungen und Dienstgrade, hatten den Polenfeldzug vom ersten Tag an mitgemacht . . .
Für sie war dieser Händedruck von Brest-Litowsk, dessen Zeugen sie wurden, das Symbol der freundschaftlichen Begegnung zweier Völker.
Deutschland und Rußland, das sagte dieser Händedruck, vereinigen sich, um gemeinsam die Geschicke Osteuropas zu bestimmen, was hier geschieht . . .
Völkischer Beobachter, 22. 9. 1939

Brest-Litowsk, 22. 9. 1939. Siegesparade. In der Mitte General Guderian, rechts Panzerbrigade-Kommandeur Kriwoschein: »Die Sowjetunion konnte nicht zusehen, wie sich die Hitlerschen Truppen den wichtigen Lebenszentren des Landes näherten. Am 17. 9. 1939 marschierte die Rote Armee . . . in die Gebiete der Westukraine und Bjelorußlands ein und versperrte den Aggressoren den Weg.« Aus: »Skizzen zur Geschichte der Sowjetunion«, Hrsg. Botschaft der UdSSR, Bonn 1960, S. 52ff.

Deutsche Militärmission in Moskau
20. September 1939, Moskau. Die Agentur Havas meldet:

Vier deutsche Offiziere sind gestern aus Königsberg mit dem Flugzeug in Moskau eingetroffen. Man glaubt, daß sie Besprechungen mit dem sowjetischen Generalstab zur Regelung technischer Fragen haben werden, die sich aus der Fühlungnahme zwischen den sowjetischen und deutschen Truppen in Polen ergeben. Der deutsche Militärattaché, General Köstring, ist bereits vorher angekommen.

Graf v. d. Schulenburg an das Auswärtige Amt
20. September 1939, 2.23 Uhr, Moskau. Telegramm (Geheim):

Molotow erklärte mir heute, daß die Sowjetregierung den Zeitpunkt nunmehr für gekommen halte, um gemeinsam mit der Deutschen Regierung endgültig Gestaltung des polnischen Raumes festzulegen. Dabei ließ Molotow durchblikken, daß bei der Sowjetregierung und bei Stalin persönlich ursprünglich vorhandene Neigung, ein restliches Polen bestehen zu lassen, jetzt der Tendenz gewichen ist, Polen entlang der Linie Pissa–Narew–Weichsel–San aufzuteilen. Die Sowjetregierung wünscht, hierüber sofort in Verhandlungen einzutreten und sie in Moskau zu führen, da solche Verhandlungen sowjetischerseits von höchsten leitenden Persönlichkeiten geführt werden müssen, die Sowjetunion nicht verlassen können. Erbitte Drahtanweisung.
Schulenburg

Gemeinsames Vorgehen gegen die polnische Armee
20. September 1939. Geheimes Protokoll zwischen dem Volkskommissar für Verteidigung der UdSSR und den Vertretern des deutschen Oberkommandos des Heeres:

Nicht zu veröffentlichen!

Protokoll
Am 20. September 1939, um 16.20 Uhr, fand eine Unterredung des Volkskommissars für Verteidigung der UdSSR, Marschall der Sowjetunion Woroschilow, und des Chefs des Generalstabes der Roten Armee, Armeekommandeur 1. Ranges Schaposchnikow, mit den Vertretern des deutschen Oberkommandos, und zwar General Köstring, Oberst Aschenbrenner und Oberstleutnant im Generalstab Krebs statt, die zu folgender Übereinkunft führte:

§ 1.
Die Truppenteile der Roten Armee bleiben auf der Linie, die sie am 20. 9. 39 bis 20.00 Uhr erreicht haben, halten und setzen ihre Bewegung nach Westen mit Tagesanbruch des 23. Septembers 1939 von neuem fort.

§ 2.
Die Truppenteile der deutschen Armee werden, vom 22. September an beginnend, in der Weise zurückgeführt, daß sie in Tagesmärschen von ungefähr 2o km ihren Abmarsch beenden:
auf das westliche Ufer der Weichsel bei Warschau am 4. Oktober abends und bei Demblin am 3. Oktober abends, auf das westliche Ufer der Pissa am

Grodno, Der Eroberer von Grodno, W. I. Tschuikow, feiert den Sieg im Kreise höherer deutscher Offiziere mit einer Flasche polnischem Wodka

28. September abends, auf das westliche Ufer des Narew bei Ostrolenka am 30. September abends und bei Pultusk am 4. Oktober abends, auf das westliche Ufer des San bei Przemysl am 27. September abends und bei Sanok und südlich am 29. September abends.

§ 3.

Die Bewegungen der Truppen beider Armeen sollen in der Weise organisiert werden, daß zwischen den Vorhuten der Roten Armee und den Nachhuten der Deutschen Armee eine Entfernung von durchschnittlich bis zu 25 km liegt. Beide Seiten organisieren ihre Bewegungen in der Weise, daß die Truppenteile der Roten Armee erreichen: das östliche Ufer der Pissa am 29. September abends, das östliche Ufer des Narew bei Ostrolenka am 1. Oktober abends und

News Chronicle, London, 20. 9. 1939: Seitenwechsel, »Hör mal, Genosse, was bedeutet ›Lebensraum‹ auf Russisch?«

bei Pultusk am 5. Oktober abends, das östliche Ufer der Weichsel bei Warschau am 5. Oktober abends und bei Demblin am 4. Oktober abends, das östliche Ufer des San bei Przemysl am 28. September abends und bei Sanok und südlich am 30. September abends.

§ 4.

Alle Fragen, die bei der Übergabe der Gebiete, Orte, Städte und dergleichen durch die Deutschen Armeen und bei ihrer Übergabe durch die Rote Armee auftauchen könnten, werden durch Vertreter beider Seiten an Ort und Stelle entschieden, zu welchem Zweck auf jeder Marschstraße beider Armeen besondere Verbindungskommandos abgestellt werden.
Zur Vermeidung etwaiger Provokationen und Sabotageakte durch polnische Banden und dergleichen wird das Deutsche Kommando zur Sicherung der Städte und Orte, die an Truppenteile der Roten Armee übergeben werden sollen, die notwendigen Maßnahmen treffen und seine besondere Aufmerksamkeit darauf richten, daß Städte und Ortschaften sowie wichtige militärische Verteidigungs- und Wirtschaftsanlagen (Brücken, Flugplätze, Kasernen, Depots, Eisenbahnknotenpunkte, Bahnhöfe, Telegraph, Telephon, Elektrizitätswerke, rollendes Eisenbahnmaterial und dergleichen) sowohl in Ortschaften als auch zwischen solchen vor Beschädigung oder Vernichtung bis zur Übergabe an Vertreter der Roten Armee geschützt werden.

§ 5.

Falls deutsche Vertreter beim Kommando der Roten Armee Hilfeleistung anfordern zwecks Vernichtung polnischer Truppenteile oder Banden, die sich auf dem Marschwege kleiner deutscher Truppenteile befinden, wird das Kommando der Roten Armee (die Führer der Kolonnen) erforderlichenfalls die zur Vernichtung der auf dem Marschwege befindlichen Widerstände nötigen Kräfte zur Verfügung stellen.

§ 6.

Bei der Rückwärtsbewegung der Deutschen Truppen nach Westen darf die deutsche Luftwaffe nur bis zur Linie der Nachhuten der deutschen Truppen in einer Höhe von nicht mehr als 500 m fliegen. Die Luftwaffe der Roten Armee darf beim Vorgehen nach Westen nur bis zur Linie der Vorhuten der Roten Armee in einer Höhe von nicht mehr als 500 m fliegen.
Nach Besetzung der endgültigen Demarkationslinie entlang den Flüssen Pissa, Narew, Weichsel, San von der Mündung bis zu den Quellen durch beide Armeen überfliegen die Luftwaffen beider Armeen die oben bezeichnete Linie nicht mehr.

Marschall der Sowjetunion
(K. Woroschilow)
Armeekommandeur 1. Ranges
(B. Schaposchnikow)

General
(Köstring)
Oberst d. Luftwaffe
(Aschenbrenner)
Oberstlt. i. G.
(Krebs)

Moskau, den 21. September 1939, 4.00 Uhr.

F. d. R. d. Abschrift
Köstring
Generalleutnant.

Raum Zamosc, 20. 9. 1939: Lagebesprechung bei einem sowjetischen Korpskommando, in der Mitte ein Oberst der Roten Armee

Waffenhilfe

20. September 1939. Aus dem Tagebuch des VII. Armeekorps:

»Als Reste der polnischen Armee aus dem Kampfraum um Labunie immer wieder nach Westen drängten und den Rückmarsch der Divisionen auf die erste deutsch-russische Demarkationslinie bedrohlich störten, entsandte das Korps einen Artilleriekommandeur als Parlamentär zu den Russen. Er sollte ihnen die Grüße des deutschen Heeres überbringen und Fühlung aufnehmen.
Am Stadteingang von Zamosc wartete ein Reiter in Zivil mit roter Armbinde: ein Pole in russischen Diensten. Er führt, im Galopp vorausreitend, die deutschen Unterhändler zu einem russischen Stab, der im hochgebauten, strahlendweißen Rathaus sein Quartier aufgeschlagen hat . . . Der Oberst überreicht eine in russischer Sprache gedruckte Begrüßungsansprache. Aufmerksam liest sie der Kommissar, dankt erfreut in seinen Entgegnungsworten, gibt aber bekannt, daß das russische Korpskommando nicht in Zamosc, sondern drei Wegstunden entfernt in einem Dorfe läge . . . Nach freundlichem Abschied geleiten nun mehrere russische Offiziere mit Kraftwagen die Deutschen zum General.
Ein Vorfall während der Fahrt ist bezeichnend für die neue deutsch-russische Freundschaft. Als es nämlich zu regnen beginnt, laden die Russen die deutschen Unterhändler sofort in liebenswürdiger Weise ein, in ihrem geschlossenen Wagen Platz zu nehmen . . .
Ein junger, blondhaariger Offizier empfängt die deutschen Offiziere und führt sie zum General. Der Empfang ist herzlich. Der Kommandierende bringt schon mit den ersten Worten seine Freude zum Ausdruck über den Abschluß des

↓ Chyrow, 21. 9. 1939: Rückzug der deutschen Truppen an die mit den Sowjets vereinbarte Demarkationslinie. Man muß sich zu helfen wissen

↘ Lemberg, Vorstadt Lyczakow, 21. 9. 1939: Oberstleutnant i.G. Pemsel, Ia der 1. Gebirgsdivision, die vergeblich versucht hat, Lemberg zu erobern, fährt zwecks Übergabe der Stellungen zum sowjetischen Oberkommando. Rechts im Bild ein Oberpolitruk der Panzerbrigade

deutsch-russischen Paktes. Für den Wunsch um Waffenhilfe hat er volles Verständnis. Er verspricht jede nur mögliche Unterstützung . . .
Dann lädt der General den deutschen Obersten und seine Begleiter zum Essen ein. Doch bevor man sich, nach angeregtem Gespräch, in den Speiseraum begibt, verbindet der russische Kommandierende seine beiden Hände zu einem Händedruck und meint: ›Rußland und Deutschland zusammen, das ist der garantierte Friede Europas!‹ . . .«

Schlacht im Weichselbogen

Donnerstag, 21. September 1939. Das Oberkommando der Wehrmacht gibt bekannt:

Noch immer ist das Ergebnis der Schlacht im Weichselbogen nicht in vollem Maße zu übersehen . . .
Im Süden haben sich nach hartem Kampf bei Zamosz und Tomaszow starke polnische Kräfte den deutschen Truppen ergeben, darunter der Oberbefehlshaber der polnischen Südarmee . . .
Widerstand wird jetzt nur noch in Warschau und Modlin, südostwärts Warschau bei Gora Kalwarja und auf der Halbinsel Hela geleistet . . .

Zäher Widerstand in Warschau

21. September 1939, Warschau. Die Agentur Havas meldet:

Der Warschauer Sender Nr. 2 gab am Donnerstag, 20.30 Uhr, bekannt, daß die deutsche Luftwaffe das Rotkreuzspital bombardiert habe, obschon es ein deutlich sichtbares Erkennungszeichen trug.
Oberstleutnant Lipinski erklärte: »Der Widerstand der Garnison von Warschau verstärkt sich von Stunde zu Stunde. Alle Angriffe, die seit zwei Tagen unternommen wurden, sind abgewiesen worden. Die Tapferkeit unserer Soldaten kennt keine Grenzen. Sie stürzen sich gegen die feindlichen Panzer, springen auf die Panzerwagen und entwaffnen ihre Insassen. Die Solidarität und die Geschlossenheit der Warschauer Bevölkerung sind für die Soldaten eine kostbare Hilfe.«

Siegreicher Vormarsch der Roten Armee

21. September 1939. Das Oberkommando der Roten Armee teilt mit:

Im Laufe des 20. September haben Abteilungen der Roten Armee die polnischen Truppen weiter in die Enge getrieben und bis zum Ende des Tages besetzt:
Im Norden (westliches Weißrußland) die Stadt Grodno, im Süden (Westukraine) die Städte Kowel und Lemberg. In der Zeit vom 17. bis 20. September haben die Truppen der Roten Armee drei polnische Infanteriedivisionen entwaffnet, ferner zwei Kavalleriebrigaden und zahlreiche kleinere Gruppen der polnischen Armee.
Es wurden nach bei weitem nicht vollständigen Angaben über 60000 Soldaten und Offiziere gefangengenommen. Die Befestigungsanlagen von Wilna, Baranowitschi, Molodetschno und Sarny wurden mit voller Ausrüstung, Artillerie und Munition erobert. Unter dem zahreich erbeuteten Kriegsmaterial befanden sich nach bisherigen Schätzungen 280 Geschütze und 1200 Flugzeuge. Die Zählung der Beute wird fortgesetzt.

Polnische Regierung in Rumänien interniert
21. September 1939, Czernowitz. »Corriere della Sera« meldet:

In rumänischen Kreisen verlautet, daß die nach Rumänien geflohene polnische Regierung, einschließlich des Präsidenten Moscicki, während der Dauer des Krieges in Rumänien interniert bleibt.

Die Rote Armee in Ostpolen
21. September 1939, Budapest. Die ungarische Agentur MTJ berichtet:

Bis heute morgen sind an der polnisch-ungarischen Grenze weder deutsche noch sowjetische Truppen erschienen. Gestern abend versahen an verschiedenen Übergängen der Karpaten polnische Grenzwachen noch ihren normalen Dienst. Dagegen ist die ehemalige polnisch-rumänische Grenze bereits in ihrer ganzen Länge von sowjetischen Truppen besetzt.

Polnisches Unterseeboot in der Ostsee
21. September 1939, Stockholm. United Press meldet:

Der Leuchtturmwächter einer kleinen Insel östlich von Stockholm sichtete heute ein kleines Boot, in dem sich zwei Personen befanden. Es stellte sich heraus, daß es sich um zwei der estnischen Wachen handelte, die bei der Flucht des polnischen Unterseebootes »Orzel« von dessen Besatzung überwältigt und mitgenommen worden waren. Die beiden Esten wurden an Bord der »Orzel« als Gefangene gehalten und ausgebootet, als das U-Boot die offene See erreichte. Sie ruderten dann zur schwedischen Küste hinüber.
Eine Anzahl sowjetischer Kriegsschiffe ist noch immer auf der Suche nach »Orzel«, von dem bisher jede Spur fehlt.

Im besten Einvernehmen
Freitag, 22. September 1939. Das Oberkommando der Wehrmacht gibt bekannt:

Die Bewegung der deutschen und russischen Truppen auf die vereinbarte Demarkationslinie vollzieht sich planmäßig und im besten Einvernehmen. Bei Lemberg wurden die dort kämpfenden deutschen Truppen durch russische Verbände abgelöst . . .
Mehrere polnische Ausbruchsversuche aus Praga wurden abgewiesen . . .
170 Angehörige des diplomatischen Korps und 1200 sonstige Ausländer konnten gestern Warschau auf dem von den deutschen Kommandobehörden bestimmten Wege verlassen.

Offiziersbanden liquidiert
22. September 1939. Das Oberkommando der Roten Armee teilt mit:

Am 21. September hat sich die Rote Armee auf der am Vorabend erreichten Linie gefestigt. Sie säuberte die von ihr im westlichen Weißrußland und in der Ukraine, südlich der Linie Kobryn–Luninez, besetzten Gebiete von polnischen Truppen. Donnerstagabend, 19.00 Uhr, hat die Rote Armee die Stadt Pinsk besetzt und die Gegend um Lemberg und Sarny von den dort befindlichen Offiziersbanden gesäubert.

Raum Wyszkow, 22. 9. 1939: Hitler und Generaloberst Keitel inspizieren einen zerbombten polnischen Panzerzug

Den Truppen folgt die Polizei
22. September 1939, Berlin. Das DNB berichtet:

In einem deutschen Dorf am Rande der Tucheler Heide trafen wir berittene deutsche Polizei. Wir erkannten die repräsentativen Berliner Schimmelreiter, die im Frieden der Unter den Linden aufziehenden Wache den Weg freihielten. Sie verfolgten eine Bande polnischer Marodeure, der es gelungen war, in den fast undurchdringlichen Forsten zwischen Graudenz, Konitz und Bromberg sich allen, zunächst flüchtigen, Säuberungsaktionen zu entziehen.
In dem Gebäude der ehemaligen Starostei arbeitet der Einsatzstab des Befehlshabers der Ordnungspolizei beim Armeeoberkommando. Wir erfahren von den Aktionen im Bromberger Gebiet, wo ein Polizei-Bataillon im Verein mit den Kameraden der Sicherheitspolizei eingesetzt war und marodierende polnische Banden unschädlich machte, und wir konnten feststellen, daß den unmenschlichen polnischen Mordtaten überall die Strafe auf dem Fuße folgte. Auch im Posener Gebiet hielten nach dem weiteren Vorrücken der deutschen Truppen polnische Banden ihre Zeit für gekommen; sie wurden jedoch von den dort eingesetzten Polizei-Bataillonen vernichtet. Um Tschenstochau wurden Insurgententrupps in zahlreichen Einzelaktionen niedergekämpft. In Ostoberschlesien mußte die Säuberung besonders sorgfältig und nachhaltig vor sich gehen.
Überall, vor allem in Kattowitz und Bendzin, auch in Krakau, wurden Plünderungsversuche polnischer, stark mit Juden durchsetzter Banden niedergeschlagen. In Sosnowitz machten die Polizei-Bataillone mit Insurgenten und Dachschützen nach Straßenkämpfen und Hausdurchsuchungen kurzen Prozeß. Mancher deutsche Polizeimann hat bei diesen Einzelkämpfen im feindlichen Hinter-

land den Heldentod gefunden. Offiziere, vor kurzem der Generalinspekteur der deutschen Gendarmerie, Generalmajor der Ordnungspolizei Roettig, und viele Männer wurden feige aus dem Hinterhalt niedergeschossen.

Offiziersbanden in Tarnopol zerschlagen

22. September 1939, Moskau. »Iswestija« meldet:

Die Panzer begannen den Angriff so überraschend, daß es gelang, sehr schnell den südöstlichen Stadtteil einzunehmen. Während der Kämpfe um Tarnopol schossen polnische Offiziere von den Speichern, aus den Fenstern und warfen Granaten auf unsere Panzer. Die Panzerbesatzungen stießen auf harten Widerstand des Gegners, der sich in den schmalen Gäßchen verschanzt hatte. Den Polen gelang es sogar, eine Panzerabteilung einzukreisen und die Kampfwagen von ihrem Verband abzuschneiden. Sie bezogen daraufhin die Stellungen in der Hauptstraße und beschossen die Offiziere, die von den Dächern aus die Panzer mit einem Kugelhagel und Granaten belegten.

Ermordung des Generals Olszyna-Wilczynski (Oberbefehlshaber des Korpsbezirks III Grodno) bei Sopockino

22. September 1939. Frau Alfreda Olszyna-Wilczynski berichtet:

Wir fuhren vielleicht fünf Minuten, als wir in der Ferne vor uns zwei sowjetische Panzer erkannten. Vor und hinter uns hörten wir Gewehrschüsse. Es gab kein Umkehren mehr. Die Straße war schlecht und durch mehrtägigen Sturzregen aufgeweicht. Noch bevor der Fahrer den Gang wechseln konnte, umsprangen den schweren, langen Wagen (Buick) sowjetische Soldaten mit Handgranaten und schußbereiten Gewehren und schrien: »Anhalten, sofort aussteigen«. Sich widersetzen oder aussteigen, das war gleich, denn es geschah alles so blitzschnell, daß eine Verteidigung aus dem Auto heraus völlig ausgeschlossen war. Zuerst stieg der Hauptmann aus, dann ich und zum Schluß mein Mann, der Chauffeur und die Ordonnanz. Sofort wurden wir umringt. Sie nahmen uns sämtliche Kleider weg, das Geld und alle Kleinigkeiten, sogar ein defektes Feuerzeug des Hauptmanns. Nach der Ausplünderung fragten sie mehrmals meinen Mann, wer er sei und was er angeführt hätte. Danach befahlen sie ihm und dem Adjutanten, nach links zu den Panzern zu gehen, und mir, rechts die nahe liegende Scheune aufzusuchen. Ich wollte meinen Mann nicht allein lassen und bat beide Kommissare, uns nicht zu trennen. Sie reagierten jedoch nicht darauf und befahlen mir, endlich in die Scheune zu gehen. Es könnte keine Rede davon sein hierzubleiben, außerdem – fügte einer hinzu – befänden sich in der Scheune schon mehrere Flüchtlinge. Ich lief jedoch schnell zu meinem Mann, umarmte und küßte ihn und ging dann, um die Situation durch mein Widerstreben nicht zu verschärfen, in Richtung Scheune, im Rücken einen Soldaten mit schußbereitem Gewehr. Nach einigen Minuten hörte ich das Knattern eines Maschinengewehrs, danach war es still. Kurz darauf brachte mir ein sowjetischer Soldat den Koffer meines Mannes, mit einer Generalsschnur zusammengebunden. Auf meine Frage, wo meine Koffer wären, antwortete er höhnisch, sie seien im Auto, und verließ die Scheune. Und wieder hörte man Schüsse. Es wurde mir nicht erlaubt, nach draußen zu gehen. Die Flüchtlinge sagten mir, daß man ihnen bei Todesstrafe verboten habe, die Scheune zu verlassen . . . Plötzlich wurde es ganz still, nur von weitem war das Geräusch der abfahrenden Panzer zu hören. Trotz der Warnungen lief ich aus der Scheune

General Josef Olszyna-Wilczynski

und sah schon von weitem die dunklen Flecken auf dem Boden unter den Sträuchern . . . Ich lief schnell durch den Morast, hinter mir rannte jemand aus der Scheune. Ich sah zwar meinen Mann und seinen Adjutanten dort liegen, aber ich hatte die Hoffnung, daß er vielleicht noch leben würde und nur verwundet sei. Der Anblick, der sich mir bot, war so erschreckend, daß mir fast die Kräfte versagten. Vor meinen Augen begann sich alles zu drehen . . . Dann ging ich näher heran, prüfte seinen Herzschlag und den Puls, obwohl mir bewußt war, daß dies vergeblich sei. Sein Körper war noch warm, aber er lebte nicht mehr . . . Ich begann fieberhaft nach irgendeiner Kleinigkeit zu suchen, als Erinnerung an ihn, aber in seinen Taschen befand sich nichts mehr. Man hatte ihm sogar sein Virtuti-Militari-Kreuz sowie ein Medaillon mit dem Mutter-Gottes-Bildnis geraubt, das ich ihm am ersten Kriegstag in die Tasche gesteckt hatte.

v. Ribbentrop an Graf v. d. Schulenburg

Sonnabend, 23. September 1939, 3.40 Uhr, Berlin. Telegramm (Geheim):

Auch wir halten nunmehr den Zeitpunkt für gekommen, um mit der Sowjetregierung gemeinsam die endgültige Gestaltung des polnischen Raumes vertraglich niederzulegen. Die russischen Gedankengänge einer Grenzziehung entlang der bekannten Vierflußlinie decken sich im allgemeinen auch mit der Auffassung der Reichsregierung. Es war meine Absicht ursprünglich, Herrn Molotow zur Niederlegung dieses Vertrages nach Deutschland einzuladen. In Anbetracht des von Ihnen gemeldeten Umstandes, daß die dortigen leitenden Persönlichkeiten die Sowjetunion nicht verlassen können, sind wir mit den

Lemberg, Vorstadt Bogdanowka, 22. 9. 1939, das Tauziehen um die Stadt geht weiter: Ein polnischer Hauptmann bestätigt den Empfang der Kapitulationsbedingungen

Verhandlungen in Moskau einverstanden. Entgegen meiner ursprünglichen Absicht, Sie mit diesen Verhandlungen zu betrauen, habe ich mich entschlossen, selbst nach Moskau zu fliegen. Dies insbesondere auch deshalb, weil im Hinblick auf die mir vom Führer gegebene Generalvollmacht und die dadurch mögliche Ausschaltung von Rückfragen usw. die Verhandlungen schneller zum Abschluß geführt werden können. Im Hinblick auf die allgemeine Lage wird sich mein Aufenthalt in Moskau höchsten auf einen bis zwei Tage beschränken müssen. Ich bitte, die Herren Stalin und Molotow aufzusuchen und mir einen baldmöglichen Terminvorschlag zu telegraphieren.

Ribbentrop

Lemberg genommen

23. September 1939. Das Oberkommando der Wehrmacht gibt bekannt:

Lemberg ergab sich gestern den bereits im Abmarsch befindlichen deutschen Truppen. Übergabeverhandlungen sind im Einvernehmen mit den am Ostrand der Stadt stehenden sowjet-russischen Truppen im Gange . . .
Nach heftigem Kampf mit einem sich verzweifelt wehrenden Gegner gelang es gestern, die Süduferstraße an der Weichsel zwischen Modlin und Warschau zu überschreiten und damit beide Städte getrennt abzuriegeln . . .

Tagesparole des Reichspressechefs:

23. September 1939:

Weder in eigenen Stellungnahmen noch durch Übernahme ausländischer Stimmen ist auf die Passivität der Engländer Frankreich gegenüber (militärische Unterstützung Frankreichs usw.) einzugehen . . .

Lemberg erobert

23. September 1939. Das Oberkommando der Roten Armee teilt mit:

Am 22. September haben die Truppen der Roten Armee, die im westlichen Weißrußland operieren, die Stadt Bialystok sowie die Festung Brest-Litowsk besetzt und dann die Säuberung des Waldgebietes von Augustow, nordwestlich von Grodno, von den Resten des polnischen Heeres begonnen. In der Westukraine haben die Truppen der Roten Armee, denen die Operationen zur Liquidierung des polnischen Heeres übertragen sind, das Gebiet von Sarny von Offiziersbanden gesäubert. Bei der Liquidierung des Widerstandes der Abteilungen der polnischen Armee im Gebiet von Lemberg haben sich heute sechs polnische Infanteriedivisionen und zwei einzelne Schützenregimenter den Truppen der Roten Armee ergeben, an ihrer Spitze der General Langner. Nach unvollständigen Angaben wurden in der Zeit vom 17. bis 21. September an Soldaten und Offizieren des polnischen Heeres 120000 Gefangene gemacht, 380 Geschütze und 1400 Maschinengewehre erbeutet.

Kämpfe bei Wilna

23. September 1939, Moskau. Die »Prawda« meldet:

Im nordöstlichen Teil von Wilna empfingen die Polen die Panzerkolonne der Roten Armee mit Artilleriefeuer. Es entbrannte ein heftiger Kampf, der sich über mehrere Stunden hinzog. Eine der Brücken über die Wilija war mit

Lastkraftwagen verbarrikadiert. Von hier aus eröffneten die Polen das MG-Feuer. Von zahlreichen Punkten aus hörte man die von polnischen Offiziersbanden entfachten Schießereien. In der Ortschaft Nowa Wilejka verschanzte sich eine polnische Ulanen-Schwadron. Dort wurde sie jedoch von Rotarmisten und Panzern restlos zerschlagen.

Graf v. d. Schulenburg an das Auswärtige Amt
23. September 1939, Moskau. Telegramm (Geheim):

. . . Sowjetregierung begrüßt beabsichtigten Besuch des Herrn RAM. Im Hinblick auf große Bedeutung und außerordentliche Wichtigkeit der Frage glaubt Sowjetregierung einiger Tage der Überlegung und Vorbereitung zu bedürfen . . .
Schulenburg

Rückzug zur Demarkationslinie
Sonntag, 24. September 1939. Das Oberkommando der Wehrmacht gibt bekannt:

Die Bewegungen der deutschen Truppen auf die Demarkationslinie wurden auf der gesamten Ostfront planmäßig fortgesetzt.
Im Raume Tomaszow–Zamosc–Rudko wurden abgesprengte Feindkräfte bei dem Versuch, sich nach Süden durchzuschlagen, zum Kampfe gestellt . . .
Im Westen an einzelnen Stellen verstärktes Artilleriefeuer . . .

Vormarsch zur Demarkationslinie
24. September 1939. Das Oberkommando der Roten Armee teilt mit:

Die Truppen der Roten Armee haben am Morgen des 23. September den Vormarsch in Richtung auf die Demarkationslinie begonnen, die von der deutschen und der sowjetischen Regierung festgelegt worden ist. Sie besetzten die Städte Stryj und Gorodok und sind auf der Linie westlich von Bialystok bis Brest-Litowsk–Kowel–Wladimir Wolynskij–Lemberg weiter vorgerückt. Im Verlauf der Operationen zur Säuberung der Gebiete der Westukraine und des westlichen Weißrußland haben die Truppen der Roten Armee kleinere Abteilungen des polnischen Heeres nordwestlich von Grodno und nordöstlich von Brest-Litowsk aufgerieben. Nach unvollständigen Angaben wurden am 22. Spetember bei der Liquidierung einer Gruppe des polnischen Heeres

Westlich von Lemberg, 24. 9. 1939: deutsche Truppen auf dem Rückmarsch zur Demarkationslinie

Warschau, Königsschloß: Die Feuerwehr versucht vergeblich, das nach deutschem Artilleriebeschuß in Flammen stehende Baudenkmal zu retten

nordöstlich von Kowel über 8000 Soldaten und Offiziere gefangengenommen sowie 2000 Pferde und einige Eisenbahntransporte mit verschiedenem Kriegsmaterial erbeutet.

Pariser Pressestimmen
24. September 1939, Paris. Die Agentur Havas berichtet:

Während der Widerstand Warschaus die ganze Tapferkeit des polnischen Soldaten zeigt und die Bewunderung Frankreichs findet, erscheint der Eroberungszug Hitlers in Polen in seinem Ergebnis wenig ruhmreich. Der Mann, der den Bolschewismus hinter den Ural zurückwerfen wollte, ruft ihn heute bis an die Tore Mitteleuropas. Die deutsche Teilung Polens, gemeinsam mit den Sowjets, wird, ob sie nun durch militärische Gründe bestimmt war oder nicht, von der Geschichte scharf verurteilt werden. Hitler führt Stalin an die Grenzen Ungarns und damit zum erstenmal das sowjetische Slawentum bis ins Donaubecken.

Starke Luftangriffe auf Warschau
24. September 1939, Warschau. Die Agentur Havas meldet:

Das Kommando der Warschauer Verteidigung gab am 23. September abends folgendes Kommuniqué aus:
Am Samstag haben die Deutschen das Zentrum der Stadt besonders heftig bombardiert. Mehr als tausend Zivilisten wurden getötet. Im Osten der Stadt wurden durch die schwere Artillerie zahlreiche Gebäude zusammengeschossen.

In der Gegend von Modlin wird hartnäckig gekämpft. Die Verteidigung Warschaus und Modlins wird fortgesetzt.

Der Rückzug dauert an

Montag, 25. September 1939. Das Oberkommando der Wehrmacht gibt bekannt:

Im Osten vollzogen sich die Bewegungen der deutschen Truppen auf die Demarkationslinie am 24. September überall reibungslos und im Einvernehmen mit den russischen Verbänden.
In wiederholtem Einsatz haben Sturzkampfflieger militärisch wichtige Ziele in Warschau mit Erfolg angegriffen.

Lage von Warschau am Abend des 24. 9. 1939: Trotz der bereits über zwei Wochen dauernden Belagerung hält der polnische Widerstand ungebrochen an. Weil die Deutschen einen verlustreichen Straßen- und Häuserkampf vermeiden wollen, beschränkt man sich bis jetzt auf Luftangriffe und Artilleriebeschuß

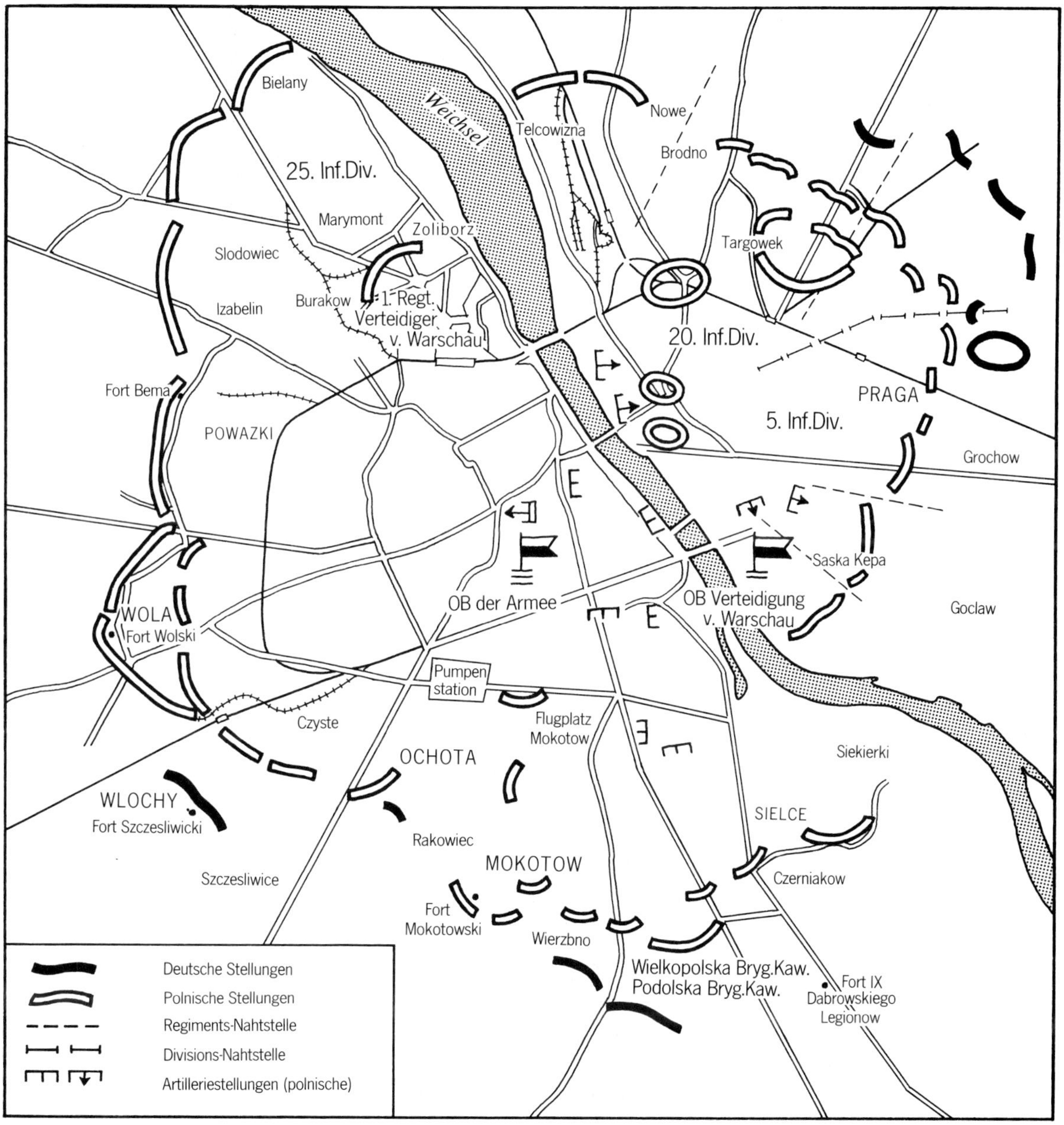

В Западной Белоруссии. На снимке слева: гродненский дружинник белорусс Петр Петушков—безработный, активно помог
младший командир тов. Леванчук и боец тов. Зибер с трофеями, захваченными в бою с бандой польских офицеров.

Iswestija, Moskau, 25. 9. 1939 (Orig.-Text): Im westlichen Weißrußland. Links: Einwohner von Grodno, Weißrusse Piotr Pietruszkow, ein Arbeitsloser, half aktiv den Rotarmisten während der Kämpfe um Grodno. Mitte: Die Bevölkerung von Bialystok begrüßt die sowjetischen Panzermänner. Rechts: Unterführer Genosse Lewanczuk und Soldat Zybier mit den Beutewaffen, die sie im Gefecht gegen eine polnische Offiziersbande eroberten

Im Westen an einzelnen Stellen Spähtrupp- und Artillerietätigkeit auf beiden Seiten . . .

Umfangreiche Säuberungsaktionen
25. September 1939. Das Oberkommando der Roten Armee teilt mit:

Der sowjetische Generalstab meldet, daß die sowjetrussischen Streitkräfte am 24. September auf ihrem weiteren Vormarsch in Richtung auf die Demarkationslinie die Städte Seiny, Augustow und Grubeschow besetzten und an der Linie Augustow–Knychin–Briansk–Rassno (20 km nordwestlich Briansks und 40 km nordwestlich von Brest-Litowsk)–Piszczac (20 km südwestlich von Brest-Litowsk)–Liuboml–Grubeschow–Unow–Janow (20 km nordwestlich von Lemberg) erschienen.
Im Südwesten von Lemberg wurden die Städte Komarno, Drohobycz und Borislaw besetzt. Bei ihren Säuberungsaktionen in den Gebieten West-Weißrußlands und der Westukraine von den letzten Resten der polnischen Armee entwaffneten die sowjetrussischen Streitkräfte bei der Auflösung einer polnischen Heeresgruppe südöstlich der Festung Brest-Litowsk mehr als 10000 Soldaten und Offiziere und nahmen sie gefangen. Im Süden und Südosten von Grubeschow wurden ein polnisches Infanterieregiment und die Einheiten einer motorisierten Brigade gefangengenommen.

Graf v. d. Schulenburg an das Auswärtige Amt
25. September 1939, 22.58 Uhr, Moskau. Telegramm (Geheim):

Stalin und Molotow ließen mich heute, 20.00 Uhr, in den Kreml kommen. Stalin vortrug folgendes: Bei der endgültigen Regelung der polnischen Frage müßte alles vermieden werden, was in Zukunft Reibungen zwischen Deutsch-

бойцам в бою за Гродно. В центре: население Белостока приветствует вступающих в город советских танкистов. Справа—
Фото П. Лидова и К. Девишева. (Доставлено на самолете летчиком тов. Михайловым).

land und Sowjetunion gebären könnte. Unter diesem Gesichtspunkt erscheine ihm die Belassung eines selbständigen Restpolens abwegig. Er mache nunmehr folgenden Vorschlag:
Von dem östlich der Demarkationslinie gelegenen Gebiet solle unser(em) Teil die gesamte Woiwodschaft Lublin und der Teil der Woiwodschaft Warschau bis zum Bug hinzugeschlagen werden. Dafür möchten wir auf Litauen verzichten.
Stalin bezeichnete diesen Vorschlag als Material für die bevorstehenden Verhandlungen mit Herrn Reichsaußenminister und hinzufügte, daß Sowjetunion im Falle unseres Einverständnisses sofort an die Lösung des Problems der baltischen Staaten gemäß Protokolls vom 23. August herantreten würde und dabei einwandfreie Unterstützung durch die deutsche Regierung erwarte. Stalin sprach ausdrücklich von Estland, Lettland und Litauen, erwähnte aber nicht Finnland.
Ich erklärte Stalin, ich würde meiner Regierung berichten.

Schulenburg

Sowjetische Parade in Brest-Litowsk

25. September 1939, Berlin. Das DNB meldet:

Bei der Fortsetzung der deutschen Truppenbewegungen auf die Demarkationslinie wurde in Brest-Litowsk . . . eine besonders feierliche Form der Ablösung gewählt.
An diesem militärisch bedeutsamen Punkt, an dem 1795 der russische General Suworow vor der dritten Teilung Polens das polnische Heer vernichtete, wurden nicht nur die Gefechtsabschnitte von den sowjetischen Truppen übernommen; vielmehr formierten sich hier die deutschen Truppenteile und diejenigen der Roten Armee zum Parademarsch und zogen unter Musik an den örtlichen militärischen Führern beider Heere vorüber.

Kampf gegen Offiziersbanden in Grodno
25. September 1939, Moskau. Die »Prawda« berichtet:

Der X-te-Verband der Roten Armee stößt auf starken Widerstand des Gegners. Die Polen versuchen mit allen Kräften, Grodno zu verteidigen. Sie haben die Njemen-Brücke, die zwei Stadtteile miteinander verbindet, in Brand gesteckt und das Feuer auf unsere Soldaten aus allen möglichen Verstecken, aus Fenstern und von den Dächern, eröffnet.
Der Kommandant, Genosse Petrow, hat trotzdem befohlen, die Stadt zu nehmen . . . Der Kampf war äußerst schwierig: In der Stadt befanden sich 3000 polnische Offiziere und Gendarmen. Die Offiziersbanden verschanzten sich im Fort, in der Kathedrale und in den Kasernen. Der Gegner verfügte über eine Vielzahl von Maschinengewehren, und es gab in manchen Häusern bis zu 13 Granatwerfern. Der Gegner vermied das offene Gefecht. Die Offiziersbanden wählten die niederträchtige Art, die Kämpfe aus dem Hinterhalt zu führen. Den größten Widerstand leisteten sie auf dem Friedhof und dem Gutshof Poniemun.
In der Nacht stießen unsere Abteilungen bis zur Kathedrale vor, die anderen Einheiten bis zu den Kasernen, wo ihnen starker Widerstand entgegenschlug. Einige Stützpunkte konnten wir nicht sofort einnehmen. Es mußten zuerst die Widerstandsnester in der Kathedrale vernichtet werden, um dann gemeinsam mit den Kräften der Infanterie und den Panzern vorgehen zu können.
Vom Abend des 20. September 1939 bis zum Mittag des nächsten Tages führten unsere Haubitzenabteilung und die Artillerie den Beschuß auf die Kathedrale, die Kasernen, das Wasserwerk und die Offizierssiedlung durch. Besonders heftig beschossen unsere Kanoniere die Kathedrale und die Festung. Während der Straßenkämpfe waren unsere Kommandanten das bevorzugte Ziel des Gegners. Mehrere vorbildliche Kommandanten fielen in dieser Schlacht. Im Laufe des Kampfes zeichneten sich besonders die Panzerkommandanten und deren Besatzungen aus, die von den Befehlshabern besonders gelobt wurden. Während unser erstes und zweites Bataillon in das Stadtzentrum vorstießen, sammelte der Gegner im Wald auf dem rechten Flußufer des Njemen eine Angriffsgruppe aus Offiziersbanden und warf sie gegen unsere Truppen. Unsere rechte Flanke und der Rücken waren jedoch durch MG-Rotten so gut geschützt, daß sich der Gegner mit erheblichen Verlusten zurückziehen mußte. Die Schlacht um Grodno bewies erneut die hohe Treffsicherheit unserer Rotarmisten. Ganz hervorragend arbeitete in schwierigen Situationen unser Aufklärungsdienst von Major K. Wedenskij von der Bialoruski Front.

Der deutsch-sowjetische Nichtangriffspakt
Kriegsberichterstatter T. Kallweit:

Mit dem Austausch der Ratifikationsurkunden des deutsch-sowjetischen Paktes ist nunmehr eine letzte Formalität erfüllt . . . Deutschland und die UdSSR haben tatkräftig zusammengewirkt, um schnell in dem Raum, der ihnen nach Natur und Geschichte zugewiesen ist, anstelle des Versailler Chaos' eine neue Ordnung zu schaffen und die dauernde Bedrohung des Friedens im Osten durch Polen zu beenden.
Die Festsetzung der Demarkationslinie in Polen hat weiter bewiesen, wie vertrauensvoll beide Mächte zusammenarbeiten und wie sich in diesem Geiste alle auftauchenden Fragen prompt und reibungslos erledigen. Denn ihr Verhältnis beruht auf einer Summe gleichlautender Interessen und schaltet völlig

jene Einflüsse aus, die vom Westen her darauf einzuwirken versuchen, Deutschland und die Sowjetunion in einen Konflikt zu verstricken . . .

Völkischer Beobachter, 25. 9. 1939

Die Sowjets in Galizien

25. September 1939, London. United Press berichtet:

Wie Radio Moskau mitteilt, ergreift die Bauernbevölkerung der polnischen Ukraine (Galizien) Besitz von den großen Landgütern und nistet sich in den Häusern ihrer früheren Gutsherren ein. Der Sprecher beschreibt dann, wie die Gutsbesitzer verhaftet wurden. Das rote Kommando hat ein Bauernbataillon gebildet, das die in den Wäldern und Sümpfen versteckten Gutsherren, die man in ihren Häusern angetroffen hat, aufspüren soll.

Diese Bauernbataillone setzen sich aus den ärmsten Bauern zusammen. Sie haben alle Vollmachten zur Festnahme sowohl der Grundherren als auch der Kulaken (Großbauern) und der reichen Geschäftsleute. In Rowno sollen die ärmeren Bevölkerungsklassen aufgefordert worden sein, bei der Durchsuchung der Häuser nach polnischen Gendarmen mitzuwirken.

Polnische U-Boote in Schweden

25. September 1939, Stockholm. »Svenska Dagbladet« meldet:

Am Montag suchte das polnische U-Boot »Zbik« mit 54 Mann an Bord in der Nähe von Stockholm Zuflucht in schwedischen Hoheitsgewässern . . . Das vor kurzem aus Reval entflohene U-Boot »Orzel« scheint noch immer in der Ostsee zu kreuzen. Da Polen insgesamt nur fünf U-Boote besaß, können die früheren deutschen Meldungen, die von der Versenkung mehrerer polnischer U-Boote sprachen, kaum zutreffend gewesen sein.

Erfolge bei Warschau

Dienstag, 26. September 1939. Das Oberkommando der Wehrmacht gibt bekannt:

Im Osten wurde die planmäßige Bewegung auf die Demarkationslinie fortgesetzt. Nur ostwärts des unteren San kam es noch zu kurzen Gefechten mit versprengten Feindteilen, wobei durch eine Panzerdivision 2000 Gefangene gemacht wurden.

Nachdem es trotz aller Bemühungen nicht gelungen ist, den polnischen Kommandanten von der Grausamkeit und Nutzlosigkeit einer Widerstandes in Warschau zu überzeugen, wurde gestern mit den Kampfhandlungen gegen die Stadt begonnen. In kühnem Handstreich wurde das Fort Mokotowski und anschließend ein Teil der Vorstadt Mokotow genommen . . .

Kampf in den Ruinen

26. September 1939, Warschau. Kommuniqué des Oberbefehlshabers der Warschauer Garnison:

Die Angriffe in der Nacht zum 25. September und am Tag darauf waren bis jetzt die schwersten für unsere Hauptstadt. Die Deutschen schritten systematisch zur Zerstörung Warschaus durch schwere Artillerie- und Luftangriffe. Von der Morgendämmerung an überflogen deutsche Flugzeuge in dichten Wellen die Stadt und warfen über dem Zentrum Bomben ab, wobei Hunderte von Bränden entstanden. Acht deutsche Flugzeuge wurden abgeschossen. Die vor Warschau stehenden polnischen Einheiten litten weniger als die Zivilbevölkerung, da die

Warschau, 25. 9. 1939: Fast den ganzen Tag über fliegt die Luftwaffe rollende Angriffe. Mehrere Stadtviertel stehen in Flammen. Links im Bild: Plac Zelaznej Bramy

Luftangriffe sich hauptsächlich gegen diese richteten, um ihre Moral zu erschüttern. Die Zahl der Opfer kann unmöglich geschätzt werden. Warschau besteht nur noch aus Ruinen. In mehreren Straßen ist der Verkehr wegen der Brände oder wegen der herumliegenden Trümmer fast oder ganz unmöglich.
Die eingeschlossene Festung Modlin verteidigt sich weiterhin tapfer. Die Warschauer Garnison hat einen Angriff im Frontabschnitt von Mokotow zurückgeschlagen. Die Garnison hält auf rauchenden Trümmern immer noch stand und verteidigt sich heldenhaft.

Weitere Teile Polens erobert
26. September 1939. Das Oberkommando der Roten Armee teilt mit:

Im Verlauf des 25. September haben die Truppen der Roten Armee in Fortsetzung ihres Vormarsches auf die Demarkationslinie die Städte Suwalki und Gonionds besetzt und die Linie Suwalki–Gonionds–Surash–Janow (30 km südwestlich von Brest-Litowsk)–Opalin–Dubenka (beide Punkte am Bug, 24–30 km südwestlich bzw. südlich von Cholm)–Komarow, Lawriko (15 km südöstlich von Rawa-Ruska), Podgajtschiki (25 km nordwestlich von Sambor)–Unjatytsche–Kosiow (50 km südwestlich von Stryj) erreicht. Im westlichen Weißrußland und in der Westukraine werden die Operationen zur Säuberung von den Resten der polnischen Truppen fortgesetzt.

»Ich bitte nicht um Hilfe«
26. September 1939. Aufruf des Stadtpräsidenten Starzynski über Radio Warschau:

Warschau brennt. Warschau, ununterbrochen aus der Luft und vom Erdboden bombardiert, verwandelt sich in eine Trümmerstätte. Wir haben kein Licht, wir haben kein Wasser, wir haben keine Lebensmittel. 60000 Gefallene, 100000 Verwundete, das ist das Resultat des schrecklichen Vernichtungswerkes der Angreifer. Heute haben die Deutschen zehn Waggons Munition auf Warschau abgeschossen . . . Zum letztenmal appelliere ich an unsere Bundesgenossen. Ich bitte nicht um Hilfe. Dazu ist keine Zeit mehr. Ich fordere Vergeltung. Für die eingeäscherten Kirchen, für die zerstörten Baudenkmäler, für die Tränen und das Blut der unschuldig Ermordeten, für die Qualen derjenigen, die, von Bomben zerrissen, vom Feuer der Phosphorgeschosse verbrannt, in den eingestürzten Schutzräumen und Kellern erstickt sind . . . Mögen alle Rundfunksender, vor allem die französischen Sender, die uns hören, der ganzen Welt wiederholen: Warschau kämpft. Noch ist Polen nicht verloren!

Warschau, 26. 9. 1939: Die Pferdekadaver bilden fast die einzige Fleischversorgungsquelle für die hungernde Bevölkerung der belagerten Hauptstadt. Hier die Pferdeskelette auf der Prachtstraße Nowy Swiat

Weisung des Oberbefehlshabers

26. September 1939, Craiova/Rumänien:

An General J. Rómmel: »Ich danke dem Herrn General sowie allen ihm unterstellten Offizieren und Soldaten für die heldenhafte Verteidigung Warschaus. Warschau muß sich so lange verteidigen, wie die Lebensmittelvorräte und Munition ausreichen.«

E. Rydz-Smigly, Marschall

Ribbentrop am Mittwoch in Moskau

26. September 1939, Moskau. Die Agentur TASS meldet:

Reichsaußenminister v. Ribbentrop trifft auf Einladung der sowjetischen Regierung am 27. September in Moskau ein, um mit der Regierung der UdSSR die sich aus den Ereignissen in Polen ergebenden Fragen zu prüfen.

Warschau kapituliert

Mittwoch, 27. September 1939. Das Oberkommando der Wehrmacht gibt bekannt:

Im Osten nähern sich unsere Truppen der mit der Sowjetregierung vereinbarten Demarkationslinie. Von den versprengten Teilen des polnischen Heeres, die sich noch zwischen den deutschen und vormarschierenden russischen Truppen befinden, wurde gestern östlich Bilgoraj die 41. polnische Division und 1. Kavallerie-Brigade gefangengenommen.

Wlochy, am Stadtrand von Warschau, 26. 9. 1939: eine Pak in der vorgeschobenen deutschen Stellung

Warschau, 26. 9. 1939: Soldaten und Zivilisten versuchen, die bereits bestehende Straßensperre zu verstärken

Die zu Beginn der Kampfhandlungen als offene Stadt angesehene und dementsprechend respektierte Hauptstadt Polens ist durch die Maßnahmen des Kommandanten, die Wiederinstandsetzung der alten Forts und die Bewaffnung von Teilen der Zivilbevölkerung, in eine Festung verwandelt worden. Der Angriff dagegen brachte gestern im Nordteil die erste, im Südteil die zweite Fortlinie in unseren Besitz. Unter dem Eindruck dieser Angriffe hat der polnische Kommandant heute Vormittag die Übergabe der Stadt und der Besatzung angeboten. Der Oberbefehlshaber des Heeres hat den General Blaskowitz beauftragt, die Übergabeverhandlungen zu führen. Die Luftwaffe griff militärisch wichtige Ziele in Modlin an.
Im Westen nur geringe Gefechtstätigkeit . . .

Weisungen des Befehlshabers der Verteidigung von Warschau
27. September 1939, 11.00 Uhr, Warschau:

Mit Wirkung vom 27. September 1939, 12.00 Uhr, befehle ich die völlige Einstellung der Kampfhandlungen. Sämtliche Minensperren müssen geräumt werden.

W. Czuma, gen.brig.

Waffenstillstand angeboten
27. September 1939, Warschau. Das Warschauer Verteidigungskommando meldet:

Warschau und Modlin verteidigen sich weiter hartnäckig gegen die deutschen Angreifer. Warschau hat am linken Ufer der Weichsel einen äußerst heftigen, dreistündigen Angriff durchstehen müssen. Es wurden 13 deutsche Flugzeuge abgeschossen, wodurch sich die Anzahl der in der Gegend von Warschau vernichteten deutschen Maschinen auf 106 erhöht.
Die Stadt ist fast völlig zerstört und wird weiterhin unter Feuer gehalten. Die Wasserwerke sind seit einigen Tagen beschädigt. Durch die ständigen Luftangriffe ist es äußerst schwer, der Zivilbevölkerung Hilfe zu bringen. Neun vollbesetzte Spitäler sind gleichfalls bombardiert worden, die historischen Denkmäler und Kirchen zertrümmert. Über der ganzen Stadt liegen Rauch- und Staubwolken, die den Atem behindern.
Infolge der hoffnungslosen Lage der Zivilbevölkerung, der enormen Schäden und des Wassermangels sowie der Gefahr von Epidemien hat das Verteidi-

gungskommando den deutschen Belagerungstruppen einen 24stündigen Waffenstillstand angeboten. Die Antwort ist noch nicht eingetroffen.

Erfolgreicher Vormarsch

27. September 1939. Das Oberkommando der Roten Armee teilt mit:

Die Truppen der Roten Armee haben ihren Vormarsch auf die Demarkationslinie gestern weiter fortgesetzt und dabei die Orte Ossowiec, Chelm, Zamosc, Rawa-Ruska, Sambor und Turka besetzt. Bei Zerschlagung der Reste des polnischen Heeres in den besetzten Gebieten wurden insgesamt 30000 Gefangene gemacht, davon allein 25000 im Abschnitt von Brest-Litowsk.

Versenkung eines sowjetischen Dampfers

27. September 1939, Moskau. Die Agentur TASS berichtet:

Heute gegen 18.00 Uhr hat in der Bucht von Narwa ein polnisches U-Boot den sowjetischen 400-Tonnen-Dampfer »Metallist« torpediert und zum Sinken gebracht. Von der 24 Mann starken Besatzung konnten 19 durch Patrouillenboote gerettet werden.

Dementi

27. September 1939, Reval. Die Agentur Elta meldet:

Wir dementieren die Nachricht der Agentur TASS vom 25. September, wonach das polnische U-Boot, das durch Täuschung der Wache aus Reval entkommen war, in Reval repariert und mit Brennstoff ausgerüstet worden sei, und daß ferner versteckte Flottenstützpunkte unweit der estnischen Küste fremden U-Booten Dienste leisten.

Modlin kapituliert

Donnerstag, 28. September 1939. Das Oberkommando der Wehrmacht gibt bekannt:

Im Osten hat die Masse unserer Truppen die Demarkationslinie planmäßig überschritten.
In den gestern gemeldeten Kämpfen am Südflügel ostwärts des San wurden im ganzen 500 Offiziere und 6000 Mann gefangengenommen. Neben der schon gemeldeten polnischen 41. Division fielen ein Armeeführer, der Führer eines

Am Rand von Warschau, 27. 9. 1939. Durch einen Windstoß gestört: erste Gespräche über die Plätze zur Waffenabgabe nach Kapitulation der polnischen Truppen

Grenzschutzkorps sowie die Kommandeure der 7. und 39. Division mit ihren Stäben in unsere Hand. Die Stadt Warschau, die sich gestern bedingungslos ergeben hat, wird nach Erledigung der notwendigsten Vorbereitungen voraussichtlich am 29. September besetzt werden.
Heute vormittag hat auch der Kommandant von Modlin die Übergabe der Festung angeboten.
Im Westen keine wesentlichen Kampfhandlungen . . .

Erfolgreiche Säuberungsoperationen
28. September 1939. Das Oberkommando der Roten Armee teilt mit:

Am 27. September setzte die Rote Armee ihren Vormarsch auf die Demarkationslinie fort und besetzte die Städte Grabowo, 50 km westlich von Augustow, Masowesk, Drogitschin, Krasnostow, den Bahnhof von Zawada, 10 km westlich von Zamostie, Krakowetz, Moscicka und den Bahnhof von Sianki an den Quellen des Sanflusses.
Die sowjetischen Truppen setzten ihre Säuberungsaktion in allen Gebieten Weißrußlands sowie in der Westukraine von den Resten der polnischen Armee fort.

Während Warschau kapituliert, teilen in Moskau v. Ribbentrop und Stalin die Beute

Münchener Ausgabe
71. Ausg. · 52. Jahrg. · Einzelpreis 15 Pf., 20 Pf.
Freiheit und Brot
Münchener Ausgabe
München, Donnerstag, 28. September 1939
VÖLKISCHER BEOBACHTER
Kampfblatt der national-sozialistischen Bewegung Großdeutschlands

Unsere Luftwaffe griff erfolgreich die englische Flotte an
Warschau hat kapituliert

von Ribbentrop in Moskau eingetroffen
Moskau, 27. September | der Mitteleuropäischen Abteilung des

Bedingungslose Übergabe
dnb. Berlin, 27. September
Das Oberkommando der Wehrmacht gibt bekannt:
Warschau hat bedingungslos kapituliert. Die förmliche Über-

Britischer Flugzeugträger durch den Angriff zerstört

Erkundungsauftrag bei Jablon
28. September 1939, Moskau. Die »Prawda« berichtet:

Am 27. September 1939 erhielt das Aufklärungsbataillon unter Hptm. Malyschew im Raum Brest-Litowsk einen Kampfauftrag vom Divisionskommandeur. In Ausführung der gestellten Aufgabe entsandte Hptm. Malyschew eine Schwadron zur Erkundung. Am nächsten Tag erhielt Hptm. Malyschew die Meldung, daß die Schwadron vom Gegner eingeschlossen worden sei. Er organisierte sofort eine Unterstützung. Während der Nacht bekam er Feindberührung. Die Polen hatten sich im Wald in der Nähe des Dorfes Jablon verschanzt. Wie sich später herausstellte, war es eine große, stark bewaffnete Offiziersbande mit Artillerie und MG. Unseren schwachen Abteilungen stand dort beinahe eine ganze Ulanenbrigade gegenüber. Mit Karabinern kämpften

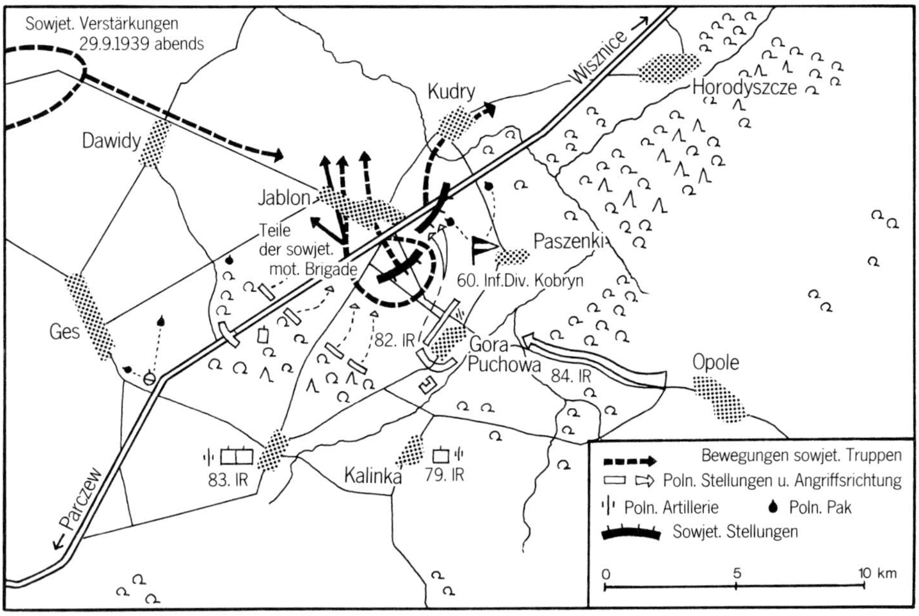

Jablon, nördlich von Lublin, 28. 9. 1939: der Kampf der polnischen 60. Infanteriedivision Kobryn (Oberst Epler) gegen eine sowjetische motorisierte Brigade. Der Feind zieht sich fluchtartig in Richtung Wisznice zurück. Erst sowjetische Verstärkungen zwingen die Division Kobryn, das Feld zu räumen

sie einen Panzer nieder, zündeten mit Brandmunition den Kraftwagen unseres Stabes, in dem sich alle Dokumente des Bataillons befanden, an . . . Der Gegner versuchte, das wesentlich schwächere Bataillon unter Hptm. Malyschew einzuschließen und zu vernichten. Der Divisionskommandeur entsandte zur Unterstützung eine Schützenkompanie mit zwei Kanonen. Es entbrannte ein heftiges Gefecht, das mehrere Stunden dauerte und den Gegner in den Wald zurückwarf . . . Inzwischen wurde jedoch die Verbindung zur Division unterbrochen, und sowohl die Munition für die MG als auch die Granaten gingen aus. Mehrere Rotarmisten fielen. Erst nachdem die Polen beachtliche Verluste erlitten hatten, stellten sie das Feuer ein. Kurz darauf traf eine Haubitzenabteilung beim Bataillon ein, und der Gegner mußte zurückweichen . . . Die eigenen fünf Toten und sechs Verwundeten wurden nach hinten geschafft. Hptm. Malyschew beschloß nun, weiter vorzudringen, um die Reste der polnischen Offiziersbanden und Gendarmerie endgültig zu vernichten.

Deutsche und Russen in Siedlce
Sonderberichterstatter Rolf Brandt

In dem kleinen Sitzungssaal der ehemaligen polnischen Stadtbank von Siedlce fanden zwei militärische Besprechungen zwischen deutschen und russischen Offizieren über die Demarkationslinie, Übergabe und Übernahme der einzelnen Orte und Landschaften statt. Um 1.00 Uhr mittags am 28. September kamen 7 Offiziere der Sowjetarmee und 1 russischer Beamter in schweren Autos, begleitet von Panzerwagen als Eskorte, in das Städtchen hineingefahren. Nach freundlicher Begrüßung fanden längere Verhandlungen am Langen Tisch statt, die vom Geist kameradschaftlicher Zusammenarbeit getragen wurden.
Man trennte sich auch am Nachmittag wieder nach einem historischen soldatischen Gespräch, das die gleiche militärische Auffassung über die zu lösenden Aufgaben gemeinsamer Art in Polen gezeigt hatte.

Völkischer Beobachter, 28. 9. 1939

v. Ribbentrop an A. Hitler

28. September 1939, Moskau. Telegramm (Geheim):

Dreistündige Aussprache mit Stalin und Molotow verlief durchaus freundschaftlich. Als Ergebnis zeichnen sich folgende Lösungsmöglichkeiten ab:
1. Es verbleibt bei vereinbarten Flußlinien Pissa, Narew, Weichsel, San; ferner verbleibt Litauen entsprechend Moskauer Protokoll in deutscher Einflußsphäre.
2. Wir treten Litauen an die russische Einflußsphäre ab und erhalten dafür ein Areal östlich der Weichsel, das begrenzt wird nördlich sowie östlich vom Bug bis ungefähr Krylow und von dort westlich etwa über Tomaschew bis zum San . . .
Stalin machte für seinen zweiten Vorschlag geltend, daß eine Teilung des Gebietes mit rein polnischer Bevölkerung ihm bedenklich scheine. Die Geschichte habe bewiesen, daß die polnische Bevölkerung immer wieder nach Vereinigung strebe. Eine Teilung der polnischen Bevölkerung werde daher leicht zu Unruheherden führen, woraus vielleicht Zwietracht zwischen Deutschland und der Sowjetunion gesät werden könnte.
Meinen Vorschlag, das Ölgebiet von Drohobycz und Boryslaw Deutschland zu überlassen, da doch Rußland bereits über reiche Ölvorkommen verfüge, während Deutschland hieran Mangel leide, erklärte Stalin nicht annehmen zu können. Die ukrainische Bevölkerung habe in dringender Weise dieses Gebiet reklamiert . . .
Ich habe Stalin weiter gewisse Vorschläge zur Vertiefung deutsch-russischer Freundschaft gemacht . . .
Die Frage, ob Lösung 1 oder 2 für uns erstrebenswert, ist schwer zu entscheiden . . . Gegen erste Lösungsmöglichkeit spricht, daß Teilung polnischen Volksraumes möglicherweise Reibungen zwischen Deutschland und Rußland erzeugen könne . . .
Für zweiten Vorschlag spricht möglicherweise, durch Einverleibung gesamten polnischen Volkstums polnische Intrigen zur Störung des deutsch-russischen Verhältnisses auszuschalten, sowie ferner die Möglichkeit, nationalpolnisches Problem nach deutschem Gutdünken zu gestalten . . .
Ich habe mir Bedenkzeit bis Donnerstag 12.00 Uhr deutscher Zeit vorbehalten . . . Ich wäre dankbar, wenn mir der Führer vor diesem Zeitpunkt telephonisch mitteilen läßt, ob er Vorschlag 1 oder 2 den Vorzug gibt . . .
Ribbentrop

Russische Gastfreundschaft

28. September 1939, Moskau. Telegramm (Geheim):

. . . Die Verhandlungen wurden durch ein Staatsessen unterbrochen, das Molotow um 19.oo Uhr zu Ehren des Reichsaußenministers im großen Palast des Kremls gab. Anders als in dem nüchternen Amtsgebäude Molotows, in dem die Besprechungen stattfanden, befinden sich hier prunkvolle und repräsentative Säle, in denen einst die Zaren, wenn sie in Moskau weilten, residierten und ihre Empfänge veranstalteten. Am Schloßeingang empfing der Chef des russischen Protokolls den Reichsaußenminister und geleitete ihn durch den Kongreßsaal in einen in Rot und Gold gehaltenen Empfangssaal. Hier erwarteten Stalin, der seine bekannte Litewka trug, und Molotow, umgeben von Marschall Woroschilow, dem Innenkommissar Berija und den übrigen obersten Spitzen der Sowjetmacht den Abgesandten des Führers und die übrigen deutschen

Hitler, in die Lagekarte vertieft, während einer Frontfahrt in Polen. Am 27. 9. 1939 ordnet er die Einrichtung einer Militärverwaltung in den besetzten Gebieten an, zunächst unter Generaloberst v. Rundstedt

Gäste . . . Der Reichsaußenminister nahm neben Stalin und gegenüber von Molotow Platz. Ein Heer von weißgekleideten Kellnern servierte das Festmahl, das dem Ruf russischer Gastfreundschaft alle Ehre machte . . . Nach den offiziellen Tischreden brachte Molotow nach russischer Sitte auf jeden deutschen und sowjetischen Gast einen besonderen Trinkspruch aus. Stalin kam dann jedesmal persönlich zu dem Platz des Betreffenden, um auf sein Wohl anzustoßen . . . Für uns alte Moskauer war es klar, daß die Sowjetregierung den deutschen Reichsaußenminister mit dieser Veranstaltung besonders ehren wollte. Dafür spricht nicht nur die Anwesenheit Stalins, der nur äußerst selten an Staatsbanketten zu Ehren ausländischer Gäste teilzunehmen pflegt, sondern auch die Tatsache, daß das Festessen nicht, wie sonst üblich, im eigentlichen Repräsentationsgebäude der Sowjetregierung stattfand, sondern im Kreml selbst.

Hencke

Deutsch-sowjetischer Grenz- und Freundschaftsvertrag

28. September 1939, Moskau:

Die Deutsche Reichsregierung und die Regierung der UdSSR betrachteten es nach dem Auseinanderfallen des bisherigen polnischen Staates ausschließlich als ihre Aufgabe, in diesen Gebieten die Ruhe und Ordnung wiederherzustellen und den dort lebenden Völkerschaften ein ihrer völkischen Eigenart entsprechendes friedliches Dasein zu sichern.
Zu diesem Zwecke haben sie sich über folgendes geeinigt:

Artikel I

Die Deutsche Reichsregierung, die Regierung der UdSSR legen als Grenze der beiderseitigen Reichsinteressen im Gebiete des bisherigen polnischen Staates die Linie fest, die in der anliegenden Karte eingezeichnet ist und in einem ergänzenden Protokoll näher beschrieben werden soll.

Artikel II

Beide Teile erkennen die im Artikel I festgelegte Grenze der beiderseitigen Reichsinteressen als endgültig an und werden jegliche Einmischung dritter Mächte in diese Regelung ablehnen.

Artikel III

Die erforderliche staatliche Neuregelung übernimmt in den Gebieten westlich der im Artikel I angegebenen Linie die Deutsche Reichsregierung, in den Gebieten östlich dieser Linie die Regierung der UdSSR.

Artikel IV

Die Deutsche Reichsregierung und die Regierung der UdSSR betrachten die vorstehende Regelung als ein sicheres Fundament für eine fortschreitende Entwicklung der freundschaftlichen Beziehungen zwischen ihren Völkern.

Artikel V

Dieser Vertrag wird ratifiziert und die Ratifizierungsurkunden werden sobald wie möglich in Berlin ausgetauscht werden. Der Vertrag tritt mit seiner Unterzeichnung in Kraft.
Ausgefertigt in doppelter Urschrift in deutscher und russischer Sprache.

Moskau, den 28. September 1939
für die Deutsche Reichsregierung:
v. Ribbentrop
in Vollmacht der Regierung der UdSSR:
W. M. Molotow.

Anlage zum deutsch-sowjetischen Grenz- und Freundschaftsvertrag

Beschreibung der Grenzziehung.

Die Grenzlinie beginnt an der Südpitze Litauens, verläuft von da in allgemein westlicher Richtung nördlich von Augustowo bis an die deutsche Reichsgrenze und folgt dieser Reichsgrenze bis zum Fluß Pissa. Von da an folgt sie dem Flußlauf der Pissa bis Ostrolenka.
Sodann verläuft sie in südöstlicher Richtung, bis sie den Bug bei Nur trifft. Sie verläuft weiter den Bug entlang bis Krystynopol, biegt dann nach Westen und verläuft nördlich Rawa-Ruska und Lubaczow bis zum San. Von hier an folgt sie dem Flußlauf des San bis zu seiner Quelle.

Geheimes Zusatzprotokoll

Die unterzeichneten Bevollmächtigten haben bei Abschluß des deutsch-sowjetischen Grenz- und Freundschaftsvertrages ihr Einverständnis über folgendes festgestellt:
Beide Teile werden auf ihren Gebieten keine polnische Agitation dulden, die auf die Gebiete des anderen Teiles hinüberwirkt. Sie werden alle Ansätze zu einer solchen Agitation auf ihren Gebieten unterbinden und sich gegenseitig über die hierfür zweckmäßigen Maßnahmen unterrichten.

Für die Deutsche Reichsregierung	In Vollmacht der Regierung der UdSSR
v. Ribbentrop	W. Molotow

Erklärung der Deutschen Reichsregierung und der Regierung der UdSSR
28. September 1939, Moskau:

Nachdem die Deutsche Reichsregierung und die Regierung der UdSSR durch den heute unterzeichneten Vertrag die sich aus dem Zerfall des polnischen Staates ergebenden Fragen endgültig geregelt und damit ein sicheres Fundament für einen dauerhaften Frieden in Osteuropa geschaffen haben, geben sie übereinstimmend der Auffassung Ausdruck, daß es dem wahren Interesse aller

Warschau, 29. 9. 1939: Bereits an diesem Tag ziehen vereinzelte deutsche Truppen zur Sicherung wichtiger Objekte in die Hauptstadt ein. Hier marschieren sie im Stadtviertel Nalewki durch die Twarda Straße, im Hintergrund die Allerheiligen-Kirche

Völker entsprechen würde, dem gegenwärtig zwischen Deutschland einerseits und England und Frankreich andererseits bestehenden Kriegszustand ein Ende zu machen. Die beiden Regierungen werden deshalb ihre gemeinsamen Bemühungen, gegebenenfalls im Einvernehmen mit anderen befreundeten Mächten, darauf richten, dieses Ziel sobald als möglich zu erreichen.
Sollten jedoch die Bemühungen der beiden Regierungen erfolglos bleiben, so würde damit die Tatsache festgestellt sein, daß England und Frankreich für die Fortsetzung des Krieges verantwortlich sind, wobei im Falle einer Fortdauer des Krieges die Regierungen Deutschlands und der UdSSR sich gegenseitig über die erforderlichen Maßnahmen konsultieren werden.

Für die Deutsche Reichsregierung	In Vollmacht der Regierung der UdSSR
v. Ribbentrop	W. Molotow

Einmarsch deutscher Truppen in Warschau

Freitag, 29. September 1939. Das Oberkommando der Wehrmacht gibt bekannt:

Im Verlauf der planmäßigen Bewegungen über die Demarkationslinie wurde am 28. September Przemysl-Süd durch den deutschen Kommandanten in feierlicher Form an die russischen Truppen übergeben. Der Ausmarsch der entwaffneten Besatzung von Warschau beginnt heute Abend und wird sich auf 2–3 Tage erstrecken. Der Einmarsch der deutschen Truppen ist daher für den 2. Oktober vorgesehen. Hilfsmaßnahmen für die Verpflegung und die sanitäre Versorgung der Zivilbevölkerung sind eingeleitet.

Die Festung Modlin hat unter dem Eindruck der deutschen Angriffe sowie als Folge der Zermürbung durch Artilleriefeuer und Bombenabwürfe bedingungslos kapituliert . . .

Tagesparole des Reichspressechefs
29. September 1939:

Die psychologische Seite der Tatsache, daß deutsche Truppen jetzt wieder östlich der Weichsel Gebietsteile besetzen, die sie vor einigen Tagen noch bei ihrem Rückzug auf die Demarkationslinie geräumt haben, ist nicht zu erörtern.

Die Sowjets in Przemysl
29. September 1939. Das Oberkommando der Roten Armee teilt mit:

Die Streitkräfte der sowjetischen Armee erreichten auf ihrem Vormarsch in Richtung auf die Demarkationslinie am 28. September Grajewo, Tschijew (20 km südwestlich von Mazowetzki), Mesiretschie, Krepiec (12 km südwestlich von Lublin), Szczebreszczin, Malodytsch (15 km nordwestlich von Liubaschow), Przemysl, Ustrzyki Dolnie (40 km südwestlich von Przemysl).
Bei weiteren Säuberungsaktionen in Westweißrußland und in der Westukraine von den Überbleibseln der polnischen Truppen entwaffneten die sowjetischen Streitkräfte 5 polnische Kavallerieregimenter und machten sie zu Gefangenen. Ferner erbeuteten sie in der Gegend von Krukenitza 15 Geschütze und lösten verschiedene isolierte Gruppen der polnischen Streitkräfte auf.

Die Sowjets an der Karpatengrenze
29. September 1939, Budapest. Die ungarische Agentur MTJ meldet:

Sowjetische Truppen haben jetzt die ganze Grenze zwischen Ungarn und dem früheren Polen besetzt. Es treffen keine Flüchtlinge mehr in Ungarn ein. Die letzten Flüchtlinge berichteten, daß den in Galizien konzentrierten polnischen Truppen der Rückzug teilweise abgeschnitten worden sei.

Presseerklärung von Ribbentrop
29. September 1939, Berlin. Das DNB berichtet:

Vor seinem Rückflug nach Berlin gab v. Ribbentrop folgende Erklärung ab: »Mein Aufenthalt in Moskau war wiederum kurz, leider zu kurz. Das nächste

Ein Hauptmann einer polnischen Einheit bei der Lagebesprechung: Soll man sich zur ungarischen oder rumänischen Grenze durchschlagen? Vor den deutschen oder sowjetischen Truppen die Waffen niederlegen? Oder gar die Einheit auflösen und sich einzeln nach Hause absetzen oder in den Untergrund gehen?

Mal hoffe ich, länger hier zu bleiben. Trotzdem haben wir die zwei Tage gut ausgenützt. Folgende Punkte wurden geklärt: 1. Die deutsch-sowjetrussische Freundschaft ist nunmehr endgültig etabliert; 2. In die osteuropäischen Fragen werden sich die beiden Nationen niemals mehr hineinreden lassen; 3. Beide Staaten wünschen, daß der Friede wieder hergestellt wird und daß England und Frankreich den völlig sinnlosen und aussichtslosen Kampf gegen Deutschland einstellen; 4. Sollten die Kriegshetzer in diesen Ländern aber die Oberhand behalten, so werden Deutschland und Sowjetrußland dem zu begegnen wissen.«

Polnischer Protest

29. September 1939, Paris. Die Agentur Havas meldet:

Der polnische Botschafter hat der französischen Regierung folgenden Protest überreicht:
Angesichts der unerhörten Verletzung der geheiligten Rechte des polnischen Staates und des polnischen Volkes durch das am 28. September in Moskau zwischen Deutschland und der Sowjetunion abgeschlossene Abkommen, das über das Territorium der Polnischen Republik zugunsten der beiden angreifenden Staaten verfügt, erhebe ich im Namen der polnischen Regierung feierlich Protest gegen diesen völkerrechtswidrigen Akt, der im Widerspruch steht zu allen internationalen Verpflichtungen und zu der menschlichen Moral.

Als Gefangener der Sowjets

29. September 1939. General Anders berichtet:

»Mit einer Eskorte von Panzerspähwagen fuhren sie uns über Turki nach Alten Sambor zum Kommando der Roten Armee . . . Wir haben unterwegs festgestellt, daß die Dörfer voll mit sowjetischen Truppen aller Waffengattungen waren. In vielen Orten, besonders bei Turki, stießen wir auf Hunderte von Einheimischen, die Feldbefestigungen aushoben. Es hat mich nur gewundert, daß sich deren Frontseite nach Norden richtet, ähnlich wie die etwa 20 schweren Geschütze, die ich auch noch bemerkte.
Auf meine Frage antwortete der sowjetische Major offen, daß sie seit einer Woche in diesem Gebiet die von Norden nach Süden durchziehenden polnischen Truppenteile zerschlagen oder abfangen sollen. Die Sowjetunion will nicht die Neubildung polnischer Truppen im Ausland zulassen, weil sie sich nach der vierten Teilung Polens mit Deutschland verbündete. Ich wurde damals zum erstenmal mit dem später so oft gehörten Satz konfrontiert: ›Wir und die Deutschen, . . . wir sind jetzt echte Freunde geworden, deshalb werden wir gemeinsam den Weltkapitalismus angehen. Polen ist verloren, weil es Englands Lakai war. Polen wird es nie mehr geben. Die Deutschen übermitteln uns genaue Informationen über die Bewegungen polnischer Truppen, die in Richtung Ungarn oder Rumänien ziehen.«

Aus der sowjetischen Presse, September 1939: ein polnischer General als von der Roten Armee aufgespießter Floh. Am Sockel »1939, Pany«, ein sowjetisches Schimpfwort für Polen

Die Kapitulation Warschaus

29. September 1939, Warschau. Die Agentur Havas berichtet:

Der Kommandant der Verteidigungsstreitkräfte Warschaus teilte heute mit:
In Anbetracht des Umstandes, daß alle Möglichkeiten zur Fortsetzung des Widerstandes erschöpft sind, und mit Rücksicht auf die verzweifelte Lage der

Raum Saarbrücken, 30. 9. 1939. Ein französischer Spähtrupp geht im Schutz der Sichtblende vor: Die vielzitierte französische Großoffensive zur Erleichterung der polnischen Verbündeten erweist sich letzten Endes als Propagandatrick des französischen Generalstabes

Zivilbevölkerung sowie auf den Wasser- und Munitionsmangel (in erster Linie Artilleriegeschosse) gibt der Kommandant von Warschau bekannt, daß er sich zum Abschluß eines Waffenstillstandes mit dem deutschen Oberkommando gezwungen sah. Die Bestimmungen dieses Abkommens sehen vor, daß Warschau und seine Garnison bis 12.00 mittags sich ergeben sollen. Das deutsche Oberkommando verpflichtet sich, den an der Verteidigung Warschaus beteiligten Offizieren ehrenvolle Gefangenschaft zu gewähren und ihnen ihre Degen zu belassen. Die Deutschen haben die weitere Verpflichtung übernommen, Unteroffiziere und Soldaten zu demobilisieren und sie nach Hause zu entlassen.

Etwas lebhaftere Artillerietätigkeit

Sonnabend, 30. September 1939. Das Oberkommando der Wehrmacht gibt bekannt:

Im Osten haben sich nach der Kapitulation von Modlin auch die im Brückenkopf von Modlin südlich der Weichsel befindlichen 269 Offiziere und etwa 5000 Mann ergeben. 58 Geschütze, 183 Maschinengewehre und zahlreiches anderes Kriegsgerät wurden erbeutet . . .

Übergabe von Warschau und Modlin

Sonntag, 1. Oktober 1939. Das Oberkommando der Wehrmacht gibt bekannt:

Im Osten geht die Übergabe von Warschau und Modlin planmäßig vor sich. Im Westen war das feindliche Artilleriefeuer in Gegend Saarbrücken stärker. Sonst keine nennenswerte Kampftätigkeit . . .

W. Churchill in einer Rundfunkansprache

Sonntag, 1. Oktober 1939. BBC London:

Abermals haben zwei der Großmächte Polen besiegt, die es 150 Jahre lang in Fesseln hielten und doch nicht imstande waren, den Geist der polnischen Nation zum Erlöschen zu bringen. Die heldenmütige Verteidigung Warschaus beweist, daß die Seele Polens unzerstörbar ist und daß sie sich wieder erheben wird wie ein Fels, der eine Weile lang wohl von einer Flutwelle überspült werden mag, aber ein Fels bleibt.
Rußland hat eine kalte Politik des Selbstinteresses eingeschlagen . . .

Das erste Wunschkonzert

1. Oktober 1939, Berlin:

Aufruf des Rundfunkchefs, Ministerialdirigent im Propagandaministerium, Alfred-Ingemar Berndt, über alle deutschen Sender: »Soldaten der deutschen Wehrmacht!
Vier Wochen lang seid Ihr Soldaten von Sieg zu Sieg geschritten. Seit vier Wochen halten die Soldaten der Westfront in den Bunkern des Westwalls treue Wacht an Deutschlands Grenze . . . Euch Soldaten der Ostfront war der Rundfunk in den letzten Wochen, solange die Feldpostbriefe Euch bei Eurem stürmischen Vormarsch nicht erreichen konnten, die einzige Verbindung mit der Heimat . . . So ist es kein Wunder, daß der deutsche Rundfunk Euch in dieser Zeit ein besonders lieber Freund gewesen ist.
Ihr habt uns daher in den letzten Wochen viele Feldpostbriefe geschrieben, und wir entnehmen aus diesen Feldpostbriefen immer wieder eines: den Wunsch nach Musik. Viele von Euch baten uns, doch einmal ihre Lieblingsstücke zu spielen. Diese Wünsche wollen wir – soweit als möglich – gern erfüllen.
Und darum veranstaltet der Großdeutsche Rundfunk am Sonntag, dem 1. Oktober 1939, von 16.00 bis 20.00 Uhr das erste große Wunschkonzert für die Wehrmacht . . .

Die deutsche Interpretation

1. Oktober 1939, Berlin. Das DNB teilt mit:

Die von Paris und London angekündigte Bildung einer sogenannten neuen polnischen Regierung mit einem neuen sogenannten Staatspräsidenten wird in deutschen maßgebenden Kreisen als eine Farce betrachtet, der selbstverständlich keine praktische Bedeutung zukomme. Die Hoheitsrechte im ehemaligen Gebiet des polnischen Staates lägen jetzt in den Händen Deutschlands und der Sowjetunion.

Hela kapituliert

Montag, 2. Oktober 1939. Das Oberkommando der Wehrmacht gibt bekannt:

Gestern Vormittag sind die ersten deutschen Truppen ohne Zwischenfälle in Warschau eingerückt . . .
Der letzte Stützpunkt polnischen Widerstandes, die befestigte Halbinsel Hela, hat sich gestern bedingungslos ergeben, noch bevor der von Heer und Kriegsmarine gemeinsam vorbereitete Angriff durchgeführt wurde . . .
Im Westen nur örtliche Artillerie- und Spähtrupptätigkeit.

Warschau, 2. 10. 1939: die Verteidiger der Hauptstadt auf einem Sammelplatz vor dem Abmarsch in die Gefangenschaft

Abertausende von Gefangenen

Dienstag, 3. Oktober 1939. Das Oberkommando der Wehrmacht gibt bekannt:

Im Laufe des 2. Oktober rückten weitere deutsche Truppen in die Festung Warschau ein. Die Zählung der Gefangenen sowie der in Warschau und Modlin erbeuteten umfangreichen Bestände an Waffen und sonstigem Kriegsgerät dauert noch an.
Im Westen nur geringe Artillerie- und Flugzeugtätigkeit.

Die letzten Kämpfe

Mittwoch, 4. Oktober 1939. Das Oberkommando der Wehrmacht gibt bekannt:
Im Osten kam es bei der Säuberung des Gebietes zwischen der bisherigen Demarkationslinie und der neu festgesetzten deutsch-russischen Interessengrenze noch zu Kämpfen mit versprengten Teilen polnischer Truppen.
Im Westen herrschte außer schwacher feindlicher Artillerietätigkeit in Gegend Saarbrücken fast völlige Ruhe . . .

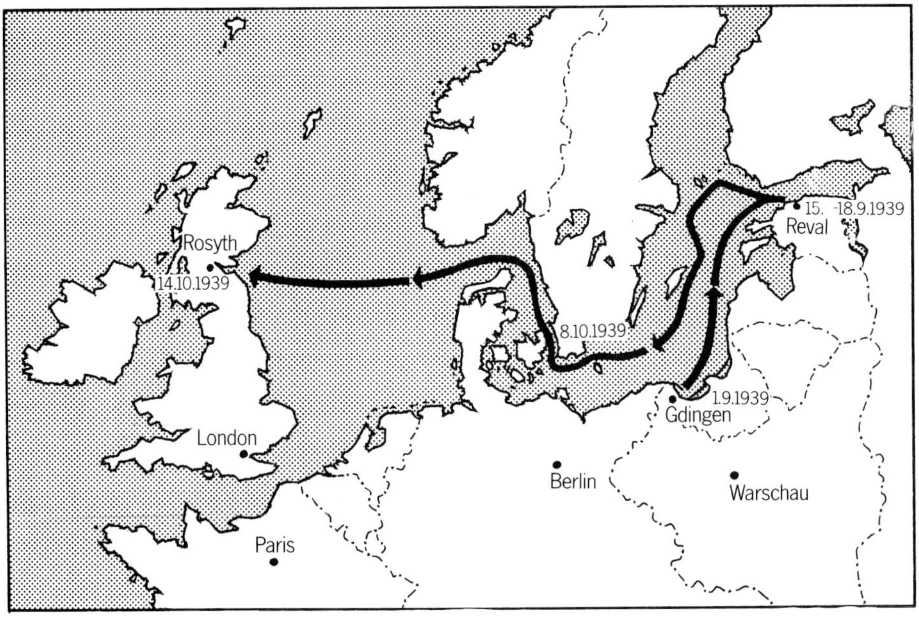

Sowohl der Kriegsmarine als auch der Roten Flotte entkommen: der Fluchtweg des polnischen U-Bootes Orzel. Sein Ausbruch aus der Internierung im Hafen von Reval dient den Sowjets als Vorwand zum Einmarsch in Estland

Lubliner Land, 4. 10. 1939, Ergebnis einer Säuberungsaktion: die bereits untergetauchten polnischen Soldaten jetzt auf dem Weg zur Kriegsgefangenen-Sammelstelle

Neue Säuberungsoperationen

Donnerstag, 5. Oktober 1939. Das Oberkommando der Wehrmacht gibt bekannt:

Im Osten wurde die gestern begonnene Säuberung des Gebietes ostwärts der Weichsel von versprengten polnischen Truppenteilen fortgesetzt.

Siegesparade in Warschau

Freitag, 6. Oktober 1939. Das Oberkommando der Wehrmacht gibt bekannt:

Der Führer und Oberste Befehlshaber der Wehrmacht besuchte gestern die Truppen der 8. Armee vor Warschau und ließ Teile der an der Einnahme der Festung beteiligten Divisionen an sich vorbeimarschieren.
Bei Kock ostwärts Deblin streckten heute, 10.00 Uhr vormittags, die letzten Reste des polnischen Heeres, etwa 8000 Mann, unter dem polnischen General Kleeberg die Waffen.
Ostwärts der Weichsel begann gestern die Vorwärtsbewegung zur Besetzung des Gebietes bis zur deutsch-russischen Interessengrenze.
Im Westen schwache Artillerietätigkeit, sonst ruhiger Verlauf des Tages.

Letzter Widerstand gebrochen

Sonnabend, 7. Oktober 1939. Das Oberkommando der Wehrmacht gibt bekannt:

Ostwärts der Weichsel und im Gebiet von Suwalki vollzog sich das Vorgehen auf die deutsch-russische Interessengrenze reibungslos im Einvernehmen mit den russischen Truppen.
Unter den letzten Resten des polnischen Heeres, die gestern bei Kock kapitulierten, befanden sich 2 Divisionskommandeure und 100 Offiziere.
Im Westen wurden örtliche Spähtruppunternehmungen des Feindes abgewiesen, sonst nur vereinzeltes Störungsfeuer . . .

Reiche Beute bei Kock

Sonntag, 8. Oktober 1939. Das Oberkommando der Wehrmacht gibt bekannt:

Die Bewegungen auf die deutsch-russische Interessengrenze verlaufen weiterhin planmäßig.

Warschau, 8. 10. 1939: Getreu den Kapitulationsabmachungen verteilen deutsche Truppen Lebensmittel an die hungernden Bewohner der Hauptstadt

Nach den letzten Meldungen des Heeres haben sich bei Kock über die bisher mitgeteilten Zahlen hinaus 2 Divisionskommandeure, 1255 Offiziere und 15000 Unteroffiziere und Mannschaften den deutschen Truppen ergeben. An Beute wurden 10200 Handfeuerwaffen, 205 Maschinengewehre, 20 Geschütze, über 5000 Pferde und mehrere Kriegskassen eingebracht.
Im Westen tagsüber beiderseitige Artillerietätigkeit, nachts vereinzelt Störungsfeuer.

Vormarsch zur Interessengrenze

Montag, 9. Oktober 1939. Das Oberkommando der Wehrmacht gibt bekannt:

Im Osten wurde der Vormarsch gegen die Interessengrenze fortgesetzt.
Im Westen örtliche Spähtrupptätigkeit und schwaches beiderseitiges Artilleriefeuer.

. . . . .

In der Luft nur geringe Aufklärungstätigkeit.

Tagesziel erreicht

Dienstag, 10. Oktober 1939. Das Oberkommando der Wehrmacht gibt bekannt:

Im Osten wurden im Vorgehen auf die deutsch-russische Interessengrenze die befohlenen Tagesziele erreicht.
Im Gebiet nördlich des Bug und im Suwalki-Zipfel sind damit die Bewegungen im wesentlichen abgeschlossen.

Rede des Führers bei Eröffnung des Winterhilfswerks
10. Oktober 1939, Berlin. Das DNB meldet:

»Das Schicksal hat uns gezwungen, zum Schutze des Reiches zu den Waffen zu greifen. In wenigen Wochen ist der Staat, der die deutschen Interessen am frechsten bedrohen zu können glaubte, niedergeschlagen worden dank einer einmaligen militärischen Leistung und dem tapferen Heldentum unserer Soldaten. Was die Zukunft bringt, wissen wir nicht. Nur über eines sind wir uns im klaren: Keine Macht der Welt wird dieses Deutschland noch einmal niederzwingen können. Sie werden uns weder militärisch besiegen, noch werden sie uns wirtschaftlich vernichten, noch werden sie uns seelisch zermürben. Sie werden unter keinen Umständen mehr irgendeine deutsche Kapitulation erleben . . .«

Geschenk Görings an Woroschilow
10. Oktober 1939, Moskau. Das DNB berichtet:

Generalfeldmarschall Göring hat dem sowjetischen Marschall Woroschilow ein Flugzeug vom Typ Fieseler-Storch geschenkt. Die Maschine, besonders für langsames Fliegen konstruiert, ist vom deutschen Luftattaché, Oberst Aschenbrenner, nach Moskau gebracht worden.

Wahlen in West-Weißrußland
10. Oktober 1939, Moskau. Die Agentur Havas teilt mit:

Die Wahlen zur Nationalversammlung von West-Weißrußland sind auf den 22. Oktober angesetzt worden. Die Versammlung wird zu befinden haben über die Rückgliederung Weißrußlands an die Sowjetrepublik, die Verteilung des Grundbesitzes und die Verstaatlichung von Banken und Industriebetrieben. Zugleich wird in Lemberg die Einberufung der Nationalversammlung für die Billigung des Anschlusses der Westukraine an die Ukrainische Republik vorbereitet.

Deutsche Truppen nähern sich der Interessengrenze
Mittwoch, 11. Oktober 1939. Das Oberkommando der Wehrmacht gibt bekannt:

Im Osten nähern sich die deutschen Truppen in Mittelpolen der längs des Bug verlaufenden deutsch-russischen Interessengrenze.

»Eiserner Ring« im Baltikum
11. Oktober 1939, Moskau. Das DNB berichtet:

Die »Prawda« schreibt, die sowjetische Außenpolitik verfolge den Frieden und die Herstellung gutnachbarlicher Beziehungen zu allen Staaten. Die Abkommen mit Estland, Lettland und Litauen räumten die imperialistischen Drohungen gegen die nur schwach verteidigten Nachbarstaaten der Sowjetunion aus dem Wege. Mit der Errichtung eines »Eisernen Ringes« der sowjetischen Verteidigung im ganzen Baltikum sei ein stabiler Friede im Osten Europas geschaffen worden. Ähnliches liest man im Leitartikel der »Iswestija«, wo es heißt, Sowjetrußland statuiere allen Staaten ein Exempel einer friedlichen Lösung der kompliziertesten Probleme der Außenpolitik.

Vor Abschluß des deutschen Vormarsches
Freitag, 13. Oktober 1939. Das Oberkommando der Wehrmacht gibt bekannt:

Im Osten stehen Bewegungen auf die deutsch-russische Interessengrenze vor dem Abschluß.

Polnischer Adler an der Riviera
13. Oktober 1939, Paris. Die Agentur Havas meldet:

Nachdem zwei Jäger vorige Woche an der italienischen Riviera zwei Störche aus dem Zoo von Warschau erlegt hatten, gelang es dieser Tage einem andern

Warschau, Krasinskich-Platz, 10. 10. 1939. Der Niederlage zum Trotz: Zwischen Stapeln zurückgelassener Munitionskisten und Waffen ragt die Gestalt des Nationalhelden Jan Kilinski, eines Schuhmachers, der im 18. Jh. die Bürger der Hauptstadt in einem Aufstand gegen die russischen Besatzer anführte, hervor

Jäger, einen großen Adler zu fangen. Dieser Adler trug gleichfalls einen Metallring mit der Inschrift »Zoo von Warschau«.

Die letzten Abschnitte der Interessengrenze erreicht

Sonnabend, 14. Oktober 1939. Das Oberkommando der Wehrmacht gibt bekannt:

Im Osten wurden mit der Besetzung der letzten Abschnitte am Bug die Bewegungen auf die deutsch-russische Interessengrenze abgeschlossen.

Die Sowjets in Ostgalizien

Sonntag, 15. Oktober 1939, Mailand. »La Stampa« berichtet:

Ein Bericht der »Stampa« aus Stryj spricht von einem durch die Ukrainer nach dem Zusammenbruch des polnischen Heeres in Ostgalizien angerichteten Gemetzel. Sowjetische Flugzeuge warfen Flugblätter in ukrainischer Sprache ab: »Das Volksheer rückt vor, um die Bewohner Weißrußlands und der Ukraine zu befreien. Genossen! Die Stunde der Befreiung hat geschlagen! Wer Gewalttaten oder Mißhandlungen erlitten hat, ist berechtigt, sich selber Recht zu verschaffen.« Die Folgen dieser Aufforderung faßt der Berichterstatter in dem lakonischen Satz zusammen: »Dieses war der Text der Flugblätter, und nur Gott weiß, was daraufhin geschah.« Jeder der dazu in der Lage war, habe, der Straflosigkeit gewiß, seinen oft zwanzig Jahre alten Rachedurst an den Polen gestillt. »Die Ukrainer massakrierten ohne Unterschied des Geschlechtes und des Alters.« Während dieses Massakers hätten die ukrainischen Nationalisten immer noch auf die deutsche Besetzung Galiziens gehofft und durch Widerstand den Vormarsch der Russen aufzuhalten versucht. Die Unglücklichen hätten nicht gewußt, daß ihr Schicksal bereits besiegelt war.

Letzter OKW-Bericht im Polenfeldzug

Montag, 16. Oktober 1939. Das Oberkommando der Wehrmacht gibt bekannt:

Nachdem die Truppenbewegungen zur Besetzung des deutschen Interessengebiets in Polen beendet sind, wird das Oberkommando der Wehrmacht nicht mehr berichten.

Das neue Lied

16. Oktober 1939, Berlin. Das DNB meldet:

Der deutsche Rundfunk, der bisher seinen Nachrichtendienst mit dem »Marsch der Deutschen in Polen« abschloß, ist jetzt dazu übergegangen, nach den Tagesmeldungen das Lied des Dichters Hermann Löns »Wir fahren gegen Engeland« zu spielen.

Sowjets über Regierung Sikorski

Dienstag, 17. Oktober 1939, Moskau. Artikel von David Saslawskij in der »Prawda«:

In aller Ernsthaftigkeit hat die französische Presse, obwohl sie selbst das Lachen kaum unterdrücken konnte, die Welt über ein sensationelles Ereignis unterrich-

tet: In der Soundso-Straße in Paris hat sich eine neue polnische Regierung gebildet, mit General Sikorski an der Spitze. Das Territorium, über das diese Regierung gebietet, umfaßt sechs Räume, ein Badezimmer und ein WC. Verglichen damit ist Monaco ein riesiges Imperium. In der großen Pariser Synagoge sprach Sikorski zu den jüdischen Bankiers von Paris. Die Synagoge war geschmückt mit einer Flagge, die einen weißen Adler zeigte – der Oberrabbiner muß ihn in koscheres Fleisch verwandelt haben, denn die orthodoxen Juden essen diesen Vogel nicht.
Im früheren Polen mußten sich die Juden zu Tode ängstigen vor dem polnischen Adel und dessen Pogromen; aber die jüdischen Bankiers in Paris hatten offenbar von General Sikorski nichts zu fürchten . . .

Graf v. d. Schulenburg an das Auswärtige Amt
Donnerstag, 19. Oktober 1939, Moskau. Telegramm (Geheim):

Molotow mitteilte mir heute, daß Stalin mit der vom Herrn RAM in seiner bevorstehenden Rede beabsichtigten Darstellung der Moskauer Verhandlungen einverstanden sei, nur bitte er, statt der als Ausführungen Stalins angeführten Sätze: »Deutschland nähme einen stolzen Standpunkt ein« usw. bis »schwierige Lage käme« folgende Fassung zu wählen: »Der Standpunkt Deutschlands, das eine militärische Hilfe ablehnt, flößt Achtung ein. Indessen ist ein starkes Deutschland die unbedingte Voraussetzung für den Frieden in Europa, hieraus folgt, daß die Sowjetunion an der Existenz eines starken Deutschlands interessiert ist. Daher kann die Sowjetunion sich nicht damit einverstanden erklären, daß die Westmächte Bedingungen schaffen, die Deutschland schwächen und es

Karikatur zu einem Artikel über die Regierung Sikorski in der Prawda. Tafel auf dem Regenschirm: »Residenz der Regierung der Polnischen Republik.« Unterschrift: »Empfang des Beglaubigungsschreibens in der neuen Residenz der polnischen Regierung.«

Zakopane, Dezember 1939: Ausflug der Kursteilnehmer des deutsch-sowjetischen »Ausbildungslagers zur gemeinsamen Bekämpfung der polnischen Widerstandsbewegung«. Ein Mitglied der sowjetischen Geheimpolizei NKWD (Mitte), rechts ein Sturmscharführer des SD

in eine schwierige Lage bringen könnten. Hierin liegt die Gemeinsamkeit der Interessen Deutschlands und der Sowjetunion.«

Schulenburg

Deutsch-sowjetische Grenzkommission

Sonntag, 29. Oktober 1939, Warschau. Das DNB berichtet:

Anläßlich des Empfanges der Kommission in den Räumen des deutschen Stadtpräsidenten in Warschau gab Reichsminister Dr. Frank in einer kurzen Ansprache seiner Freude über das Eintreffen der Kommission in Warschau Ausdruck und seiner Genugtuung darüber, daß eine der ersten seiner Amtshandlungen im besetzten Gebiet der Empfang einer sowjetisch-deutschen Kommission sei . . .
Im Namen der sowjetischen Grenzkommission, der ein General und eine Anzahl höherer sowjetischer Offiziere angehören, stellte Ministerialdirektor Alexandrow in seiner Erwiderung fest, daß die Grenzverhandlungen eine weitere Gelegenheit darstellten, die deutsch-sowjetische Freundschaft zu beweisen und zu vertiefen . . .

. . . Freundschaft mit Blut besiegelt

Mittwoch, 27. Dezember 1939, Berlin. Das DNB meldet:

In einem Danktelegramm (für den Glückwunsch zum 60. Geburtstag) an Reichsminister des Auswärtigen von Ribbentrop stellt Stalin fest, daß die Freundschaft der Völker Deutschlands und der Sowjetunion, mit Blut besiegelt, allen Grund habe, lang und dauerhaft zu sein.

Und so war es

Im Morgengrauen des 19. September 1939 kapitulierte bei Oszmiana die KOP-Schwadron Krasne nach kurzem, heftigem Kampf gegen die Sowjets. Die KOP-Schwadron Dederkaly wird zur gleichen Stunde bei Dubno umringt und zur Waffenniederlegung gezwungen. Die KOP-Gruppe unter General Orlik-Rükkeman konzentriert sich westlich des Flusses Styr und rüstet zum Kampf gegen die neuen Invasoren. In Wilna stehen das 1., 5. und 6. Infanterieregiment der Legion in Gefechtsbereitschaft. Sie haben den Befehl, die Brücken und Übergänge zum nördlichen Ufer der Wilija zu verteidigen.
Seit dem frühen Morgen beginnen die Deutschen an der Ostseeküste den

entscheidenden Angriff auf Oxhöft. Kampfflugzeuge bombardieren polnische Stellungen, unterstützt durch das Artilleriefeuer der Kriegsmarine. Es gelingt zwar der polnischen Küstenbatterie auf Hela mit gezieltem Feuer einige der Kriegsschiffe zum Positionswechsel zu zwingen, doch hat dies kaum Einfluß auf den Verlauf der Kämpfe.

Im Kessel an der Bzura erlischt heute der letzte Widerstand.

Die beiden Hauptarmeen Poznan und Pomorze existieren nicht mehr. In Furten und auf Notbrücken über den Fluß, die Feldraine entlang und in Kiefernschonungen liegen neben Tausenden von zusammengeschossenen Fahrzeugen ungezählte gefallene Reiter und Pferdekadaver. In der Nacht erreichen noch die letzten Soldatengruppen das rechte Ufer der Bzura. Bei der Überquerung wird General Grzmot-Skotnicki schwer verwundet und erliegt am Morgen seinen Verletzungen. Die am linken Ufer zurückgebliebenen Soldaten geraten in Gefangenschaft, darunter auch der Oberbefehlshaber der Armee Pomorze, General Bortnowski. Die Kavallerie unter General Abraham erreicht noch die im Weichbild von Warschau gelegenen östlichen Ausläufer der Kampinos-Heide. Die deutschen Generäle Blaskowitz, v. Kluge und Hoepner nehmen 170000 Mann gefangen. Die Reste quälen sich weiterhin durch die Kampinos-Heide in Richtung Warschau, an ihrer Spitze die Kavallerie. Einer kleinen Gruppe gelingt es, zur Festung Modlin vorzudringen, die seit Tagen hartnäckig verteidigt wird.

Die schweren Kämpfe der Verbände von General Piskor um Tomaszow Lubelski dauern auch heute den ganzen Tag an. Das zerstörte Tomaszow wird jedoch von der österreichischen 4. leichten Division (GenMaj. Ritter v. Hubicki) mit Unterstützung der 2. Panzerdivision (GenLt. Veiel) gehalten.

Bereits am 19. September 1939 trifft eines der Regimenter der Podolska Brygada Kawalerii unter Oberstleutnant Gilewski an der ungarischen Grenze ein. Er berichtet: »Wir zogen an diesem Herbstmorgen durch das reizvolle Gebirge auf dem Weg ins fremde Land, es herrschte eine erdrückende Stimmung. Major Starnawski weinte . . . Erst kurz vor der Grenze trafen wir auf Marschkolonnen und Hunderte von Fuhrwerken. Noch ein paar Hügel und Schluchten, und vor uns lag die Grenze. Ein ungarischer Major kam uns entgegen, grüßte und bat, den Ulanen zu sagen, daß sie sich auf ungarischem Boden wie zu Hause fühlen sollten.«

Vor Lemberg versuchen die Truppen von General Sosnkowski bis jetzt vergeblich, den deutschen Belagerungsring zu durchbrechen. Gegen 16.00 Uhr eröffnet die 11. Infanteriedivision Karpacka (Oberst Prugar-Ketling) entlang der Straße Brzuchowice–Holosko das Feuer. Es kommt zu verbissenen Nahkämp-

An der Bzura, 19. 9. 1939. Die Trümmer einer Armee: Der letzte Widerstand ist erloschen

Polnische Kavallerie greift deutsche Panzerverbände an: eine Szene aus dem NS-Propagandaspielfilm der Tobis »Kampfgeschwader Lützow«, Regie: H. Bertram, 1941

fen, doch die deutsche 1. Gebirgsdivision (GenMaj. Kübler) kann ihre Stellung halten.

An der Küste dauern die Kämpfe bei Oxhöft noch bis 17.30 Uhr an. Oberst Dabek, der bis zuletzt an der Spitze seines Stabes die Verteidigung führt, wählt den Freitod. Jetzt wird nur noch die Halbinsel Hela von den Polen gehalten.

Gegen 17.00 Uhr entschließt sich der Kommandeur des 14. Ulanenregiments, Oberst Godlewski, zu einer Reiterattacke, um den Ring der deutschen Truppen bei Wolka Weglowa zu sprengen und Warschau zu erreichen. Im Schutz der nahegelegenen Wälder nimmt das Regiment Kampfstellung ein. »Ich zog den Säbel und drehte mich im Sattel um. Ich sah die bleichen Gesichter meiner Männer.« Die Säbel blitzen in der untergehenden Sonne, die 3. Schwadron reitet mit wehender Regimentsfahne voraus. Kräftige »Hurra!«-Schreie und das Dröhnen der Pferdehufe übertönen das Rattern der MG und Artillerieeinschläge. Das 14. Ulanenregiment durchbricht den deutschen Ring und erreicht als erste Einheit der Armee Poznan die Hauptstadt.

Am Abend – Wilna ist hell erleuchtet, und es herrscht eine gespenstische Stille – trifft die Nachricht ein, daß auf der anderen Flußseite sowjetische Infanterie und Panzer stehen. Kurz darauf greift dort eine polnische Patrouille die sowjetischen Panzer mit Handgranaten und Benzinflaschen an. Die Patrouille kehrt ohne Verluste zurück und meldet starke sowjetische Kräfte und Panzer in den Vorstädten auf dem anderen Wilija-Ufer.

Nachdem deutsche Truppen auch die an Rumänien grenzenden Landstriche besetzt haben, ist Lemberg, ähnlich wie Warschau, vollständig isoliert. Südlich von Lemberg versuchen die Reste mehrerer polnischer Verbände im Eilmarsch die rumänische oder ungarische Grenze zu erreichen. Am gleichen Tag überschreitet der einzige polnische Panzerverband, die 10. Brygada Kawalerii Zmotoryzowanej (Oberst Maczek), die Grenze nach Ungarn und wird interniert.

Sämtliche Garnisonen in Ostpolen entlang der Grenze zur Sowjetunion sind voller Truppen, die man aus dem westlichen und Zentralpolen hierher verlegt hat. Neben den Reserve-Garnisonen der Kavallerie und den aufgestellten taktischen Verbänden gibt es hier zahlreiche Selbständige Abteilungen. Während es dem überwiegenden Teil der Truppen aus dem Nordosten des Landes gelingt, die Grenze nach Litauen zu überschreiten, kann sich ein Teil der Verbände aus dem südöstlichen Raum nach Rumänien oder Ungarn retten. Die Grenzgarnisonen in Baranowitschi, Sarny, Kowel, Luzk, Wladimir Wolynskij, Dubno, Ostrog, Krzemieniec, Brzezany und Tarnopol sind dagegen bereits von den Sowjets überrollt.

Erst in der Nacht vom 19./20. September 1939 gibt das Oberkommando des

Heeres (OKH) den tatsächlichen Verlauf der Demarkationslinie bekannt. Das OKH befiehlt die Einstellung der Kämpfe und den unverzüglichen Rückzug hinter diese Linie. Laut Hitlers Weisung soll sich nach dem 1. Oktober kein deutscher Verband mehr östlich der Demarkationslinie aufhalten, mit Ausnahme der die am rechten Weichselufer liegende Warschauer Vorstadt Praga belagernden Kräfte.
In derselben Nacht überqueren die Bataillone Kleck und Ludwikowo den Pripjet und kämpfen während der Nacht und in den ersten Morgenstunden erfolgreich gegen die von Panzern unterstützte sowjetische Infanterie bei Ossowo und werfen sie nach Duboje zurück. Bei Wilna versuchen die Sowjets im Morgengrauen den Fluß zu überqueren. Zwei Panzer bleiben in der Wilija stecken, die übrigen ziehen sich in aller Eile zurück.

Am Mittwoch, dem 20. September 1939, liegen vor Tomaszow Lubelski die Verbände der Armee Lublin unter schwerem Beschuß deutscher Artillerie. Polnische Geschütze erwidern nur vereinzelt mit den letzten Granaten das Feuer, und gegen 9.00 Uhr meldet die 23. Infanteriedivision (Oberst Powierza), daß eine Fortführung des Kampfes nicht mehr möglich sei. General Piskor entschließt sich nun, die Waffen zu strecken, und verständigt über Funk die deutsche Führung. Zu diesem Zeitpunkt sind die Truppen der Nordfront (Gen. Dab-Biernacki), die General Piskor zu Hilfe eilen, nur noch 40 Kilometer von Tomaszow Lubelski entfernt. General Piskor ahnt jedoch nichts davon, als er sich zur Kapitulation entschließt. Die Mittelfront gibt es nicht mehr. Einige Soldaten schlagen sich nach Ungarn oder hinter die deutschen Linien durch. Die meisten von ihnen, rund 60000 Mann, gehen in Gefangenschaft, darunter die Generäle Piskor, Szylling, Jagmin-Sadowski, Piasecki und Mond.
Vor der Festung Modlin werden die Belagerungskräfte der beiden leichten Divisionen des XV. Panzerkorps (Gen. d. Inf. Hoth) und die 10. Armee verstärkt. Inzwischen beginnen in den ersten Stunden des Tages Angriffe auf die polnischen Stellungen östlich der Vorstadt Praga. Den Verteidigern gelingt es jedoch, sie abzuwehren. Im Westabschnitt herrschen bei Blizno und Chrzanow rege Aktivitäten deutscher Spähtrupps im Vorfeld der polnischen Stellungen. Die bis zuletzt auf der Bzura eingesetzten Divisionen der 8. Armee (Gen. d. Inf. Blaskowitz) werden jetzt in Richtung Warschau verlegt. Blaskowitz trifft die letzten Vorbereitungen zum Sturm auf die Hauptstadt.
Am Morgen des 20. September 1939 erscheinen vor Grodno aus Richtung Bialystok plötzlich sowjetische Panzer, die sich aber wieder zurückziehen. Dann greifen die Sowjets mit Infanterie von der Chaussee nach Skidelsko an.

Belzec, südlich von Tomaszow Lubelski, 20. 9. 1939: nach dem Feuerwechsel mit der zersprengten Einheit eines Verbandes der Armee Lublin

Wolkowysk, Ausfallstraße nach Bialystok, 20. 9. 1939: sowjetischer Panzerspähwagen, zerstört in einem Gefecht mit zurückziehenden polnischen Truppen

Da sie ohne Panzerunterstützung vorgehen, erleiden sie dabei schwere Verluste. Es gelingt ihnen allerdings, die Verteidiger der Kasernen des 20. leichten Artillerieregiments zu überrumpeln, in die Kasernen einzudringen und einen Teil der Jerozolimska-Straße zu besetzen.
Gegen Mittag trifft General Kutrzeba in den polnischen Linien vor Warschau ein und meldet sich bei General Rómmel, der ihn zu seinem Stellvertreter ernennt. Nach einigen Tagen Unterbrechung beginnt die Luftwaffe heute wieder, die belagerte Hauptstadt zu bombardieren. Dies ist einer der bis jetzt schlimmsten Luftangriffe.
In Grodno werden nach erbitterten Kämpfen die Jerozolimska-Straße und der orthodoxe Friedhof von Polen zurückerobert. Der Sturm auf die von den Sowjets besetzten Kasernen bricht jedoch zusammen. Gegen 14.30 Uhr kommt der Befehl, den Verteidigungsabschnitt am Flußufer des Njemen zu räumen. Auf der Chaussee nach Grandzicze ziehen Trosse, Fuhrwerke und Scharen von flüchtenden Menschen mit Gepäckbündeln. Zum Glück schießt die sowjetische Artillerie sehr ungenau. In die Stadt rollen unterdessen sowjetische Panzer ein. Sie nehmen die Gebäude der Polizeikommandantur unter Beschuß. Einem Gymnasiasten gelingt es, sich im Schutz von Sträuchern an den Panzer heranzupirschen und ihn mit Benzinflaschen in Brand zu stecken. Niemand von der Besatzung kann aus dem brennenden Panzer entkommen. Es ist der Kampfwagen des Kommandanten der Panzerabteilung, die Grodno einnehmen soll. Der zweite Panzer bleibt auf der Dominikanska-Straße liegen, die Besatzung wird gefangengenommen. Die Besatzung des dritten Wagens ergibt sich auf der Hoover-Straße. Der vierte Panzer bleibt auf dem Batory-Platz, der fünfte auf der Brückenstraße, der sechste auf der Skidelska-Straße und ein Funkwagen auf der Njemenbrücke stecken. Die restlichen Panzer fahren die Dominikanska-Straße entlang und feuern mit Geschützen und MG in die Hauseingänge. Drei sowjetische Flugzeuge kreisen über der Stadt und schießen im Tiefflug auf die Menschen.
Am Nachmittag gehen die Truppen von General Sosnkowski zu ihrem letzten Angriff in Richtung Lemberg vor. Da erscheinen bei Zboiska und Winniki sowjetische Panzer. Lemberg wird noch belagert, als die Heeresgruppe Süd (GenOberst v. Rundstedt) Befehl erhält, sich zur Weichsel-San-Linie zurückzuziehen und die Stadt der Roten Armee zu überlassen. Hitlers Befehl zum Rückzug an die zur Zeit gültige Demarkationslinie entlang der Flüsse Narew, Weichsel und San wird auch an die Heeresgruppe Nord erteilt. Der Führer fordert zugleich die sofortige Einstellung der Kämpfe gegen die polnischen Streitkräfte, die immer noch Widerstand leisten. Der Befehl nimmt kaum

Rücksicht auf die militärische Lage: Die deutschen Verbände haben in Ostpolen mehrere Tausend Schwerverletzte, die man nicht evakuieren kann, Abertausende von Kriegsgefangenen, eine große Anzahl von beschädigten Panzern und anderen Fahrzeugen, dazu große Beutevorräte an polnischem Kriegsmaterial, Munition, Verpflegung und anderen Gütern. Die Männer und Pferde müssen nach wochenlangen Strapazen ausruhen, die Fahrzeuge überholt oder repariert werden. Die Eisenbahn kann nur einen Bruchteil der deutschen Truppen zurückbefördern.
Ebenfalls in den Nachmittagsstunden des 20. September 1939 kommt es bei Winniki, östlich von Lemberg, zu einem versehentlichen Gefecht zwischen Sowjets und Deutschen. Mehrere sowjetische Panzer bleiben beschädigt liegen. Danach entsendet der polnische Oberbefehlshaber von Lemberg, General Langner, um die Absichten der Roten Armee zu erkunden, den Chef des Verteidigungsstabes, Oberst Ryzinski, nach Lesienice, wo er mit Oberst Makarow, dem Kommissar des sowjetischen Panzerkorps, zusammentrifft. Makarow erklärt ihm, die Rote Armee habe den Wunsch, zusammen mit den Polen eine gemeinsame Aktion gegen die Deutschen zu vereinbaren.
Am selben Tag ziehen sich um 16.00 Uhr in Pinsk Matrosen der polnischen Flußflottille (Kommodore Morgenstern) auf das andere Pripjetufer zurück und sprengen die Brücken. Kurz danach wird Pinsk von den Sowjets eingenommen. Die Abteilung von Kommodore Morgenstern schließt sich danach der KOP-Gruppe an.
Heute erreicht die KOP-Gruppe (Gen. Orlik-Rückeman) auf ihrem Marsch nach Süden Busk. Die Vorhuten melden das Auftauchen sowjetischer Truppen, auf die Rittmeister Rybicki an der Eisenbahnstation Krasne das Feuer eröffnet. Der KOP-Gruppe schließen sich auch einige Offiziere an, denen es gelungen ist, aus sowjetischer Gefangenschaft zu entkommen. Sie berichten, daß die Sowjets nach dem Entwaffnen polnischer Truppen die Soldaten in der Regel entlassen, Offiziere und Unteroffiziere des KOP dagegen erschießen.
Inzwischen stoßen die beiden Flügel der Roten Armee rasch vor, um den polnischen Truppen im Süden den Weg über die Karpaten und im Norden zur litauischen Grenze abzuschneiden. Nachdem die südöstlichen und nordöstlichen Woiwodschaften überrollt sind, entfachen die Sowjets mit Hilfe der ruthenischen und ukrainischen Miliz eine massive Treibjagd auf die sich zu den Grenzen durchschlagenden Verbände. Selbst einzelne Soldaten sind vor ihnen nicht sicher.
Im Raum Grodno halten die Kämpfe an den Ufern des Njemen an, die von polnischen Truppen, Gendarmerie, Polizei und Schülern verteidigt werden. Am Abend melden die Vorposten am Njemen zunächst Ruhe, später versuchen jedoch die Sowjets bei Rumlowka, den Njemen mit Booten zu überqueren. Auch in der Nähe des Gutes Poniemun kommt es zu heftigen Gefechten.

Am Donnerstag, dem 21. September 1939, gelingt es den Ulanenregimentern der Kavallerie-Reservebrigade (Oberst Tarnasiewicz) in Grodno und Umgebung, die angreifenden sowjetischen Panzer zurückzudrängen.
Im Raum Zamosc steht ab 8.00 Uhr morgens die 39. Infanteriedivision (Oberst Oziewicz, von der ehem. Armee Prusy) im Kampf gegen die 4. leichte Division (GenMaj. Ritter v. Hubicki) bei Czesniki östlich von Zamosc.
Am Vormittag ziehen sich die 1. Gebirgsdivision (GenMaj. Kübler) und Teile des XVIII. Armeekorps (Gen. d. Inf. Baier) von Lemberg über den San zurück und überlassen die Stadt den Sowjets.

Deutsch-sowjetische Zusammenarbeit: W. I. Tschuikow (2. v. rechts) informiert den Führer einer deutschen Vorausabteilung über die Lage

An diesem Tag verlassen, entsprechend einer polnisch-deutschen Abmachung, die Ausländer das brennende Warschau. 178 Diplomaten und Botschaftsangehörige sowie 1200 Ausländer passieren die Verteidigungslinien in Praga und werden dort von Offizieren der deutschen 3. Armee übernommen.
Um die Zurücknahme der deutschen Verbände aus dem nach verlustreichen Kämpfen besetzten Ostpolen ordnungsgemäß und in Übereinstimmung mit den Sowjets durchzuführen, gibt heute der Oberbefehlshaber des Heeres (Gen-Oberst v. Brauchitsch) eine Reihe von Anweisungen: Die Truppen sollen sich etappenweise zurückziehen, wenn möglich in einem Abstand von 25 Kilometern zur Roten Armee. Die Divisions- bzw. Regimentskommandeure dürfen Kontakt mit den Sowjets aufnehmen, falls diese die deutschen Truppen bei ihrem Vorstoß überholen sollten. Die Verwundeten der deutschen Wehrmacht bleiben zusammen mit Ärzten und Sanitätspersonal in den Lazaretten zurück und werden erst später evakuiert. Das Beutegut sollen die deutschen Truppen nach Möglichkeit mitnehmen und nur im Notfall an die Rote Armee übergeben. Deutsches Kriegsmaterial, das nicht sofort zurückverlegt werden kann, wird mit Wachtpersonal zurückbleiben und später abtransportiert. Besondere Aufmerksamkeit soll den zurückgebliebenen beschädigten neuen Panzermodellen vom Typ IV gewidmet werden: Bis zur endgültigen Bergung sind sie sorgfältig zu bewachen und gegen jeden Fremden abzuschirmen.
In Grodno müssen am Nachmittag die polnischen Verbände der sowjetischen Übermacht weichen und sich wieder über den Njemen in die Ortschaft Hoza zurückziehen.
Zur gleichen Stunde nähern sich vor Lemberg die Sowjets den vorgelagerten polnischen Stellungen. General Langner befiehlt, das Feuer zu eröffnen. Nach einer Stunde wird ihm gemeldet, daß die Sowjets sich zurückgezogen haben und verhandeln wollen. In der Nähe von Lesienice warten auf General Langner der Politkommissar des sowjetischen Korps, Oberst Makarow, und ein anderer Sowjetoffizier im Generalsrang. General Langner: »Ich fragte ihn, was er wünscht. Er erklärte mir, daß die Rote Armee gegen die Deutschen kämpft und er mit seinen Panzern durch Lemberg fahren möchte. Ich antwortete, daß wir keinen Krieg mit der UdSSR führen und es für seine Panzer genügend Platz im Süden und Norden der Stadt gibt. Außerdem könnte ich nur mit dem ranghöchsten Befehlshaber verhandeln.« Nach einigen Stunden erhält General Langner die Nachricht, der Kommandeur des Panzerkorps im Rang eines Generals lasse ihn bitten, am 22. 9. 1939 um 8.00 Uhr nach Winniki zu kommen.
Reste der Verbände von General Sosnkowski, die bei Laszki Murowane von sowjetischen Truppen eingekreist werden, strecken die Waffen. Andere schla-

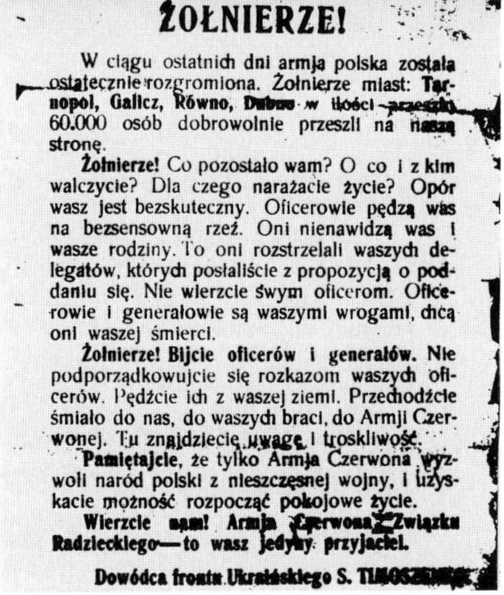

ŻOŁNIERZE!

W ciągu ostatnich dni armja polska została ostatecznie rozgromiona. Żołnierze miast: Tarnopol, Galicz, Równo, Dubno w iłości przeszło 60.000 osób dobrowolnie przeszli na naszą stronę.

Żołnierze! Co pozostało wam? O co i z kim walczycie? Dla czego narażacie życie? Opór wasz jest bezskuteczny. Oficerowie pędzą was na bezsensowną rzeź. Oni nienawidzą was i wasze rodziny. To oni rozstrzelali waszych delegatów, których posłaliście z propozycją o poddaniu się. Nie wierzcie swym oficerom. Oficerowie i generałowie są waszymi wrogami, chcą oni waszej śmierci.

Żołnierze! Bijcie oficerów i generałów. Nie podporządkowujcie się rozkazom waszych oficerów. Pędźcie ich z waszej ziemi. Przechodźcie śmiało do nas, do waszych braci, do Armji Czerwonej. Tu znajdziecie uwagę i troskliwość.

Pamiętajcie, że tylko Armja Czerwona wyzwoli naród polski z nieszczęsnej wojny, i uzyskacie możność rozpocząć pokojowe życie.

Wierzcie nam! Armja Czerwona Związku Radzieckiego—to wasz jedyny przyjaciel.

Dowódca frontu Ukraińskiego S. TIMOSZENKO

Ein sowjetisches Flugblatt für die polnischen Truppen: Soldaten! In den letzten Tagen wurde die polnische Armee endgültig zerschlagen. – Soldaten! Schlagt eure Offiziere und Generäle tot. – Denkt nach, daß nun die Rote Armee die polnische Nation von dem unseligen Krieg befreit. – Glaubt uns! Die Rote Armee der Sowjetunion ist euer einziger Freund. Befehlshaber der Ukrainischen Front S. Timoschenko

gen sich nach Ungarn durch. General Sosnkowski und dem Kommandeur der 11. Infanteriedivision Karpacka, Oberst Prugar-Ketling, gelingt es ebenfalls, die Grenze zu erreichen.
In Grodno toben bis abends erbitterte Kämpfe, obwohl die Hauptverkehrsstraßen der Stadt bereits von sowjetischen Panzern besetzt sind.

Am Morgen des 22. September 1939 wird General Langner in Winniki nach Abschluß der Verhandlungen von dem Stellvertreter Marschall Timoschenkos, General Kurotschkin, mit dem »Ehrenwort des sowjetischen Offiziers« die Einhaltung der Bedingungen garantiert: Die Besatzung von Lemberg behalte nach Übergabe der Stadt volle Bewegungsfreiheit, und sowohl Offiziere als auch Soldaten erhielten die Möglichkeit, nach Rumänien oder Ungarn zu gehen, um über diese Länder nach Frankreich zu gelangen, damit sie weiter an den Kämpfen gegen Deutschland teilnehmen könnten. Es wird vereinbart, die Stadt um 13.00 Uhr zu übergeben. Die Offiziere sind angewiesen, sich vor dem Gefechtsstand des sowjetischen XVIII. Armeekorps zwischen 14.00 und 15.00 Uhr zu sammeln, dort die Waffen niederzulegen und sich anschließend nach Winniki zu begeben, wo angeblich die Entlassung stattfinden soll. Die Kapitulationsurkunde haben von sowjetischer Seite unterzeichnet: die Generäle Kurotschkin und Jakowlew, die Obersten Diedow und Fotschenko sowie der Politkommissar Makarow. Die polnischen Offiziere, die tagelang vor Lemberg der deutschen Übermacht standhielten, ermordet man später auf Stalins Befehl in Katyn.
Östlich vom Bug, im Bereich der Nordfront, halten sich noch vereinzelt improvisierte polnische Verbände: die Gruppe Dubno (Oberst Hanka-Kulesza)

Über 220000 polnische Soldaten und Offiziere ziehen in sowjetische Kriegsgefangenschaft, für Tausende von ihnen ein Weg ohne Rückkehr

mit mehreren Batterien, einem gemischten Kavallerieregiment, einem Motorradbataillon und Resten verschiedener Einheiten. Sie marschieren in Richtung Lemberg und erreichen heute Kamionka Strumilowa.
Die in Wladimir Wolynskij und Kowel aufgestellte Gruppe von Oberst Koc befindet sich auf dem Marsch im Raum Krasnystaw. Weiter im Norden rastet bei Kamein Koszyrski die Selbständige Operationsgruppe von General Kleeberg. Er befehligt einen aus Reservisten, Versprengten und verschiedenen Unterabteilungen gebildeten Infanterieverband, der etwa der Stärke von zwei Divisionen entspricht. General Kleeberg erwartet hier die sich vor der Roten Armee zurückziehende KOP-Gruppe, die General Orlik-Rückeman aus Grenztruppen aufgestellt hat, jetzt bestehend aus einer Brigade Korpus Ochrony Pogranicza (KOP), dem KOP-Regiment Snow, aus Matrosen-Bataillonen der Flußflottille von Pinsk, dazu dem 135. Infanterieregiment (Oberst Tabaczynski), fünf Festungsbataillonen und einer Reihe kleiner Abteilungen. In Verbindung mit der KOP-Gruppe plant General Kleeberg, den Kampf weiterzuführen.
Nachdem die Sowjets Grodno erobert haben, beginnen Massenrepressalien und Verhaftungen in verschiedenen Stadtteilen. Auf dem sogenannten Psia Gora (Hundeberg) werden mehrere hundert Verteidiger von Grodno erschossen.
In südlicher Richtung zur ungarischen Grenze marschieren die Kavallerie von General Podhorski, die Reste der Podlaska Brygada Kawalerii und Suwalska Brygada Kawalerii. Gerade heute reorganisiert General Podhorski seine Truppen und bildet aus ihnen die Kavalleriebrigade unter Oberst Milewski mit drei Kavallerieregimentern sowie die Kavalleriebrigade unter Oberst Plisowski mit zwei Regimentern und einer Kavalleriedivision.
Östlich von Zamosc ziehen die Truppen des Generals Dab-Biernacki in Richtung Tomaszow Lubelski. Bei Czesniki und Barchaczow kämpft die 39. Reserveinfanteriedivision (Gen. Olbrycht) gegen übermächtige deutsche Kräfte und wird auf den Ort Labunie zurückgedrängt. Von den Festen Plätzen verteidigen sich noch Warschau, Modlin und Hela.
Das XIX. Panzerkorps (Gen.d.Pz.Tr. Guderian) übergibt den Sowjets am 22. September 1939 Brest-Litowsk in einer formellen Zeremonie, verbunden mit einer gemeinsamen Parade deutscher und sowjetischer Truppen, an der Panzerbrigadekommandant Kriwoschein teilnimmt. Das XIX. Panzerkorps tritt nun seine Verlegung nach Ostpreußen an. In Südpolen wird an diesem Tag das Ölgebiet von Drohobycz der Roten Armee übergeben. General Langner: »Am Nachmittag marschierten sowjetische Truppen in Lemberg ein und eröffneten an vielen Punkten das Feuer auf polnische Soldaten, die sich ergeben hatten.«
Während des sowjetischen Luftangriffs auf die Bahnstation Poworsk, östlich von Kowel, wird auch der polnische Panzerzug Nr. 51 (Hptm. Rokossowski), der bis dahin die Kämpfe der Armee Krakow gegen deutsche Truppen unterstützt hat, durch Bomben vernichtet. Die Überlebenden der Besatzung schließen sich der KOP-Gruppe (Gen. Orlik-Rückeman) an.
Bei Modlin verstärken die Deutschen den Druck auf die Festung. Die leichte und schwere Artillerie führt Dauerfeuer, und die Einkreisung wird immer enger: Das II. Armeekorps (Gen. d. Inf. Strauss) sichert den Abschnitt Nowy Dwor so stark, daß kein Erkundungstrupp die deutschen Stellungen überwinden kann.
Heute morgen findet nahe der Warschauer Vorstadt Praga, durch den Quer-

Warschauer Vorstadt Praga, 22. 9. 1939: Der ehem. Oberbefehlshaber des Heeres, Generaloberst v. Fritsch, findet den Soldatentod

schläger eines polnischen MG-Geschosses getroffen, der ehemalige Oberbefehlshaber des Heeres, Generaloberst Freiherr v. Fritsch, an der Mauer des zwischen Zacisze und Zabki liegenden Schlachthofes den Tod. Er ist, nachdem er einer Intrige der NS-Führung zum Opfer fiel, seinem Artillerieregiment 12 in den Polenfeldzug gefolgt und hat sich an diesem Tag einem Stoßtruppunternehmen der 1. Kompanie (Lt. Lieser) angeschlossen. Bei der Rückkehr, gegen 9.40 Uhr, geraten v. Fritsch und sein Begleitoffizier, Leutnant der Reserve Rosenhagen, überraschend in polnisches MG-Feuer. Fritsch sinkt mit zerrissener Hauptschlagader im Oberschenkel zu Boden. Rosenhagen will das Bein abbinden. Fritsch: »Lassen Sie nur.« Er nimmt noch das Monokel ab und ist nach einer Minute tot. Die später entstandene Legende, Freiherr v. Fritsch habe den Tod gesucht, entspricht nicht der Wahrheit. Er zeigte zwar »unbegrenzte Kaltblütigkeit«, sein Verhalten bei Frontbesuchen entsprach jedoch der jeweiligen Lage.

Warschau liegt den ganzen Tag über unter Artilleriebeschuß sowie unter rollenden Angriffen der Luftwaffe. Das bis heute mit unterschiedlicher Stärke geführte Artilleriefeuer steigert sich nun zu einer pausenlosen Kanonade. Die Rauchwolken über der Stadt verdunkeln tagsüber das Sonnenlicht, und nachts erhellt die Feuersbrunst das Kampffeld.

Am Abend, nach der Übernahme von Lemberg durch die Rote Armee, entschließt sich General Langner, nach Tarnopol zu fahren, um von dort aus die vereinbarten Übergabebedingungen zu überwachen und mit dem Oberkommandierenden der Front, Marschall Timoschenko, zu sprechen.

Teile des 110. Ulanenregiments (Oberst Dabrowski) ziehen unter Major Dobrzanski in den Raum Kielce, wo sie später in den Heilig-Kreuz-Bergen die erste Partisanenabteilung in der Geschichte des Zweiten Weltkriegs bilden.

In Wilna dauern die schweren Straßenkämpfe bereits den dritten Tag mit unverminderter Härte an. Die sowjetischen Panzer nehmen die Häuser unter Beschuß, in denen die Verteidiger sich verschanzt haben. Am Abend bleibt jedoch den Polen kein anderer Ausweg mehr, als sich zurückzuziehen. Inzwischen dringen Panzer in die Stellungen an der Zygmuntowska-, Ecke Wilkomierskastraße ein und versuchen, den polnischen Truppen den Rückzug abzuschneiden.

Nachdem die Ulanenregimenter der Brigade von Oberst Tarnasiewicz jetzt den Njemen überquert haben, um nach Litauen zu gelangen, werden sie von den Sowjets bei Sopockino angegriffen. Unweit dieses Ortes ermorden die Sowjets an diesem Tag General Olszyna-Wilczynski, den Oberbefehlshaber des Korpsbezirks III (Grodno), und seine Begleiter.

In den ersten Morgenstunden des 23. September 1939 setzen die Truppen der polnischen Nordfront (Gen. Dab-Biernacki) zu einem überraschenden Angriff auf Teile der sich zurückziehenden Verbände der 10. Armee (Gen. d. Art. v. Reichenau) zwischen Lublin, Zamosc und Tomaszow Lubelski an, um sich den Weg nach Süden in Richtung ungarische Grenze freizukämpfen. Der energisch vorgehenden Nowogrodzka Brygada Kawalerii (Gen. Anders), die im Zentrum der polnischen Gruppierung angreift, gelingt der Ausbruch. Zu Beginn der Kämpfe nähert sich das zur Kavalleriebrigade von Oberst Zakrzewski gehörende 25. Ulanenregiment (Oberlt. Stachlewski) Krasnobrod, unweit von Lublin, überrollt den Stab der deutschen 8. Infanteriedivision (GenLt. Koch), macht etwa 100 Gefangene, erbeutet 20 Kampfwagen und befreit 40 polnische, in einer Kirche gefangengehaltene Soldaten. Dabei findet auf den Feldern um Krasnobrod die wahrscheinlich letzte Kavallerieschlacht der Kriegsgeschichte statt.
Die von dem unerwarteten Angriff überraschten Soldaten der 8. Infanteriedivision räumen Krasnobrod. Nach Heranziehung deutscher Verstärkungen werden die polnischen Kavallerieverbände an beiden Flanken unter Feuer genommen. Trotz schwerer Kämpfe können die Wolynska Brygda Kawalerii (Oberst Filipowicz) und die Kavalleriebrigade (Oberst Zakrzewski) nicht aus dem Kessel ausbrechen. Die 10. Armee treibt den Rest nach Süden in das von der Roten Armee besetzte Galizien. Einige Gruppen von Offizieren und Soldaten gelangen durch die vom Feind besetzten Gebiete bis zur ungarischen Grenze, unter ihnen General Dab-Biernacki. Andere, wie Oberst Komorowski (Bor), der spätere Befehlshaber der Untergrundarmee Armia Krajowa, entschließen sich, in Polen zu bleiben.
Ebenfalls am 23. September 1939 geraten Einheiten der deutschen 10. Panzerdivision (GenMaj. Schaal) versehentlich in ein blutiges Gefecht mit der vorgehenden sowjetischen Kavallerie. Die sowjetischen Verluste werden offiziell mit zwei Toten und 23 Verwundeten angegeben. Der Zwischenfall, einer von vielen in diesen Tagen und durch einen Irrtum in der Erkennung entstanden, wird auf der Ebene deutscher und sowjetischer Kommandeure geklärt.

Am Sonntag, dem 24. September 1939, um 11.00 Uhr, wird General Langner zu Marschall Timoschenko und dem Vertreter der UdSSR-Regierung, N. Chruschtschow, gebeten. Nach Austausch der üblichen Begrüßungsfloskeln versichern die Vertreter der Roten Armee feierlich, daß die vereinbarten Bedingungen in ganzem Umfang eingehalten werden, sie bedürfen jedoch »nur noch der Bestätigung durch Marschall Woroschilow«. Es wird General Langner freigestellt, in Begleitung des Kommissars Piasecznik und einigen polnischen Offizieren nach Moskau zu fliegen, um dort bei Woroschilow zu intervenieren. General Langner: »Herr Chruschtschow versicherte nochmals, daß ich wegen der polnischen Offiziere beruhigt sein könnte, denn die Sowjetunion würde wie immer alle Verpflichtungen einhalten. Alle Offiziere erhielten die entsprechenden Dokumente und würden freigelassen, und die Bevölkerung bekäme die gleichen Rechte wie in der UdSSR. Beim Abschied fragte mich Timoschenko, was bei der Verteidigung von Lemberg zu beachten war und wie die Stärke und Schlagkraft der deutschen Truppe wohl sei.«
An diesem Tag führen die Sowjets mehrere Luftangriffe auf die Verbände der KOP-Gruppe in der Ortschaft Pniewno durch. Bei Derewek werden auch Verbände der Brigade Polesie bombardiert.
Vor den polnischen Linien auf der Halbinsel Hela herrscht relativ Ruhe.

In einem Waldstück unweit Warschau versteckt: ein startklares polnisches Jagdflugzeug vom Typ PZL P-11a der 113. »Eule«-Staffel von der Jagdbrigade Warschau

Die Festung Modlin wird an diesem Sonntag von deutschen Truppen mehrfach aus verschiedenen Richtungen, unterstützt durch Artillerie aller Kaliber und Luftwaffeneinheiten, angegriffen.
Vor Warschau dringt die deutsche Infanterie in die Stellungen bei Bielany und Babice ein, wird jedoch durch einen Gegenangriff in ihre Ausgangsstellungen zurückgeworfen. Schweres Artilleriefeuer liegt fast den ganzen Tag über auf den Widerstandspunkten Ochota, Dworzec Zachodni (Westbahnhof), Fort Mokotow, Fort Legionow und Fort Czerniakowski.
Gegen Mittag werden Flugblätter mit der Aufforderung zur sofortigen Kapitulation abgeworfen. Das Hauptziel der Artillerie sowie der pausenlosen Luftangriffe sind vor allem die Warschauer Pumpenstationen, E-Werke, dichtbesiedelte Wohngebiete in der City und die Stadtteile Ochota, Wola, Mokotow und Praga. Die Bomben zerstören endgültig das E-Werk, so daß der Strom bis zum Ende der Belagerung ausfällt. In den Krankenhäusern macht das Fehlen von Licht und Wasser die Behandlung der Kranken und Verletzten beinahe unmöglich.
Unterdessen marschiert die Kavallerie der Gruppe Dubno (Oberst Hanka-Kulesza) auf dem östlichen Bugufer in Richtung Rawa-Ruska und stößt auf eine deutsche Vorhut. Der Feuerwechsel zwischen der polnischen Reiterspitze und deutschen Panzern entwickelt sich zu einer ganztägigen Schlacht der Gruppe Dubno mit Teilen der 2. Panzerdivision (GenLt. Veiel) nahe der Ortschaft Rzyczki, nordöstlich von Rawa-Ruska. Als in der Nacht bekannt wird, daß die Sowjets nur noch einige Kilometer entfernt sind, legt ein Teil der Gruppe Dubno vor den Deutschen die Waffen nieder, der Rest zerstreut sich und versucht, die ungarische Grenze zu erreichen.

Am Montag, dem 25. September 1939, marschiert in Ostpolen das 110. Ulanenregiment (Oberst Dabrowski), nachdem es im Raum Grodno die Fühlung mit der Brigade von Oberst Tarnasiewicz verloren hat, durch die Augustow-Heide. Von dort aus will es in südwestlicher Richtung entlang der ostpreußischen Grenze weiterziehen. Der Weg wird ihm jedoch von sowjetischen Panzern abgeschnitten. Zu gleicher Zeit erreicht die KOP-Gruppe (Gen. Orlik-Rückeman) nach Kämpfen mit den sich auf die Demarkationslinie zurückziehenden deutschen Verbänden Rawa-Ruska.
Auch heute liegt die Festung Modlin den ganzen Tag unter Artilleriebeschuß und den Bombardements der Luftwaffe. Einige vorgeschobene Stellungen fallen in deutsche Hände, doch die Hauptverteidigungslinie bleibt intakt.
Vor Warschau eröffnen um 7.00 Uhr morgens rund 1000 deutsche Geschütze einen Feuerhagel auf die Hauptstadt, dem ein Masseneinsatz der Luftwaffe folgt: 240 Stukas Ju 87 und 100 Kampfflugzeuge Do 17 werfen in rollenden Angriffen 560 Tonnen Sprengbomben ab, darunter die ersten 1000-kg-Bomben. Eine Gruppe von 30 Transportflugzeugen Ju 52/3m kreist zur gleichen Zeit über Warschau. Aus den Frachträumen dieser Maschinen werden insgesamt 72 Tonnen Brandbomben hinausgeschaufelt. Dies ist der bisher größte Luftangriff der Geschichte. Über Warschau hängen – kilometerweit sichtbar – schwere Rauchwolken. In Wola, Ochota und Mokotow greifen Panzer und Infanterie an, und es kommt zu erbitterten Nahkämpfen. Hitler beobachtet den Angriff auf Warschau aus dem Hauptquartier von General der Infanterie Blaskowitz in Grodzisk Mazowiecki. Die Selbständige Operationsgruppe Polesie (Gen. Kleeberg), die sich jetzt nahe Kamien Koszyrski befindet, will der Hauptstadt zu Hilfe kommen. Eine Vorausabteilung hat bereits Wlodawa erreicht; von dort soll die Gruppe in Richtung Warschau marschieren.
Bei Krasnobrod entbrennen wiederum schwere Kämpfe. Die polnische 39. Infanterie-Reservedivision versucht weiterhin, den Ring der deutschen 8. Infanteriedivision nach Südwesten zu durchbrechen.
In Warschau geht nun der »Schwarze Montag«, wie man ihn seitdem nennt, zu Ende, und am Abend unterbricht die Luftwaffe ihre Angriffe.

Am Dienstag, dem 26. September 1939, um 7.30 Uhr, wird General Langner in Begleitung von drei polnischen Offizieren und dem sowjetischen Kommissar Piasecznik nach Ploskirow gebracht und von dort aus mit einer Passagiermaschine nach Moskau geflogen.
Kurz nach Sonnenaufgang beginnt die 8. Armee (Gen. d. Inf. Blaskowitz) ihren Angriff auf die Verteidigungsstellungen im Süden von Warschau. Die erste und zweite Befestigungslinie werden im Sturm genommen, und nach Gefangenenberichten verschlimmert sich die Lage der polnischen Truppen zusehends. Die 3. Armee (Gen. d. Art. v. Küchler) unterstützt nun das Vorgehen der 8. Armee mit schwerem Artilleriefeuer auf die polnischen Stellungen im Norden der Hauptstadt. Zu den schwersten Kämpfen kommt es im südlichen Verteidigungsabschnitt. In seinem Vorfeld geht das Fort Mokotow verloren, kurz danach fällt auch Fort Legionow am Dolny Mokotow.
An diesem einen Tag feuert die deutsche Artillerie auf die Hauptstadt mehr Geschosse ab, als den Verteidigern während der ganzen Belagerungszeit zur Verfügung stehen. General Rómmel, der sich darüber im klaren ist, daß weiterer Widerstand nur zu einem Blutbad unter den Truppen und der Bevölkerung führt, trägt sich mit dem Gedanken, Kapitulationsverhandlungen mit den Deutschen aufzunehmen.

Warschauer Vorstadt Praga: die während der Kämpfe in Gefangenschaft geratenen deutschen Soldaten vor dem Abmarsch in die KG-Lager

Unterdessen führt bei Zamosc, Tomaszow Lubelski und Krasnobrod die ehemalige Nordfront mit den Resten ihrer Verbände die letzten Gefechte. Die 41. Infanterie-Reservedivision (Gen. Piekarski) kämpft gegen die 8. Infanteriedivision (GenLt. Koch) in den Wäldern bei Aleksandrow. Die eingekesselten Teile der polnischen 39. und 41. Infanteriedivision haben keine Möglichkeit mehr, sich nach Süden abzusetzen. In dieser Lage beschließt General Przedrzymirski, den Kampf zu beenden, und unterzeichnet am Abend die Kapitulationsvereinbarung.

Die Grupa Operacyjna Kawalerii (jetzt Gen. Anders) zieht mit den restlichen Verbänden der Nowodrodzka, Kresowa und Wilenska Brygada Kawalerii weiter in Richtung Ungarn. Ein Teil der Wilenska Brygada Kawalerii gerät bei Demaki in einen Hinterhalt und muß nun gegen sowjetische Truppen kämpfen. Dabei wird der Kommandeur der Brigade, Oberst Drucki-Lubecki, schwerverwundet gefangengenommen. Eine der Schwadronen unter Rittmeister Lichtarowicz kann jedoch den Angriff abschlagen und die Gefangenen befreien. Zur selben Zeit stößt die Gruppe von General Anders auf sowjetische Kavallerie und auf Panzerkräfte unter General Tjulenjew. Die Schlacht bei Broszki und Morance ist die erste und einzige während des Septemberfeldzuges, in der die Truppen von General Anders gleichzeitig gegen die Sowjets und gegen die Deutschen kämpfen.

Das 25. und das 27. Ulanenregiment versuchen bei Morance, mit einer Reiterattacke der drohenden Einschließung durch Teile der deutschen 28. Infanteriedivision (GenLt. v. Obstfelder) zu entgehen. Die Attacke bricht jedoch im massiven MG-Feuer zusammen. Über 80 Reiter, darunter mehrere Offiziere, sind gefallen. Plötzlich hört man Trompetensignale: Von Morance her nähern sich drei feldgraue Reiter mit einer weißen Fahne. Die Parlamentäre schlagen den Polen vor, die Waffen niederzulegen, denn ihre Lage sei aussichtslos, und man wolle Blutvergießen vermeiden. Ein weiterer Vormarsch wäre hoffnungslos, das ganze Land sei bereits von deutschen Truppen und den sich nähernden sowjetischen Streitkräften besetzt. Was jetzt folgt, hat kaum eine Parallele im Polenfeldzug: General Anders stimmt der Waffenniederlegung unter der Bedingung zu, daß seiner Gruppe der freie Durchmarsch zur ungarischen Grenze garantiert wird. Oberst Schweizer vom 26. Ulanenregiment fährt mit den Parlamentären zum Stab der deutschen 28. Infanteriedivision und kehrt nach einer Weile mit der schriftlichen Bestätigung des Kommandeurs, Generalleutnant v. Obstfelder, zurück: »Die 28. Infanteriedivision gewährt der polnischen Kavallerie freien Durchmarsch nach Süden. Dafür gibt die polnische Kavallerie den Einheiten der 28. Infanteriedivision freien Zugang nach Westen. Trifft die Kavallerie jedoch auf andere deutsche Einheiten, wird sie von diesen angegriffen.« Die Grupa Operacyjna Kawalerii zieht unverzüglich weiter nach Südosten.

Am gleichen Tag werden auch die Regimenter der Kresowa Brygada Kawalerii (jetzt Oberst Grobicki) von sowjetischen Verbänden angegriffen. Nach fast ganztägigen Verzögerungskämpfen gelingt es Oberst Petkowski, sich mit seinem 19. Ulanenregiment von den Sowjets zu lösen.

Am Nachmittag beruft General Rómmel das Gremium des Warschauer Verteidigungsrates zusammen. Während der Beratungen, die im Tresorraum der Sparkasse PKO stattfinden, legt sein Stellvertreter im Verteidigungsrat, General Tokarzewski, den Anwesenden ein Projekt zur Bildung einer Untergrundorganisation vor, die den verlorenen Feldzug durch konspirative militärische Aktionen fortsetzen soll. Dies ist die Geburtsstunde des »Dienstes für den Sieg Polens« (SZP), aus dem später die Heimatarmee (AK), eine der wohl am besten organisierten Widerstandsbewegungen Europas, hervorgeht. Während der Sitzung entschließt sich General Rómmel zur Kapitulation.

Am Abend des 26. September 1939 überschreiten nördlich von Warschau zwei polnische Parlamentäre die deutschen Linien mit einem Schreiben von General Rómmel, in dem er eine 24stündige Feuereinstellung und Kapitulationsverhandlungen erbittet. Das OKH stimmt zu, daß die 8. Armee die Kapitulation entgegennimmt, aber nur eine bedingungslose Aufgabe akzeptiert werden kann.

Während im Kreml die letzten Vorbereitungen für den Besuch v. Ribbentrops getroffen werden, um die Verteilung der Kriegsbeute zu regeln, landet kurz nach Sonnenuntergang auf dem unter Artilleriebeschuß mitten in Warschau liegenden Mokotowski-Feld ein polnisches Flugzeug. Dem Tiefdecker, einem Versuchsmodell vom Typ SUM, den der Pilot, Leutnant Ing. Riess, von dem rumänischen Flugplatz Baneasa bei Bukarest entführt hat, entsteigt Major Galinat. Er überbringt General Rómmel den auf einem Stück Futterseide handgeschriebenen letzten Befehl von Rydz-Smigly: »Ich sende Major Galinat nach Warschau zu dem Zweck, eine polnische Untergrundorganisation für den Kampf gegen die Deutschen ins Leben zu rufen. Das umfaßt die Befehlsgewalt und die Führung. Oberbefehlshaber Marschall Rydz-Smigly. 26. 9. 1939.«

In der Nacht vom 26./27. September 1939 erreicht die Nowogrodzka Brygada Kawalerii den Ort Radenice und gerät dort in einen Feuerüberfall sowjetischer Artillerie. Das 25. Ulanenregiment (Oberst Stachlewski), das den Auftrag hat, den Weg der Brigade in Richtung Süden zu sichern, wird von den Sowjets in der Nähe des Dorfes Chliple in Kämpfe verwickelt und zerschlagen.

Am Mittwoch, dem 27. September 1939, nach der Schlacht bei Dernaki, wird am frühen Morgen das 19. Ulanenregiment (Oberst Petkowski), das als Vorhut marschiert, von den Sowjets aus dem Hinterhalt überfallen. Das nachfolgende 1. Reiterregiment (Oberst Albrecht) greift die sowjetischen Panzer und Infanterie an und erwidert das Feuer aus seinen vier Panzerabwehrgeschützen und MG. Die ersten drei Panzer werden vernichtet, und die Infanterie muß sich zurückziehen. Als sich die Angriffe danach wiederholen, teilt Oberst Albrecht die Reste seines Regiments in zwei Gruppen auf.

Zur gleichen Stunde überraschen starke sowjetische Panzerkräfte das 26. Ulanenregiment (Oberst Schweizer) und das 27. Ulanenregiment (Oberst Pajak) der Grupa Operacyjna Kawalerii (Gen. Anders), die in dem ungleichen Kampf fast völlig aufgerieben werden. So wird der einzige Verband, der drei Tage zuvor den Deutschen bei Tomaszow Lubelski noch entgehen konnte, bei Dobromil, etwa 40 Kilometer vor der ungarischen Grenze, von den Sowjets vernichtet. General Anders: »Man mußte sich in kleine Gruppen aufteilen und im Schutze der Nacht und der Wälder versuchen, Ungarn zu erreichen . . .«

An diesem Morgen, nach der die ganze Nacht über dauernden Schlacht bei Chliple gegen Einheiten der Roten Armee wird der Kommandeur des 25. Ulanenregiments, Oberst Stachlewski, mit den ihn begleitenden Offizieren bei einer Rast im Dorf Pinkut von Ukrainern eingekreist und ermordet. Die noch verbliebene 2. Schwadron des Regiments kann in Koniuchy der Umzingelung durch sowjetische Truppen nicht entgehen. Nachdem auch die Ukrainer des Dorfes den Ulanen in den Rücken fallen und das Feuer auf sie eröffnen, legt die Schwadron ihre Waffen nieder. Das 19. Ulanenregiment, das sich gerade südlich von Krysowice in einem Waldstück befindet, läßt die Pferde und

Südlich von Dobromil/Galizien, in einem Wald entlang des Flusses Strwiaz, 27. 9. 1939: die von der Roten Armee zerschlagenen Ulanenregimenter der Grupa Operacyjna Kawalerii (Gen. Anders)

schweren Waffen zurück und versucht zu Fuß, sich nach Ungarn durchzuschlagen.
Ebenfalls am 27. September 1939, um 11.30 Uhr, wird General Langner nach zweitägigem Aufenthalt auf der Datscha der sowjetischen Regierung in Runzewo bei Moskau zum Generalstab der Roten Armee gebracht. Er hofft, das Schicksal seiner Truppen, die in Lemberg kapituliert haben, endlich klären zu können. Doch die Sowjets haben etwas anderes im Sinn. Iwanow, der stellvertretende Stabschef, bittet ihn zu sich. General Langner: »Die Fragen, die mir General Iwanow stellte, betrafen in der Hauptsache die deutsche Luftwaffe, Panzerkräfte und Infanterie: Welche deutschen Luftwaffenverbände auf polnischem Gebiet im Einsatz gewesen seien und wo sich ihre Operationsbasen befänden? Auf welche Weise die deutsche Luftwaffe ihre Einsätze durchgeführt hätte? Wie hoch der Ausbildungsstand der deutschen Flieger einzuschätzen sei? Wieviele Panzerverbände und wieviele motorisierte Verbände seien von den Deutschen in Polen eingesetzt worden? Welche neuen Erkenntnisse ich im Kampf mit den Panzern gewonnen hätte? Über wieviele Panzerverbände und motorisierte Verbände Polen verfügt habe? Und wieviele Panzer? Wie ich die Schlagkraft der deutschen Infanterie beurteile? Danach erklärte General Iwanow, daß wir uns nun zu seinem Vorgesetzten, dem Stabschef General Schaposchnikow, begeben werden. Die Fragen von General Schaposchnikow lauteten ähnlich: Auf wieviele Verbände ich die deutschen Kräfte, die in Polen eingesetzt seien, schätzen würde? Wieviele motorisierte Panzerverbände davon? Ob mir die Aufstellung der deutschen Verbände bekannt sei? . . . Mit einem Blick auf die an der Wand hängende Landkarte sah ich, daß nicht nur der östliche Teil Polens rot eingestrichelt war, sondern auch Bessarabien, Litauen, Lettland und Estland. Es wurde mir klar, daß auch diese Länder von der Roten Armee überfallen werden. Nach einigen Fragen bezüglich unserer Unterbringung endete das Gespräch. Beim Abschied kam General Schaposchnikow mir zuvor und sagte, daß ich in Sachen Kapitulation noch Marschall Woroschilow sprechen werde.«
Um 12.00 Uhr mittags eröffnet das Linienschiff »Schleswig-Holstein« von der Danziger Bucht aus das Feuer auf die polnische Batterie am Zipfel von Hela, der Kreuzer »Schlesien« dagegen auf verschiedene Punkte der Halbinsel. Am Nachmittag geht die deutsche Infanterie zum Angriff über, der auch diesmal abgewiesen wird.
Die Festung Modlin verteidigt sich weiterhin hartnäckig gegen die Verbände der 3. Armee (Gen. d. Art. v. Küchler) sowie gegen die 8. Armee (Gen. d. Inf. Blaskowitz) südlich der Stadt.
In Warschau gehen deutsche Truppen an allen Abschnitten gegen die polnischen Stellungen vor. Jetzt erscheint General Kutrzeba vor den deutschen Linien, um im Namen von General Rómmel Kapitulationsverhandlungen zu führen. Im mittleren Abschnitt liegt die Ortschaft Ochota weiterhin im Brennpunkt der Kämpfe.
Erbitterte Gefechte liefern sich beide Gegner entlang der Belwederska-Straße, die von Wilanow in das Stadtzentrum führt. Um 14.00 Uhr werden die Feindseligkeiten eingestellt, 140000 polnische Soldaten legen ihre Waffen nieder.
Inzwischen setzt General Podhorski an der Spitze seiner Kavalleriebrigade Zaza den Marsch nach Süden fort. Die Kavalleriebrigade Edward (Oberst Milewski) erobert den Übergang bei Kijany, die Kavalleriebrigade Plis (Oberst Plisowski) mit dem 10. Ulanenregiment (Oberst Busler) unternimmt einen Handstreich auf die Ortschaft Jawidz, wo sie deutsche Stützpunkte unter

Warschauer Vorstadt Okecie, 27. 9. 1939: General Kutrzeba begibt sich zum Gefechtsstand von General Blaskowitz, um die Kapitulationsbedingungen zu besprechen

schweren eigenen Verlusten liquidiert. Diese Aktion öffnet nun der Kavalleriebrigade Zaza den Weg zur ungarischen Grenze.
Am Nachmittag, als die Reste des 26. und 27. Ulanenregiments der Operationsgruppe von General Anders in der Ortschaft Balice eine Rast einlegen, werden sie von sowjetischen motorisierten Truppen überraschend angegriffen. Oberst Schweizer schafft es mit 80 Reitern, sich in den Wäldern von Chalupy Balickie abzusetzen und zieht mit etwa 45 Reitern in Richtung Lisko.
Gegen Abend stellt General Podhorski die Verbindung zur Samodzielna Grupa Operacyjna Polesie (Gen. Kleeberg) im Raum Wlodawa her. General Kleeberg organisiert nun die Verbände um und marschiert weiter in Richtung Warschau. Unterdessen gelingt es der Kavalleriebrigade Zaza (Gen. Podhorski), die Wälder von Parczew westlich von Wlodawa zu erreichen.

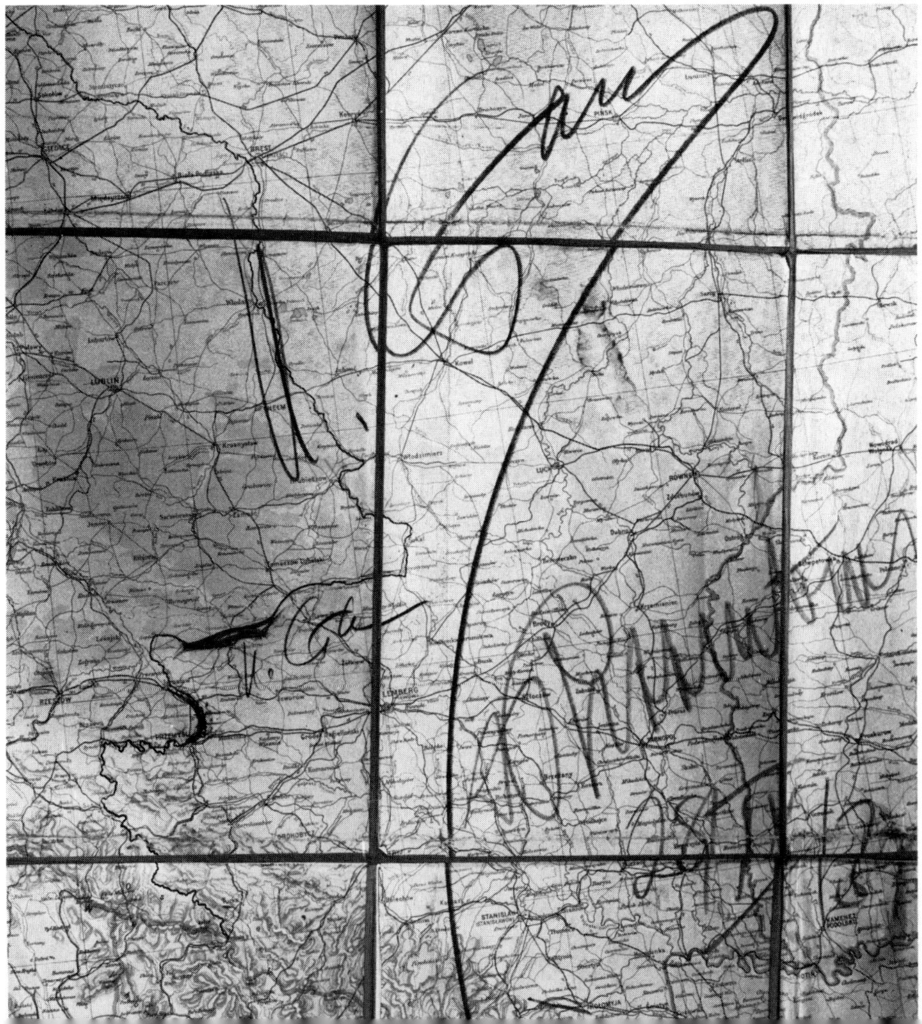

Moskau, 28. 9. 1939. Die Karte, die die vierte Teilung Polens festlegt: Stalin unterzeichnet mit blauem, v. Ribbentrop mit rotem Fettstift

Am 27. September 1939 um 18.00 Uhr Moskauer Zeit, landen auf dem Flugplatz Wnukowo zwei deutsche Fw-200-Condor-Maschinen. Außenminister v. Ribbentrop trifft erneut in Moskau ein, diesmal in Begleitung des Botschafters der UdSSR in Berlin, Schkwarzew. Seit seinem letzten Besuch ist gerade ein Monat vergangen. Hunderte von Hakenkreuzflaggen, die heute über dem Flugplatz flattern, runden dieses gespenstische Bild noch ab. Bereits um 22.00 Uhr finden im Kreml die ersten Gespräche zwischen der sowjetischen Regierung und v. Ribbentrop statt. Sie dauern bis zum frühen Morgen des 28. Septembers 1939. Stalin eröffnet persönlich die Verhandlungen, er beglückwünscht zuerst die Deutschen zu ihrem militärischen Erfolg in Polen und betont die Hoffnung auf weitere deutsch-sowjetische Zusammenarbeit. Dann macht er überraschend den Vorschlag, die im Vertrag vom 26. August 1939 festgelegte Grenzlinie der beiderseitig zu respektierenden Interessensphären zu verändern und sie von der Weichsel nach Osten an den Bug zu verlegen. Die neue Grenzlinie würde die ethnologische Geschlossenheit der polnischen Bevölkerung des Lubliner Landes nicht zerreißen. »Die Teilung der polnischen Bevölkerung«, warnt der sowjetische Diktator, »könnte dort leicht zu einem Unruheherd werden, der später einmal Spannungen zwischen Deutschland und der UdSSR hervorruft.« Dann legt Stalin eigenhändig auf einer Karte Polens mit Buntstift die endgültige Grenze fest. Dies bedeutet, daß die deutschen Truppen, die soeben auf Verlangen Moskaus das Gebiet bis zur Weichsel geräumt haben, nun wieder bis zum Bug vorrücken sollen.
In der Nacht vom 27./28. September 1939 erklärt Kommandeur Steyer, dem die Verteidigung von Hela untersteht: »Alle kapitulieren im September — wir halten bis Oktober aus!« Und die Halbinsel verteidigt sich weiter.

Am Donnerstag, dem 28. September 1939, erreichen die Kolonnen der KOP-Gruppe von General Orlik-Rückeman den Waldrand bei Mielniki und Schack. Hier stoßen sie auf die Troßkolonne der Gruppe von General Kleeberg. Schack ist inzwischen von sowjetischer Infanterie und Panzern besetzt. Gegen 8.00 Uhr morgens beginnt das Gefecht: Ein Rudel sowjetischer Panzer nähert sich dem Wald und wird erst aus kurzer Entfernung mit gezieltem Pak-Feuer und 7,5-cm-Geschützen bekämpft. Noch bevor sich die Panzer zurückziehen können, sind die meisten vernichtet. Nach weiteren Scharmützeln kann Schack gegen 12.00 Uhr wieder befreit werden. Die Sowjets hinterlassen bei ihrem Rückzug einige Panzer, Lastkraftwagen, Kanonen, schwere MG und einen Teil der Stabsakten.
An diesem Tag kommt es auf Hela kaum zu Kampfhandlungen. Die beiden deutschen Kreuzer stellen den Beschuß auf die Küstenbatterie ein, nur Artilleriefeuer liegt auf den polnischen Stellungen am Ansatz der Halbinsel. Vereinzelte Flugzeuge kreisen über Hela und werfen Flugblätter ab mit der Aufforderung, sich zu ergeben.
Unterdessen geht auf die Festung Modlin ein Hagel von Bomben und Artilleriegeschossen nieder. General Thommee entschließt sich auf Befehl von General Rómmel, den Kampf einzustellen und mit dem deutschen Befehlshaber Verhandlungen auf der Grundlage der Bedingungen des Warschauer Kapitulationsangebotes aufzunehmen. Ab 7.30 Uhr sollen die Waffen in der Festung Modlin schweigen. Die Kapitulationsbedingungen, denen die Deutschen zustimmen, sind sogar besser als die von Warschau: Alle Mannschaften und Offiziere werden freigelassen.
Während in Modlin noch die letzten Kämpfe aufflammen, wird um 13.15 Uhr in

Auf der Landstraße Modlin-Warschau, 28. 9. 1939: General Thommee (mit Stock), Kommandant der Festung Modlin, trifft mit dem deutschen Befehlshaber zusammen, um über die Kapitulation zu verhandeln

der Skoda-Fabrik im Stadtviertel Sluzewic die Kapitulation Warschaus von dem stellvertretenden Oberbefehlshaber der Armee Warszawa, General Kutrzeba, und dem Oberbefehlshaber der 8. Armee, General der Infanterie Blaskowitz, unterzeichnet. In Warschau sind während der Kämpfe rund 2000 Soldaten gefallen und 16000 verwundet worden. Die Zivilbevölkerung hat erheblich höhere Verluste erlitten: über 10000 Tote und etwa 35000 Verletzte. Zwölf Prozent aller Gebäude der Hauptstadt sind zerstört, darunter viele wertvolle Baudenkmäler.

Ebenfalls am 28. September 1939 gelingt es den beiden Teilen des 1. Reiterregiments (Oberst Albrecht) trotz des ununterbrochenen Drucks, sich von den Sowjets zu lösen und auf deutscher Seite bei Medyka die Waffen zu strecken.

Die Demarkationslinie wird heute auf Stalins Geheiß erneut an den Bug zurückverlegt, nachdem sich beinahe alle Verbände der 14., 10., 3. und 4. Armee bereits außerhalb der ursprünglich bezeichneten Demarkationslinie befinden. Lediglich einige Divisionen der 14. Armee (GenOberst List) stehen noch in schweren Gefechten mit den nach Süden durchbrechenden Resten polnischer Verbände.

Für v. Ribbentrop ist in Moskau der Nachmittag des 28. September 1939 voll mit Arbeit ausgefüllt: Die Besprechungen dauern von 15.00 Uhr bis 18.30 Uhr; danach gibt Molotow im Kreml zu Ehren des deutschen Außenministers ein Bankett, an dem neben Stalin fast die gesamte sowjetische Führung teilnimmt. Stalin ist sehr guter Laune, und v. Ribbentrop meint später, »er habe sich im Kreml so wohl gefühlt wie unter alten nationalsozialistischen Parteigenossen«. Anschließend besucht die deutsche Delegation den I. Akt des Balletts »Schwanensee«. Um 24.00 Uhr fährt v. Ribbentrop wieder in den Kreml, wo man weiter verhandelt. Stalin setzt seinen Namen auf die Karte von Polen, auf der er bereits mit blauem Fettstift den Grenzverlauf festgelegt hat. Zum viertenmal in seiner Geschichte wird Polen geteilt, Stalin überläßt Hitler die Woiwodschaften Warschau und Lublin, dafür bekommt er selbst nun auch Litauen.

Am Freitag, dem 29. September 1939, gegen 2.00 Uhr nachts, setzt die KOP-Gruppe nahe Schack, südlich Wlodawas, über den Bug, wird jedoch von den Deutschen wieder nach Osten abgedrängt. In den frühen Morgenstunden zieht die Gruppe von General Kleeberg aus dem Raum Wlodawa nach Westen, als Vorhut das 82. Infanterieregiment (Oberst Chrusciel).
An diesem Tag wird um 5.00 Uhr morgens in Moskau das neue deutsch-sowjetische Grenz-Freundschaftsabkommen unterzeichnet. Die deutsche Delegation und einige Mitglieder der sowjetischen Führung halten sich anschließend noch bis 6.30 Uhr in der deutschen Botschaft auf, um nochmals auf das Ereignis anzustoßen.
Zu dieser Stunde sind an der Ostseeküste die letzten Vorbereitungen zum Sturm auf Hela abgeschlossen. Um Munition zu sparen, schweigt die polnische Artillerie.
Um 8.00 Uhr kapituliert die Festung Modlin. Die Besatzung zählt 35000 Soldaten; 4000 Verwundete befinden sich in Lazaretten. Wie in den Kapitulationsbedingungen zugesagt, entläßt man die Offiziere und Mannschaften. Drei Wochen später werden jedoch alle Offiziere der Modliner Besatzung wieder aufgestöbert und in Kriegsgefangenenlager abtransportiert.
Gegen Mittag des 29. September 1939 stürmt das polnische 82. Infanterieregiment nördlich von Wlodawa mit einem Bataillon vor und schlägt ohne eigene Verluste die Sowjets zurück. Der Feind setzt sich jetzt nach Jablon ab, und das 82. Infanterieregiment geht zum Angriff auf dieses Dorf über. Aus den Gehöften und Büschen stürzen sowjetische Kraftwagen und Infanteristen heraus, die panikartig in Richtung Wisznice verschwinden. Es werden 50 Gefangene gemacht, ein Panzer und einige schwere MG erbeutet. Die Gefangenen sagen aus, man habe ihnen, bevor es nach Polen ging, zuerst erklärt, es würde sich um Gefechtsübungen handeln. Nach Überschreiten der Grenze teilte man ihnen jedoch mit, daß sie in den Krieg ziehen müßten, um gegen die Deutschen zu kämpfen. Erst am Vortag hätten sie scharfe Munition bekommen mit dem Hinweis des Politischen Kommissars, ihr Einsatz richte sich gegen reaktionäre Polen. Nach dem Verhör teilt ihnen der polnische Divisionskommandeur mit, daß sie am nächsten Tag nach der Freilassung entweder zu ihren Abteilungen oder zu den Deutschen, die ja ihre Verbündeten seien, gehen könnten. Sie beginnen nun zu betteln, sie nicht zurückzuschicken, sondern den polnischen Truppen einzugliedern.
Oberst Epler: »Sie wurden unseren Abteilungen eingeordnet. Sie schlugen sich mit uns bis zum Schluß, sie waren treue und ergebene Kameraden. Sie gingen mit uns zusammen in deutsche Gefangenschaft, und vielleicht begann erst dann ihre eigentliche Tragödie.«
Als Vergeltung für die Niederlage bei Jablon führen sowjetische Kampfflugzeuge Angriffe auf das Dorf Nujno durch, wo das III. (Marine-)Bataillon (KKpt. Kaminski) vom 82. Infanterieregiment liegt. Das Bataillon, das sich aus dem Marinepersonal der Pinsker Flußflottille formiert, zählt dabei über 40 Tote. Mehr als 20 Schwerverletzte, die zurückgelassen werden müssen, hat man nach der Besetzung von Nujno durch Rotarmisten ermordet aufgefunden.
Es herrscht sonniges Spätherbstwetter, in Warschau verlöschen allmählich die

Warschau, 29. 9. 1939, der letzte Tag in Freiheit, für viele nicht nur der Beginn nationaler Trauer: Eine Familie bringt ihren Nächsten zur letzten Ruhestätte

Brände, und über den Dächern kreisen deutsche Flugzeuge mit Kriegsberichterstattern. Die Hauptstadt erlebt nun ihren letzten Tag in Freiheit, die kaum 21 Jahre gedauert hat. Während in den Ausfallstraßen die Aufräumungsarbeiten und Beseitigung der Barrikaden noch andauern, sorgt im Rathaus Stadtpräsident Starzynski mit seinen engsten Mitarbeitern dafür, daß die Evidenzkartei des Einwohnermeldeamtes von Personalakten, die für die deutschen Sicherheitsbehörden interessant sein könnten, gesäubert wird. Die Ausgabe von gefälschten Personalausweisen für bestimmte Personen ist die erste Maßnahme für die später so erfolgreiche Untergrundarbeit der polnischen Widerstandsbewegung.

Am Nachmittag tauchen in den Straßen von Warschau die ersten deutschen Patrouillen und Wagen des DRK auf. Zu dieser Stunde legen die polnischen Einheiten entsprechend der Kapitulationsvereinbarung an den bezeichneten Plätzen ihre Waffen nieder. Einige Offiziere wählen vorher den Freitod.

Im Lubliner Land marschiert jetzt – nach Neuaufstellung der Verbände, Waffenüberholung und Ergänzung der Munitionsvorräte – die SGO Polesie (Gen. Kleeberg) in westlicher Richtung. Die Sicherung nach Norden hat die Podlaska Brygada Kawalerii (Gen. Kmicic-Skrzynski) übernommen. Die Kavalleriebrigade Zaza (Gen. Podhorski), seit einigen Tagen auf dem Weg zur rettenden ungarischen Grenze, befindet sich gerade bei Ostrow Lubelski. Nun entscheidet sich General Podhorski, der am Tag zuvor Verbindung mit der SGO Polesie aufgenommen hat, seinen Verband unter den Befehl von General Kleeberg zu stellen und gemeinsam Warschau zu Hilfe zu eilen. Doch die beiden Generäle ahnen nicht, daß die Verteidiger von Warschau gerade auf ihren Abtransport in die Gefangenschaft warten.

Zur gleichen Zeit sammeln sich in den Wäldern von Krasnystaw die Gruppen der vier Obersten: Die sich aus Kowel bis hierher durchgeschlagene Gruppe von Oberst Koc, die Gruppe von Oberst Filipkowski mit den Resten der Garnison aus der Festung Brest-Litowsk sowie das 77. Infanterieregiment (Oberst Nowosielski) und das 145. Infanterieregiment (Oberst Korkiewicz), dazu die Kavalleriegruppe Chelm, geführt von Oberst Plonka, dem Kommandeur des 22. Ulanenregiments, sowie eine Abteilung der Infanterie aus Zamosc und Pioniere aus Modlin. Oberst Zieleniewski, Kommandeur der 33. Infanteriedivision, stellt aus ihnen vier Infanterieregimenter sowie ein Reiterregiment zusammen und beschließt, gemeinsam nach Süden in Richtung Ungarn zu marschieren. Bereits einige Stunden später stoßen Teile der von Oberst Zieleniewski geführten Gruppe bei Janow Lubelski auf die Nachhuten der zur Heeresgruppe Süd gehörenden deutschen 27. Infanteriedivision (GenLt. Bergmann). Es entbrennt eine mehrere Stunden dauernde Schlacht, in deren Verlauf zwar die Gruppe von Oberst Koc bei Polichna eine deutsche Einheit überrollt, die Gruppe von Oberst Filipkowski sogar Janow Lubelski erobert und die Kavallerie der Gruppe Chelm (Oberst Plonka) die Panzerabwehr-Batterie der 27. Infanteriedivision in Dzwola einkreist und gefangennimmt, doch haben die durch das fast sieben Stunden dauernde Gefecht geschwächten Regimenter kaum noch eine Chance, Ungarn zu erreichen.
Nach dem Kampf in Dzwola versucht die Gruppe Chelm den San zu überqueren, an dem bereits vier deutsche Armeekorps haltmachen. Die Gruppe befindet sich etwa zwölf Kilometer östlich von Nisko am San, als von Osten her sich nähernde Truppen der Roten Armee gemeldet werden. Oberst Plonka schickt kurz entschlossen Parlamentäre zu den sowjetischen Kommandeuren, um Kapitulationsbedingungen auszuhandeln.
Am Abend des 29. Septembers 1939 verabschiedet in Warschau das Bürgerkomitee der Hauptstadt, an der Spitze Präsident Starzynski, in den Kellergewölben des Hotels »Bristol« bei Kerzenlicht General Rómmel und seinen Stab vor dem Gang in die Gefangenschaft.
Gegen 20.00 Uhr starten die Sowjets einen Angriff auf Jablon. Erleuchtet durch brennende Gehöfte und Reflektoren rücken sowjetische Panzer und Infanterie an und dringen an einigen Stellen in das Dorf ein. Es gelingt ihnen jedoch nicht, die Polen zurückzuschlagen.
In der Nacht vom 29./30. September 1939 löst sich die Division Kobryn (Oberst Epler) vom Feind und zieht mit einem Bataillon des 79. Infanterieregiments als Nachhut nach Süden. Die Sowjets bemerken den Abgang der Division zuerst nicht. Kaum sind bei Sonnenaufgang die letzten Einheiten in den Wäldern verschwunden, kreisen über den Baumwipfeln die ersten sowjetischen Flugzeuge. Sie können aber die polnische Division nicht entdecken. Zu seiner großen Verblüffung sichtet Oberst Epler am Himmel Wölkchen explodierender Flakgeschosse. Es ist die 50. Infanteriedivision Brzoza (Oberst Brzoza-Brzezina), die auf der Chaussee eine Flak erbeutet hat und jetzt das Feuer eröffnet. Zugleich stoßen die Vorhuten der Division Kobryn auf Patrouillen der Kavalleriebrigade Zaza (Gen. Podhorski), die gerade die deutsche Aufklärungsabteilung der 13. Infanteriedivision mot. (GenLt. Otto) erfolgreich bekämpfen.

Am Sonntagmorgen, dem 30. September 1939, werfen deutsche Maschinen über Hela Flugblätter ab mit dem Aufruf, die Waffen niederzulegen. Danach eröffnet die Artillerie das Feuer auf die polnischen Stellungen von Chalupy bis Jastarnia, und gegen Mittag geht die Infanterie zum Angriff über.

In Warschau liefern die Soldaten weiterhin ihre Ausrüstung an den vorgeschriebenen Stellen ab. Große Mengen an Waffen und Munition werden »für später« versteckt. Unterdessen marschieren deutsche Truppen in die Vorstädte Czerniakow und Powisle ein. Die Bürgermiliz überwacht auf den Plätzen die Verteilung von Brot und Suppe an die Zivilbevölkerung aus den Feldküchen der Wehrmacht. Wochenschau und mehrere Kriegsberichterstatter sind mit ihren Kameras zur Stelle.

Am Nachmittag meldet das Bataillon des 79. Infanterieregiments von der Division Kobryn einen sowjetischen Reitertrupp im Dorf Milanow. Kurz danach beginnen aus den Dörfern Milanow und Kostry scharenweise sowjetische Infanteristen herauszustürmen. Es kommt zu heftigen Nahkämpfen mit Bajonetten und Handgranaten. Das 79. Infanterieregiment macht über 60 Gefangene. Das Gefecht bei Milanow ist der letzte Waffengang der Division Kobryn gegen die Sowjets.

Am gleichen Tag gelingt es Oberst Schweizer und seinen Ulanen, da die Sowjets hier bei Bóbrce keinen Feind mehr vermuten, mit einer überraschenden Reiterattacke sich mitten durch eine sowjetische Abteilung hindurchzuschlagen. Oberst Schweizer schafft es letztlich mit sechs Reitern, den Resten des einst so stolzen 26. Ulanenregiments, sich nach Ungarn zu retten.

Am 30. September 1939 unterzeichnen Oberst Plonka und mit ihm die Kommandeure der Gruppen, Oberst Filipkowski und Oberst Koc, die Kapitulation vor der Roten Armee für den 1. Oktober 1939. Es ist, abgesehen von der Besatzung in Lemberg (Gen. Langner), die einzige Kapitulation eines geschlossenen Verbandes gegenüber der Roten Armee. Oberst Plonka verständigt seine Ulanen, daß man mit den Sowjets vorteilhafte Bedingungen ausgehandelt habe:

Festung Modlin, 30. 9. 1939: großes »Filzen« vor dem Abmarsch zur nächsten Kriegsgefangenen-Sammelstelle

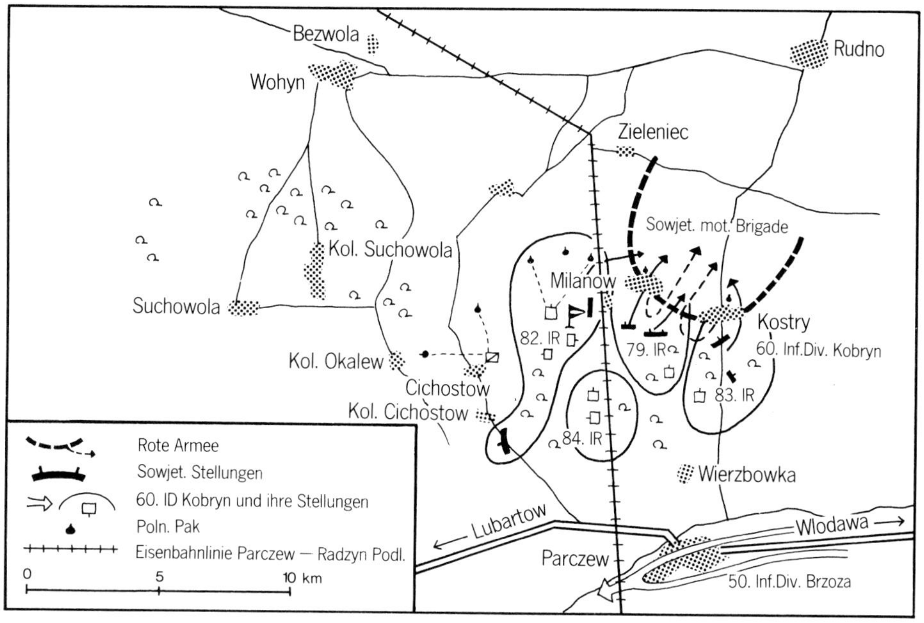

Milanow, 30. 9. 1939, das letzte Gefecht der 60. Infanteriedivision Kobryn (Oberst Epler) gegen die Rote Armee. Währenddessen zieht die 50. Infanteriedivision Brzoza (Oberst Brzoza-Brzezina) durch Parczew, um sich der etwa 25 km weiter westlich, bei Kock liegenden SGO Polesie (Gen. Kleeberg) anzuschließen

Nach Niederlegung der Waffen werden die Unteroffiziere und Ulanen sofort nach Hause entlassen, ebenso die Offiziere nach Registrierung in der nahegelegenen Stadt. Dann haben alle das Recht der freien Ausreise ins Ausland.
Unterdessen setzt die SGO Polesie (Gen. Kleeberg) ohne Feindberührung ihren Marsch zum Entsatz von Warschau fort und steht jetzt nahe Radzyn, etwa 120 Kilometer vor der Hauptstadt. Die Kavalleriebrigade Zaza (Gen. Podhorski) schließt sich ihr an.
Teile der KOP-Gruppe (Gen. Orlik-Rückeman) rasten zur Stunde zwischen Kosyn und Stulno, nicht weit von dem Verband des Generals Kleeberg entfernt. Nach erbitterten Kämpfen gegen die Rote Armee an den vorangegangenen Tagen zählt die KOP-Gruppe nicht mehr ganz 2200 Offiziere und Mannschaften. In der Dämmerung zieht die KOP-Gruppe weiter nach Westen und erreicht die Landstraße Wlodawa–Trawniki.
Erst am Abend klingen auf Hela die Kämpfe allmählich ab, und die Polen organisieren eine Rundum-Verteidigung des Dorfes Kuznica.
Der in Rumänien internierte polnische Staatspräsident, Professor Moscicki, stellt sein Amt zur Verfügung und übergibt die Vollmachten dem in Paris weilenden Präses des Verbandes der Auslandspolen, Wladyslaw Raczkiewicz. Mit der Abdankung von Professor Moscicki wird die bisherige Regierung Polens aufgelöst. Präsident Raczkiewicz ernennt General Sikorski zum Premierminister und beruft eine neue Regierung ein. General Sikorski wird zugleich Oberbefehlshaber der polnischen Streitkräfte im Exil. Von der Vereidigung der neuen polnischen Regierung in der Kapelle der polnischen Botschaft in Paris erfährt die Bevölkerung im besetzten Polen über BBC.
In der Nacht vom 30. September/1. Oktober 1939 versucht die KOP-Gruppe (Gen. Orlik-Rückeman) in Eilmärschen, sich der weiter westlich vorgehenden SGO Polesie (Gen. Kleeberg) anzuschließen.

Am Montag, dem 1. Oktober 1939, gegen 2.00 Uhr, stößt in der Dunkelheit die Vorausabteilung der KOP-Gruppe beim Überschreiten der Chaussee Wlodawa-Trawniki, nahe der Ortschaft Wytyczno, auf eine Kolonne sowjetischer

Panzer. Die Polen eröffnen sofort mit ihren Panzerabwehrkanonen und Feldgeschützen das Feuer und schießen vier Panzer ab. Unter dem Schutz des aufgegliederten Bataillons überquert die KOP-Gruppe ungeachtet dessen den Bug südlich von Wlodawa, um mit den Nachhuten der SGO Polesie Verbindung aufzunehmen. Im Morgengrauen greift längs der Chaussee und bei Wytyczno die sowjetische Infanterie mit Panzern und Unterstützung mehrerer Batterien an. Die Angriffe werden zwar zurückgeworfen, doch General Orlik-Rückeman erfährt zugleich, daß starke sowjetische Kräfte seinen Verband einkreisen.
An diesem Tag erfüllt sich das Schicksal der KOP-Gruppe: Sie zieht noch einige Stunden westwärts und steht nun etwa 30 Kilometer westlich des Bug, als General Orlik-Rückeman den Verband auflöst. Teile der Gruppe, die nach Süden in Richtung Ungarn ausweichen, werden von Rotarmisten niedergemetzelt, nur vereinzelte Soldaten können sich retten. Der 300 Kilometer lange Streifzug der KOP-Gruppe aus dem Raum Sarny an der polnischen Ostgrenze in ständigem, zwei Wochen dauernden Kampf gegen die Sowjets, ohne geschlagen zu werden, gehört zu einer der größten Leistungen der polnischen Armee im September 1939. Die KOP-Gruppe durchquert dabei das unwegsame Gebiet der Polesie von Ost nach West, ständig von bewaffneten moskautreuen Ukrainern und Ruthenen bedroht. Es war auch der einzige geschlossene Verband, der vom ersten bis zum letzten Tag ausschließlich im Kampf gegen die Rote Armee gestanden hat. Die KOP-Gruppe fügte in dieser Zeit den Sowjets,vor allem der 52. Schützendivision, erhebliche Verluste zu und vernichtete u. a. 17 Panzer und schoß einen Aufklärer ab. General Orlik-Rückeman gelingt es mit einigen Offizieren, sich nach Litauen zu retten und über Schweden später Großbritannien zu erreichen.
Auf Hela greift das III. Bataillon des deutschen Infanterieregiments 374 erneut die polnischen Stellungen an. Gleichzeitig eröffnen die deutschen Minenräumboote M 4, M 111, M 132 und Nettelbeck zusammen mit den Heeresbatterien und einer Marine-Eisenbahnbatterie das Feuer. Um 14.00 Uhr bittet der Befehlshaber des Flottenkommandos in Hela, Konteradmiral Unrug, um Feuereinstellung und Einleitung von Kapitulationsgesprächen. Nach den Verhandlungen, die im mondänen »Grand Hotel« in Zoppot stattfinden, wird um 17.00 Uhr die bedingungslose Kapitulation unterzeichnet, die am nächsten Tag in Kraft treten soll. Die Verteidiger von Hela übergeben 41 Geschütze verschiedener Kaliber, zwei Minensuchboote und ein modernes unterirdisches E-Werk. Damit erlischt der letzte polnische Widerstand eines Festen Platzes.
Um 14.30 Uhr sinkt innerhalb einer Minute das deutsche Minensuchboot M 85 nach einem Unterwassertreffer. 23 Mann der Besatzung gehen mit dem Schiff unter, der Kommandant und 47 Seeleute werden gerettet. Dies ist der einzige Erfolg eines polnischen U-Bootes während des Polenfeldzuges: M 85 ist auf eine vom U-Boot »Zbik« gelegte Mine gelaufen.
An diesem Tag sammelt die SGO Polesie (Gen. Kleeberg) ihre Kräfte für die bevorstehende Schlacht gegen deutsche Truppen, die ihnen den Weg verlegen. Zu dem Verband gehören auch die Grupa Operacyjna Kawalerii Zaza (Gen. Podhorski). Die ihr unterstellte Kavallerie umfaßt die Reste der Ulanenregimenter 1, 2, 5 und 10, das 3. leichte Reiterregiment, das 3. und 9. berittene Jägerregiment, die Kavallerieabteilung des Grenzkorps und die 4. Abteilung der bespannten Artillerie, insgesamt 5000 Reiter. Zusammen mit der 50. Infanteriedivision Brzoza (Oberst Brzoza-Brzezina) und der 60. Infanteriedivision Kobryn (Oberst Epler), dazu zwei Sportflugzeuge vom Typ RWD-8 und eine PWS als Verbindungsmaschinen, zählt die Gruppe Polesie etwa 1200 Offiziere

Halbinsel Hela, in den Morgenstunden des 1. 10. 1939: Die Soldaten des III/Infanterieregiments 374 stoßen entlang der Eisenbahnlinie Putzig-Hela vor

und 15000 Soldaten; kaum mehr als eine deutsche Division. Die beiden Kavallerieverbände, ununterbrochen in Kämpfe mit sowjetischen Vorhuten von Osten und deutschen Einheiten von Westen verwickelt, versuchen jetzt nach Ungarn zu gelangen. Ihre Marschroute führt gegen den Strom der zurückflutenden Flüchtlingstrecks und Soldaten, die die Deutschen freigelassen haben und nun auf dem Weg nach Hause sind. Alles staunt beim Anblick der Kavallerie, die in geordneter Formation, mit blankgeputzten Waffen und singend auf ihren abgemagerten Rossen gen Süden zieht.

In Warschau übernehmen um 15.00 Uhr deutsche Soldaten den Wachdienst an der Stadtkommandantur. Zwei Stunden später, um 17.00 Uhr, meldet sich auf Kurzwelle Radio Polskie zum letztenmal mit der Nachricht, daß die Deutschen in Warschau einmarschiert seien. Sie endet mit dem Ruf: »Es lebe Polen!«

Warschau, Pilsudski-Platz, 1. 10. 1939, der Eroberer von Warschau: Oberbefehlshaber der 8. Armee, General der Infanterie Blaskowitz

Etwa 120 km südöstlich von Warschau nähert sich die SGO Polesie (Gen. Kleeberg) von Osten her Kock. Nach Einnahme der Ortschaft bezieht General Kleeberg mit seinem Stab Quartier in der Nähe des Dorfes Hordzieszka. Die Vorausabteilung der SGO Polesie schlägt die Spitzen der zur 10. Armee (Gen. d. Art. v. Reichenau) gehörenden 13. Division mot. (GenLt. Otto), die von Demblin nach Osten marschiert, um die bis dahin nicht genau identifizierten polnischen Verbände aufzuhalten. General Kleeberg ahnt zur Zeit nicht, daß seine Gruppe sich inmitten starker deutscher und sowjetischer Verbände befindet: Im Westen außer der 13. Division mot. die 29. Division mot. (GenLt. Lemelsen), im Süden vier Infanteriedivisionen, dazu im Nordwesten, im Raum Brest-Litowsk, zwei Panzerdivisionen und die sich von Osten her nähernden sowjetischen Panzer- und Kavallerieverbände.

Am Montagmorgen, dem 2. Oktober 1939, legt Oberst Plonka mit seiner Gruppe Chelm im Dorf Bukowa bei Nisko am San vor den Sowjets endgültig die Waffen nieder. Von hier aus marschiert die Gruppe Chelm zu Pferde mit sowjetischer Eskorte über Bilgoraj in den Raum Tomaszow Lubelski, wo die formelle Übergabe der Abteilungen von Oberst Plonka an den sowjetischen General erfolgt, der in seiner Ansprache hervorhebt, daß »die Vereinbarung eingehalten wird« und »er dies als Offizier mit seinem Ehrenwort garantiert!« Oberst Plonka und seine Offiziere werden zum letztenmal 1940 in dem sowjetischen Kriegsgefangenenlager Starobielsk gesehen. Seitdem sind sie spurlos verschwunden.
Bei Kock, unweit von Lublin, beginnt die letzte Schlacht des Feldzuges, ein viertägiges Ringen der SGO Polesie (Gen. Kleeberg) gegen die 13. Division

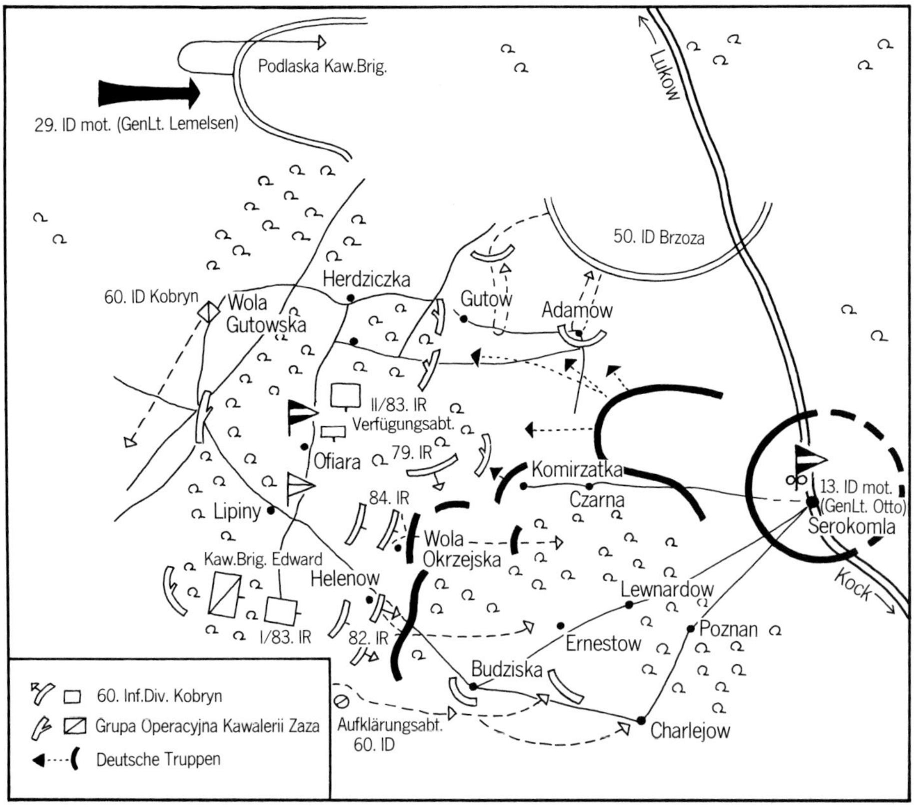

Die Schlacht bei Kock. Lage am Abend des 4. 10. 1939: Während von Westen her die deutsche 29. Infanteriedivision (mot.) der 13. Infanteriedivision (mot.) zu Hilfe eilt, nähert sich von Osten her ein sowjetischer motorisierter Verband mot. (GenLt. Otto) und der ihr zu Hilfe eilenden 29. Division mot. (GenLt. Lemelsen) sowie gegen sowjetische Vorhuten. Die ersten Schüsse fallen gegen 8.00 Uhr morgens südlich von Serokomla. Der Gegner greift von Charlejow aus an. Die Kavalleriebrigade Plis unter Oberst Plisowski und die Pionierschwadron (Rittmeister Szela) gehen zur Verteidigung des Dorfes über. Oberst Plisowski befiehlt nun zwei Schwadronen des 5. Ulanenregiments (Oberst Chomicz) den Gegenangriff. Die abgesessenen Ulanen nehmen im Nahkampf mit dem Bajonett rund 80 Soldaten und drei Offiziere aus dem Infanterieregiment mot. 33 gefangen. Kurz darauf rückt die deutsche Infanterie in Schützenpanzerwagen zur Verstärkung an, und mehrere deutsche Batterien eröffnen das Feuer. Nach weiteren Gegenangriffen der polnischen Schwadronen weicht der Gegner aus. Die Deutschen verlieren zahlreiches Kriegsmaterial, darunter drei Panzerwagen. Die Polen machen rund 200 Gefangene.

Am Dienstag, dem 3. Oktober 1939, ist Warschau nun von deutschen Truppen besetzt. In den Straßen zeigen sich die ersten Patrouillen der Feldgendarmerie, die letzten polnischen Gefangenenkolonnen verlassen die Hauptstadt.
Heute erlebt der deutsche Geheimdienst einen seiner größten Erfolge: Der Abwehr-Offizier Hauptmann Bulang findet in der Warschauer Vorstadt Mokotow, in dem unweit der Chaussee nach Wilanow liegenden Fort Legionow, das hier ausgelagerte Geheimarchiv des polnischen Nachrichtendienstes der II. Abteilung des Generalstabs. Sechs schwere Lkw sind erforderlich, um die Akten aus Fort Legionow nach Berlin, dem Hauptsitz der Abwehr, zu schaffen. Das Archiv hat für den deutschen Nachrichtendienst einen unbeschreiblichen Wert: Neben allen möglichen Personalkarteien bietet es Einblick in das weitverzweigte Netz der polnischen Spionage in Westeuropa. Und was noch gewichtiger ist, es beinhaltet auch reichhaltiges Aufklärungsmaterial über die Sowjetunion.
Walter Schellenberg, stellvertretender Leiter des Amtes IV (Inlandabwehr) im Reichssicherheitshauptamt (RSHA) notiert: »Nach meiner Rückkehr nach Berlin wurde sogleich die Auswertung des in Warschau erbeuteten Geheimdienstmaterials in Angriff genommen. Aus den Unterlagen ergab sich, daß etwa 430 Deutsche im Reich im Dienst des polnischen Geheimdienstes gestanden hatten, darunter mehrere Offiziere der Wehrmacht und höhere Beamte. Sie wurden zur Aburteilung den ordentlichen Gerichten übergeben.«
Bei Kock eröffnen deutsche und polnische Artillerie bereits vor Sonnenaufgang das Feuer. Das III. Bataillon (Hptm. Jarosinski) des 79. Infanterieregiments greift deutsche Vorhuten aus Richtung Kock an und schießt bei Pojazdow mit Maschinengewehren die Kanoniere der Batterien zusammen. Die weitere Aktion bleibt jedoch im deutschen Feuer liegen, und die polnische Infanterie muß sich unter schweren Verlusten zurückziehen.
Gegen Mittag werden die Regimenter der Kavalleriebrigade Edward (Oberst Milewski) und die mit ihnen operierende Infanterie in den Kampf geworfen. Das 1. Ulanenregiment (Oberst K. Anders) und das 3. berittene Schützenregiment (Oberst Malysiak) umgehen die deutschen Stellungen und nehmen im Sturm die Batterien. Als der Abend dämmert, muß sich jedoch die Kavalleriebrigade Edward zurückziehen.

Mittwoch, 4. Oktober 1939: Die Schlacht bei Kock tobt bereits drei Tage lang. Den Mittelpunkt bildet jetzt Wola Gulowska. Seit den ersten Morgenstunden greift deutsche Infanterie das von den Ulanen des Obersten Plisowski verteidig-

Smalawa (Szolyvam), Nordungarn, 4. 10. 1939: Oberbefehlshaber der Front Poludniowy (Südfront), General Sosnkowski, und seine Begleiter bei einem Dorffotografen nach dem glückhaften Entkommen vor der Roten Armee. Links Oberst F. Demel, daneben der Grenzführer und Förster aus Nadworna, rechts im Bild Paletonführer Czarko

te Dorf an. Besonders verbissen wird um den Friedhof und die von den Deutschen befestigte Kirche gekämpft. Während der Schlacht fliegen zwei Sportmaschinen vom Typ RWD-8 und ein Schulflugzeug PWS Kampfeinsätze. Sie führen neben Verbindungs- und Aufklärungsflügen auch Bombenangriffe mit Handgranaten durch. Am Vormittag kehrt eine der RWD-8 (Lt. Piorunkiewicz) mit dem letzten Tropfen Benzin zurück. Dieser Flug beendet den Einsatz der polnischen Flieger im Septemberkrieg: Für den nächsten Start gibt es keinen Treibstoff mehr. Am Abend bricht der Angriff des I. Bataillons (Hptm. Kozyra) des 84. Infanterieregiments nach schweren Kämpfen im feindlichen Abwehrfeuer zusammen. Am linken Flügel der polnischen Kampfgruppe wird dagegen der deutsche Vorstoß vom 82. Infanterieregiment (Oberst Targowski) zurückgeworfen. Nach Sonnenuntergang, als die Schlacht kurz vor einer Ent-

scheidung steht, gibt General Kleeberg den Befehl für einen konzentrierten Angriff, um die deutsche 13. Division mot. zurückzudrängen und den Weg nach Demblin zu öffnen, da im Rücken der Gruppe Polesie eine neue deutsche Division, die 29. Division mot., auftaucht. Die Kavalleriebrigade Podlasie (Gen. Kmicic-Skrzynski), die die Gruppe Polesie deckt, führt bereits erste Gefechte mit den Vorhuten der 29. Division mot.
In Moskau führen die Bemühungen des deutschen Botschafters Graf v. d. Schulenburg, den polnischen Diplomaten und dem Personal der polnischen Vertretungen die Ausreise aus der UdSSR zu ermöglichen, endlich zum Erfolg. Die Sowjets haben den Botschaftsangehörigen nämlich seit dem 17. 9. 1939 unter verschiedenen Vorwänden das Verlassen der Sowjetunion verweigert und sie als »normale Ausländer« behandelt, die der sowjetischen Gesetzgebung unterliegen. Erst die energische Intervention des deutschen Botschafters als Doyen des Diplomatischen Korps in Moskau bringt eine Wende: Den polnischen Diplomaten wird nun daraufhin mitgeteilt, daß sie unter Zurücklassung des Mobiliars und ihrer Wagen am 9. 10. 1939 nach Finnland ausreisen könnten. Der polnische Militärattaché, Oberst Brzeszczynski: »Ich möchte klarstellen, wem wir unsere Freilassung aus der Sowjetunion und damit auch unser Leben verdanken. Nach meiner Überzeugung dem edlen Gentleman, dem deutschen Botschafter und Doyen des Diplomatischen Korps in Moskau, Graf v. d. Schulenburg, den sowohl Molotow als auch Stalin sehr schätzen . . . Ich danke dem Botschafter v. d. Schulenburg von ganzem Herzen dafür, daß er uns Polen aus diesem ›Zarenreich der Finsternis‹ gerettet hat.« Daß dies keine leeren Worte sind, beweist das Schicksal des polnischen Konsuls in Kiew, Matusinski, der mit seinen beiden Fahrern am 19. 9. 1939 spurlos verschwand und über deren Verbleib bis heute nichts bekannt wurde.

Am Donnerstag, dem 5. Oktober 1939, findet in Warschau die erste deutsche Siegesparade statt: Auf der großen Ujazdowski-Allee, die vom Belvedere bis zum Schloß führt, defilieren die deutschen Divisionen, die in und um Warschau liegen. Die Truppen machen trotz der überstandenen Anstrengungen einen vorzüglichen Eindruck. Die Filmberichterstattung dieser Parade liegt in den Händen einer Frau: Leni Riefenstahl.
Während in Warschau die deutschen Verbände zu den Klängen von »Preußens Gloria« an Hitler vorbeiziehen, toben seit dem frühen Morgen 110 Kilometer weiter südöstlich auf allen Abschnitten des Kessels von Kock schwere Kämpfe. Die 60. Infanteriedivision Kobryn (Oberst Epler) geht zum Angriff auf die Dörfer Helenow und Wola Gulowska über. Dies ist die Stoßrichtung für den

Warschau, Ujazdowski-Allee, 5. 10. 1939, Siegesparade: A. Hitler, General Freiherr v. Weichs, Generaloberst Keitel, General Blaskowitz

Warschau, Ujazdowski-Allee, 5. 10. 1939, Siegesparade: Leni Riefenstahl dirigiert von der Tribüne aus ihre Bild- und Filmberichter

versuchten Durchbruch, um Demblin zu erreichen. Trotz entschlossener Verteidigung gelingen der Division Einbrüche in die deutschen Stellungen sowie die Einnahme von Helenow und Wola Gulowska. Südlich von Budziska steht die Brygada Kawalerii Edward (Oberst Milewski) in harten Gefechten. Verbissene Kämpfe dauern bei Adamow an. Hier kann die 50. Infanteriedivision Brzoza (Oberst Brzoza-Brzezina) den deutschen Ansturm nicht aufhalten und zieht sich zurück. An ihren Flanken verteidigt sich in den Wäldern bei Wola Gulowska die Kavalleriebrigade von Oberst Plisowski. Mehrere Stunden lang leisten die abgesessenen Ulanen trotz des Trommelfeuers der deutschen Artillerie, das den Wald beinahe wegrasiert, Widerstand. Im Rücken der polnischen Gruppierung sichert die Kavalleriebrigade Podlasie gegen die 29. Division mot. (GenLt. Lemelsen).

Kosuty, ein Dorf etwa 30 km nordwestlich von Kock, am Morgen des 5. 10. 1939. Gefechtsstand der 29. Infanteriedivision (mot.): Kommandierender General des XIV. Panzerkorps, v. Wietersheim (links) bei der Lagebesprechung mit Generalleutnant Lemelsen

Um 16.00 Uhr erreicht die Schlacht ihren Kulminationspunkt: Obwohl die Deutschen mehrmals die Division Kobryn angreifen, gehen die polnischen Regimenter zum Gegenangriff über.
Generalleutnant Lemelsen notiert: »Trotz sehr guter Artillerievorbereitung unter Einsatz großer Munitionsmengen bleibt der Angriff schließlich in den Wäldern stecken, da der Gegner dort sehr stark ist.
Auf Befehl der Division werden dann die Wälder mit Nebelgranaten beschossen, um eine moralische Wirkung auf den Feind zu erzielen.« Wahrscheinlich mit nicht allzu großem Effekt, da die »13. Division gegen Abend heftige Ausbruchsversuche abwehrt«. Um einen Ausbruch der Polen in Richtung Warschau zu verhindern, sperrt die 29. Division (mot.) die Straße Lukow–Warschau ab.
Zu gleicher Zeit geht zwischen Budziska und Charlejow die Kavalleriebrigade Edward unter Oberst Milewski gegen die deutschen Stellungen vor. Wegen dieser Bedrohung im Rücken und an den Flanken unterbricht daraufhin die deutsche Artillerie das Feuer, und Teile der 13. Division mot. (GenLt. Otto) beginnen bereits das Feld zu räumen. Währenddessen erhält General Kleeberg die Meldung, daß starke Panzerkräfte der Roten Armee, die den Deutschen in Richtung Parczew zu Hilfe eilen, sich in der Nähe befänden und die vorgeschobenen Stellungen bereits unter dem Feuer ihrer Artillerie lägen. Daraufhin gibt General Kleeberg um 19.30 Uhr den Befehl, die Waffen vor den Deutschen zu strecken.

Am Freitag, dem 6. Oktober 1939, bestimmen nach wochenlangem sonnigen Wetter tiefhängende Wolken das Bild bei Kock. Gegen 10.00 Uhr morgens marschieren die Verbände der SGO Polesie zu den Sammelpunkten und legen ihre Waffen ab. Über 1250 Offiziere und mehr als 15000 Soldaten geraten in Gefangenschaft. Damit endet der organisierte militärische Widerstand Polens.
So wie dieser Feldzug begonnen hat, ohne Kriegserklärung, formlos, so geht er auch zu Ende. Keine Kapitulationsurkunde, kein Waffenstillstands- oder Friedensvertrag legt die Niederlage Polens und die Bedingungen fest, unter denen das von Hitler und Stalin besiegte Land und seine Bevölkerung weiterexistieren können. Nur in der Ostsee kreuzt immer noch auf seiner abenteuerlichen Flucht vor Reval (Tallinn) das polnische U-Boot »Orzel« – ohne Navigationskarten und kaum bewaffnet. Es hat bisher vergeblich nach einem Ziel für seine restlichen Torpedos gesucht. Inzwischen fehlt es der Mannschaft an Süßwasser, auch das Ruder arbeitet nicht mehr richtig, und der Treibstoff geht langsam zu Ende.

Serokomla bei Kock, 6. 10. 1939: Auf einer Wiese zusammengepfercht, ermüdet und durchfroren, warten die letzten Soldaten des Polenfeldzuges auf ihr Schicksal

Epilog und Bilanz

Erst am Sonnabend, dem 14. Oktober 1939, um 11.00 Uhr vormittags, erreicht das U-Boot »Orzel« nach einer 44 Tage dauernden Irrfahrt den britischen Flottenstützpunkt Firth of Forth. Diese Episode am Rande des Polenfeldzuges hat jedoch eine schicksalhafte Bedeutung für die baltischen Länder: Moskau, auf der Suche nach einem Vorwand für die Besetzung von Estland, Lettland und Litauen, inszeniert durch ein eigenes U-Boot die Versenkung des sowjetische Frachters »Metalist« (am 26. 9. 1939) vor der lettischen Küste in der Narwa-Bucht und erklärt danach, dies habe ein polnisches U-Boot verursacht. Schließlich wird Estland besetzt, um »die Bedrohung der Sicherheit der UdSSR auszuschalten«. Kurz danach erfolgt der Einmarsch der Roten Armee auch in Lettland und Litauen.

Der Polenfeldzug unterschied sich, selbst im Vergleich zu allen anderen nachfolgenden Operationen des Zweiten Weltkriegs, durch seine Intensität und leitete zugleich ein neues Kapitel der Kriegsgeschichte ein: Selbständig vorgehende Panzerverbände ermöglichten es jetzt, taktische Einbrüche operativ auszuwerten. Das Zusammenwirken von Flugzeugen und Panzern gestattete wiederum, in der Tiefe des Raumes beweglich Entscheidung zu suchen. Die Taktik der Panzertruppen basierte dabei mehr auf Schnelligkeit als auf Feuerkraft. Durchbrüche wurden in die Tiefe ausgedehnt, befestigte Punkte umgangen. Erst 15 bis 25 Kilometer hinter den Panzerspitzen folgte die Infanterie und vernichtete die abgeschnittenen und desorganisierten polnischen Verbände. Andererseits ist der Polenfeldzug das Musterbeispiel einer Operation, bei der durch beiderseitige Umfassung und Einkesselung eine rasche strategische Entscheidung erzielt wurde. Mit insgesamt etwa 3,5 Millionen Soldaten auf beiden

Seiten war der Feldzug eigentlich eine einzige, riesige Kesselschlacht. Die Tatsache, daß deutsche motorisierte Verbände im September 1939 nicht so schnell vorgehen konnten wie in Frankreich 1940 und vor allem in der Sowjetunion 1941, beweist am besten die Hartnäckigkeit des polnischen Widerstandes. Auch die Zerschlagung einer polnischen Division erforderte auf Grund der Verlustzahlen und des Munitionsverbrauchs das Dreifache dessen, was man zur Vernichtung einer alliierten Division an der Westfront 1940 benötigte.
Bis heute stehen die Verluste der deutschen Wehrmacht an Menschen nicht genau fest. Sie schwanken zwischen 10572 und 16343 Toten (nach Angaben von Gen. Müller-Hillebrand), dazu 30332 Verwundete und 3409 Vermißte. Selbst die Verluste an Kriegsmaterial scheinen nicht komplett erfaßt zu sein. Nach vorliegenden Unterlagen deutscher Stäbe, die eine Zusammenstellung der unvollständig eingegangenen Meldungen der Einheiten enthalten, hatte das Heer verloren: Von 2800 Panzern galten 217 als Totalverlust, das entspricht fast einem Zehntel der gesamten Stärke. Dazu kam eine Anzahl schwer beschädigter Panzer, die eine Generalüberholung benötigten. Außerdem verlor die Wehrmacht in Polen 319 gepanzerte Fahrzeuge sowie über 6000 Kraftwagen und 5500 Kräder, daneben 370 Geschütze und Mörser. Die Mehrzahl der Divisionen verlor 50 Prozent ihres Kraftwagenbestandes. Die Luftwaffe zählte insgesamt 564 abgeschossene oder beschädigte Maschinen, d. h. über 25 Prozent des Flugzeugbestandes. Die Munitionsvorräte waren nach Beendigung des Feldzuges beinahe erschöpft, das Heer besaß von manchen Kalibern nur noch 20 Prozent und die Luftwaffe nur 10 Prozent des vorgeschriebenen Minimums.
Der Polenfeldzug galt für die deutsche Führung durch den kombinierten Einsatz Luftwaffe/Heer als Vorbild für weitere Blitzfeldzüge, doch diese Tatsache wurde von den Gegnern Deutschlands nicht genügend beachtet. Die Erfahrungen vom September 1939 besagten aber wiederum, daß die Luftwaffe lediglich für einen zeitlich begrenzten Krieg an einer Front stark genug war.
Eine der schwerwiegendsten Fehleinschätzungen des Sieges in Polen: Der Erfolg des Blitzkrieges und vor allem die Bewährung der Stukas und mittleren Bomber verleitete zu einer falschen Politik in der weiteren Entwicklung der Luftstreitkräfte. Das Fazit: Bereits in den nächsten Jahren fehlten solche Flugzeugtypen, die zur Führung des selbständigen strategischen Luftkrieges unerläßlich waren.
Im Septemberfeldzug erlitt Polen die größte Niederlage seiner Geschichte, nicht nur durch die ungünstige geopolitische Lage, sondern im gleichen Maße durch die gewaltige Übermacht der beiden Gegner und nicht zuletzt durch die Untätigkeit seiner Verbündeten.
Eine große Anzahl polnischer Bürger deutscher Abstammung, die in der polnischen Armee ihren Dienst taten, ließen ihr Leben als loyale polnische Soldaten, und es gibt genug Fälle, in denen die Söhne einer Familie auf beiden Seiten kämpften und dabei den Tod fanden.
Die polnischen Truppen, vor allem die einfachen Soldaten und jungen Offiziere, schlugen sich mit bemerkenswerter Todesverachtung, was bei Freund und Feind Anerkennung fand. Sie konnten jedoch nicht mehr die grundlegenden Irrtümer der oberen Führung ausgleichen. So fehlte z. B. ein ausgereiftes strategisches Verteidigungskonzept. Der polnische Plan Zachod (West) war wegen übertriebener Geheimhaltung nur in drei (!) Exemplaren vorhanden und wurde so gehütet, daß ihn außer Marschall Rydz-Smigly und dem Chef des Generalstabs, General Stachiewicz, nur sein Stellverteter, Oberst Jaklicz, sowie der Offizier der Operationsabteilung, Oberstleutnant Marecki, kannten.

Das Ende: namenlos und selbst seiner Stiefel beraubt, am Wegesrand verscharrt

Dieser Plan für den polnischen Aufmarsch beruhte auf einem Konzept des Kommandeurs der Kriegsakademie, General Kutrzeba, und sah eine Rundum-Verteidigung in Kordonaufstellung entlang der ganzen bedrohten, 1700 Kilometer langen Grenze vor. Der Plan ging von falschen Voraussetzungen und Hoffnungen aus: Man wollte kein Stück des Staatsgebietes sofort preisgeben und rechnete mit einer Entlastungsoffensive 14 Tage nach Kriegsbeginn durch Frankreich und Großbritannien; außerdem unterschätzte man die Stärke des deutschen Angriffs.

Als nach Besetzung der Tschechoslowakei feststand, daß sich der Schwerpunkt der polnischen Verteidigung entschieden nach Süden verschoben hatte, unterließ es Marschall Rydz-Smigly trotzdem, den Operationsplan Zachod entsprechend der veränderten strategischen Lage zu korrigieren. Andererseits stellte sich für die polnische Führung bei einer derartigen deutschen Übermacht die Frage, ob man das strategische Kerngebiet Polens allein oder nach einer deutschen Umfassung von Ostpreußen, Schlesien und der Slowakei her mit dem gesamten, dort befindlichen Heer verlieren wollte.

Den 2093 deutschen kampfbereiten Flugzeugen standen nur 463 einsatzfähige polnische Frontmaschinen gegenüber, darunter 150 Jäger, 86 Bomber und 154 Aufklärer; bis auf 36 moderne Bomber, Typ Los, alle restlos veraltet und schwach bewaffnet. Daneben hatten die polnischen Generäle kein Konzept zur Hand, wie diese bescheidene Luftstreitmacht im Falle eines Krieges eingesetzt werden sollte. Die Fliegerregimenter, sechs an der Zahl, wurden im Juni 1939 aufgelöst. Aus ihnen entstanden Verfügungsluftstreitkräfte des Oberbefehlshabers des polnischen Heeres: eine Bomber- und eine Jagdbrigade. Die den Armeen und Operationsgruppen zugeteilten Staffeln bildeten operative Flie-

gerkräfte. Die Zerstückelung der kleinen Luftstreitmacht trug noch mehr zu ihrer Vernichtung bei und schloß jeden erfolgversprechenden Einsatz aus.
Auch eine andere Entscheidung der oberen Führung nahm der schwachen Luftstreitmacht von vorneherein jede Chance: Um angeblich die nötigen Devisen »für die Ausrüstung der Armee zu beschaffen«, verkaufte sie die modernsten Typen polnischer Kampf- und Jagdflugzeuge gleich staffelweise an das Ausland, so daß die besten polnischen Maschinen im September 1939 nur bei den Rumänen, Bulgaren, Griechen und Türken zu finden waren. Die polnischen Piloten kannten sie lediglich von Fotos. Auf Grund verschiedener Fehldispositionen arbeiteten die größten polnischen Flugzeugwerke PZL-1 in Warschau im Sommer 1939 nur an drei Tagen in der Woche, die Hälfte der Belegschaft wurde in Urlaub geschickt.
Laut polnischer Quellen hatte die eigene Luftabwehr fast doppelt so viele polnische Maschinen abgeschossen wie die deutsche Luftabwehr: Mit Sicherheit gingen durch eigenen Beschuß etwa zehn Prozent der polnischen Luftstreitkräfte verloren, jede dritte Besatzung fand dabei den Tod. Aus welchen Gründen auch immer hatte es nämlich die polnische Heeresleitung versäumt, ihre Soldaten mit den Silhouetten sowohl der eigenen als auch der feindlichen Maschinen (sie standen sogar auf der Geheimliste!) vertraut zu machen. Da die polnischen Flugzeuge über eigenem Gebiet nicht höher als 500 Meter fliegen durften und langsamer waren als die deutschen, hatte die eigene Abwehr, die in jeder Maschine den Feind witterte, leichte Beute. Selbst die polnischen Flieger, die sich mit dem Fallschirm retten konnten, bekamen die Angstpsychose ihrer Landsleute zu spüren. Sie wurden oft verprügelt, da man jeden, der mit dem Fallschirm absprang, als deutschen Agenten ansah.
Der polnische Widerstand gab Frankreich und England die Chance, die kaum gesicherte deutsche Westgrenze entscheidend anzugreifen und so eine Beendigung des Krieges noch im Jahre 1939 herbeizuführen. Daß dies im Rahmen des Möglichen lag, bekannte selbst Hitler. Die Westmächte haben diese Chance jedoch nicht genutzt, was sich im Frühjahr 1940 bitter rächen sollte.
Für Polen brachte die totale Niederlage endlich eine in seiner Geschichte bisher nicht gekannte Solidarität der ganzen Bevölkerung ohne Unterschied des sozialen, kulturellen oder religiösen Standes: So wurde das Jahr 1939 die letzte Etappe auf dem Weg einer nationalen Konsolidierung nach der Teilung Ende des 18. Jahrhunderts.
Und wie erstaunlich dies auch klingen mag, die Verlängerung des Kampfes wurde zu einer neuen Quelle der moralischen Kräfte: Die Verteidigung der Westerplatte, von Warschau und Hela, die Schlacht an der Bzura und die Kämpfe gegen die Rote Armee gaben der Nation neue Werte und bestärkten sie in ihrem Willen zum späteren Widerstand gegen die beiden Invasoren. Daraus schöpft das Volk auch heute noch seine Kraft für das Aufbäumen gegen die neuen Unterdrücker.
Der Feldzug wurde nach Hitlers internen Weisungen mit ganzer Brutalität geführt, besonders was die Aktionen der sogenannten SS-Einsatzkommandos betrifft, deren Aufgabe es war, Terror zu säen. Sie führten vom ersten Tag an Massenerschießungen polnischer und jüdischer Bewohner im Rücken der kämpfenden Truppe durch. Auch die Wehrmacht, vor allem in Ortschaften, in denen die Zivilbevölkerung zur Waffe griff, machte von ihrem Kriegsrecht Gebrauch, dem oft Unschuldige zum Opfer fielen. Sowohl Deutsche als auch Polen setzten Diversanten ein, deren Erfolge auf polnischer Seite eher bescheiden ausfielen.

Busti Haza/Ungarn: Die 1. Kompanie des II. Panzerbataillons der 10. Brygada Kawalerii Zmotoryzowanej (Oberst Maczek) gehört zu den wenigen, denen das Entkommen vor den Sowjets sogar mit ihrer Ausrüstung gelang

Nach polnischen Angaben betrug die Zahl der im Kampf gegen die deutschen und sowjetischen Streitkräfte Gefallenen insgesamt 123000 Mann, dazu 133700 Verwundete. Rund 694000 Mann gerieten in deutsche und 217000 Mann in sowjetische Gefangenschaft. Die ungarische Grenze überschritten 40382, die rumänische 20000, die litauische 13800, die lettische 1315 Mann. Drei Zerstörer und zwei U-Boote gelangten nach Großbritannien, drei U-Boote wurden in Schweden interniert.
Der wichtigste strategische Erfolg des gewonnenen Feldzuges war das Unterlaufen der alliierten Blockade und Öffnung des Transportweges für strategisch wichtige Güter, Rohstoffe und vor allem Treibstoff aus der UdSSR, wodurch die Fortführung des Krieges erst möglich wurde. Andererseits befand sich nun das Dritte Reich, entgegen seinen politischen und strategischen Plänen, seit den ersten Septembertagen im Kriegszustand mit den Alliierten, der sich nicht zu seinen Gunsten entscheiden konnte. Die deutsch-sowjetische Nahtstelle sollte trotz beiderseitiger Beteuerungen eines Tages zu einer neuen Front werden, an der sich schließlich die deutsche Niederlage entschieden hat. Damit geriet Hitler nach seinem Sieg über Polen in eine strategische Lage, deren tödliche Folgen sich nicht mehr beseitigen ließen.
Seit dem ersten Tag des sowjetischen Überfalls begann in Ostpolen die Zeit des Terrors, der – laut polnischer Quellen – oft brutaler war als die NS-Tyrannei. Nach heimtückischen Angriffen auf polnische Einheiten fingen Soldaten und Offiziere der Roten Armee sowie des NKWD damit an, polnische Bürger zu erschießen. Der sowjetische Überfall, die »Befreiung Ostpolens«, war einer der gewinnbringendsten Feldzüge aller Zeiten: Die Verluste der Roten Armee betrugen nur 737 Tote und 1859 Verwundete, für Stalin Anlaß genug, damit zu

Mit »Blut besiegelt« ist nach Stalins Worten die deutsch-sowjetische Freundschaft: ein im Gefecht mit polnischen Truppen verletzter Politruk

prahlen, die deutsch-sowjetische Freundschaft sei nunmehr mit »Blut besiegelt«.
Nach dem 18 Tage dauernden Polenfeldzug der Roten Armee verschob die Sowjetunion ihre Westgrenze um 250 bis 300 Kilometer und annektierte ein Gebiet von 190000 Quadratkilometern mit 12 Millionen Einwohnern (6 Mill. Ukrainer, 3 Mill. Ruthener und 3 Mill. Polen und Juden). 230670 polnische Soldaten, darunter über 15000 Offiziere, wurden von den Sowjets getötet, verwundet oder gerieten in Gefangenschaft. Diese Zahl erhöhte sich auf 300000 Mann, als die bereits entlassenen polnischen Reserveoffiziere, Angehörige der Polizei, des Grenzschutzes und andere uniformierte Staatsbedienstete nachträglich als Kriegsgefangene in die UdSSR verschleppt wurden. Parallel dazu setzte eine Massenverhaftungswelle und Deportation der Zivilbevölkerung nach Sibirien ein, wo sie unter unmenschlichen Bedingungen Fronarbeit in Wäldern oder im Bergbau leisten mußte.
Stalin versuchte, ebenso wie die sowjetische Propaganda es selbst heute noch tut, den Pakt mit Hitler als Zeitgewinn zu rechtfertigen. Der sowjetische Diktator erklärte in seiner Rundfunkansprache nach Hitlers Überfall auf die UdSSR nicht mehr und nicht weniger, als daß dieser Pakt der Sowjetunion für anderthalb Jahre den Frieden sicherte und ihr so die Chance gab, ihre Kräfte für ein Zurückschlagen des faschistischen Deutschlands zu sammeln, falls es trotz des Paktes angreifen sollte. Jedoch war nicht Zeitgewinn – wie die Fakten beweisen – das Ziel Stalins, als er den Pakt mit dem Teufel schloß. Für die Sowjetunion wäre es viel vorteilhafter gewesen, bereits 1939 gegen Hitler Krieg zu führen als 22 Monate später, nachdem Hitler fast ganz Europa erobert hatte und nun seine gesamte Streitmacht gegen die UdSSR einsetzen konnte.

Der letzte Gruß vor der Trennung: Vier der 1646000 Einwohner Ostpolens, die nach der »Befreiung« durch die Rote Armee einige Monate später nach Sibirien verschleppt werden

Es ging den Sowjets gar nicht darum, die Ukrainer und Weißrussen von der polnischen Unterdrückung zu befreien, denn es wurden Menschen aus allen sozialen Schichten und allen Nationalitäten, sowohl Polen als auch Ukrainer, Weißrussen, Ruthenen und Juden nach Sibirien verschleppt. Ihre Zahl betrug nach polnischen Angaben rund 1 646 000 Bürger aus der ehemaligen Polnischen Republik. Man vermutet, daß von Oktober 1939 bis Oktober 1942 in der UdSSR zwischen 850 000 und 900 000 polnische Staatsbürger umkamen.
Die von der Sowjetunion besetzten Gebiete wurden als westliche Ukraine und westliches Weißrußland bezeichnet und den beiden Sowjetrepubliken eingegliedert. Proforma hatte man nach sowjetischem Wahlrecht (je Wahlkreis nur ein vom NKWD benannter Kandidat) und nach Verringerung der Anzahl der Wahlberechtigten (ein Teil der polnischen Bevölkerung war inzwischen nach Osten deportiert, einem weiteren Teil das Wahlrecht entzogen) eine »Volksabstimmung« durchgeführt. Die daraus hervorgegangenen »Nationalversammlungen« traten in Lemberg und Bialystok zusammen und verlangten »einstimmig« den Anschluß an die UdSSR. Es wurde ihnen am 1. und 2. November 1939 gewährt. Damit hatte Moskau bereits einen Monat nach Kriegsende endgültige Verhältnisse geschaffen.
Dieses Unrecht krönte das Dekret vom 29. 11. 1939: Den Bewohnern Ostpolens wurde die sowjetische Staatsbürgerschaft verliehen und daraufhin die männliche Jugend zur Roten Armee eingezogen. Genau wie in dem von NS-Machthabern besetzten Polen wurde auch hier die Bevölkerung mit einer Reihe von »Wirtschaftsreformen« in Not und Elend getrieben und mit allen Mitteln versucht, das Polentum zu vernichten.
Um der aufflammenden polnischen Widerstandsbewegung Herr zu werden, arbeiteten Gestapo und NKWD Hand in Hand: Im Dezember 1939 enstand in Zakopane/Hohe Tatra ein Sonderausbildungslager zur Vorbereitung gemeinsamer deutsch-sowjetischer Aktionen.

Am Sonntag, dem 8. Oktober 1939, hatte sich das Dritte Reich Westpreußen und das Posener Land als Reichsgaue einverleibt. Die Annexion trat am 1. 11. 1939 in Kraft. Die in diesen Gebieten lebenden Polen verloren jegliche Rechte und mußten sich zusammen mit den Juden Sondergesetzen unterwerfen.
Am Montag, dem 9. Oktober 1939, kaum zwei Wochen nach der Kapitulation Warschaus, erschien in der polnischen Hauptstadt die erste konspirative Zeitschrift »Polska Zyje« (Polen lebt), die Major Studzinski herausbrachte. Es war die erste, der Tausende ähnlicher Publikationen folgten, ein Beweis für den durch nichts zu unterdrückenden polnischen Freiheitswillen.
Am Donnerstag, dem 12. Oktober 1939, ernannte Hitler Reichsminister Hans Frank zum Generalgouverneur mit Sitz in Krakau. Frank, Hitlers Münchner Rechtsanwalt während der Kampfzeit, ab 1934 Reichsminister und Reichsjuristenführer, unterstand dem Führer unmittelbar und war ermächtigt, Verordnungen mit Gesetzeskraft zu erlassen. Das Generalgouvernement (GG) umfaßte das Gebiet westlich der deutsch-sowjetischen Demarkationslinie und grenzte an Ostpreußen, die sogenannten deutschen Reichsgaue und Schlesien. Es war kein Bestandteil des Dritten Reiches, sondern eine Art Kolonie.
Rund 21 Millionen Polen standen unter deutscher Herrschaft; sie verteilten sich etwa je zur Hälfte auf die »eingegliederten Ostgebiete« und auf das Generalgouvernement. In den neuen Reichsgauen hat man die polnische Sprache als Umgangssprache verboten, die polnische Presse liquidiert, die Bücher aus

Bibliotheken und Buchhandlungen verbrannt, Museen und Archive teilweise ins Reichsgebiet geschafft. Danach erfolgte die Umsiedlung von zwei Millionen Menschen, vor allem der Intelligenz, in das Generalgouvernement.
Dunkle Nacht, in der Terror und Gewalt herrschen, sank über das Land zwischen Ostsee und Karpaten. Nach polnischen Quellen sollen unter der NS-Herrschaft in den ehemaligen polnischen Gebieten 5384000 Menschen – hauptsächlich Juden – durch Massenvernichtungsmaßnahmen ihr Leben verloren haben. Und Generalgouverneur Hans Frank übertrieb keineswegs, als er bereits am 6. 2. 1940 auf die Frage des Korrespondenten Kleiss vom »Völkischen Beobachter« nach dem Unterschied zwischen dem Protektorat Böhmen und Mähren und dem Generalgouvernement antwortete: »Einen plastischen Unterschied kann ich Ihnen sagen. In Prag waren z. B. große rote Plakate angeschlagen, auf denen zu lesen war, daß heute sieben Tschechen erschossen worden sind. Da sagte ich mir: wenn ich für je sieben erschossene Polen ein Plakat aushängen lassen wollte, dann würden die Wälder Polens nicht ausreichen, das Papier herzustellen für solche Plakate.«
Einige Wochen später, am 2. März 1940, notierte Frank: »Wenn alle Lichter für Polen erloschen, dann war immer noch die Heilige von Tschenstochau und die Kirche da. Das darf man nie vergessen . . .«
Und er mußte das wissen.

← Die Herren über Leben und Tod in Polen: Generalgouverneur Dr. Hans Frank und Reichsführer SS Heinrich Himmler

→ Lublin, Woiwodschaftsgebäude: Ankunft von Brigadekommandeur Kriwoschein (links in der Limousine) im Schutz eines Panzerwagens der Roten Armee

Gliederung der deutschen Streitkräfte
Stand: 1. 9. 1939

- Oberkommando des Heeres (OKH) – GenOberst v. Brauchitsch
  - Heeresgruppe Nord – GenOberst v. Bock
    - 3. Armee – Gen.d.Art. v. Küchler
    - 4. Armee – Gen.d.Art. v. Kluge
    - Reserven der Heeresgruppe
  - Heeresgruppe Süd – GenOberst v. Rundstedt
    - 8. Armee – Gen.d.Inf. Blaskowitz
    - 10. Armee – Gen.d.Art. v. Reichenau
    - Reserven der Heeresgruppe

- Präsidium des Obersten Sowjets der UdSSR
  - Rat der Volkskommissare der UdSSR
    - Komitee für Verteidigung beim Rat der Volkskommissare der UdSSR
      - Volkskommissar – Marschall Woroschilow
        - GenStabschef Armeekommandeur 1. Ranges Schaposchnikow
          - Weißrussischer Besonderer Militärbezirk MINSK
            - Bjelorussische Front – Armeekommandeur 2. Ranges Kowalew
              - 3. Armee
              - 11. Armee

Gliederung der polnischen Streitkräfte
Stand: 1. 9. 1939

- Stab des OB – Chef des OB-Stabs – BrigGen. Stachiewicz
- Oberbefehlshaber d. Luftstreitkräfte u. Luftverteidigung – BrigGen. Zajac
  - Jagdbrigade
  - Bomberbrigade
  - Einheiten der Landesluftverteidigung
- Operationsgruppe GRODNO – BrigGen. Olszyna-Wilczynski
- Operationsgruppe NAREW – BrigGen. Mlot-Fijalkowski
- Armee MODLIN – BrigGen. Przedrzymirski
- Operationsgruppe WYSZKOW – BrigGen. Kowalski
- Armee POMORZE – GenLt. Bortnowski
- Armee POZNAN – GenLt. Kutrzeba
- Armee LODZ – GenLt. Rómmel

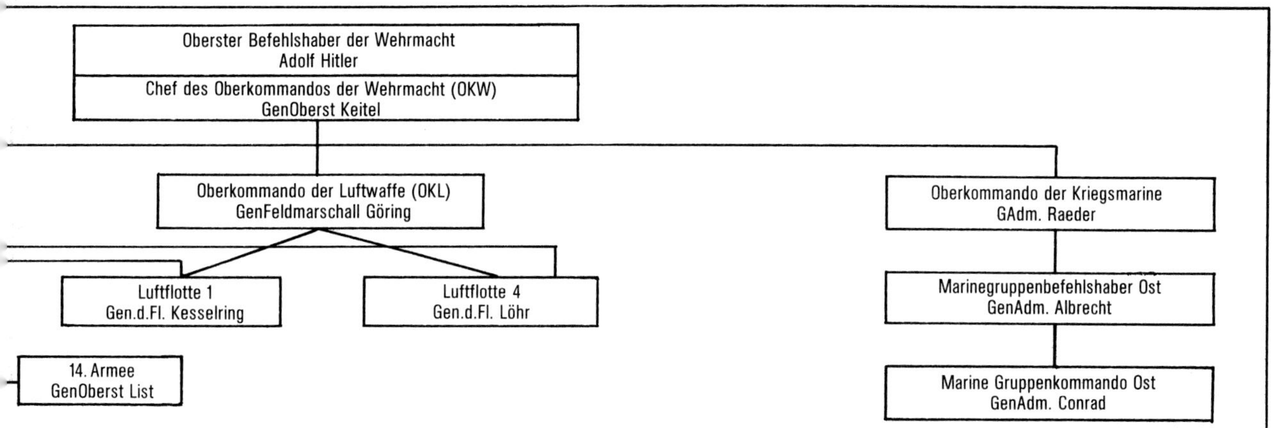

Gliederung der sowjetischen Streitkräfte
Stand: 17. 9. 1939

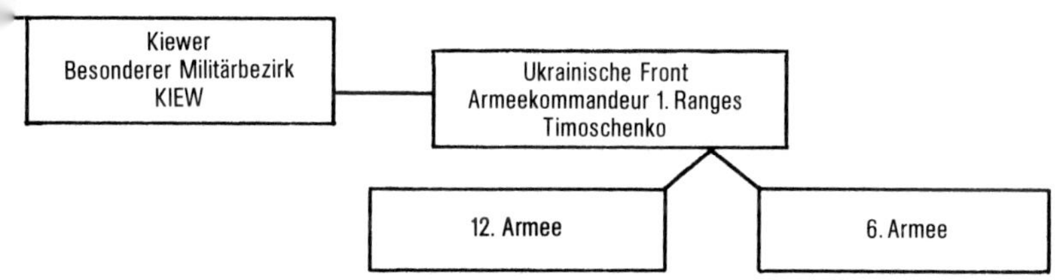

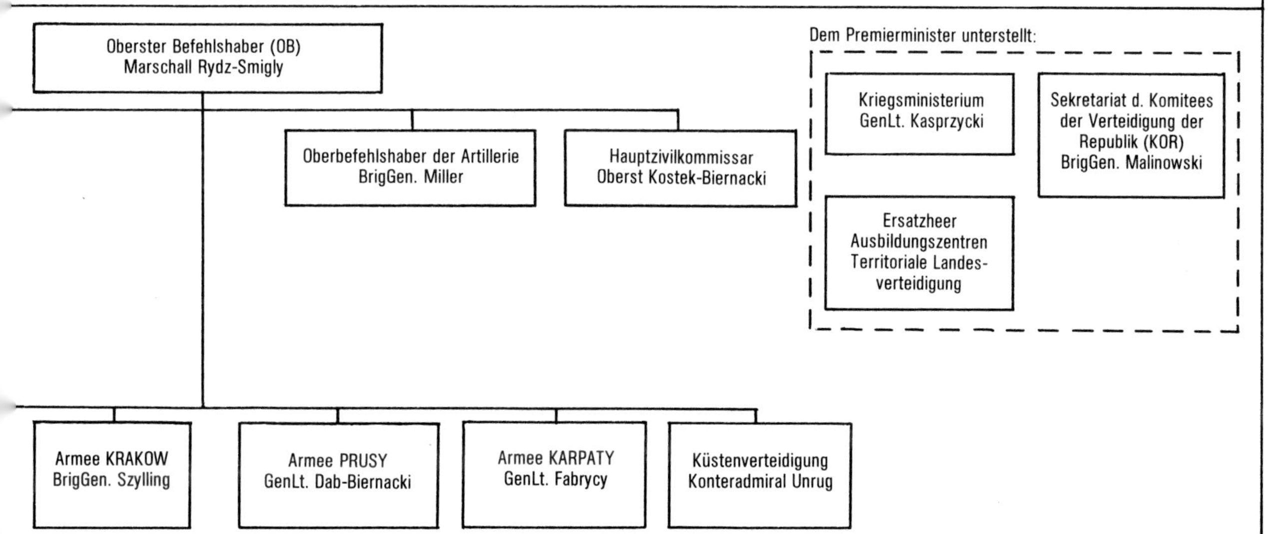

Waffen im Polenfeldzug

(D) Sechsrad-Panzerspähwagen Sd
Kfz 231, mit Drehturm und 20-mm-Kanone

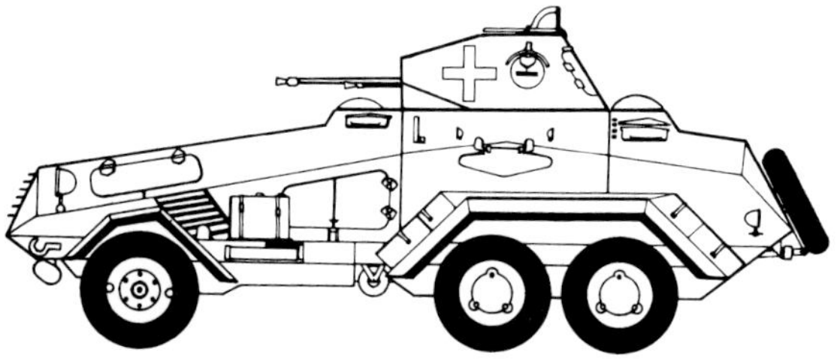

(D) Panzerkampfwagen I
Ausführung B, der erste Standardpanzer der Wehrmacht, bewaffnet mit zwei 7,92-mm-MG im Drehturm

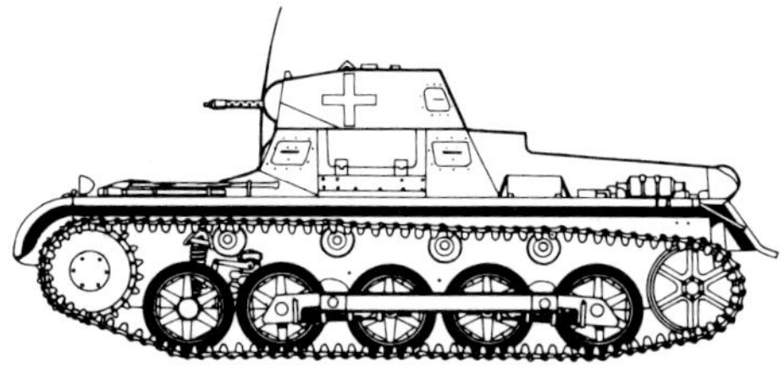

(D) BMM Panzerkampfwagen 38 (t)
Ehem. tschechischer Panzerkampfwagen, bewaffnet mit einer 37,2-mm-Kanone

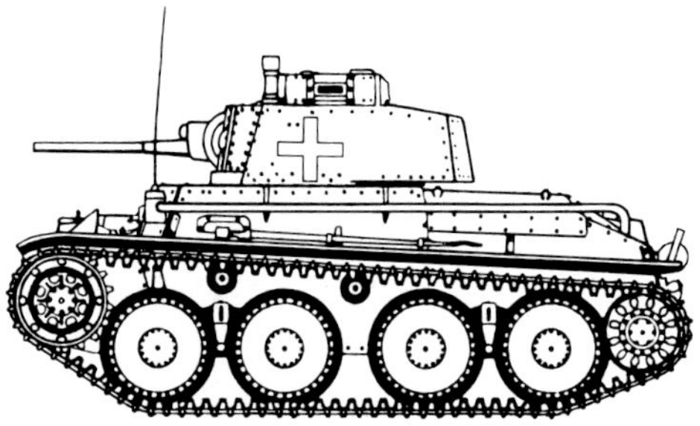

(D) Feldhaubitze M 18
Kal. 122 mm, Höchstschußweite: 10,6 km, Standardwaffe der Divisionsartillerie

(D) Panzerabwehrkanone 37 mm – Pak 35/36
Reichweite (optimal): 1,5 km, Standard-Pak des dt. Heeres im Polenfeldzug

(D) Geschütz 88 mm – Flak 18
Höchstschußweite: 10,6 km, auch zur Bekämpfung von Bunkern und Panzern eingesetzt

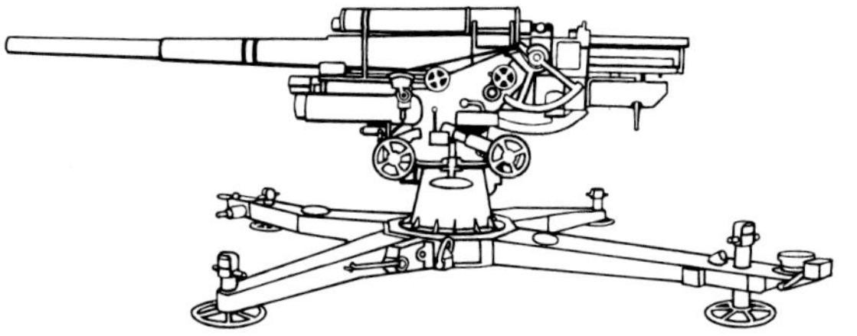

(D) Leichtes Maschinengewehr MG 34
Kal. 7,92 mm, das zu einem schweren MG umgestaltet werden konnte; das erste wirklich brauchbare Doppelzweck-MG der Welt

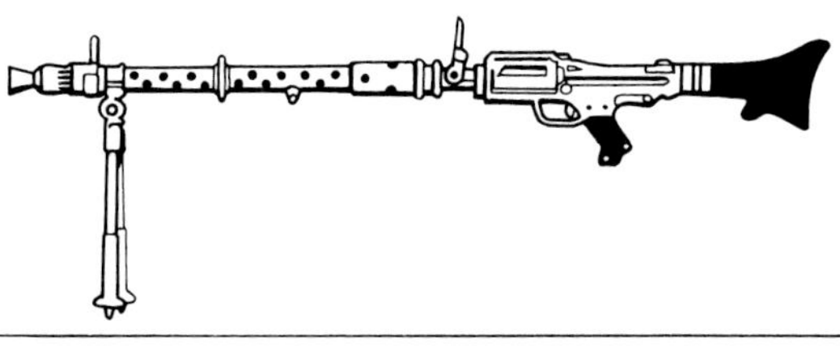

(SU) Schnellkampfwagen Bistrochodny Tank BT-7-I (V)
Befehlspanzer mit Rundum-Rahmen, Antenne auf dem zylindrischen Turm

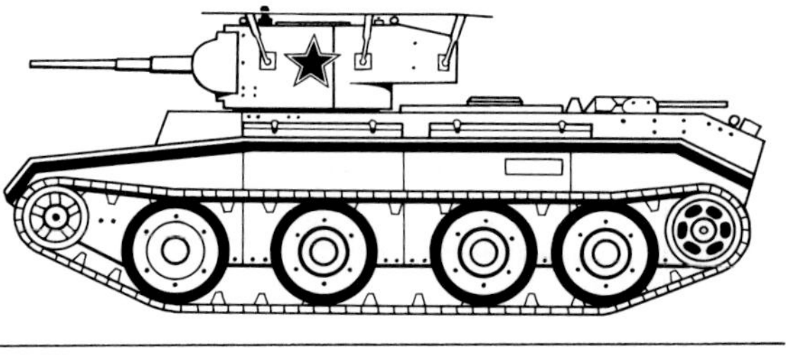

(SU) Panzerwagen BA-10
Bewaffnet mit einer 45-mm-Kanone und zwei 7,62-mm-DT-MG

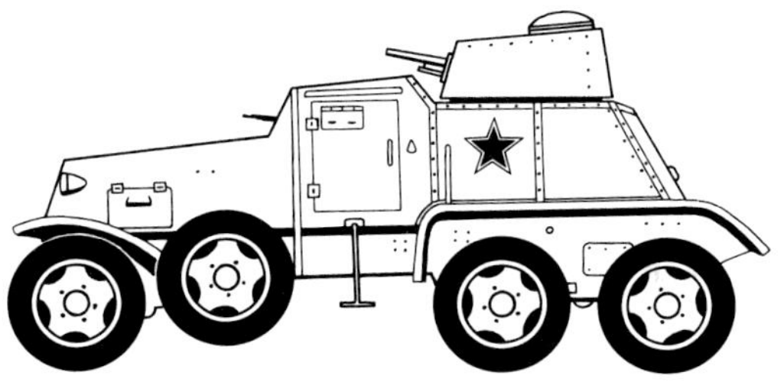

(SU) Feldhaubitze Modell 1934
Kal. 152 mm, Höchstschußweite: 17,1 km

(SU) Maschinengewehr Maxim-MG
Kal. 7,62 mm, wassergekühlt, mit Handkarre und einem u-förmigen Lafettenschwanz

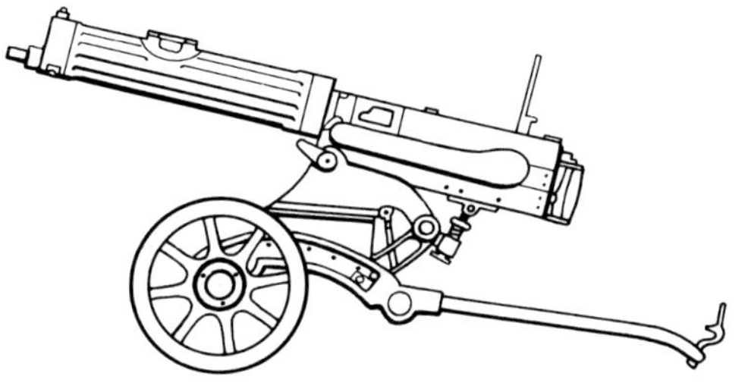

(PL) Panzerwagen, Typ Citroen-Kegresse WZ. 34-I
Bewaffnet mit einem Hotchkiss-WZ.-25-MG

(PL) Kleinkampfwagen TK-3 Tankette
Eine Weiterentwicklung des brit. Carden-Loyd Mark IV, bewaffnet mit einem Maschinengewehr WZ. 25 (9,9 mm), zwei Mann Besatzung

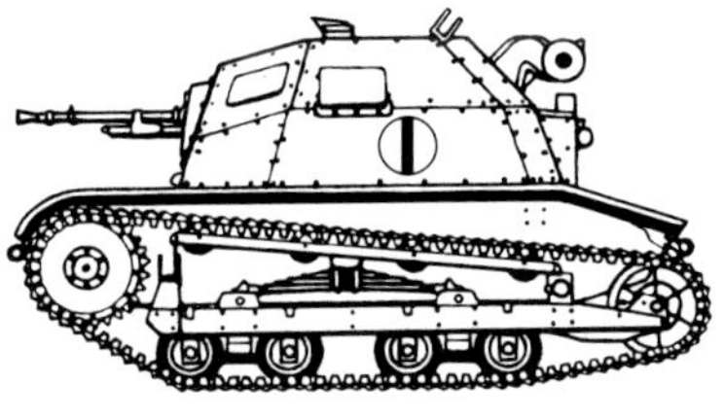

(PL) Leichter Kampfwagen 7 TP
Eine Weiterentwicklung des brit. Vickers-6-t-Panzers, bewaffnet mit einer 37-mm-Bofors-Kanone und einem 7,92-mm-MG

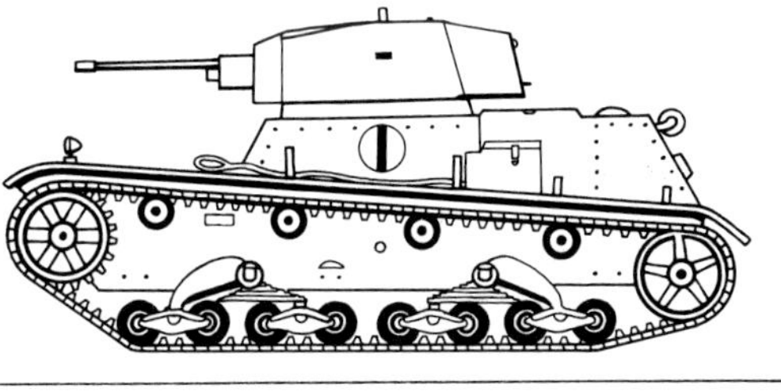

(PL) Feldkanone M-97/17
Kal. 75 mm, Höchstschußweite: 11,2 km, Standardgeschütz der polnischen Armee. 1897 in Frankreich konstruiert.

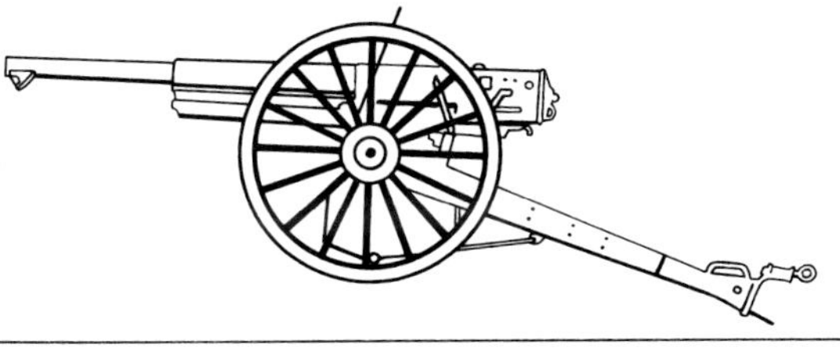

(PL) Schweres Maschinengewehr Browning
Kal. 7,9 mm, wassergekühlt

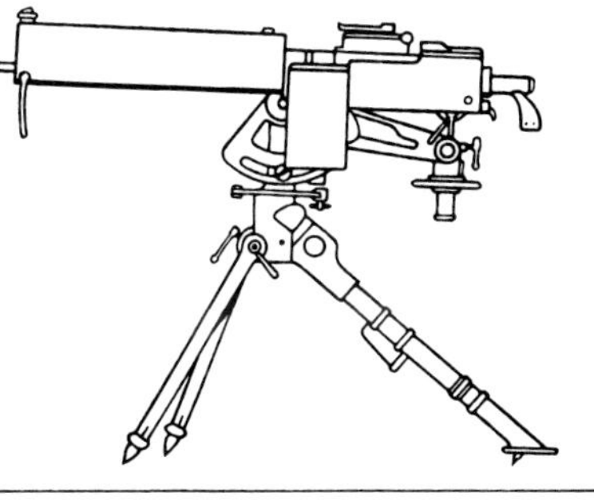

(PL) Sportflugzeug RWD-8
Eingesetzt als Verbindungsflugzeug, Höchstgeschwindigkeit: 170 km/h, Reichweite: 435 km, eine Maschine von diesem Typ flog die letzten Einsätze im Polenfeldzug (bis 5. 10. 1939), keine Bewaffnung

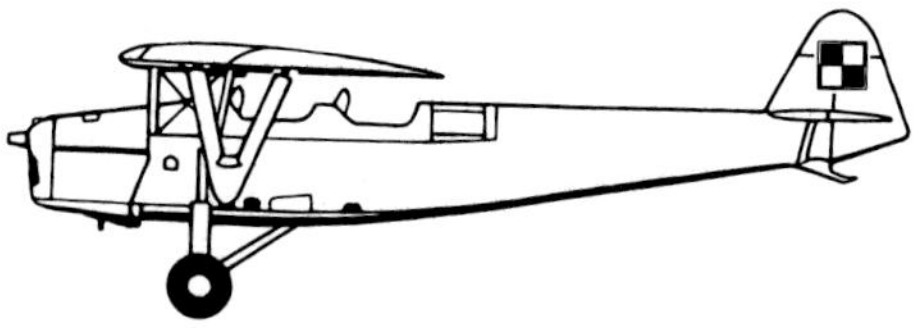

(PL) Nahaufklärer und Verbindungsflugzeug RWD-14b (LWS)
Czapla (Reiher), Höchstgeschwindigkeit: 247 km/h, Reichweite: 580 km, bewaffnet mit zwei MG, Kal. 7,7 mm

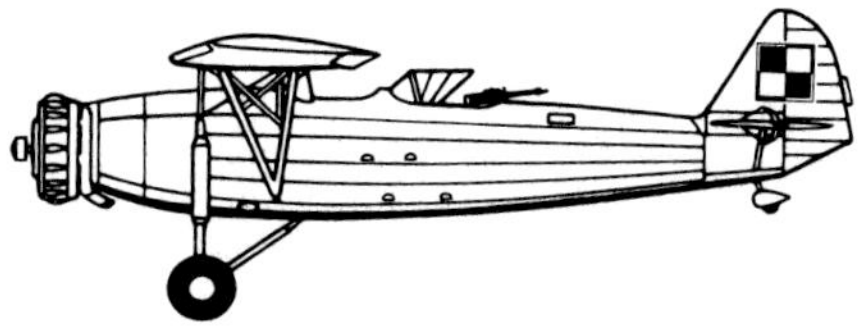

(PL) Jagdflugzeug PZL P-11c
Höchstgeschwindigkeit: 390 km/h, Reichweite: ca. 810 km, bewaffnet mit vier MG, Kal. 7,7 mm

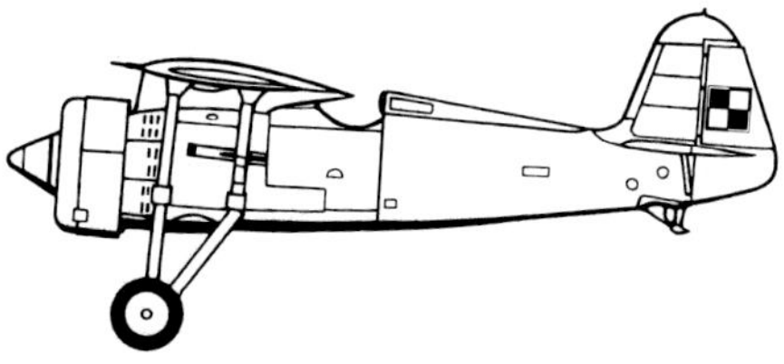

(PL) Aufklärungsbomber PZL P-23B Karas b (Karausche)
Höchstgeschwindigkeit: 350 km/h, Reichweite: mit Bomben 600 km, bewaffnet mit drei MG, Kal. 7,7 mm, Bombenlast: 700 kg

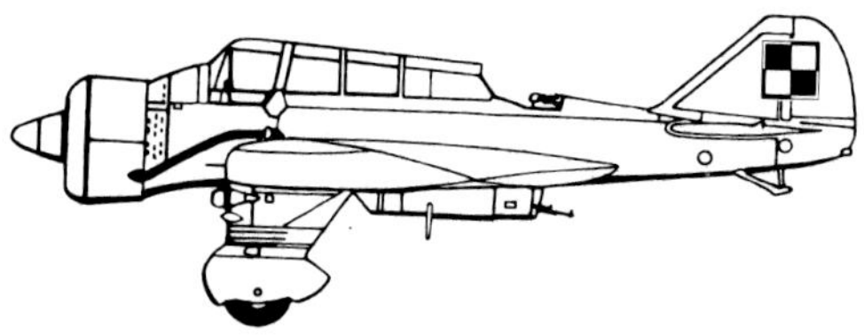

(PL) Leichter Bomber PZL P-37B Los B (Elch)
Modernstes polnisches Kampfflugzeug, Höchstgeschwindigkeit: 445 km/h, Reichweite: 1500 km, bewaffnet mit zwei MG, Kal. 7,9 mm und einem MG, Kal. 7,7 mm, Bombenlast: bis 2580 kg. Von insgesamt 45 eingesetzten Maschinen gingen 26 verloren, 45 Maschinen landeten in Rumänien.

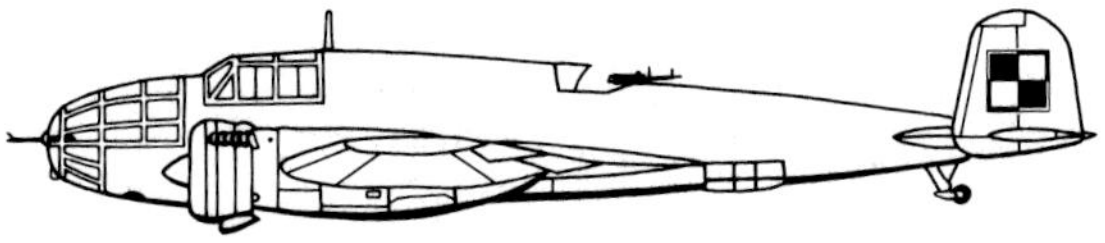

(SU) Nahaufklärer Polikarpow R-5
Höchstgeschwindigkeit: 230 km/h, Reichweite: 500 km, auch als leichter Bomber zur Unterstützung der Bodentruppen eingesetzt.

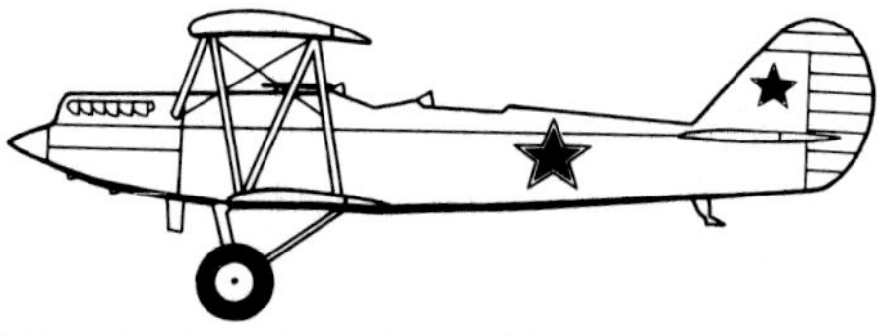

(SU) Jagdflugzeug Polikarpow I-16 Typ 10
Im Ausland Rata, in der Sowjetunion Iszaczok (Eselchen) genannt. Höchstgeschwindigkeit: 465 km/h, Reichweite: 700 km, bewaffnet mit zwei MG, Kal. 7,62 mm

(SU) Schwerer Bomber Tupolew TB-3 (ANT-6)
Höchstgeschwindigkeit: 232 km/h, Reichweite: mit Bomben ca. 2000 km, bewaffnet mit fünf Zwillings-MG, Kal. 7,62 mm, Bombenlast: 9200 kg im Bombenschacht. Der schwerste im Polenfeldzug eingesetzte Bomber.

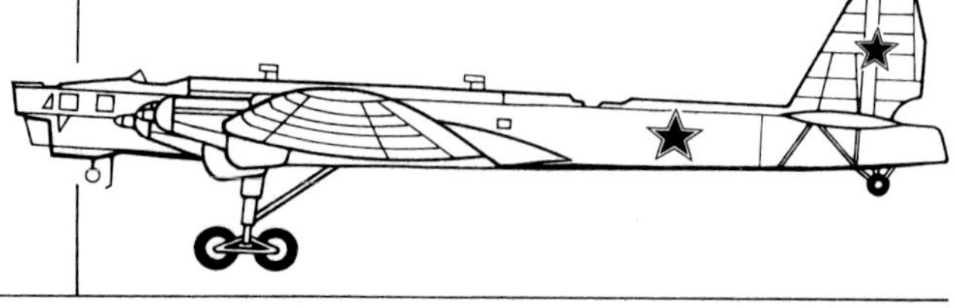

(SU) Mittlerer Bomber Tupolew SB-2 (ANT-41)
Höchstgeschwindigkeit: 410 km/h, Reichweite: mit Bomben 1200 km, bewaffnet mit vier MG, Kal. 7,62 mm, Bombenlast: 500 kg

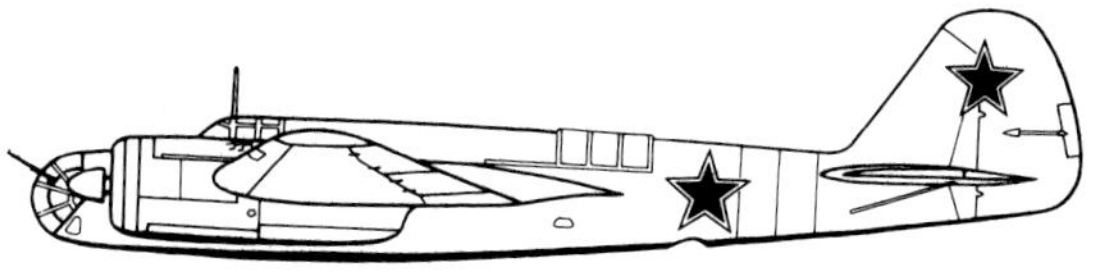

(D) Nahaufklärer Henschel Hs 126
Höchstgeschwindigkeit: 355 km/h, Reichweite: 720 km, bewaffnet mit zwei MG, Kal. 7,9 mm, Bombenlast: 150 kg

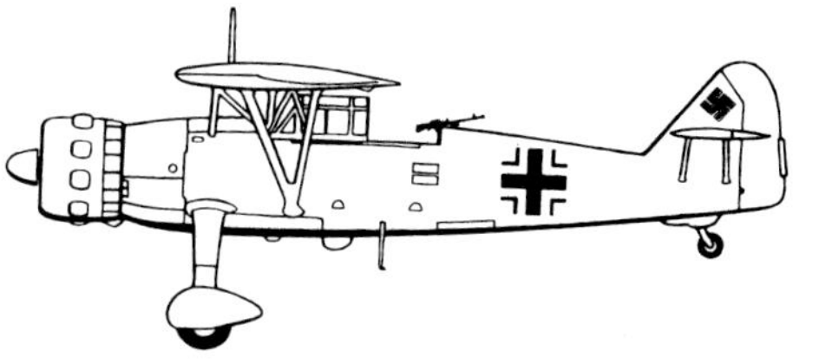

(D) Jagdflugzeug Messerschmitt Bf 109 C-1
Höchstgeschwindigkeit: 420 km/h, Reichweite: 652 km, bewaffnet mit vier MG, Kal. 7,92 mm

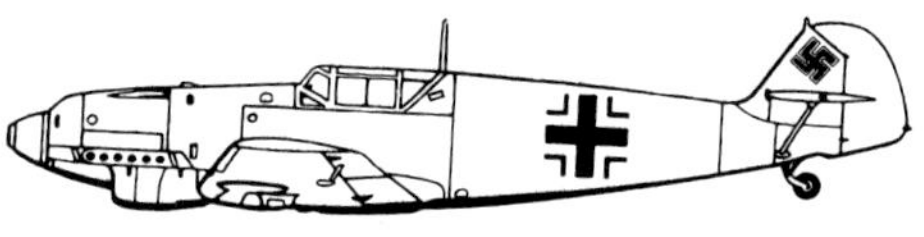

(D) Jagdflugzeug (Zerstörer) Messerschmitt Bf 110 C-1
Höchstgeschwindigkeit: 475 km/h, Reichweite: 774 km, bewaffnet mit zwei 20-mm-MGFF-Kanonen und fünf MG, Kal. 7,92 mm

(D) Fernaufklärer und mittlerer Bomber Dornier Do 17 Z
Höchstgeschwindigkeit: 425 km/h, Reichweite: mit halber Bombenlast 1160 km, bewaffnet mit sechs MG, Kal. 7,92 mm, Bombenlast ca. 1800 kg

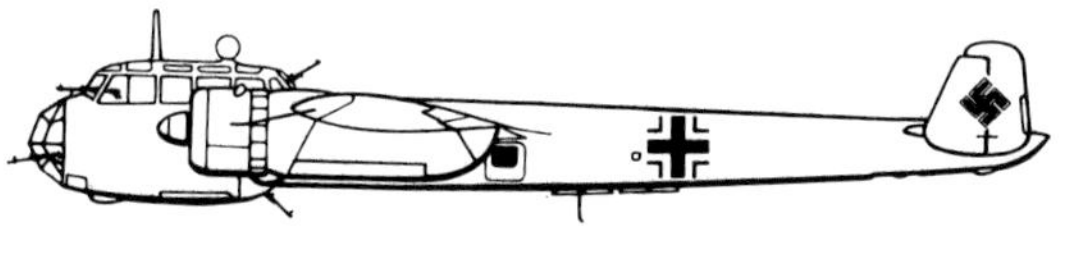

(D) Mittlerer Bomber Heinkel He 111 P
Höchstgeschwindigkeit: 390 km/h, Reichweite: mit Bomben 1200 km, bewaffnet mit fünf MG, Kal. 7,92 mm, Bombenlast ca. 1800 kg

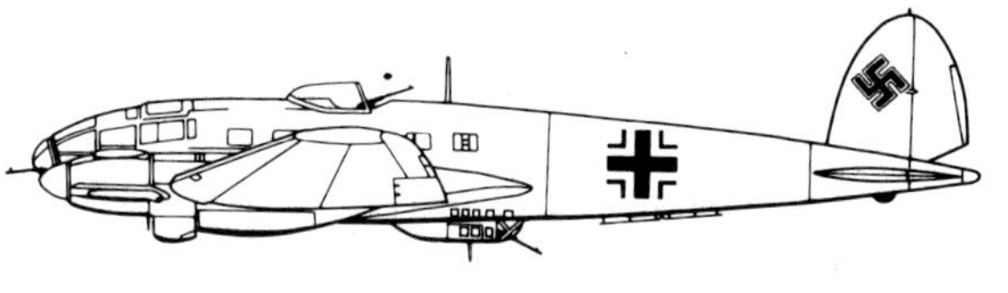

(D) Sturzkampfbomber (Stuka) Junkers Ju 87 B
Höchstgeschwindigkeit: 408 km/h, Reichweite: mit Bomben 600 km, bewaffnet mit vier MG, Kal. 7,92 mm, Bombenlast: bis zu 1800 kg

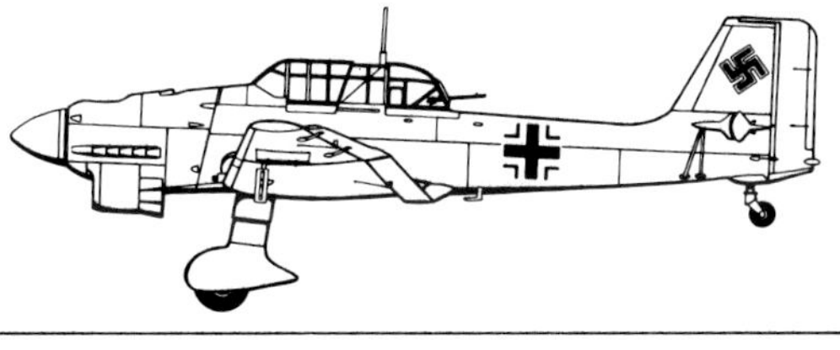

(D) Transportflugzeug Junkers Ju 52/3m
Höchstgeschwindigkeit: 305 km/h, Reichweite: 1300 km, bewaffnet mit einem MG, Kal. 13 mm, und zwei MG, Kal. 7,92 mm, auch als Bombenträger (Brandbomben im Frachtraum) eingesetzt.

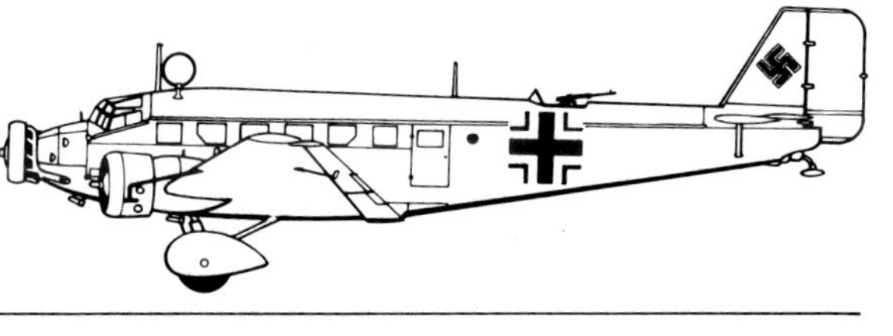

Bibliographie (Auswahl)

Abraham, R.: Wspomnienia wojenne znad Warty i Bzury. Warszawa 1969.
Anders, W.: Bez ostatniego rozdzialu. London 1959.
Bathe, R.: Der Feldzug der 18 Tage. Berlin 1940.
Bartosz, J./R. Hajduk: Rodowody rewizjonistow. Katowice 1965.
Beck, J.: Dernier Rapport, Politique polonaise 1926–1939. Neuchâtel 1951.
Bernas, F./J. Mikulska-Bernas: Przednia straz Hitlera. Warszawa 1964.
Bibliografia wojny wyzwolenczej narodu Polskiego 1939–1945 (opr. Szczepanska, K. i Zielinska, B.). Warszawa 1972.
Bielajew, W./M. Rudnicki: Pod czuzimi znamenami. Moskwa 1958.
Bortnowski, W.: Na tropach wrzesnia 1939. Lodz 1969.
Breyer, R.: Das Deutsche Reich und Polen 1932–1937. Außenpolitik und Volksgruppenfragen. Würzburg 1955.
Bronsztejn, Sz.: Ludnosc zydowska w Polsce w okresie miedzywojennym. Wroclaw 1963.
Burckhardt, C.: Meine Danziger Mission 1937 bis 1939. München 1960.
Ciano, G.: Tagebücher 1939–1943. Bern 1946.
Cieplewicz, M.: Obrona Warszawy w 1939. Warszawa 1968.
Coulondre, R.: Von Moskau nach Berlin 1936–1939. Bonn 1950.
Cyprian, T./J. Sawicki: Agresja na Polske. Warszawa 1946.
D'Abernon, Viscount E. V.: Memoiren. 3 Bde. Leipzig 1929/30.
Dahlerus, B.: Der letzte Versuch. München 1948.
Dalecki, R.: Armia Karpaty 1939. Warszawa 1979.
Datner, S.: 55 dni Wehrmachtu w Polsce. Warszawa 1967.
Epler, A.: Ostatni zolnierz polskiej kampanji 1939 r. Alexandria 1942.
Fomin (Wasilij): Agresja faszistoskoj Germanii w Jewropie, 1933–1939. Moskwa 1963.
François-Poncet, A.: Souvenirs d'une ambassade à Berlin. Paris 1946.
Gamelin, M. G.: Servir. Vol 1 und 2. Paris 1946.
Godyn, Z.: Straty posrod kawalerzystow i pancernych z rak sowieckich w II. wojnie swiatowej. London 1976.
Guderian, H.: Erinnerungen eines Soldaten. Heidelberg 1951.
Halder, F.: Kriegstagebuch. Bd. I. Hrsg. v. H.-A. Jacobsen. Stuttgart 1962.
Holyst, B.: Agresywna polityka. Niemiec w swietle dokumentow, Biuletyn Glownej Komisji Badania Zbrodni Hitlerowskich w Polsce. Warszawa 1956.
Kielmansegg, J. A.: Panzer zwischen Warschau und Atlantik. Berlin 1941.
Kopanski, St.: Wspomnienia wojenne 1939–1946. London 1961.
Kozlowski, E.: Stosunki polsko-niemieckie przed II wojna swiatowa. Dokumenty z archiwum Generalnego Inspektora Sil Zbrojnych, »Najnowsze Dzieje Polski«, Bd. 3. Warszawa 1960.
Kriwoschejn, S. M.: Miezbur'je, Wospominanija. Bielogorod 1964.
Kutrzeba, T.: Bitwa nad Bzura. Warszawa 1958.
Langner, W.: Ostatnie dni obrony Lwowa (1939). In: Niepodleglosc, Bd. 11. London 1978.
Lipski, J.: Diplomat in Berlin 1933–1939. New York 1968.
Mackintosh, J. M.: Strategie und Taktik der sowjetischen Außenpolitik. Stuttgart 1962.
Maczek, St.: Od podwody do czolga. Edinburgh 1961.
Moczulski, L.: Wojna Polska. Poznan 1976.
Molotow, V.: Soviet Peace Policy. London 1941.
Noel, L.: L'agression Allemande contre la Pologne. Paris 1946.
Piatkowski, H.: Kampania Wrzesniowa w Polsce 1939. London 1946.
Piekalkiewicz, J.: The Passion of Poland. London 1964.
Piekalkiewicz, J.: Pferd und Reiter im 2. Weltkrieg. München 1976.
Piekalkiewicz, J.: Luftkrieg 1939–1945. München 1978.
Piekalkiewicz, J.: Seekrieg 1939–1945. München 1979.
Piekalkiewicz, J.: Krieg der Panzer 1939–1945. München 1980.
Polskie sily zbrojne w drugiej wojnie swiatowej. T. I: Kampania wrzesniowa 1939. Cz. 1: Polityczne i wojskowe polozenie Polski przed wojna. London 1951. Cz. 2: Przebieg dzialan od 1 do 8 wrzesnia. London 1954. Cz. 3: Przebieg dzialan od 9 do 14 wrzesnia. London 1959. Cz. 5: Marynarka wojenna i obrona polskiego wybrzeza. London 1962.
Porwit, M.: Komentarze do polskich dzialan obronnych we wrzesniu 1939 r. Warszawa 1969.
Potemkin, P.: Geschichte der Diplomatie. Bd. 3, Teil 2. Berlin 1948.
Rómmel, J.: Za honor i ojczyzne. Warszawa 1958.
Rossi, A.: Zwei Jahre deutsch-sowjetisches Bündnis. Köln 1954.
Rydz-Smigly, E.: Czy Polska mogla uniknac kleski? In: Zeszyty Historyczne, Nr. 2. Paris 1962.
Sandalow, L. M.: Pierieschytoje. Moskwa 1961.
Schmidt, P.: Statist auf diplomatischer Bühne 1923–1954. Bonn 1949.
Schtemenko, S. M.: Im Generalstab. Berlin (Ost) 1971.
Stachiewicz, W.: Pisma, Bd. I und Bd. II. Paris 1977/79.
Stalin, J. W.: Werke, Bd. 7. Berlin (Ost) 1952.
Sucharski, H.: Przebieg dzialan na Westerplatte (Gdansk). In: Bellona, Bd. 2, S. 69–75. London 1957.

Szembek, Comte J.: Journal 1933–1939. Paris 1952.
Umiastowski, R.: Bitwa polska. London 1942.
Vormann, N. v.: Der Feldzug 1939 in Polen. Weißenburg 1958.
Weinberg, L.: Germany and the Soviet Union 1939–1941. Leyden 1954.
Weizsäcker, E. v.: Erinnerungen. München 1950.
Wojan, R.: Bydgoszcz. Niedziela 3 wrzesnia 1939 r. Poznan 1959.
Zajac, J.: Dwie wojny. London 1964.
Zawodny, J. K.: Zum Beispiel Katyn. Klärung eines Kriegsverbrechens. München 1971.
Zebrowski, M. W.: Polska bron pancerna. London 1971.

Zeitungen und Zeitschriften (Jahrgang 1939)

Berliner Lokal-Anzeiger/Der Adler/Die Wehrmacht/Express Poranny/Gazeta Wspolna/Heeres-Verordnungsblatt/Iswestija/Krasnaja Swiesda/Kurier Warszawski/Mitteilungen für die Truppe/Neue Zürcher Zeitung/Prawda/Robotnik/Völkischer Beobachter

Archive

Archiv des Foreign Office, London
Britannic Majesty's Office, London
Bundesarchiv, Koblenz
Institut für Zeitungsforschung, Dortmund
Muzeum im gen. Sikorskiego, London
National Archives, Washington, D. C.
Politisches Archiv des Auswärtigen Amtes, Bonn
Weltkriegsbücherei, Stuttgart
Zentralbibliothek der Bundeswehr, Düsseldorf

Dokumente und Quellen

Akten der Deutschen Auswärtigen Politik 1918–1945. Aus dem Archiv des Deutschen Auswärtigen Amtes, Serie D (1937–1945), Band VI März bis August 1939. Baden-Baden 1956.
Boberach, H.: Meldungen aus dem Reich. Neuwied, Berlin 1965.
Boelcke, W. A.: Kriegspropaganda 1939–1941, Geheime Ministerkonferenzen im Reichspropagandaministerium. Stuttgart 1966.
Cywilna obrona Warszawy we wrzesniu 1939 r. Dokumenty. Warszawa 1964.
Die Beziehungen zwischen Deutschland und der Sowjetunion 1939–1941. 251 Dokumente aus den Archiven des Auswärtigen Amtes und der deutschen Botschaft in Moskau. Hrsg. v. Dr. A. Seidl. Tübingen 1949.
Documents diplomatiques 1938–1939. Basel 1940.
Dokumente und Materialien aus der Vorgeschichte des Zweiten Weltkrieges. Bd. 2: Das Archiv Dirksens (1938–1939). Hrsg. v. Ministerium für Auswärtige Angelegenheiten in der UdSSR. Moskwa 1949.
Endgültiger Bericht von Sir Nevile Henderson über die Umstände, die zur Bedingung seiner Mission in Berlin führten. Basel 1939.
Geheime Berichte des Sicherheitsdienstes der SS zur innenpolitischen Lage, SD-Berichte zu Inlandsfragen. Bundesarchiv, Koblenz: R 58 Reichssicherheitshauptamt (Nr. 160–178).
Geschichtsfälscher. Der tatsächliche Verlauf der Vorbereitung und Entwicklung der Hitler-Aggression und des Zweiten Weltkrieges. Informationsbüro des Ministerrates der UdSSR. Moskau 1948.
I Documenti Diplomatici Italiani. Ottava Serie: 1935–1939, Vol. XII/XIII. Rom 1953.
Krümmer, K.: Aufzeichnungen über Teilnahme an den Ministerkonferenzen, Bd. 1 u. 2. Politisches Archiv des Auswärtigen Amtes. Bonn, Auswärtiges Amt.
Merkblatt über Eigenarten der polnischen Kriegführung. Berlin 1939.
Nazi-Soviet Relations 1939–1941. Dokumente aus den Archiven des Auswärtigen Amtes. Washington 1948.
Polnische Dokumente zur Vorgeschichte des Krieges. Hrsg. v. Auswärtigen Amt. Berlin 1940.
Sikorski Institute (Hrsg.): Documents of Polish-Soviet Relations 1939–1945. London 1961.
Soviet Documents on Foreign Policy, Vol. III, 1933–1941. Hrsg.: J. Degras. London, New York, Toronto 1953.
Soviet Documents on Foreign Policy 1917–1941. London 1953.
Tagesparolen des Reichspressechefs (Reichspropagandaamt Hessen-Nassau, Frankfurt/M.). Sammlung Oberheitmann: Bundesarchiv, Koblenz.
Taschenbuch Polnisches Heer. Für den Gebrauch der Truppe im Felde. Hrsg.: Generalstab des Heeres, 3. Abteilung. Berlin 1938.
The German Fifth Column in Poland. London, Melbourne 1940.
The Guides to Records Microfilmed at Alexandria, Va. 68 vols. Washington, D. C.: National Archives 1955 ff.
Weißbuch der Polnischen Regierung über die Polnisch-deutschen und polnisch-sowjetrussischen Beziehungen im Zeitraum von 1933–1939. Basel 1940.
Wojna Obronna Polski 1939. Wybor Zrodel. Eine Auswahl von Quellen. Hrsg.: Wojskowy Instytut Historyczny. Warszawa 1968.
Zweites Weißbuch der Deutschen Regierung. Dokumente über die Entwicklung der deutsch-polnischen Beziehungen und die Ereignisse von 1933 bis zur Gegenwart. Basel 1940.

Bildquellen

Bundesarchiv, Koblenz
E.C.E.P.D.A., Fort D'Ivry
Sikorski-Institut, London
Archiv Ing. K. Barbarski, London

Archiv St. Zurakowski, London
Archiv M. R. de Launay, Paris
Archiv J. S. Middleton, London
Archiv Gen. F. Skibinski, Warszawa
Archiv A. Stilles, New York
Archiv Oberst (Bw) a. D. Dr. phil. C. H. Hermann, Euskirchen
Archiv K. Kirchner, Erlangen
Archiv J. K. Piekalkiewicz

Danksagung

Ich möchte für ihre freundliche Hilfe meinen herzlichen Dank sagen:

Oberstleutnant i. G. Dr. H. Rohde, Dr. J. Hoffmann, Militärgeschichtliches Forschungsamt, Freiburg

Herrn Dr. R. Breyer, J. G. Herder Institut, Marburg/Lahn

Frau Dr. M. Lindemann, Frau H. Rajkovic, Institut für Zeitungsforschung, Dortmund

Herrn Professor Dr. J. Rohwer, Herrn W. Haupt und ihren Mitarbeitern, Weltkriegsbücherei, Stuttgart

Herrn Dr. Sack und seinen Mitarbeitern, Zentralbibliothek der Bundeswehr, Düsseldorf

Herrn K. Kirchner, Verlag für zeitgenössische Dokumente und Curiosa, Erlangen

Oberst (Bw) a. D. Dr. phil. C. H. Hermann, Euskirchen

Mr. J. S. Lucas, Mr. P. H. Reed, Imperial War Museum, London

allen Herren der Photographic Library, Imperial War Museum, London

Capt. R. Dembinski, Präses des Polski Institut i Muzeum im gen. Sikorskiego, London, und seinen Mitarbeitern, Frau M. Wojakowska Col. T. Bialostocki, Capt. W. Milewski, Capt. St. Zurakowski, Ing. K. Barbarski

Frau H. Vincenz-Poniatowska (Fundusz Kazimierza F. Vincenza), Zürich

Col. Dr. M. Mlotek, London

Col. W. D. Kasprowicz, London

Lt. Col. Dousset, Mr. P. Rolland, Mr. Basques, E.C.E.P.D.A., Paris

Service Historique de l'Armée, Paris

W. H. Leary, National Archives, Washington, D. C.

Herrn Dr. J. Köhler, Herrn E. Klupsch-Linsbauer, Herrn A. Häring, Herrn R. Borner, Herrn R. Winkler, Gustav Lübbe Verlag

Mein besonderer Dank gilt den Herren:
Herrn Dr. phil. D. Bradley, Münster
Major R. L. Walton, O. B. E., London
Captain B. D. Samuelson, Washington, D. C.
für ihre großzügige Bereitschaft, mir mit ihrem umfangreichen Wissen zur Seite zu stehen.

Personenregister